캘거리 · 캐나디안 로키 · 빅토리아 · 밴쿠버
서부 캐나다 로드 육아일기

서부 캐나다 가족 캠핑여행

한민숙 지음

여행마인드

서부 캐나다 가족 캠핑여행

프롤로그

여행을 떠날 각오가 되어있는 사람만이
자기를 묶고 있는 속박에서
벗어날 수 있다.
- 헤르만 헤세 -

"풉!"

지금도 문득 그때를 떠올리면, 피식! 웃음이 절로 나온다.

어린 아이 둘을 유모차에 태운 채 그 많은 짐들을 끌고는, 비행기를 타고, 버스를 타고, 배를 타고, 택시를 타고, 차를 빌려 운전을 하고 돌아다니며, 텐트를, 민박집을, 호스텔을, 호텔을 전전하던 나의 모습을… 다른 이들은 어떤 시각으로 바라보았을까. 또 무슨 상상을 했을까.

우선 나의 성격을 말하자면, 긍정적이고 적극적이며 에너지가 넘치는 타입이다. 그러나 그건 어디까지나 밖에서의 경우. 집안에만

캐나디안 로키 존스턴 캐년의 한 통나무 벤치에 앉아 휴식을 취하고 있는 필자와 두 자녀

있을 때엔 그 반대의 성격이 되어버린다.

스스로 '역마살'을 논할 정도라고까지 생각하진 않지만, 하여튼 그와 유사하다고 보면 되겠다. 그런 내가 아이 둘을 키운답시고 다니던 직장까지 쉬어가며 안에만 틀어박혀 있었으니 얼마나 답답했겠는가.

'도저히 이대로는 안 되겠다'는 마음이 들었을 즈음, 마음을 굳게 먹고 혼자서 아이들과 함께 15일간의 보라카이 여행을 다녀왔다(남편 토마스는 회사 일정상 함께 하지 못했다).

나 자신을 돌볼 겨를이 거의 없는 어린 아이들과의 하루하루는 비록 극기 훈련에 가까운 도전이었지만, 나는 여행을 통해 '자신감'이라는 뜻밖의 선물을 받아왔고, 그것이 나를 '아이들과의 두 번째 여행'으로 이끌었다(거기엔 몇 달 후면 육아휴직 기간이 끝난다는 점도 부채질을 했다).

한편, 어린 시절 부모님과 함께 떠났던 캠핑 여행, 초등학교 시절 걸스카우트 단원으로 활동하며 경험해보았던 캠핑 말고는, 최근 전국에 열풍을 몰고 온 오토캠핑 붐에도 합류하지 않고 미적거리던

빅토리아 부차트 가든에서 소꿉놀이를 하는 필자의 두 자녀들

게으른 내가 언제부턴가 캠핑 여행에 자꾸만 마음이 끌렸다. 그것도 대한민국에서 몇 천 마일이나 떨어진 멀고 먼 로키산맥으로의 캠핑에.

굳이 이유를 찾자면 캐나다로의 여행은 나의 꿈인 '세계여행' 계획 중 일부로, 이미 내 머릿속에서 수십 번은 다녀왔던 곳이다. 무엇보다도 몇 년 전 들렀던 서점에서 우연히 발견한 '캐나디안 로키 캠핑'에 관한 책이 아마도 이번 여행의 모티브가 되었을 것이다.

아름답고 푸른 호수들과 그 주변을 둘러싼 장엄한 산맥들, 끝없이 이어진 드라이브 코스와 곳곳에서 만날 수 있는 야생동물들, 그리고 자연 속에 마련된 수많은 캠핑장들…

떠올려 볼수록 어린 아이들과 함께 대자연 속에서 그들과 동화되기에 이보다 적합한 곳은 없을 거라 느껴졌다.

그러나 토마스를 제외한 많은 이들은 나의 여행을 극구 말렸다.

"캠핑 경험 한 번 없는 캠핑초보가 한국도 아닌 외국, 때론 여름에도 밤이 되면 영하의 온도를 기록하곤 하는 로키산맥에서의 캠핑을? 그것도 어린 아이들과?"

"성인들이 하는 캠핑과 달리 어린 아이들과 함께 하는 캠핑엔 얼마나 많은 장비가 필요할 텐데, 그거 다 감당할 수 있을까?"

솔직히 내 생각에도 캐나다에서의 캠핑 이전에 우리나라에서라도 캠핑 경험을 조금은 쌓아 놓았어야 했다.

그렇지만 이 핑계 저 핑계 대며 시기를 놓치는 바람에 그저 계획에만 머물렀을 뿐, 결국 캠핑 경험이 없는 우리 가족은 장비 하나 손에 들지 않고 무작정 캐나다로 떠나게 되었다.

혹시 추운 날씨 때문에 어린 아이들의 건강에 이상이 생기지는 않을까 우려하던 나에게 토마스는 한결같은 격려로 용기를 주었다.

"괜찮아. 우린 할 수 있을 거야. 다 잘 될 거야."

그리고 그의 말처럼 되돌아보면 걱정할 필요도 없었을 정도로 많은 일들이 순탄하게 흘러갔다. 인간이 하는 걱정의 70%는 일어나지 않을 일에 대한 걱정이라 했던가?

불가능할 것이라던 그들의 말은 어쩌면 그들 스스로가 정해놓은 마음속 한계의 또 다른 표현이었을 지도.

육아휴직 중인 나와는 달리 휴가를 길게 낼 수 없는 토마스의 일정을 고려하여, 온 가족이 함께 하는 기간은 '캐나디안 로키'에서의 2주로 정하고 (회사에서 2주 휴가를 내준 것만도 감지덕지라 여기며 감사했다), 나머지 5주

캐나디안 로키 모레인 호수에서 펄럭이는 캐나다 국기

밴쿠버에서 야간 불꽃축제를 구경하기 위해 낮부터 잉글리시 베이로 향하는 시민들

는 나 혼자서 아이들과 함께 지내기로 했다.

그리고 이왕 떠난 김에 캐나다 서부 지역(밴쿠버-빅토리아)에서의 일정을 추가시켰다(마음 같아선 캐나다 전역을 둘러보고 싶었지만, 어린 아이들과의 여행에서 무리는 금물. 이동이 적을수록 서로가 편하다).

마지막으로 한 가지 분명히 해두고 싶은 건, 이 여행은 어디까지나 '나'를 위한 여행이라는 점이다.

물론 함께 떠나는 어린 아이들을 위해 장소 선정, 동선, 준비물 등을 충분히 고려하여 추진하긴 했지만, 그건 어디까지나 동행자에 대한 나의 배려 차원이었다. 이해 못하는 독자도 많으리라 생각한다. "굳이 저렇게까지 떠나야 했나?"라면서.

하지만 난 굳게 믿는다. '엄마가 행복해야 아이들도 행복하다'고. 따지고 보면 엄마가 아이들을 떼어놓고 혼자만 재미보고 오겠다는 것도 아니고, 하루 24시간 서로 껌 딱지처럼 달라붙어 삼시 세끼 챙겨가며, 지나친 자극이 되지 않는 선에서 여러 경험을 하고 오겠다는 것이 문제는 아니지 않은가. 또한 대부분의 사람들이 그렇듯, 성인이 되어서도 우리 아이들 나이 또래(당시 큰 아이가 생후 44개월,

작은 아이는 생후 20개월)의 일을 기억하는 이는 거의 없을 것이다. 물론 머리로는 기억하지 못해도, 우리가 함께 한 무수한 아름다운 추억은 가슴 속에 고이 남아 아이들의 인성과 정서의 자양분이 될 거라는 건 확신하지만…

때문에 아이들이 어리다는 핑계로 '나를 위한 여행'을 떠났다.

당연한 얘기지만, 여행은 완벽하지 않았다. 시작은 시행착오의 연속인데다, 전혀 우려하지 않았던 일들이 우리를 힘들게 만들었고, 아이들을 키우는 이상 어쩔 수 없이 겪어야 하는 육아 스트레스에서도 온전히 벗어나지 못했다. 그럼에도 불구하고 여행은 나를 실망시키지 않았다. 집에서보다 더 못 먹고, 더 못 자고, 더 고생스러웠음에도 몸과 마음은 더욱 건강해졌으며, 하고 싶은 일을 할 수 있다는 그 자체만으로도 나는 행복했다.

캐나디안 로키의 한 기념품점에서 발견한 워터 볼

'여행이 아이들에게 무리가 되거나 아이들의 성장을 방해하진 않을까?'라는 걱정 역시 여행이 끝나갈 무렵에는 까맣게 잊었을 정도로 아이들은 제 속도에 맞추어 쑥쑥 자라주었으며, 많은 경험을 통해 나만큼이나 강해져 돌아왔다.

지금으로부터 몇 해 전, 나의 삶을 빛내주었던 그 찰나의 기억들을 더듬어 본다.

프롤로그 / 4

여행준비 / 15

캐나다 일반 정보 / 여행 준비물 / 캐나디안 로키 여행 계획(실제 여행과는 약간의 차이가 있음)

 여행의 시작 / 20

아이들을 잃어버리다 / 모든 일엔 뜻 있는 법 / 아이들과의 여행은 시작부터 어려운가 봐 / 서부캐나다 캠핑여행 Tip! / 시차적응이란 어렵고도 험난한 법이야

 캘거리 (Calgary)

로키 캠핑을 위한 시차 적응기 / 36

덤으로 주어진 캘거리에서의 일주일 / 서부캐나다 캠핑여행 Travel Tip '캐나다의 시차' / 가슴 설렌 서부캐나다에서의 첫 번째 외출 / 인디언이 보이지 않는 '인디언 보호구역' / 서부캐나다 캠핑여행 Travel Tip '캐나다의 인디언 보호구역' / 잠시 들른 동네 공원에서 근심 안고 돌아오다 / 비록 여행 스타일은 다르다 하더라도… / 도심 숲에서의 편안한 휴식 '피쉬 크릭 공원' / 엄마, 캐나다는 언제 가?"라는 뜬금없는 질문 / "조금만 기다려, 리얼 캐나다를 보여주마!" / 서부캐나다 캠핑여행 Tip! '캘거리의 시내 교통 이용 방법' / 짧지만 강렬했던, 아이들과의 첫 번째 이별 / 오 글레르 마켓(Eau Claire Market) / 소신껏 행동하자! '올드 스파게티 팩토리' / 꿈결 같은 오후의 여유 '프린스 아일랜드 공원' / 프린스 아일랜드 공원(Prince's Island Park) / 낯선 여행지에서 말이 통하지 않는다는 건 / 감기바이러스 누나에게서 동생에게로 전이돼 / 하늘 위를 걷는 기분 만끽 '캘거리 타워' / 스티브 애버뉴 워크(Stephen Ave. Walk) / 캘거리 타워(Calgary Tower) / 어린아이 둘을 키운다는 건 정말로… / 어린 아이가 아픈 진짜 이유는 다른 데 있어 / 나만 몰랐던 캐나다에서 횡단보도 건너는 법 / 잠시 들렀던 마켓에서 그만 발이 묶이고 / 조슈아씨 가족과의 만남은 우연 아닌 필연! / 어딜 가나 가슴 탁 트이는 이곳 '캘거리 동물원' / 캘거리 동물원(Calgary Zoo) / 아빠를 만나러 가는 길 / 본격적인 캐나다 캠핑여행 위한 준비과정 / 서부캐나다 캠핑여행 Tip! '캠핑용품 잘 구입하는 방법'

 캐나디안 로키(Canadian Rocky)

광활한 자연 속 한 점이 되다 / 118

캐나디안 로키 여행에 유용한 기본 정보(렌터카 관련 유용 정보 · 캠핑장비 · 캠핑장 이용 시 주의할 점 · 국립공원(캠핑장) 예약 · 캠핑장 시설) / 불가능하다던 '어린 아이들과의 로키 캠핑여행' / 드디어 민박집을 떠나 로키로 향하다

3-1. 밴프(Banff) / 131

우리들의 첫 캠핑지 '터널 마운틴 빌리지' / 서부캐나다 캠핑여행 Tip! '텐트 칠 때의 체크 및 유의 사항' / 초보들의 캠프… 생각보다 쉽지 않구나! / 걱정의 70%는 결국 일어나지 않는 거예요! / 서부캐나다 캠핑여행 Tip! '로키에서의 피부 관리' / 한여름 산타 마을 온 느낌! '밴프 다운타운' / 밴프 다운타운의 볼거리 / 어린 시절 추억 · 영혼이 깃든 '미네완카 호수' / 미네완카 호수(Minnewanka Lake) / 그냥 지나쳐온 게 못내 아쉬운 '투 잭 레이크' / 시작은 좋았으나 끝이… '설퍼 산 곤돌라' / 설퍼 산 곤돌라(Mt. Sulphur Gondola) / 가시 박힌 손에 가시 박힌 마음이여! / 모름지기 아이의 마음을 무시한 결과란… / 이런 끔찍한 여행을 계속할 순 없지 않나… / 5분만 빨랐어도 참 좋았으련만! '버밀리언 호수' / 버밀리언 호수(Vermilion Lakes) / 아이를 키운다는 건 참으로 어려운 일이다 / 서부캐나다 캠핑여행 Tip! '캐나다에서 주유하기' / 산과 나무가 어우러진 절경 '보우 밸리 파크웨이' / 보우 밸리 파크웨이(Bow Valley Parkway) / 우렁찬 물소리에 잠 확 달아나다 '존스턴 캐넌' / 존스턴 캐넌(Johnston Canyon) / 모랜츠 커브(Morant's Curve)

3-2. 레이크루이스(Lake Louise) / 185

초보캠퍼에겐 숙소확보 중요 '레이크루이스 캠핑장' / 작은 상가단지, '레이크 루이스 빌리지' / 지나친 기대는 하지 않는 것보다 못한 법 / 레이크 루이스(Lake Louise) / 경험이 쌓여도 시행착오는 늘 존재하는 법 / 한밤중 잠결에 들려온 기차소리는 정겹기만 / '레이크 루이스'에서의 아찔한 카누 타기 / 그는 그 모습 그대로 한 결 같이 서 있는데 / 서로 달라도 배려마음씨 가득한 곳 '모레인 호수' / 모레인 호수(Moraine Lake) / 서부캐나다 캠핑여행 Tip! '손쉽게 만들어 먹을 수 있는 캠핑 요리' / 지퍼 하나로 자연과 통하는 신기한 집, 텐트 / 과연 누가 누구를 향해 도발한 것일까? / 로마에 가면 로마의 법을 따르는 법이지

3-3. 요호(Yoho) / 230
마음까지 청량해지는 '에메랄드 호수' / 에메랄드 호수(Emerald Lake) / 누구나 상황 달라도 집 떠나면 고생이지 / 내추럴 브리지(Natural Bridge) / '작은'이란 단어에 희소성 부여하자! '필드' / 서부캐나다 캠핑여행지서 만난 친구와의 인연 / 유독 일이 꼬이던 날, 또 한 번 폭발하고 / 가족여행 길에 숨어있던 전혀 예상 못한 복병 / 토마스는 진짜 어떤 사람일까 자못 궁금해져 / 자연 속 단체생활 통해 산교육 실천하다 / 그게 결국 까마귀들의 소행이었구나! / 국적은 달라도 엄마들의 마음은 같구나! / 서부캐나다 캠핑여행 Tip! '캐나다 캠핑과 우리나라 캠핑의 차이점'

3-4. 아이스필드 파크웨이(Icefield Parkway) / 265
캠핑도 좋지만 가끔은 안락한 잠자리가 그리워 / 아이스필드 파크웨이(Icefields Parkway) / 크로풋 빙하(Crowfoot Glacier) / 눔티자 로지(Num-Ti-Jah Lodge) / 아이들 덕분에 축복 누린 환상적 물빛 '페이토 호수' / 페이토 호수(Peyto Lake) / 발아래로 펼쳐진 괴이한 자태 '미스타야 협곡' / 미스타야 협곡(Mistaya Canyon) / 본격적으로 '아이스필드 파크웨이'를 즐길 순간

3-5. 재스퍼(Jasper) / 285
자연 속 깊이 들어선 곳 '휘슬러 캠핑장' / 완벽할 것 같았던 로키에 한 가지 흠이 있다면 / 미엣 온천(Miette Hot Springs) / 하루아침에 만들어질 수 없는 우월한 시민의식 / 서부캐나다 캠핑여행 Tip! '빨래방(laundromat) 이용 방법' / 아이스크림 가게 괴짜 사장 부부와의 대화 / 거대한 대자연 앞 할 말 잃어, 재스퍼 트램웨이 / 휘슬러 산(Mt. Whistler) / 산이 거기 있기 때문에(Because it is there!) / 대자연 앞에서 누구나 같은 마음일거야… / 캠핑 생활 중 적응하지 못한 것 딱 한 가지 / "매애애애~" 책에서만 보던 양을 실제 만난 환희 / 메디신 호수(Medicine Lake) / 영혼의 섬 향한 여정이여! '멀린 호수 크루즈' / '가족 재발견'의 선물 안겨준 '에디스 카벨 산' / 에디스 카벨 산(Mt. Edith Cavell) / 도대체 토마스 내면에 무슨 일 일어난 걸까! / 우리가 닮고 싶은 노년의 모습이란… / 토마스가 이상해진 진짜 이유를 알아채니 / 빙하지대 극한 추위 실감 '컬럼비아 아이스필드' / 컬럼비아 아이스필드(Columbia Icefield) / 마시면 만 년 젊어진다는 신비한 빙하수 / 처음 시작했던 곳으로 드디어 돌아오다! / 헤어지기 위한 준비, 다

시 캘거리로… / 서부캐나다 캠핑여행 Tip! '캐나다서 사용하던 캠핑장비 한국 반입 요령' / 아뿔싸, 공항 가는 길 도저히 찾을 수 없다!

 빅토리아(victoria)

현대 · 고전이, 문명 · 자연이 공존하는 여왕의 도시 / 366

늘 여유로운 마음으로 대하는 자세 견지하자 / 밴쿠버공항서 그만 아이들을 잃어버리다! / 늘 절감하지만 세상만사에 속 깊은 뜻이… / 빅토리아로 가는 도중에 천사 만나다 / 서부캐나다 캠핑여행 Tip! 빅토리아로 가는 방법 / 아이 둘과 함께 묵은 '오션 아일랜드 백패커스 인' / 오션 아일랜드 백패커스 인(Ocean Island Backpacker's Inn) / 세상 모든 건 내 마음먹기에 달려 있다 / 헤매본 길이 기억 속에 더 오래 남는 법 / 어린 시절 더욱 생생해진 '배스천 스퀘어' / 배스천 스퀘어(Bastion Square) / 맛있는 브런치 즐기자! '윌리스 베이커리 앤 카페' / 서부캐나다 캠핑여행 Tip! 음식 주문 시 참고사항 / 매사 머리가 나쁘면 몸도 고생하기 마련 / '캐나다 데이' 그 축제 속에 파묻히다 / 카드 분실 핑계 삼아 중도에 한국으로 돌아갈까 / 아침부터 예감이 좋지 않던 그날 운세 / 아가야, 엄마에게도 엄마만의 삶이 있단다 / 힘든 아이들 사이서 균형 유지하기 '곤충 동물원' / 모든 게 작은 나라 일색 '미니어처 월드' / 서부캐나다 캠핑여행 Tip! '빅토리아 서점 나들이' / 이상 · 현실 큰 괴리, 난 최악의 엄마가 되고 / 꽃으로 뒤덮인 현실 속 낙원, '부차트 가든' / 부차트 가든(Butchart Garden) / 사람이 모두 똑같을 수는 없을진대… / 내 아이를 진정으로 사랑하는 방법 / 키 큰 버스에서 시내관광 즐기기 '시티 투어 버스' / 엄격한 관람규칙의 고성(古城) '크레이다로크 성' / 크레이다로크 성(Craigdarroch Castle) / 빅토리아에서 쉽게 맛볼 수 있는 길거리 음식 / 육아 스트레스가 절정으로 치닫던 그 날 / 충동구매 기분에 들른 '더 페어몬트 엠프레스 호텔' / 애프터눈 티(Afternoon Tea) / 맛보다 우아함에 더 끌린 '애프터눈 티' / '비컨 힐 파크' 도보여행으로 지방 분해효과 / 비컨 힐 파크(Beacon Hill Park) / 우린 무엇을 위로받았던 걸까 '프리 허그' / 이별 아쉬움에 빅토리아에서 마지막 불면의 밤 / 벌써 10일이 지났다니, 빅토리아에서 밴쿠버로

차례

 밴쿠버

낯선 도시에서 다양한 경험을 하다 / 472

첫날, 지리감각 익히기 위해 무조건 걸어보다 / 살기 좋은 도시, 밴쿠버(Vancouver) / 캐나다 플레이스(Canada Place) / 둘째 날에 조금 더 멀리 걷다 '개스 타운' / 우연히 들른 홈리스 지역에서 위기일발 체험 / 차이나타운(Chinatown) / 차이나타운(Chinatown) / 밴쿠버 경찰 박물관(Vancouver Police Museum) 이모저모 / 미운 세 살, 엄마도 아이도 낯선 나라서 지쳐가 / 가이드북만 믿어선 안 되지 절감 '키칠라노' / 키칠라노(Kitsilano) / 마음씨 고운 사람들 덕분에 행복 '그랜빌 아일랜드' / 밴쿠버 미술관(Vancouver Art Gallery) / '나=사연 있는 여자'? 그건 전혀 아니지! / 도리어 '그=사연 있는 남자'였구나! / 스탠리공원 '밴쿠버 아쿠아리움'에서의 망중한 / 스탠리공원(Stanley Park) / 열대 우림 속, 아이는 어디로 사라졌을까 / 그럼에도 불구하고, 아이는 무럭무럭 자란다 / 도심 속 아름다운 섬 '스탠리 파크'에서 하이킹 / 여행하는 내내 아이들과 나는 한 몸이었지 / 잉글리시 베이(English Bay) / 하이 밴쿠버 다운타운 호스텔(Hi-Vancouver Downtown Hostel) / 호스텔의 또 다른 투숙객, 그 정체는 과연 누구 / 비록 캐나다 어디에나 쥐는 있다지만… / 아이들과의 여행 필수품이지만 부담스런 유모차 / '룩 아웃' 다녀오던 길에 거지의 위로 받아 / 하버 센터 타워(Harbour Centre Tower) / 아이들과 함께 가볼 만한 곳(사이언스 월드(Science World) · H.R. 맥밀란 스페이스 센터(H.R. MacMilan Space Centre) · 밴쿠버 해양 박물관(Vancouver Maritime Museum) / 내 마음을 흔들 '특별한 그 무엇' 어디 있나 / 다시 빅토리아로… / 반갑다, 빅토리아 다시 만나다니… / 그곳에서 아무 것도 하지 않을 자유 만끽하다 / 이제는 우리가 꿈에서 깨어나야 할 시간

에필로그 / 539

여행의 준비

캐나다 일반 정보

캐나다는 아메리카 대륙 북부에 있는 영국연방 국가로, 인구는 영국계(28%), 프랑스계(23%), 기타 유럽계(15%), 아메리카 원주민(2%), 아시아·아프리카·아랍계(6%), 혼혈(26%)로 구성되어 있다.

공용어는 영어와 프랑스어이며 공식적인 장소인 공항이나 도로 표지 등에 대부분 영어와 프랑스어가 같이 표기되어 있다.

통화는 캐나다 달러(CAD)이며 2016년 1월 현재 1CAD는 0.72USD이다.

여행 준비물

(캠핑 시 필요한 준비물은 '캐나디안 로키' 편을 참고)

▶▶ **여권**: 유효기간이 6개월 미만일 경우 입국 허가가 나지 않을 수 있으므로 유효기간을 반드시 확인(* 캐나다 비자 : 1994.5월 한국과 캐나다 양국이 체결한 비자 면제 협정으로 인해 6개월 미만의 단기 여행에는 비자가 필요 없다.)

▶▶ **국제운전면허증**: 현지에서 운전을 할 경우 필요

▶▶ **신용카드**: 신용카드는 결제수단뿐만 아니라 신분증명의 역할을 하므로 호텔 등에서 체크인을 하거나 렌터카를 대여할 경우 보증금을 따로 내지 않아도 된다. 캐나다에서 주로 통용되는 신용카드는 비자 VISA, 마스터 MASTER, 아메리칸 익스프레스 AMERICAN EXPRESS 등이다.

▶▶ 여권 복사본(2) · 여권 사진(2: 여권 분실 시 대비)

▶▶ 항공권

▶▶ 여행자보험(영문확인증)

▶▶ 현금

▶▶ 여행자 수표

▶▶ **호텔 바우처**: 호텔 예약의 경우

▶▶ **호스텔 예약증**: 호스텔 예약의 경우

▶▶ **유스호스텔 회원증**: 호스텔을 이용할 경우

▶▶ 휴대폰 · 카메라 · 메모리카드 · 배터리 · 충전 케이블 · 시계 · 손톱깎이 · 다용도 칼 · 체온계

▶▶ **약:** 종합감기약 · 소화제 · 해열제 · 지사제 · 진통제 · 소독약 · 밴드 · 해충 퇴치 스프레이 등
▶▶ **세면도구:** 비누(또는 클렌저) · 샴푸 · 린스 · 치약 · 칫솔 등
▶▶ **화장품:** 자외선 차단제는 필수(캐나다의 햇빛은 굉장히 강하다)
단, 100㎖ 이상의 액체류(화장품 포함)나 칼(손톱깎이 · 다용도 칼 등 작은 것 포함) 등은 기내 반입이 금지되어 있으므로 반드시 화물칸에 보내야 한다.
▶▶ 수건 · 물티슈 · 휴지 · 헤어드라이어 · 빗
▶▶ **의류:** 4계절에 따라 골고루(특히 로키의 경우 겨울점퍼는 필수) · 양말 · 속옷 · 모자 · 운동화(또는 등산화) · 샌들 · 수영복(온천 · 수영장 등을 이용할 경우) 등
▶▶ **우산:** 휴대하기 좋은 것으로
▶▶ **양념 등:** 현지에서 음식을 해먹을 경우(고추장 · 된장 · 식용유 · 참기름 · 쌈장 · 간장 · 설탕 · 고춧가루 · 소금 · 김 · 통조림 반찬 · 말린 미역 · 라면 · 봉지커피 등)
▶▶ 메모지 · 펜 · 돗자리 · 읽을 책(가이드북 등)
▶▶ **아이들과 함께 여행을 할 경우 챙겨야 할 것들:** 유모차 · 아이들 장난감(스티커 또는 색칠놀이 책 · 크레파스 · 색연필 · 종이 등) · 기저귀 · 아이들 간식(기내 또는 이동시)

캐나디안 로키여행 계획

(실제 여행과는 약간의 차이가 있음)

전날	캘거리 Calgary	렌터카 대여, 캠핑용품 구입
1일째	밴프 Banff	캠핑장(터널 마운틴 빌리지 Tunnel Mountain Village)
		밴프 다운타운 Banff Downtown
2일째	밴프 Banff	터널 마운틴 Tunnel Mountain 트레킹
		미네완카 호수 Minewanka Lake 드라이브
3일째	밴프 Banff	버밀리언 호수 Vermilian Lakes 산책 또는 자전거 타기
		휴식 또는 어퍼 핫 스프링스(온천) Upper Hot Springs
4일째	밴프 Banff	→ 레이크 루이스 Lake Louise
		보우 밸리 파크웨이 Bow Valley Parkway 드라이브
		존스턴 캐년 Johnston Canyon 트레킹
		캠핑장(레이크 루이스 Lake Louise)
5일째	레이크 루이스 Lake Louise	모레인 레이크 Moraine Lakes
		레이크 루이스 빌리지 Lake Louise Village
		페어몬트 호텔 Fairmont Chateau Lake Louise Hotel
6일째	요호 Yoho 국립공원	
7일째	레이크 루이스	곤돌라 또는 휴식
8일째	레이크 루이스	→ 재스퍼 Jasper
		아이스필드 파크웨이 Icefield Parkway
		캠핑장(휘슬러스 Whistlers)

9일째	재스퍼 Jasper	재스퍼 다운타운 Jasper Downtown
		재스퍼 트램웨이 Jasper Tramway
		피라미드 호수 & 패트리샤 호수 Pyramid Lake & Patricia Lake
10일째	재스퍼 Jasper	멀린 계곡 Maligne Valley 드라이브
		멀린 호수 Maligne Lake 크루즈
		미옛 온천 Miette Hot Springs
11일째	재스퍼 Jasper	카벨 메도우 Cavell Meadow 트래킹
		캠핑장(허니문 레이크 Honeymoon Lake
		또는 워터파울 레이크 Waterfoul Lakes)
		(컬럼비아 아이스필드 Columbia Icefield에 다녀올 경우)
12일째	휴식 또는 근처 산책	
13일째		→ 밴프 Banff
		컬럼비아 아이스필드 설상차 투어(이미 했다면 패스)
		캠핑장(터널 마운틴 빌리지 Tunnel Mountain Village)
14일째	밴프 Banff	→ 캘거리 Calgary
		렌터카 반납 및 호텔 휴식

밴쿠버 다운타운의 멋진 벽화가 그려져 있는 벽에 기대있는 한 남자

여행의 시작

진정 무엇인가를 발견하는 여행은,
새로운 풍경을 바라보는 것이 아니라
'새로운 눈'을 가지는 데 있다.
- 마르셀 프루스트 -

아이들을 잃어버리다

명색이 국제공항답게 '밴쿠버 국제공항'은 각 나라 사람들로 바글바글 넘쳐났다.

3층에 있던 우리는 빅토리아로 가는 버스 티켓 판매소가 위치한 1층으로 내려가기 위해 엘리베이터 앞에 섰다.

"드르륵"

엘리베이터 문이 열렸고, 나는 폭이 넓어 엘리베이터에 탈 때마다 좌우로 걸리곤 하던 유모차를 제일 먼저 문 안으로 밀어 넣었다.

그런 다음 트렁크와 가방을 안으로 밀어 넣으려는 순간, 엘리베이터 문이 순식간에 닫혀 버렸다.

"어? 어! 어!"

엘리베이터 문에는 동작 감지 센서가 설치되어 있지 않았는지, 급한 마음에 손과 발을 밀어 넣어 보았지만, 나의 굼뜬 동작을 비웃듯 문이 굳게 닫힌 엘리베이터는 아래로 내려가 버렸다. 버튼을 눌러보아도 아무 소용이 없었다.

'어떻게 하지? 아이들이 놀랄 텐데…'

당황한 나는 재빠르게 움직이려 했지만, 생각보다 쉽지 않았다. 1층으로 내려가는 에스컬레이터나 계단은 한참 떨어진 곳에 있었으며, 3층 높이에서 무작정 뛰어내릴 수는 없었다.

급히 옆 엘리베이터의 버튼을 눌렀지만, 매사에 여유로운 태도를 보이던 캐나다인들처럼 엘리베이터의 움직임도 지나치게 여유롭게만 느껴졌다. 급기야 저 아래로 내려가는 엘리베이터에선 엄마가 없음을 알아챈 어린 아이들의 울음소리가 울려 퍼지기 시작했다.

"으앙! 엄마! 엄~마~!"

머릿속은 점점 아득해졌고, 이러다 영영 아이들을 놓쳐버리는 건 아닌가 하는 불길한 느낌이 나를 강하게 조여 왔다. 다행히 종종거리며 기다리는 사이, 아이들을 태우고 내려가던 엘리베이터가 3층으로 올라왔고, 곧이어 엘리베이터 문이 열렸지만 아이들은 그 안에 없었다.

'아이들이 어떻게 내린 거지? 어떡하지?'

좁은 공간에선 이동이 쉽지 않은 쌍둥이 유모차, 게다가 안전벨트를 채워놓았기 때문에 아이들 힘만으로 유모차에서 내려 유모차와 함께 엘리베이터 밖으로 나갔을 리는 없다. 식은땀이 줄줄 흘러나오던 몸은 조금씩 떨리기 시작했고, 속으로 별의별 자책을 하며 급히 엘리베이터에 올라탔다.

그러나 내가 탄 엘리베이터가 내려감과 동시에 3층으로 올라가고 있는 옆 엘리베이터에서 어린 아이들의 울음소리가 울려 퍼졌고, 아니나 다를까 내가 1층에 도착했을 때, 아이들은 그곳에 없었다.

"젠장! 어떻게 된 거야?! 어떡해? 어떡해!"

아이들이 있는 3층으로 다시 올라가기 위해 벌벌 떨리는 손으로 엘리베이터 버튼을 정신없이 누르고 있던 그때, 한 인도 아가씨가 나에게 다가왔다.

"혹시 아이들을 찾고 있나요?"

"네!"

"걱정 마세요. 아이들은 저희 아버지가 보호하고 있어요. 당신을 찾으러 방금 전에 함께 3층으로 올라갔어요."

"아, 그래요? 감사합니다, 감사합니다!"

가장 필요한 순간 내 눈앞에 나타난 그녀는 마치 구세주처럼 느껴졌다.

'누가 아이들을 데려가면 어쩌나…'하는 끔찍한 생각까지 하고 있던 나는 다소 마음이 놓이긴 했지만, 아이들을 직접 만나기 전까지는 안심할 수 없었다. 인도 아가씨와 함께 엘리베이터를 타고 3층으로 올라왔다.

그러나 그곳에는 아이들이 없었다.

"어? 어떻게 된 거죠? 아이들이 없어요!"

"어? 아버지가 아이들을 데리고 옆 엘리베이터로 내려갔나 봐요. 같이 내려가 봐요."

또 다시 몸이 떨려왔다.

'이러다 아이들을 못 만나면 어쩌지… 괜히 이 먼 곳까지 데려와서 국제미아를 만들어 놓는 건 아닌가… 이 몹쓸 엄마가 도대체 아이들에게 무슨 짓을 한 걸까?'

정말로 미쳐버릴 것만 같았다. 게다가 조금 전까지만 해도 엘리베이터 바깥까지 쟁쟁하게 울려 퍼지던 아이들의 울음소리가 더 이상 내 귀에 들리지 않는다는 사실이 더욱 무섭게 느껴졌다.

'진짜로 아이들이 없어진 것은 아닐까?'

그렇게 엘리베이터 두 개를 번갈아 나눠 타고 아이들과 엇갈리기를 수차례, 아이들도 나도 거의 패닉 상태에 빠질 때쯤, 가까스로 우린 재회했다.

"엄마~!"

"윤아야! 민준아!"

내가 그 당시 울고 있었는지, 내 얼굴에 흐르던 액체가 단순히 땀방울이었는지, 아니면 땀과 눈물이 뒤섞였던 그 무엇이었는지 오랜 시간이 흐른 지금은 기억이 가물가물하지만, 지금도 선명하게 내 머릿속에 떠오르는 영상은 온 얼굴이 눈물과 콧물로 뒤범벅되어 애타게 나만을 찾던 우리 아이들, 엄마를 찾아주기 위해 생전 처음 보는 아이들을 데리고 1층과 3층을 정신없이 오르락내리락 거리던 친절한 인도 아저씨, 어느 샌가 달려온 밴쿠버 공항 관계자 두세 명, 그리고 우리 주위를 둘러싼 군중들…

"미안해… 엄마가 미안해… 우리 아기들… 엄마 때문에…"

밴쿠버 다운타운에서 조금만 걸어 나가면 마주할 수 있는 바다에서 즐거운 시간을 보내는 아이들

"엄마… 엄마 잃어버리는 줄 알았어. 으앙!"
"응. 엄마두… 정말 미안해… 정말루…"
그들은 아이들이 엄마를 찾아 다행이라는 말과 함께 서로 부둥켜안고 우는 우리를 바라보며 안도의 한숨을 쉬었고, 나는 감사의 인사를 잊지 않았다.

모든 일엔 뜻이 있는 법

잠시 후 정신을 차린 윤아가 말했다.
"엄마, 나 엄마 없어진 줄 알고 울었어."
"그래… 많이 놀랐지? 엄마도 우리 아기들 잃어버린 줄 알고 울었어."(워낙 정신이 없었기에 진짜로 울었는지 아니었는지 잘 모르겠지만, 정말로 울고만 싶었던 마음이었기에 울었다고 말해주었다)

그러자 아이의 얼굴이 갑자기 밝아졌다.

"진짜? 우리 잃어버리는 줄 알고 엄마도 울었어?"

"응…"

급기야 얼굴에 미소까지 띤다.

"엄마, 다시 한 번 말해봐. 우리 잃어버리는 줄 알고 엄마가 어땠다고?"

"응… 우리 아기들 잃어버리는 줄 알고 엄마도 울었어."

"진짜? 히히… 다시 한 번 말해 봐, 얼른~!"

"응. 엄마는 우리 아기들 너무너무 사랑하는데, 소중한 아기들을 잃어버릴까 걱정 되서 엄마도 울었어."

"내가 진짜 소중해?"

"그럼! 윤아가 엄마한테 얼마나 소중한 존재인데… 윤아는 이 세상에서 엄마가 제일 사랑하는 사람이잖아."

"정말이야?"

"그럼~"

"엄마, 아까 했던 얘기 다시 한 번만 해봐. 우리 잃어버릴까봐 어땠다고?"

무모하고 덜렁대고 바보 같은 엄마가 초래한, 다시 일어나서는 안 될 사건이었지만, 모든 일엔 뜻이 있는지 이번 일 역시 우리 모녀 사이에 작고도 큰 의미를 남겼다.

불과 3주일 전만 해도 캘거리의 민박집으로 향하는 버스 안에서 "나도 엄마의 관심을 받고 싶은데 엄마는 동생만 챙기는 것 같아

밴쿠버의 폴스 크릭 피셔맨 부두에서 바라본 밴쿠버 다운타운

속상해!"라며 울음을 터뜨리던 이 작은 아이의 상처받은 마음은 엄마의 사랑을 재차 확인하며 누그러지고 있었다.

아이들을 찾아 1층과 3층을 오르락내리락 하던 횟수보다 몇 배는 더 아이에게 원하는 대답을 반복해주고 나서야 아이는 만족스런 표정으로 대화를 그만두었다.

"엄마… 엄마…" 특유의 애교가 뒤섞인 어리광을 부리던 둘째아이는 엄마의 옷 속에 손을 넣고 엄마젖을 조몰락거리며 스스로 안정을 취했고, 나 역시 아직도 진정되지 않는 가슴을 달래려 두 아이를 꼬옥 끌어안아 본다.

토마스와 헤어진 지 삼십 분도 채 지나지 않아 이런 실수를 저지르다니!

한 달 남짓 남은 앞으로의 여행에선 좀 더 주의를 기울여야겠다는 각오를 새롭게 다져본다.

아이들과의 여행은 시작부터 어려운가 봐

3주 전, 우린 비행기를 타고 하늘을 날아 이곳 밴쿠버 국제공항에 도착했다.

어린 아이들과 함께 긴 시간 동안 비행기를 탄다는 건 결코 쉬운 일은 아니었다. 게다가 여행비를 아낀답시고 둘째 아이의 비행기 좌석을 구매하지 않았던 나는(24개월 미만의 유아는 공시운임의 10%만 내면 되나, 대신 좌석 지정이 되지 않는다. 단, 항공사마다 약간의 차이가 있다) 13시간이나 되는 비행시간 내내 아이를 안고 오느라 팔이 떨어져나가는 고통을 겪어야만 했고, 엄마 품에 움츠리고 있느라 자는 동안에도 몸을 맘대로 펴지 못했던 아이는 이따금 큰 소리를 지르며 불편함을 표현하곤 했다.

그러나 모든 건 지나가기 마련. 길고 지루한 비행이 끝나고 한국이었으면 쿨쿨 자고 있어야 할 그 시각, 우리는 밴쿠버 국제공항에 도착했다.

입국수속을 기다리는 사람들의 줄이 어찌나 길던지, 한참을 기다린 끝에 게이트에서 유모차를 받아 아이들을 태우고 오느라 제일 늦게 합류한 우리가 수속을 밟으려면 한 시간은 족히 걸릴 듯하다.

그때였다. 누군가가 나에게 다가와 아이들을 가리키며 물었다.

"당신의 아이들인가요?"

그렇다고 답을 하자 그는 우리를 옆줄로 데려갔고, 긴 행렬을 이루고 있는 다른 데스크들과는 달리 우리가 선 데스크엔 줄을 선 사람이 아무도 없었다.

'어린아이와 같은 사회적 약자를 배려하는 선진국이라더니, 역시 다르긴 다르구나!'

감탄을 하며 입국심사관 앞에 섰다.

"당신과 아이 둘만?"

"네."

"남편은요?"

"한국에 있어요."

"흠… 어디서 머물 건가요?"

급히 민박집에서 보내준 팩스를 내밀었다(민박집 주인은 이 팩스만 있으면 무사통과될 것이라 말했었다). 그러나 심사관은 흡족하지 않다는 표정을 지으며 물었다.

"캐나다는 처음인가요?"

"네."

"어디를 방문할 건가요?"

"밴쿠버, 빅토리아, 캘거리, 캐나디안 로키요."

"어디서 머물 건데요?"

"음… 민박집, 호스텔, 캠핑…"

"이 아이들과요?"

"네."

심사관의 표정이 더욱 굳어졌다. 그는 어깨를 으쓱하더니 고개를 갸우뚱하며 한숨을 쉬듯 내뱉었다.

"음…"

밴쿠버 잉글리시 베이에서 물놀이를 즐기는 아이들

그 순간, 이런 상황에 대비하여 서류를 준비해왔다는 사실이 문득 떠올랐다.

"아! 여기 영문 주민등록등본이…"

그러나 영문 주민등록등본 역시 심사관의 마음을 흡족하게 해주지는 못하는 것 같다.

"참! 남편 동의서도 있어요!"

여행 전, 여기저기 알아보며 만반의 준비를 했던 나는 「부모 중 일방이 아이들과 캐나다를 방문할 땐 '배우자동의서'가 필수」라는 걸 알고 토마스가 직접 사인한 동의서를 준비해왔으면서, 자칫 잊어버릴 뻔했다(배우자동의서 양식은 캐나다 관광청 공식 홈페이지에서 찾을 수 있다). 마지막으로 남편 동의서를 내밀자 심사관은 그제야 입국 허가 스탬프를 쾅쾅 찍으며 우리의 입국을 허가해주었다.

"Thank you!"

심사관은 말없이 고개를 끄덕였고, 우린 드디어 캐나다에 첫발을 디뎠다.

서부캐나다 캠핑여행 Tip

여행 중 만났던 한국 아이엄마들의 말에 의하면, 바로 이곳, 우리가 입국 심사를 받던 밴쿠버 국제공항 입국장에서 배우자동의서 없이 아이들만 데리고 입국하려다 입국을 거부당하여 펑펑 울며 돌아갔다는 경우도 있었고, 언어가 통하지 않아 요청한 통역사(interpreter)의 딱딱하고 건방진 말투와 태도에 기분이 몹시 상했지만 행여나 큰소리치다 입국을 거부당할까 걱정되어 꾹 참아야 했다는 경우도 있었다.

따지고 보면 6개월 간 무비자 입국을 허용한다는 외교협정까지 맺어놓고, 단 몇 개월간의 짧은 여행에 아이의 부모 중 일방만 있다는 이유로 입국을 거부한다는 것이 기분 나쁘고 이치에 맞지 않아 보일 수 있겠지만, 「로마에 가면 로마의 법을 따르라」는 옛말처럼 그 나라에 가기 위해선 조금 더 알아보고 준비하여 그곳의 법에 따라주는 것이 일을 가장 순조롭게 진행할 수 있는 방법 아닐까?

캐나디안 로키에서부터 캘거리로 이어지는 물줄기. 강물 바닥이 말라 있는 이유는 무엇일까.

② 캘거리(Calgary)

로키 캠핑을 위한 시차 적응기

여행은 언제나 돈의 문제가 아니라
용기의 문제다.
- 파울로 코엘료 -

덤으로 주어진 캘거리에서의 일주일

 이번 여행의 주(主) 목적지는 '캐나디안 로키'였다.
 따라서 애초에 밴쿠버 ↔ 로키의 경유지 정도로 여겼던 캘거리에서의 예상 체류기간은 길어야 이틀, 아니면 하루?
 스탬피드 Stampede(매년 7월 둘째 주에 시작해 약 10일간 펼쳐지는 캘거리의 대표적인 카우보이 축제) 기간도 아닌 시기에 굳이 캘거리에서까지 오랜 시간 머물 필요는 없다는 게 내 생각이었다.
 그러나 토마스의 회사에 갑작스레 중요한 일이 생기는 바람에 우리의 여행계획이 살짝 틀어져버렸다. 어쩔 수 없이 일주일 늦게 여행을 시작해야 하는 토마스와, 미처 항공일정을 변경하지 못한 우리 셋.

'로키에 먼저 도착하여 토마스를 맞이하면 어떨까?'라는 생각도 해보았지만, 다른 곳은 몰라도 로키에서만큼은 온가족이 함께 하고 싶다는 마음에, 우리 셋은 토마스가 여행에 합류할 때까지 캘거리에 머물러 있기로 했다.

그렇게 생각지도 않게 일주일간의 캘거리 여행이 덤으로 주어졌지만, 숙박비가 저렴하면서도 교통편이 원활한데다 룸 컨디션이 나쁘지 않은 숙소를 찾던 나의 준비 작업이 조금 더뎠던지, 막상 예약을 하려고 보니 미리 점찍어 두었던 호스텔은 이미 예약이 꽉 차 우리가 묵을 방이 없었다(예상보다 캐나다의 물가가 높아, 장기간 여행에 호텔 같은 고급 숙박업소는 비용 면에서 부담스러웠다).

저마다 여행을 즐기는 방법은 다르겠지만, 나의 여행스타일은 '그 나라에 갔으면 최대한 그 나라를 느껴보고 오자'였기에 그동안의 여행에서 한국음식점, 한국인 민박, 한인마트 등은 되도록 피하려 노력해왔다.

그러나 호텔도, 호스텔도 여의치 않게 되자 별다른 선택의 여지가 없는데다, 인터넷을 통해 우연히 알게 된 한인 민박집 주인과의 통화에서 왠지 모를 신뢰감이 느껴져, 캘거리에서만큼은 한인 민박집에서 생활하기로 결정하게 되었다.

결과적으론 어쩔 수 없는 상황 때문에 나의 여행 철학을 일부 포기해야 했지만, 지나고 나니 '보이지 않는 어떤 힘이 우리를 그곳으로 이끌어준 것은 아니었을까?'라는 생각이 들 정도로 우린 그곳에서 참으로 많은 도움을 받았다.

캘거리 공항 착륙 후 바라본 공항 전경

캘거리에서의 일주일은 이번 여행에서 가장 힘들고 길게 느껴졌던 시간이었다. 언어가 통하고 정(情) 많은 민박집 주인, '조슈아'씨 가족이 없었다면 그 괴로웠던 일주일을 어떻게 보냈을까.

여행을 떠나기 바로 전 날, 밖에 나갔던 큰아이가 어디선가 덜컥 감기를 옮아왔다.

최상의 컨디션으로 여행을 시작했다면 더할 나위 없었겠지만, 미리 병원에서 지어온 약이 있어 큰 걱정은 하지 않았다. 출발할 때까지만 해도 아이의 컨디션은 그럭저럭 괜찮았다.

비행기 안에서도 별다른 증상을 보이지 않았으며, 조슈아씨의 민박집에 도착한 다음에도 아이는 이따금 코가 막힌다는 표현을 하거나 간혹 콧물을 조금씩 흘릴 뿐이었다.

감기보다 더 큰 문제는 시차적응이었다. 여행을 위해선 당연히 거쳐야 할 단계이지만 하룻밤 사이에 뒤바뀌어버린 시간대에 적응을 하라는 건 생체 리듬 상 힘들 뿐더러 아이들 상식으로도 이해가 되지 않는 일이었다. 나는 여행만 떠나오면 없던 에너지도 생기는 타입이라 며칠 동안 잠을 못자는 것쯤은 별다른 문제가 되지 않았지만 아이들은 그렇지 않았다.

또한 어린 아이들일수록 모든 일에 있어 어른보다 더 많은 시간과 준비과정이 필요했다. 다행히 로키로 출발하기까지는 일주일이라는 시간이 남아있었다.

서부캐나다 캠핑여행 Tip

'캐나다의 시차'

캐나다는 동서로 긴 국토를 갖고 있는 나라로 동부와 서부의 시차만 해도 6시간이나 벌어진다.

우리가 주로 여행한 서부 지역의 시차는 한국과 16시간 차이였다.

▶ 태평양 표준시각: 밴쿠버 등을 포함한 서해안에서 로키 산맥 전까지의 브리티시컬럼비아 주, 북위 60°~70°에 이르는 최서단 지역까지 적용 / 우리나라와는 17시간 차이가 나고 서머타임 적용 시에는 16시간 차이가 난다.(즉 우리나라가 화요일 24:00라고 하면 캐나다의 이 시간이 적용되는 지역은 월요일 07:00〈서머타임이 적용되면 08:00〉가 되는 셈)

▶ 산악 지대 표준: 로키 산맥 동쪽 일대와 서스캐처원 주의 절반 정도에 해당하는 지역에 적용! 우리나라와는 16시간의 시차, 서머타임 적용 시 15시간 차이

▶ 그 외 중부 · 동부 · 대서양 · 뉴펀들랜드 표준시각 등이 있음

시차적응이란 어렵고도 힘난한 법이야

"아니야! 아니야!"

새벽 3시를 조금 넘긴 시각, 작은 아이의 날카로운 잠꼬대 소리에 눈이 번쩍 떠졌다.

'모두 자고 있을 텐데!'

악몽을 꾸었는지 심하게 울며 소리를 지르는 아이를 진정시키기 위해 방안을 환하게 밝히자 아이는 언제 그랬냐는 듯 일어나 놀기 시작했고, 동생의 노는 소리에 윤아 역시 잠에서 깨어났다.

지난 밤, 저녁식사를 마치고 일찌감치 잠자리에 든 아이들을 흐뭇한 눈길로 바라보며, '혹시 우리 아이들은 캐나다에 도착한 지 하루도 안 되어 시차 적응을 끝낸 걸까?'라고 생각했던 건 나의 착각이 분명했다.

한참을 신나게 놀다 배가 고파진 아이들은 한국에서부터 가져온 치즈와 밴쿠버 공항에서 구입해 마시다 남은 생수를 먹었는데, 아이들이 물을 찾는 횟수에 비해 그 양이 턱없이 적었던 생수는 금세 동이 나버렸다. 건조한 기후 때문인지 아이들뿐만 아니라 내 입도 바짝바짝 말라온다.

"잠깐만 기다려. 엄마가 1층 부엌에 가서 정수기 물 받아올게."

다른 사람들이 깨지 않도록 조용히 아래층 부엌으로 내려간 나는 서둘러 정수기에 컵을 댔지만, 매사에 여유를 자랑하는 캐나다답게 정수기 역시 거르는 속도가 느리고 물줄기가 약하다. 한 컵 가득 물을 받아가기가 어찌나 오래 걸리던지, 조마조마한 마음으로 하염없이 물을 받고 있자니 아이들의 재촉하는 소리가 온 집안에 울려 퍼진다.

하는 수 없이 컵을 조금씩 채워가며 아래위를 수차례 오르락내리락 거렸지만, 아이들의 타들어가는 목을 적셔주기엔 턱없이 부족한 양이었고, 얼마 후엔 정수기의 물도 바닥을 보이기 시작했다.

"으엉~! 엄마~! 무~울!"

어린 아이는 기어이 울음을 터뜨리고 만다.

"쉿! 민준아! 아직 새벽이라 다른 사람들은 다 자고 있단 말야!"

아이를 달래 보았지만, 원하는 만큼의 양이 제 목을 적셔주지 않는다면 아이는 계속 울 것이었다.

'이른 새벽, 생수를 파는 곳은 어디에 있을까? 아니야. 그렇다고 새로운 환경에 낯설어하는 아이들을 떼어놓고 혼자 생수가게를 찾아 나설 순 없잖아?'

딱히 별다른 방법이 떠오르지 않았던 나는 우리 방에 딸린 작은 부엌 싱크대로 가 수돗물을 콸콸 틀어 한 컵 가득 물을 받아왔다. 아이들은 몇 번이고 수돗물을 마셔댔다. 처음엔 좀 걱정이 되었지만, 아이들의 안색이 환해지자 마음이 점점 놓인다. 덩달아 목이 탔던 나도 아이들을 따라 수돗물을 벌컥벌컥 마시다 보니 맛은 오히려 생수보다 더 좋은 것 같다.

그동안 여행했던 많은 곳에선 '절대 수돗물을 마셔서는 안 된다'는 경고를 들었지만, 캐나다에서도 그래야 한다는 말은 들어본 기억이 없다.

'캐나다는 환경이 깨끗한 나라니까 괜찮겠지…'라고 스스로를 안심시켜 본다.

바뀐 환경에 적응하느라 이래저래 많은 에너지를 필요로 했던 아이들은 닥치는 대로 이것저것 먹고 놀다 아침 8시경 다시 잠이 들었다. 낮과 밤이 완전히 뒤바뀌어버린 우리의 하루.

'언제쯤 시차에 적응할 수 있을까?' 혼자서 걱정을 하던 나 역시 스르르 감기는 눈을 주체하지 못하고 잠이 들어 버린다.

캘거리 시어스(SEARS) 쇼핑몰 안에서 광고판을 바라보는 아이들 / 캘거리의 피쉬 크릭 파크에서 애완견과 함께 조깅을 하는 한 시민

가슴 설렌 서부캐나다에서의 첫 번째 외출

오후 세 시. 마냥 집 안에만 있다간 시차적응이 더 힘들어질 것 같단 생각에 늘어지는 몸을 억지로 일으켜 아이들과 함께 나가 근처 대형마켓 '세이프 웨이(Safe Way)'에서 장을 봐왔다.

그런데 잠깐의 외출 이후 발개진 얼굴로 콜록콜록 기침을 해대는 윤아를 보니 아무래도 감기가 더 심해진 것 같다.

저녁땐 조슈아씨가 동네 구경을 시켜주겠다고 했는데… 여름이란 계절이 무색할 정도로 추운 날씨에 컨디션이 좋지 않은 아이를 자꾸 데리고 다니기가 꺼려져 망설이고 있던 차에, 고맙게도 조슈아씨의 늦둥이 아들 재원이가 윤아와 함께 집에 남아있겠다고 자청해주었다.

캘거리의 피쉬 크릭 파크에서 만난 다람쥐

가족이나 친척집이 아닌 다른 집에 아이만 놔두고 다녀본 적이 없어 '과연 아이가 잘 있어줄까?' 걱정이 되긴 했지만, 또래친구가 마음에 들었는지 윤아도 선뜻 승낙을 한 데다, 대중교통만 이용해야 하는 내가 누군가의 도움 없이 인디언 보호구역에 간다는 건 굉장히 어려운 일이었으므로, 이번이 아니면 다시는 기회가 오지 않을지도 모른단 생각에 민준이와 나는 조슈아씨의 안내를 받아 인디언 보호구역 구경에 나섰다.

민박집 주인, 조슈아씨는 오래 전 한국의 고등학교에서 사회과목을 가르치던 교사였지만, 여행을 통해 처음 만났던 캐나다에 매료되어 한국생활을 과감히 접고 캐나다에 정착한 이민 1세대였다. 대다수의 이민자들이 그렇듯 이민 초기에는 낯선 타국에서 꽤 힘든 생활을 하였던 것 같지만, 이제는 캘거리에서 시작한 사업도 제법 자리를 잡았으며, 가족들과 함께 마련한 보금자리는 유학생이나 여행자들의 쉼터로 제공하고 있었다.

부부금슬이 좋은 조슈아씨 부부는 몇 년 전 늦둥이를 낳았는데, 윤아 또래의 그 아이는 우리가 민박집에 머무는 내내 아이들의 좋은 친구가 되어주었다. 매사에 호기심이 많고 기억력이 좋은 조슈아씨는 직업이 가이드라 말해도 믿을 만큼 손님들을 차에 태우고 캘거리 이곳저곳을 다니며 스스로 안내자 역할을 해주었고, 그의

캘거리 다운타운 전경

부인은 아이들 때문에 늘 분주한 나에게 김치·미역국·계란찜·나물무침 등 한국음식을 만들어 주시곤 했다.

인디언이 보이지 않는 '인디언 보호구역'

우리가 흔히 '인디언'이라 부르는 그들은 실제 '인디언'이란 호칭을 싫어한다고 한다.

"그럼 뭐라고 불러야 해요?"라는 나의 질문에, 경상도 사투리가 구수하게 섞인 말투의 자칭 '오늘의 인디언 보호구역 가이드' 조슈아씨가 대답한다.

"인디언이란 말 대신 '퍼스트 네이션(First Nation)' 또는 '투슈 티나(Tsuu T'ina)'라고 해야 한다."

"함 들어가 보자!"

인디언 보호구역의 입구 및 내부 곳곳에 설치된 안내판에는 '허가된 차량 외 출입 금지'라는 영어문구가 선명하게 쓰여 있었지만, 모험심 넘치는 조슈아씨는 괜찮다며 차를 몰고 구역 안으로 들어가기 시작하더니, 끝이 보이지 않는 길을 겁 없이 달리기 시작했다.

나 역시 '그동안 책이나 영화에서만 봐왔던 인디언의 실제 모습은 어떨까? 현재 그들은 어떻게 살고 있을까?' 궁금한 마음에 가슴을 두근거리며 열심히 창밖을 살폈다.

그러나 말로만 '인디언 보호구역'이라고 해놓았을 뿐 실제 인디언들은 이곳에 살고 있지 않은 것인지, 아니면 '진짜 인디언'은 외부인이 찾기 어려운 자신들만의 공간에 숨어 모습을 비추지 않는 것인지, 이 광활한 평야엔 보이는 이 하나 없었다.

캘거리 시내 교차로의 유모차

그러다 문득 "이곳에 허락 없이 들어와, 외부인에게 적대적인 태도를 보이는 인디언의 심기를 거슬렀다간 그들의 총에 맞아 쥐도 새도 모르게 사라질 수 있다"는 말이 우리들 사이에 떠돌자, 평소 대담한 편에 속하던 나까지도 점점 불안해지기 시작했지만, '오늘 한 번 끝장을 내보자!'라는 듯 조슈아씨의 호기심은 멈출 줄을 몰랐다. 이제 그만 돌아가자는 부인의 만류에도 "길이 어디까지 이어져 있는지 한 번 봐보자. 나도 이렇게 깊이 들어와 보긴 첨이다."라는 답변뿐이었다.

그러나 20분이 지나도, 30분을 더 가도, 끝없이 펼쳐진 들판에 이따금 집 한 채씩 드문드문 놓인 지루하고 변함없는 풍경이 계속되자 조슈아씨는 점차 흥미를 잃었는지 우리에게 물었다.

"이만 차를 돌릴까요?"

질문과 동시에 일제히 고개를 세차게 끄덕거리는 걸 보니, 모두가 같은 마음이었나 보다.

 서부캐나다 캠핑여행 Tip

캐나다의 인디언 보호구역

캐나다 정부는 인디언 조약을 맺고 그에 따라 원주민들이 살아갈 수 있는 보호구역을 지정, 정부보조금을 지급하고 있다(캐나다는 원주민 세 집단: 인디언, 이누이트, 메이티 – 을 인정한다). 1982년 헌법 제정 당시에는 '인디언(Indians)'이라는 명칭을 썼지만, 현재는 선주민을 의미하는 '퍼스트 네이션(First Nations)'이라는 명칭을 사용한다. 이들 원주민은 2001년 인구 조사에서 전체 인구의 3.3%인 976,305명이 집계되었다.

잠시 들른 동네 공원에서 근심 안고 돌아오다

캘거리에 머물며 보고 들은 얘기지만, 캐나다 역시 전 세계적으로 문제가 되고 있는 '이상기후'를 피해갈 순 없었나보다. 때문에 여름으로 넘어갈 무렵의 캘거리는 몹시 추웠으며, 여느 때와 달리 비도 많이 내렸다.

그러나 어둡고 흐린 건 날씨 탓이라 해도, 오는 길에 들른 한 공원의 분위기는 뭔가 스산한 게 메마르고 비어있는 느낌이 들었고, 이는 내가 그동안 생각해오던 공원의 이미지와는 사뭇 달랐다.

작은 보트들이 뱃머리를 맞대고 모여 있는 얕은 언덕을 내려가자 아래쪽으로 굽이굽이 패인 길이 나왔다. 길 형태를 봐선 물이 지나던 자리 같은데, 가까이 가보니 땅이 모두 말라 있다.

"어? 저긴 강이 있던 자린데?"

조슈아씨와 우리는 고개를 갸우뚱거리며 주변을 둘러보았지만 딱히 물길이 말라버린 이유를 알 순 없었다. 어차피 볼 것도 없고 날도 추우니 이만 돌아가자는 부인의 말에도 갑자기 생긴 궁금증을 참지 못하겠는지, 조슈아씨는 "잠깐만 기다려봐라. 내 함 물어보고 올께."라는 말과 함께 공원 관리사무소 앞으로 가 출입문을 기웃거리기 시작했다. 잠시 후 공원관리자 한 명이 나타났고, 기어이 물음에 대한 답을 얻어온 조슈아씨는 걱정스런 얼굴로 말을 이었다.

"여기 물은 로키에서부터 내려오는 물인데, 로키에 큰 비가 두 번 내려 빙하가 많이 녹았단다. 그 때매 아마 엄청난 물이 쏟아져내려올 거고, 그렇게 되면 여기 일대가 모두 물에 잠기지 않겠나. 그래서 강물이 흘러내려오는 수문을 잠가놨다고 한다. 윤아 엄마 로키 어떻게 가노? 여기가 물에 잠길 정도면 거기도 엄청날 텐데."

조슈아씨의 말을 듣자, 가슴이 철렁 내려앉을 것만 같았.

'엄청난 양의 빙하가 녹아내렸다니, 혹시 로키산맥이 쑥대밭이 된 건 아닐까? 캐나디안 로키를 위해 여기까지 온 건데, 우리의 여

행은 어떻게 되는 거지?'

걱정이 된 내가 물었다.

"어… 어떡하죠? 저희는 꼭 로키산맥에 가야하는데요?"

"근데 엄청난 비가 두 번이나 왔단다. 그쪽 상황은 봐야 알지. 쫌만 기다려봐라. 내가 뉴스보고 확인해 줄께. 참, 우리도 며칠 뒤에 거기 다녀올 건데. 우리가 가보면 확실하게 알 수 있을 거다."

사흘 뒤 조슈아씨 가족은 친척들과 함께 로키 일대로의 짧은 여행을 다녀올 예정이었다.

'캘거리에 있는 사람들의 말을 듣는 것보단 직접 다녀온 사람의 말을 듣는 게 가장 정확하겠지?'

확실한 내용을 알기 전에 걱정부터 하는 건 정신건강에 좋지 않을 것 같아 조바심을 내지 않으려 해보지만, 마음속 깊은 곳 불안감까진 어찌하지 못하겠다.

인디언 보호구역에서의 조마조마한 드라이브와 허무한 공원구경을 마치고 돌아오니, 집에 남아있던 두 아이가 반가운 얼굴로 우리를 맞이한다.

처음 보는 친구와 낯선 집에서 엄마 없이도 잘 지낼 수 있다니… 불과 얼마 전만 해도 엄마와 떨어지지 않겠다고 울고불고하는 바람에 늘 곁에 데리고 다녀야만 했던 어린 아이가 나도 모르는 사이에 많이 성장한 것 같아 새삼 놀랍다.

비록 여행 스타일은 다르다 하더라도…

오늘도 새벽에 일어났다 아침에 다시 잠이 든, 낮과 밤이 영락없이 뒤바뀌어버린 모습으로 하루를 시작했다.

늦은 오후, 이대로 집안에만 있다간 죽도 밥도 안 될 것 같아 일단 나가보기로 마음을 먹었지만, 왠지 느낌이 이상하여 윤아의 이마를 만져보니 뜨끈뜨끈하다.

스무 시간 이상을 좁은 방 안에만 갇혀 있었으니 가벼운 외출은 오히려 아이의 컨디션 회복에 나을 법도 한데, 비가 오락가락 하는 추운 날씨라 아픈 아이를 데리고 나가기가 영 망설여진다.

캘거리 프린스아일랜드 공원 놀이터에서 그네 타는 윤아

'어떻게 하면 좋을까?' 고민하던 차에 오늘도 길 안내를 해주겠다는 자칭 가이드, 조슈아씨의 제안에 우리 셋은 차를 얻어 타고 바깥 구경에 나섰다.

사실 조슈아씨의 안내를 받으며 다녔던 여행 코스나 방식은 기존의 나의 여행스타일과는 많은 면에서 달랐다.

나는 편하게 누군가의 도움을 받아 이곳저곳을 휙 둘러보는 데 그치는 '관광'식의 여행을 좋아하지 않았다. 다소 힘들더라도 직접 내 발과 의지로 목적지를 향해 가는 걸 좋아했고, "자! 삼십 분 드

캘거리 다운타운 한복판의 유모차

릴 테니 그동안 싸악~ 둘러보고 모이세요!"라는 식의 가이드 여행을 지독히 싫어했다.

단 1분이든, 하루 종일이든, 내가 있고 싶은 만큼 있어야 했으며, 내가 가고 싶은 목적지 또한 한국에서도 흔히 볼 수 있는 쇼핑몰 같은 곳은 아니었다.

그러나 아무리 민박집 투숙객이라지만, 계약사항에도 없는 길안내와 차량 제공에, 아이들의 유모차까지 자처하여 밀어주는 자상한 조슈아씨를 보며 내 여행스타일은 잠시 접어두어야 했다. 아니, 그래야만 할 것 같았다.

차를 타고 한참 동안 캘거리 곳곳을 돌아보던 우리는 '시어스(Sears)'라는 쇼핑몰에 도착했다.

오래 전 한국을 떠나온 조슈아씨는 한국이 얼마나 급속도로 발전했는지를 알지 못하는 듯 선진 문물로서의 캐나다 쇼핑몰을 구경시켜 주었지만, 사실 백화점이나 쇼핑몰 등은 한국의 것이 오히려 더 세련되고 나은 점도 있어 캐나다의 브랜드나 트렌드 등을 살피는 데 중점을 두고 둘러보았다. 다만, 어린 아이들을 키우는 부모의 입장에서 보았을 때 이곳은 선진국답게 영유아를 위한 시설이 돋보였다.

비교적 이전에 지어진 시설임에도 남여 화장실과는 별도의 가족 화장실이 설치되어 있어 아이들과 동행하는 가족들의 화장실 이용이 훨씬 수월했으며, 쇼핑몰 곳곳에 마련되어 있는 무료 놀이시설은 쇼핑시간을 지루해하는 아이들을 위한 배려 같아 고맙게 느껴지기까지 했다(우리나라 역시 영유아를 위한 시설이 증가하는 추세이며, 최근에 지어진 쇼핑몰 등은 이곳과 같은 복지시설의 대부분을 충족하고 있긴 하지만, 그럼에도 이곳이 앞서가는 곳이라는 것에 의의를 둘 필요는 있다고 생각한다).

아이들은 어린이 전용 놀이시설에서 더 많은 시간을 보내고 싶어 했지만, 다른 일행과 함께였으므로 우리가 하고 싶은 대로만 할 순 없었기에 아이들을 달래어 다른 장소로 향했다.

도심 숲에서의 편안한 휴식 '피쉬 크릭 공원'

캐나다는 땅덩어리가 워낙 넓어서인지 마을 곳곳이 공원 천지였다. 또한 대도시 중심가에서 벗어날수록 녹지면적은 더욱 넓어져, 어느 집에서나 밖으로 조금만 걸어 나오면 곧바로 공원 산책이 가능할 정도였다.

공원 하나의 크기는 우리나라의 대형 놀이공원 부지만하다고 할까? 더 넓다고 해야 할까? 언뜻 봐서는 정확한 크기를 가늠할 수 없을 정도로 어마어마하게 넓었다.

다닥다닥 붙어있는 아파트, 상가, 백화점, 쇼핑몰, 작은 운동장이 딸린 학교, 어쩌다 하나씩 드문드문 보이는 좁은 면적의 공원… 이미 이런 것들에 너무나 익숙해져 있는, 회색 도시에서 나고 자란 우리에게 이곳은 그저 동경의 대상이었다. 게다가 가끔씩 사슴들이 집 앞 마당으로 산책을 나오기도 한다는 조슈아씨의 설명에 우리의 기대감은 더욱 커져만 갔다.

오늘도 날씨는 비록 어둡고 스산했지만, 공원 안으로 들어가자 이내 울창한 초록 숲이 하늘을 뒤덮었고, 콧속으로 들어오는 진한 흙냄새와 풀 향기에 온몸이 깨어나는 느낌이다. 주택가에서 조금만 벗어나면 이런 대자연 속으로 들어올 수 있다니… 그저 놀라울 뿐이다.

으슥한 곳이 많아 범죄의 온상지가 되지는 않을까 걱정이 되어 물어보았지만, 지금껏 살아오면서 이런 곳에서 큰 범죄가 일어났다는 사실은 듣지 못했으며 겪은 사실 또한 없다는 대답이 자신 있게 돌아온다.

심지어 조슈아씨의 딸은 질풍노도의 시절, 밤 11시만 되면 양 귀에 이어폰을 끼고는 한 시간 이상씩 이 공원을 한 바퀴 돌며 조깅을 하는 것으로 참을 수 없는 내면의 무언가를 풀곤 했으나 우려할 만한 일은 전혀 없었다고 한다.

나 역시 자식을 키우는 입장이므로 이런 주제는 그냥 지나칠 수 없다.

"우와…! 그렇게 늦은 밤에요? 걱정되지 않으셨어요?"

내가 묻자, 당시의 기억을 회상하며 조슈아씨의 부인이 답한다.

"당연히 걱정됐지… 아무리 치안이 안전한 곳이라고 해도 그 껌껌하고 늦은 밤에 그것도 딸내미가… 그래도 워낙 예민한 시기라 그냥 놔둬 보았지. 그렇지만 저렇게 잘 커주었고, 이젠 예전 같지 않아."

 하긴… 사춘기 시기엔 어떤 방식으로든 내면의 들끓는 에너지를 방출해주어야 하며 저마다 그 시기나 과정은 다르겠지만, 이런 자연 속에서의 산책이 그 방법이라면 흔히 '탈선'이라 불리는 다른 행동들보다는 훨씬 나은 것 같다.

 한마디 덧붙여, 이 나라에서 가장 위험하다고 여겨지는 사람들은 다름 아닌 노숙자들이라고 한다. 그들의 언어로 말하자면 '홈리스(homeless)'.

 홈리스들은 종종 술이나 마약에 절어있어 우발범죄 발생비율이 높고, 대부분의 범죄는 홈리스들에 의해 일어나며, 낮에도 그렇지만 밤에는 더욱 위험하다고 한다.

 그러나 국가차원의 관리를 위해 다운타운 주변에 홈리스 지역이 따로 정해져 있어 특별히 그 곳에 접근하지만 않는다면 대부분의 범죄로부터 피할 수 있으며, 일반 주택가의 치안은 비교적 안전한 편이라고 한다.

 하긴… 어제 조슈아씨와 동네를 둘러보던 중 우연히 들렀던 경찰치안센터 역시 다른 상가들과 마찬가지로 오후 5시가 되면 문을 닫아걸지 않았던가? 수요가 있는 곳에 공급이 있듯, 야간 시간대 치안수요가 많았다면 절대 불가능한 일이었을 것이다(평일 10:00~21:00·토요일 09:00~17:00·일요일 및 공휴일 휴무).

 이런 저런 대화를 나누며 나무가 우거진 곳으로 들어서자 어디선가 다람쥐 한마리가 쪼르륵 달려와 아이들을 유혹한다.

 "다람쥐다!"

 갑자기 아이들의 두 얼굴에 생기가 돌기 시작한다.

피쉬 크릭 공원의 한 다람쥐

그러나 아직 뛰지 못하는 민준, 동작이 느린 윤아, 이 두 아이가 작고 재빠른 생물체에 다가가기란…

다람쥐는 귀여운 외모와 앙증맞은 자세로 모든 이의 관심을 한 몸에 받았지만, 아이들이 가까이 가고 싶어 한 발짝 떼었다 싶으면 쪼르륵 도망가고, 또 그곳을 향해 방향을 틀면 다른 곳으로 잽싸게 달려가 버리는 얄미운 행동으로 인해 오랜 사랑을 받진 못했다.

몇 번이나 친해지려고 시도를 해보아도 제 손에 닿지 않자, 아이들은 이내 다람쥐에게서 관심을 끊고 어제 내린 빗물이 아직 마르지 않고 고여 있는 작은 물웅덩이 쪽으로 슬금슬금 방향을 바꾼다.

잠시 후, 아이들의 시야에서 벗어났다는 걸 눈치 챈 다람쥐는 보다 굼뜬 동작을 보이며 나타났고, 그 모습이 꼭 아이들 눈에 띄기를 기다리는 것 같아 "저기 봐! 다람쥐가 다시 왔어!"라고 소리치며 알려주었지만, 이미 다람쥐에게서 흥미가 사라져버린 아이들은 시큰둥한 모습으로 주변을 한 번 스윽 돌아본 뒤, 물웅덩이에 집중한다.

카메라를 들고 있는 나만 신나게 셔터를 눌러댔을 뿐이다.

말이 공원이지, 흡사 깊은 숲 속에 들어온 것처럼 바깥세상으로부터 완전히 차단된 기분이다.

"지금 내가 어디로 가고 있는지 의식하며 걷지 않으면 길을 잃을 수도 있다"는 조슈아씨의 말에 고개가 절로 끄덕여진다.

그러다 문득, 우중충한 날씨 속에서 길을 잃고 헤매는 모습이 머릿속에 그려지자 더 이상 깊숙이 들어가고 싶지 않아진 우리는 서둘러 왔던 길을 찾아 공원 밖으로 빠져나왔다.

🍁 **홈리스(homeless)**
노숙자 또는 노숙인. 주로 경제적 빈곤으로 인하여 정해진 주거 없이 공원, 길거리, 지하철 역사 등을 거처로 삼는, 도시에서 생활환경이 나쁜 빈민 계급

"엄마, 캐나다는 언제 가?"라는 뜬금없는 질문

힘들어하는 기색을 내비치진 않았지만, 미열이 나는 몸으로 장시간 어른들을 따라다니느라 고단했을 윤아가 내내 신경 쓰였던 나는 집으로 돌아오자마자 아이의 열부터 재보았다.

"39도?!"

고열의 몸으로 어찌 그리 잘 돌아다녔는지, 미안하기도 하고 걱정이 되기도 하여 급히 해열제를 덜어 아이의 입 앞에 갖다 댔다.

그런데 어린 것이 어찌나 고집이 센 지, 다른 약은 다 먹을 수 있어도 해열제만은 먹지 못하겠다며 아이는 온갖 생떼를 다 쓴다(해열제 특유의 달짝지근한 맛이 싫은지 어릴 때부터 유독 해열제에 대해서는 완강한 거부반응을 보이곤 했던 아이였다).

해가 지면 열도 감기도 더욱 기승을 부릴 것이 분명했으므로 아이가 더 힘들어하기 전에 약을 먹이려 노력했지만, 추운 날씨에 이곳저곳 헤매고 다니다 따뜻한 방안으로 들어오자 몸이 노곤해진 나는, 아이와 실랑이를 벌이는 것이 점점 피곤하게 느껴지기 시작

했다.

그와 동시에 '원래 열이라는 건 몸속에서 바이러스와 싸우는 면역세포의 활동으로 인한 것이기 때문에 약으로 몸을 식히기보다는 오히려 열이 나게끔 내버려두어 몸이 스스로 치료를 할 수 있도록 하여야 한다.'는 평소 생각이 떠올랐다.

"그래, 지금은 일단 해열제를 먹지 않고 상태를 지켜볼게. 대신 열이 더 심하게 오른다거나, 윤아 스스로 견디기 힘들다 느껴지면 엄마에게 꼭 말해야 해."

어떤 게 옳은 건지 잘 판단이 서진 않지만, 일단 아이 뜻에 따라 주자 아이는 씨익 웃어 보이며 밝은 목소리로 대답한다. "응!"

'사실 체온계에 표시된 숫자가 커서 그렇지, 아이는 하루 종일 씩씩하게 잘 다녀 주었는걸. 솔직히 지금도 전혀 아픈 아이 같아 보이진 않잖아? 내가 밤에 조금 더 챙겨보면 되지 뭐.'

이렇게 스스로를 안심시켜 놓고는 하루를 마무리하기 위해 이런저런 정리를 할 때였다.

문득 윤아가 묻는다.

"엄마, 근데 캐나다는 언제 가는 거야?"

순간 머릿속이 멍해졌다. 캐나다에 온 지 언 사흘째, 아이는 지금 우리가 있는 이곳을 어디라 생각하며 지난 3일을 보냈던 걸까?

"왜? 여기가 캐나다 아닌 것 같아?"

"응."

"그럼 여기는 어딘 것 같아?"

"한국. 근데 캐나다는 언제 가? 우리 캐나다 간다고 그랬잖아…"

"풉!" 웃음이 터졌다.

그와 동시에, 우린 캐나다에 와있지만, 지금껏 한국인 집에서 한국인들과 한국말을 주고받으며 생활하고 있었다는 사실을 떠올렸다.

심지어 외출을 할 때도 한국인이 운전하는 차를 얻어 타고 한국어로 안내를 받으며 한국에서 흔히 다니던 쇼핑몰이나 마트 같은 곳에 다녀온 데다, 우리나라 일반 공원과 비교가 되지 않을 만큼 큰 공원에 두 번 다녀오긴 했지만, 그래봤자 한국의 공원에서도 흔히 볼 수 있던 나무와 흙으로 이루어진 곳일 뿐이었다. 그것은 곧, 아이 입장에선 이곳을 캐나다라 여길 만한 게 아무것도 없었다는 뜻이었다.

"윤아야, 여기 캐나다야. 근데 꼭 캐나다가 아닌 것 같지?"

"여기 캐나다야? 아닌데, 내가 볼 땐 한국 같은데…"

"그래… 솔직히 엄마가 봐도 너무 한국 같다. 한국과 별다를 게 없잖아. 맨날 한국 사람들이랑 한국음식 먹고, 한국에서 익숙했던 곳이나 가보고… 안되겠다. 내일부턴 엄마가 진짜 캐나다를 보여줄게."

"우와! 그럼 우리 진짜 캐나다 가는 거야?"

"하하! 그래… 근데 여기도 캐나다야. 윤아가 이해가 잘 안되나 보구나. 우리 비행기 타고 오랜 시간 날아왔잖아…"

아이를 설득하는 데는 생각보다 오랜 시간이 걸렸다. 우리의 행동에 변화가 필요했다. 캘거리에서의 금쪽같은 시간을 '아직도 한국에 있는 것'처럼 보낼 순 없었다.

조슈아씨의 친절하고도 상세한 가이드, 차량을 대동한 이동의 편리함… 이런 것들에 더 이상 안주하고 있어서는 안 되었다.

캘거리 버스정류장에서의 두 자녀

이 어린아이 역시 '진정한 여행'은 직접 몸으로 부딪히고 겪어보며 그 나라다운 무언가를 체험하는 것이라는 걸 본능적으로 느끼고 있는 걸지도 모른다.

'내가 물려준 유전인자에 여행스타일 같은 것도 포함되어 있는 걸까?'

장담할 수는 없지만 그런 것이 분명할 꺼라 생각하며 아이들과 잠자리에 누워 본다. 낮잠을 건너뛰어서인지 오늘따라 아이들이 순순히 잠들어준다.

"조금만 기다려, 리얼 캐나다를 보여주마!"

그렇지만 다음날도 아이들은 새벽 1시부터 눈을 뜨고 일어나 한국에서의 생활시간대에 맞춰 하루를 시작했다.

이곳에 온 지도 어느덧 나흘째, 캘거리에 머무는 동안의 목표가 시차적응인 만큼 아이들이 이곳 시간대에 적응하도록 많은 노력을 했지만, 지금에 와서 생각해보니 난 중요한 것을 잊고 있었다. 그것은 바로, 무슨 일이든 때가 되어야 이루어진다는 법, 또한 무엇인가에 연연해하면 할수록 나만 더 힘들어진다는 것.

시차적응은 보다 장기적인 안목에서 생각하기로 하고 아이들이 맘 편히 놀게끔 내버려두었더니 저희들도 피곤했던지 새벽 5시경 잠이 들었다 아침 10시쯤 다시 잠에서 깨어났다.

와우! 어젠 오후 3시에 일어났는데, 무려 5시간이나 앞당겨 하루를 시작하다니!

조슈아씨네 가족과 친척들은 오늘부터 3박4일간 '캐나디안 로키'로 여행을 떠난다. 아이들에게 진짜 캐나다를 보여주어야겠다는 어젯밤 나의 결심과 조슈아씨네의 일정이 마침 맞아떨어져 다행이다. 이제야말로 진짜 캐나다 여행이 시작되는 기분이다.

오늘은 아이들과 함께 셋이서 캘거리 시내 구경을 나서볼까. 지난 며칠과는 달리, 오늘따라 하늘도 맑고 날씨도 화창하다.

세이프 웨이(Safe Way)에서 교통티켓을 한 묶음(10회권) 구입한 우리는 어제 저녁 조슈아씨에게서 미리 받아놓은 버스노선도를 펴들고 다운타운으로 가는 가장 빠른 길을 찾아보았다.

조슈아씨의 차를 타고 민박집과 다운타운을 오가던 길을 얼핏 떠올려보았을 땐 그 거리가 그다지 멀게 느껴지지 않았기에, 당연히 다운타운까지 한 번에 가는 버스 노선이 있을 거라 생각했지만 그런 노선은 존재하지 않았다.

'버스를 타고 일단 사우스랜드(Southland)역으로 가서 씨-트레인(C-Train)으로 갈아타고 가야겠군.'

환승절차가 좀 번거롭긴 하겠지만 뭐, 괜찮다. '여행'은 곧 '낯선 곳에서의 경험'이라 생각하는 '나'이니까.

그러나 혼자서 아이 둘과 쌍둥이 유모차 한 대를 버스에 태웠다 내렸다 하는 작업은 만만한 일이 아니었다. 대부분의 캐나다 버스

필자 가족이 타고 온 캘거리의 56번 시내버스 / 캘거리 시내 플랫폼으로 들어오고 있는 C-Train

는 유모차나 여행가방 같은 큰 짐을 실을 수 있는 공간을 버스 앞부분에 따로 마련해놓거나, 몸이 불편한 사람 또는 휠체어 등에 의지해야 하는 사람들을 배려하여 만들어진 구조였음에도. 또한 우리나라 버스에서처럼 아이들이 좌석에 앉기도 전에 급출발하는 성격 급한 운전기사를 찾아보기 힘들었음에도.

얼마 후 도착한 사우스랜드(Southland)역에선 휠체어나 유모차가 다닐 수 있는 별도의 통로나 엘리베이터를 찾지 못해 잠시 헤맸지만, 마침 그곳을 지나가던 친절한 흑인 아가씨가 에스컬레이터에 유모차를 실어준 덕분에, 아이들과 난 어렵지 않게 플랫폼까지 도착할 수 있었다.

다양한 교통수단을 좋아하는 아이들은 버스에 이어 기차까지 타게 되었다며 한껏 기대에 부풀어 있었고, 나 또한 '흔들리며 주행하는 버스보단 미끄러지듯 선로 위를 다니는 전철이 아이들과 타기엔 더 수월하겠지.'라는 마음에 버스를 탈 때보단 긴장을 약간 풀어놓고 있었다.

 서부캐나다 캠핑여행 Tip

'캘거리의 시내 교통 이용 방법'

▲ 교통티켓 구입: Calgary Transit Customer Service-Sales Centre(224 Th Ave. SW에 위치)라는 교통티켓 구입처가 따로 있으나 편의점이나 세이프 웨이(Safe Way), 백화점 등에서도 구입이 가능하다.

▲ 캘거리의 시내 교통: 캘거리 시내 교통엔 버스와 C-Train(LRT, Light Rapid Transit)이 있다. 환승권(Transfer)만 있으면 서로 갈아탈 수 있으며 요금도 동일하다. 버스에 탑승하여 티켓을 내면 즉석에서 운전기사가 환승권으로 교환해준다. 그 환승권으로 C-Train을 타면 된다. C-Train 탑승시 티켓을 확인하지 않는 경우도 있지만, 열차 안에서 티켓 검사를 할 수 있으므로 열차에서 내릴 때까지 티켓을 버리지 말고 반드시 가지고 있어야 한다.

캘거리 교통티켓/ 캘거리의 환승탑승권

짧지만 강렬했던, 아이들과의 첫 번째 이별

이윽고 전철이 도착했고, 마침 우리가 기다리고 있던 자리는 전철의 맨 앞 칸이 닿는 곳이었다. 언뜻 봐도 전철 문은 유모차 넓이보다 넓으므로 아이들에겐 유모차에 그대로 앉아 있으라고 한 채 열린 문으로 유모차를 밀어 넣으려고 할 때였다. 하필 전철의 맨 앞 칸 출입구 한가운데엔 기둥 하나가 설치되어 있어 일반 유모차에 비해 폭이 넓은 쌍둥이유모차는 들어갈 수 없는 구조였다.

통상적으로 전철 문은 빨리 닫히지 않으니 조금만 서둘러 행동하면 되겠다는 생각으로, 일단 아이들을 유모차에서 내리게 하여 열차 안으로 들여놓은 다음, 쌍둥이유모차를 옆으로 돌려 문 안으로 밀어 넣으려 할 때였다.

"드르륵!" 문이 닫혀버렸다.

아이들은 C-Train 안으로 들어가 있고, 나는 유모차와 함께 플랫폼에 남아있는 상황에서 문이 닫혀버렸다.

'어! 어쩌지?'

'아이들은 당황하면 제 이름도 잊어버린다는데! 말도 통하지 않는 낯선 나라에서 이 엄마와 헤어지면 우는 것 말고 아이들이 무얼 할 수 있을까? 놀라서 아무 역에나 내려버리면 어떡하지? 내가 아이들을 찾으러 가기 전에 누가 먼저 데려가면 어쩌지? 아! 지금 내가 뭘 한 거지? 이 덜렁아! 아이들과 같이 전철에 탔어야지! 아무리 전철 문이 천천히 닫혀도 그렇지, 애들만 먼저 태워?'

짧은 순간 동안, 수많은 불길한 생각들이 머릿속을 마구 쑤셔댔지만, 그건 모두, 이대로 전철이 출발했을 경우의 상황들이었다. 무언가 조치를 취해야만 했다. 자… 어쩌다 출입구 한가운데에 기둥이 설치되어 있는 맨 앞 칸에 서게 되어 아이들과 나 사이를 단단한 문 하나가 막아버리는 무시무시한 일이 벌어졌지만, 다행인 건 이곳이 '맨 앞 칸'이라는 점이었다.

문이 닫히자마자 전철의 조종 칸으로 달려간 나는 마치 눈빛만으로도 유리를 뚫어버릴 것 같은 표정을 하고는 미친 듯이 창문을 두드렸다.

"우리 아기들이 전철 안에 있어요! 문 좀 열어주세요!"

더 다행인 건 내 입에서 곧바로 영어가 튀어 나왔다는 것과, 운전사가 내 말을 즉시 알아듣고 전철 문을 열어주었다는 것이었다. 문이 열리자마자 유모차와 함께 전철에 오른 나는 안도의 한숨을 쉬며 아이들을 꼭 껴안았다.

혹시나 엄마 없이 저희들끼리만 문 닫힌 전철에 남겨진 아이들이 크게 놀라진 않았을까 걱정스런 마음에 아이들의 기색을 살폈지만, 워낙 짧은 순간의 일이라 방금 전 자신들에게 무슨 일이 일어났는지도 모르는 아이들은 '엄마가 왜 그러지?'라는 표정이다.

전철 안을 둘러보니 출입구에 기둥이 설치되어 있는 건 맨 앞 칸의 첫 번째 문뿐이었다.

'다음부턴 절대 맨 앞 칸에 타지 말아야지!'라 다짐하며, 새로운 교통수단에 올랐다는 것에 마냥 신기해하는 아이들과 함께 다운타운으로 향했다. 얼마 후 열차 안을 돌아다니는 검표원들과 마주쳤다.

유럽의 경우도 그렇지만, 캐나다에서도 전철을 이용할 때 표 검사를 하는 사람이나 기계가 따로 설치되어 있지 않은 경우가 많았다. 언뜻 우리네 상식으로는 "뭐야? 그럼 표 안 사고 타도 괜찮겠

캘거리의 오 끌레르 마켓 입구

네?"라 여길 수도 있을 테고, 실제로 동양인 중에 비양심적인 행동을 하는 경우가 많다는 말도 있지만, 이 나라 사람들은 양심이 바른 건지 아니면 어릴 적부터 공중도덕이나 규칙에 관한 교육을 철저히 받아서인지, 검사하는 이 하나 없어도 알아서들 양심껏 티켓을 구입해 다닌다고 한다.

또한 이렇게 가끔씩 검표원을 마주쳤을 때 구입하여 개찰한 티켓을 가지고 있지 않으면 그에 따른 벌금이 무척 세다고 한다.

🍁 오 끌레르 마켓(Eau Claire Market)
프린스 아일랜드 공원이 있는 보 강기슭에 자리하고 있으며, 다양한 상점들과 작은 음식점이 모여 있는 쇼핑몰. 세련된 백화점과는 달리 서민적인 분위기가 정감 가는 곳

소신껏 행동하자! '올드 스파게티 팩토리'

많은 블로거들이 이곳의 맛을 칭찬한 데다, 진짜 공장처럼 지어진 '올드 스파게티 팩토리(Old Spaghetti Factory)' 건물 외관이 한 번쯤 들어가 보고 싶은 충동을 느끼게 하여, 마침 배가 고팠던 우리들은 이곳에서 맛있는 점심식사를 즐겨보기로 했다.

레스토랑 안으로 들어가자 프랑스인으로 보이는 미남 종업원은 아이들이 앉기 편한 소파좌석으로 우리를 안내했다. 평소 주로 크림 파스타를 먹던 윤아가 오늘따라 토마토가 들어간 파스타를 먹고 싶다고 하여 일단 토마토 파스타 하나를 주문한 다음 아이들이 무난하게 먹을 만한 닭고기 요리 하나를 추가로 주문하려고 할 때였다. 이상한 일이었다.

이 키 크고 잘생긴 종업원의 입에서 도대체 무슨 말이 나오고 있는 것인지, 들리지 않았다.

덩달아 뭐라고 말을 해야 하는 것인지, 나의 입 또한 열리지 않았다. 굳이 표현을 하자면, 내 귀로 들어오고 있는 정체불명의 언어와, 한국어에서 영어로 미처 번역되지 못해 입 안을 맴돌고 있는 단어와 문장들이 머릿속에서 한데 뒤엉켜 있는 느낌이다. 지금 우리가 나누고 있는 건, 그저 원하는 메뉴를 주문할 때 필요한 간단한 형식의 대화일 뿐이었다.

'지난 필리핀 여행에서 영어에 대한 자신감도 조금 얻어온 데다, 이곳에 온답시고 나름 생활영어 같은 것도 틈틈이 되짚어보곤 했었는데, 왜 이러는 걸까?'

바보가 된 것 같은 기분이 들었지만, 일단 메뉴판을 펼쳐든 다음, 손가락과 눈치로 원하는 메뉴를 주문했다.

그러나 이런! 얼마 후 나온 접시엔 오븐에 구운 닭고기 요리가 아닌, 기름에 튀겨낸 닭 조각들이 담겨 있었다.

'혹시 영어로 듣고 말하는 능력뿐만 아니라 읽는 능력까지 사라져버린 건 아닐까?'

갑자기 입맛이 뚝 떨어진다. 그래도 아이들의 배는 채워 나가야겠단 생각에 부지런히 포크와 스푼을 움직여보았지만 지나치게 시큼한 맛의 토마토 파스타는 아이들, 특히 어린 민준이의 취향이 아니었으며, 대충 튀겨져 나온 것 같은 닭튀김과 프렌치프라이 역시 아이들의 입에 당기는 맛은 아니었나보다.

'오 끌레르 마켓(Eau Claire Market)' 주변에는 스쳐 지나가기만 해도 입 안 가득 군침이 돌 정도로 바비큐 냄새를 풍겨대던 독특한

캘거리의 오 끌레르 마켓 내부 전경

분위기의 레스토랑들이 여러 곳 있었다. 그 황홀한 냄새에 이끌려 '한 번 들어가 볼까?'라며 망설이다 '그래도 괜히 입소문난 곳이 아니겠지.'라는 판단으로 나름 귀에 익숙한 이곳에 들렀던 건데… 사람의 입맛이나 취향이 다 같은 게 아님을 알면서도 소신껏 움직이지 못하고 다른 사람들을 따라하려고만 했다니, 적지 않은 돈을 주고도 아이들의 배를 채우지 못하자 괜히 들렀다는 후회가 든다.

꿈결 같은 오후의 여유 '프린스 아일랜드 공원'

도심에 위치한 프린스 아일랜드 공원(Prince's Island Park)은 다소 인공적인 느낌이 들긴 했지만, 그동안 들렀던 주택가의 밋밋하고 넓기만 한 공원들보다 짜임새 있고 아기자기한 느낌을 풍겼다(그렇다 해도 우리나라의 일반 공원에 비해 어마어마한 크기를 자랑한다).

"꽥! 꽥! 꽥! 꽥!"

공원 입구에서 멀지 않은 물가 잔디밭, 여기저기서 먹이를 받아먹느라 분주한 오리 떼가 보인다. 우리 역시 공원에 모인 많은 사람들처럼 오리를 불러내기 위해 음식점에서 포장해온 박스를 열었다. 포장 박스 사이로 솔솔 퍼져나가는 음식 냄새를 맡은 눈치 빠른 오리들은 빵을 꺼내기도 전에 우리 주변으로 몰려들기 시작했다.

처음에는 지나치게 적극적으로 다가오는 오리들이 무서웠는지 빵 주기를 꺼려하던 아이들이 엄마의 시범에 용기를 내어 빵부스러기를 던져주기 시작했고, 우린 순식간에 수십 마리의 오리로 둘러싸여 버렸다. 그 때였다. 어린 아이의 느린 손동작을 기다리기 힘들었던 성격 급한 큰 오리 한 마리가 빵을 조각내어 던져주기도 전에 민준이의 손에서 빵을 가져가버렸다.

오리의 주둥이가 작거나 동작이 날렵하여 빵만 채갔으면 괜찮았을 것을, 그 커다란 입으로 아이의 손까지 덥석 물어버리자 아이는 당황한 듯 나를 쳐다보며 자신의 손을 만지작거리더니 이후로는 오리를 피해 다니기 바쁘다.

한편 빵을 주는 사람이 아이 둘에서 하나로 줄어들자 오리들은 이제 이곳엔 별 볼일 없다 생각했는지 다른 빵 제공자에게로 뒤뚱뒤뚱 가버렸고, 큰 무리가 사라지자 이번에는 어미오리 한 마리가 새끼오리들을 데리고 왔다.

그러나 어미오리는 빵을 얻어먹으러 왔다는 사실을 잠시 망각했는지, 아니면 모성애가 지나친 오리였는지, 마치 "내 새끼들을 해치면 혼날 줄 알아!"라고 말하듯 주둥이로 연신 "쉭! 쉭!"대는 소리를 냈고, 내가 듣기에도 기괴하고 거북한 그 소리는 아이들에게 일종

캘거리 프린스아일랜드 공원의 오리들

의 공포심을 불러일으킬 만했다.

　주춤주춤… 빵을 주어야 하나 말아야 하나 얼굴이 일그러지며 뒤로 물러서던 아이들은 손에 빵을 쥔 채 도망가 버렸고, 또다시 "쉿! 쉿!" 듣기 싫은 소리를 내며 나에게 다가오던 그 어미오리는 내 손에 빵이 없음을 알아채자 새끼들을 데리고 호숫가로 방향을 틀었다.

　손을 물린데다 괴상한 오리까지 만나는 바람에 더 이상 오리에게 흥미가 사라진 민준이는 오 끌레르 마켓에서 구입한 장난감 자동차를 가지고 놀기 시작했고, 다른 오리들에게 모이 주기를 한 번 더 시도하던 윤아 역시 공원에 모인 다른 것들에 시선을 옮겨 본다.

캘거리 프린스아일랜드 공원 놀이터

　잔디 위에 미리 준비해간 작은 돗자리를 깔고 윤아와 함께 앉아 포장해 온 음식을 펼쳤다.
　식당에서는 맛이 없어 절반 이상을 남겨온 음식이 이상하게도 넓고 푹신한 잔디 위에선 보다 맛있게 느껴진다. 푸름이 눈부시게 아름다운 공원에는 민들레 하얀 꽃씨가 흩날리고 있었는데, 넓디넓은 공원을 온통 민들레 꽃밭으로 만들려는지, 그 수가 어마어마하다.
　파랗고 맑은 하늘과 초록의 싱그러움이 가득 찬 공간에 마치 함박눈이 휘날리는 것 같은, 여름과 겨울 그 상반된 두 계절이 오늘 하루 이곳에서 함께 산책이라도 하려는 건가, 낯설지만 기가 막히게 어울리는 그 광경이 눈물 나게 아름답기도 하다. 그저 이 순간을 내 곁에 영원히 붙들어놓고 싶은 기분이다.
　아이들과 공원을 거닐다 마주친 숲 속 놀이터의 정경 또한 그곳을 찾은 여러 가족들의 행복한 모습과 어우러져 마치 한 폭의 그림을 보는 것 같다. 오랜만에 놀이터를 발견한 우리 아이들도 신이 났다.
　놀이터의 규모가 커 미끄럼틀 타는 민준이 돌보랴, 그네 타는 윤아 밀어주랴, 혼자서 바쁘고 정신없긴 했지만 아이들의 해맑은 모습에 덩달아 나까지 기분이 좋아진다.

모처럼 맑은 날씨, 따뜻한 볕 아래에서 예쁜 추억을 차곡차곡 쌓을 수 있었던 시간들이었지만, 지나치게 에너지를 소비하여 급격히 피곤해지거나 배가 고파지면 엄청난 떼쓰기로 인해 서로를 힘들게 만들 것이 분명하므로 공원에서의 하루는 이만 접기로 했다. 물론 이제 막 자동차 놀이가 절정에 이른 민준이는 더 놀겠다며 엉엉 울어대기도 하고, 엄마의 말을 못들은 척 놀이에 열중하다 제멋대로 도망 다니기도 했지만.

🍁 프린스 아일랜드 공원(Prince's Island Park)
보 강 위에 떠있는 섬 위의 공원. 오 끌레르 마켓에서 보행자 전용 다리를 통해 들어갈 수 있다.

낯선 여행지에서 말이 통하지 않는다는 건

열심히 노느라 꽤 고단했던지, 아이들은 전철에 올라타자마자 잠이 들었고, 그 모습도 귀여워 그저 흐뭇한 얼굴로 잠든 아이들을 바라보고 있던 나에게 한 남자가 말을 걸어왔다.

처음엔 그럭저럭 인사말을 나누었다.

그러다 본격적인 대화가 시작되었는데, 이번에도 아까같이 난감한 상황이 벌어졌다. 내 옆의 이 남자는 분명 영어로 얘기하고 있는데, 나에겐 그 말이 꼭 외계어처럼 들렸다. 마침 작은 방해꾼들이 낮잠에 빠져든 덕에 온 정신을 집중하여 귀를 기울일 수 있었지만, 그럼에도 불구하고 나는 그 남자의 말을 알아들을 수 없었다.

대충 표정과 눈치로 알아듣는 척 하는 것도 한계가 있었는지, 한참동안 "블라 블라 ~" 혼자서 이야기하던 그 남자가 어느 샌가 슬그머니 대화를 중단한 채 고개를 돌려 창밖만 멀뚱멀뚱 바라보는 지경에 이르자, 미안함과 창피함이 동시에 들었다.

그동안 외국으로 수차례 여행을 떠나보았지만, 유럽·동남아 등 대부분 비영어권이거나, 영어를 사용하더라도 늘 다른 이를 위해 귀기울여주고 친절이 몸에 배어 있는 관광국 위주로 다녔기 때문에 얕은 영어실력으로 인한 불편함은 크게 느끼지 못했었다. 게다가 잠깐 스쳐 지나가는 일정이 대부분이었으므로, 특별히 누군가를 사귀지 않는 한 그들과 긴 대화를 나눌 필요 또한 없었다.

그러나 이번 여행은 많은 점에서 기존의 여행과는 크게 달랐다.

첫 번째, 여행 치고는 현지에서 비교적 장기간 지내볼 목적으로 떠나와 짧게는 1주일, 길게는 3주일 동안 한 지역에 머물며 생활해야 한다는 것. 그만큼 현지인들과 만나 부대낄 환경이 충분히 조성되어 있었고, 한인마트나 왔다 갔다 하며 숙소에 콕 쳐 박혀 있지 않는 한 먹을거리 놀거리 볼거리 교통수단 등 어떤 형태로든 현지인들과 꽤 비슷한 범위에서 움직여야 했다.

두 번째, 이곳에 관광객이 많긴 하지만 절대적인 관광 국가는 아니므로 관광이 주 수입원인 곳에서와 똑같은 대접을 받지는 못할 거라는 것.

마지막으로 내가 간과한 사실이 하나 있었다면, 그것은 바로 '캐나다는 영어권 국가'라는 점이었다. '영어권 국가 사람들의 영어'는 '비영어권 국가 사람들의 영어'와는 확실히 달랐다.

때문에 더 많은 준비가 필요했음에도, 영어권 국가로의 여행은 처음이라 개념이 제대로 서지 않았던 탓에 '이번에도 대충 어떻게

캘거리 도심에서 숙소로 돌아오는 길목의 유모차나 장애인이 이동할 수 있는 통로 / 캘거리 시내 도로를 달리는 스쿨버스

든 되겠지…'라는 생각을 했던 것 같다.

  매번 여행을 할 때마다 '영어를 좀 더 열심히 공부해야지!'라는 마음으로 돌아가곤 하면서 바쁘다는 핑계로 이번에도 그냥 떠나왔다니… 말이 제대로 통하질 않으니 마치 혼자서만 바보가 된 것 같은 기분이다. 속상하고 우울한데다 잠든 아이들과 버스를 갈아타고 민박집까지 돌아오느라 오는 길이 무척 힘들었지만 어쨌든 길 한 번 헤매지 않고 무사히 돌아왔다.

  저녁을 먹고 난 뒤, 감기 증상으로 고생하던 윤아에게 한국에서부터 처방받아 온 항생제를 먹였다. 어설프게나마 항생제의 부작용에 대해 알고 있었기에 먹일 때마다 늘 찜찜한 마음이 들긴 했지만 "항생제를 무조건 거부하기보다는 아이의 상태에 따라 필요할 때 정해진 용법용량대로 먹여야 합니다."라는 의사의 말에, 평소에도 아이의 감기가 심해졌다 싶으면 항생제를 처방받아 먹이곤 했었다.

  그러나 이번에는 미처 찜찜해할 겨를도 없이 내 나름의 융통성을 발휘해야 했다.

  여행 중 병원 진료는 쉬운 일이 아닌데다, 낯선 타국에선 무조건 아프지 않은 게 최선이라 생각했기에. 다행히 하루 종일 밖에서 시간을 보냈음에도 윤아의 감기증상은 점점 나아지고 있었고, 이제는 아이가 그토록 싫어하는 해열제를 먹어야 할 일 또한 없어졌다.

  아이들이 모두 잠든 깊은 밤, 토마스가 영어공부에 도움이 될 거라며 미리 설치해 준 어플리케이션이 담긴 '아이팟(ipod)'을 꺼냈다.

  학창 시절, 시험기간만 되면 어김없이 빛을 발하던 벼락치기 실력을 이 먼 캐나다에서도 뽐내볼 양, 열심히 영어회화공부를 해본다.

캘거리 스테판 애버뉴

감기바이러스 누나에게서 동생에게로 전이돼

아침엔 아이들이 시차에 적응한 줄만 알았다.

그러나 그건 동생보다 두 살 더 먹은 데다 감기바이러스와 싸워 이겨낸 윤아만의 경우였나 보다.

새벽 두 시경, 일어나 놀고 싶다는 의사표현을 하며 잠에서 깬 민준이를 억지로 재우려다 우렁찬 울음소리에 화들짝 놀란 나는, 급하게 형광등 스위치를 누르며 어제와 마찬가지로 지나치게 이른 아침을 시작하게 되었다.

낯선 이곳이 맘에 들지 않는 걸까. 눈만 뜨면 불을 켜 달라 울어대는 아이 때문에 환한 곳에선 좀처럼 잠을 이루지 못하는 나는 밤마다 고역이었지만, 아이는 모든 사물이 제대로 보이자 기분이 좋아졌는지 한참을 놀았다. 원인을 모르겠지만 자꾸만 배가 아프다면

스테판 애버뉴 거리의 청동 인물 조각상 / 캘거리
스테판 애버뉴에서 만난 친절한 할아버지와 아이들

서도 씩씩하게 잘 노는 모습이 마냥 귀엽다.

아이와 나는 두어 시간 이상 함께 놀다 잠이 들었는데, 이번에도 왠지 이상한 느낌이 들어 오전 7시경 눈을 떠 살펴보니 민준이의 얼굴과 이마가 몹시 뜨겁다. 누나의 상태가 좋아지자마자 동생이 아프다니… 아무래도 누나에게서 감기를 옮은 게 분명했다.

걱정하는 엄마의 마음이 전달된 건지 아니면 고열로 인해 몸이 많이 불편했는지, 아이는 울면서 잠에서 깨어났다. 일단 급한 대로 해열제를 먹였으나 자꾸만 배가 아프다 말하며 괴로워하던 아이는 끝내 구토를 하고야 말았다.

노란 위액과 방금 삼킨 해열제만 나온 걸로 봐선 어제 저녁에 먹었던 음식이 체한 것 같진 않고, 아마도 고열과 감기 증상으로 인해 속이 좋지 않은가보다. 그래도 배가 고팠는지 밥을 달라기에 미역국에 말은 밥 몇 숟가락을 먹이자 졸음이 밀려오는 듯 아이 눈에 잠이 그득하다.

'누나한테서 옮은 감기이니 누나랑 증상도 비슷할 테고, 약도 같은 거 먹이면 누나처럼 빨리 낫겠지?'라는 생각에, 나는 민준이에게도 같은 항생제를 먹인 다음 다시 잠자리에 눕혔다.

'밥도 먹고 약도 먹었으니, 푹 자고 나면 좀 더 나아지겠지…'

그러나 쉽게 잠을 이루지 못한 채 "배, 아퍼. 배… 배… 아퍼."라며 계속해서 복통을 호소하던 아이는 몸을 일으켜 아침 먹은 것을 다 토해내고는 그제야 속이 시원해졌는지 쓰러지듯 누워 잠이 들었다.

반면, 증상이 한결 나아진 윤아는 밤새 푹 자고 일어나더니 입맛이 도는지, 미역국에 밥을 한 그릇 말아 깨끗이 비우고는 또다시 깊은 잠에 빠져들었다.

하늘 위를 걷는 기분 만끽 '캘거리 타워'

'오늘은 동물원에 가려고 계획했었는데… 과연 갈 수 있으려나?'

오늘도 해가 중천에 떠서야 하루를 시작했으니, 일찌감치 문을 닫는다는 동물원은 깨끗이 포기하고, 대신 캘거리 시내의 다른 구경거리를 찾아봐야겠다.

민준이의 몸 상태가 여전히 좋지 않은 것 같아 자꾸 밖으로 도는 것이 조심스럽긴 했지만, 그렇다고 해서 좁은 방안에 틀어박혀 있어봐야 아이는 자꾸 징징댈 것이고, 자다 깨다를 반복하다보면 오히려 몸이 더 늘어질 것 같아 일단 아이들을 데리고 밖으로 나왔다.

상쾌한 바깥 공기를 쐬자 방안에서보다 몸이 가벼워진 듯, 아이들의 컨디션이 그럭저럭 좋아 보인다. 문득 어제 열차 역에서의 당황했던 일과 유모차가 필요 없을 만큼 아이들이 씩씩하게 걸어주었던 기억이 떠올랐다. 물론 나 혼자서 아이 둘과의 나들이에 유모차는 필수라 생각했지만, 때론 유모차마저도 굉장히 번거롭게 느껴질 때가 있었고, 하필 그게 오늘이었다.

"오늘은 한 번 유모차 없이 다녀볼까?" 아이들에게 제안하니, 이미 콧바람이 잔뜩 들어가 마음이 들뜬 아이들은 흔쾌히 대답한다.
"응!"

버스를 기다리던 중 물을 찾는 아이들을 위해 근처 주유소에 딸린 편의점에 들렀다. 그런데 간밤에 벼락치기로 한 영어공부가 도움이 되었는지, 편의점 직원과의 대화가 그다지 어렵게 느껴지지만은 않는다. 당황하며 버벅거리던 어제와는 사뭇 다른 나의 모습에 괜히 뿌듯하다.

'오늘 밤에도 아이들 재워놓고 영어공부 해야지!'

한두 시간 영어공부 좀 했다고 하룻밤 사이에 그 차이가 확연히 드러난다는 것이 신기하게 느껴지기도 하고 나 스스로도 납득이 되진 않지만, 이래 뵈도 학창시절 벼락치기로 단련된 두뇌 아닌가?

한편, '이래서 모든 공부는 직접 부딪혀가며 익히는 것이 가장 빠른 방법이라고들 하나보다.'라는 생각도 해본다.

이번에도 버스와 C-Train을 갈아타며 1st St.에서 내려 다운타운에 도착한 우리는 '스티븐 애버뉴(Stephen Ave. Walk)'를 걸었다.

아이들은 이국적인 분위기를 풍기는 거리가 마음에 들었는지 아픈 것도 잊고 두리번두리번 주위를 둘러보며 잘도 다닌다. 덩달아 나도 약간의 홀가분한 느낌으로 거리를 걸어본다.

오늘의 목적지는 '캘거리 타워(Calgary Tower)'. 엘리베이터를 타고 빠른 속도로 타워 꼭대기에 오르자 캘거리 시내가 한눈에 들어온다. 어제에 이어 맑고 화창한 하늘을 자랑하는 날씨 덕에 다운타운뿐만 아니라 도심 주변 마을은 물론 변두리 지역까지 또렷이 보인다.

그러나 마치 공중에 떠있는 느낌이 들게 하는 전망대의 투명 유리바닥은 순식간에 두 아이의 기분을 극과 극으로 만들었다.

큰아이 '윤아'는 제 발밑으로 펼쳐진 세상이 마냥 신기했는지 처음엔 조심스럽게 한발 두발 디뎌보더니 이내 하늘 위를 걸어 다니는 기분을 만끽하며 징검다리를 건너듯 폴짝폴짝 뛰어다니기도 하고, 마치 공중부양을 하듯 손잡이에 대롱대롱 매달려보기도 했다.

그러나 작은아이 '민준'이는 아찔하고 무서운 기분 때문이었는지 아니면 진짜로 바닥이 뚫려 있다고 생각했던 건지, 한 발짝도 디디지 못한 채 울상을 지을 뿐이었다. 더 어렸을 적엔 뭣 모르고 아무것에나 마구 덤벼들던 아이가, 이제는 제법 '무서움'이라는 게 무엇인지를 아는 듯, 몸을 사린다.

"민준아, 이리 와봐. 재미있어."

엄마를 따라 동생을 설득하는 윤아를 바라보자니 왠지 가슴이 뭉클해져 온다.

어릴 적 윤아는 지금의 동생보다 겁이 훨씬 많던 아이였다. 낯가림이 무척 심하고, 처음 마주하는 것들이 마냥 무서웠던 아이. 섬세하고 예민하여 때론 이 엄마까지 조심스럽게 만들던 아이가 누나가 되고, 한 해 두 해 자라가며 나도 모르는 사이 얼마나 많은 성장을 했는지… 아직도 때론 겁이 많으며 처음이라는 것에 무척 낯설어하는 여린 아이지만, 막연히 불안해하던 세상도 막상 다가서면 그다지 무섭지만은 않다는 것과 두려움이라는 감정을 극복하는 법, 그리고 이젠 제법 용기를 내는 법까지, 아이는 다양한 경험과 격려를 통해 천천히, 조금씩, 깨달아가고 있는 것 같다. 물론 아직 어린 민준이는 누나의 어릴 적과 같은 단계를 좀 더 거쳐야 하겠다.

"민준아, 엄마랑 같이 와볼까? 여기 밟아도 저 밑으로 떨어지지 않아. 자, 봐봐."

아이는 엄마 품에 꼭 안겨 잠시 전망을 구경하긴 했지만, 이내 전망대 안쪽으로 발걸음을 옮겼다.

그런데 아이의 옷에서 이상한 냄새가 난다. 급히 기저귀를 살펴보니 점액이 섞인 노란 물똥이 보인다. 이상하다. 왜 이런 변을 보는 걸까. 좀 찜찜한 기분이 들긴 했지만 일단

아래에서 올려다본 '캘거리 타워'

기저귀를 갈아준 뒤, 배고픈 아이들과 함께 향한 곳은 전망대 바로 아래층에 위치한 360° 회전 레스토랑, '파노라마 룸(Panorama Room)'이었다.

음식 값이 비쌀 것 같아 모르는 체 지나치려 했지만, 엘리베이터 통로를 따라 솔솔 퍼져나가며 우리의 침샘을 자꾸만 자극하던 맛

캘거리 타워에서 망중한을 즐기는 아이들

있는 냄새의 유혹을 뿌리치기란 쉽지 않은 일이었다. 게다가 많은 것들에 낯을 심하게 가리지만, 유독 먹을 것에 있어서는 비록 처음 접하는 것이라 할지라도 언제나 열린 마음으로 다가가는 윤아가 레스토랑 앞을 떠나지 못하고 서성이는 모습은 마음 약한 엄마의 이성적인 사고기능을 마비시켜버렸다.

'이것도 경험인데… 한 번 가보지 뭐.'

예상했던 대로 계획보다 많은 돈을 지출했지만, 모처럼 전망 좋은 레스토랑에 와본 것이 기뻤는지 윤아는 식사 내내 싱글벙글했고 음식 또한 양은 적었지만 깔끔하니 맛도 괜찮았다.

🍁 스티븐 애버뉴 워크(Stephen Ave. Walk)
캘거리 다운타운의 중심에 형성되어 있는 보행자 전용 도로. 관광객들을 대상으로 한 기념품점과 음식점, 노점 등이 있는 쇼핑 거리

🍁 캘거리 타워(Calgary Tower)
캐나다에서 세 번째로 높은 191m 높이의 타워로 꼭대기의 전망대(Observation Gallery)까지 62초 만에 오르는 엘리베이터를 18대나 운행하고 있는 캘거리의 대표적인 관광 명소이다. 전망대의 바닥 일부분은 유리로 되어 있어 아슬아슬한 느낌을 준다.

어린아이 둘을 키운다는 건 정말로…

그러나 난 식사에 집중할 수 없었다. 잠깐 잠이 든 민준이의 이마가 점점 뜨거워지고 있는 데다, 그 사이 벌써 세 번이나 설사 똥이 묻은 기저귀를 확인했기 때문이었다.

'장염일까? 항생제 부작용일까? 아님 수돗물을 끓이지 않고 그냥 먹여서?'

이런저런 걱정에 식사를 마치고 돌아가는 길엔 나도 모르게 발걸음을 재촉하게 되었고, 그러다 보니 아마도 낯선 세상이 신기하여 천천히 주변을 살피며 따라오던 윤아를 조금 다그쳤던 것 같다.

정갈하게 세팅되어 있는 캘거리 타워의 레스토랑

C-트레인에서 내려 버스로 갈아타고 오는 길, 말없이 버스 좌석에 앉아 있던 윤아가 갑자기 울음을 터뜨렸다.

"윤아야, 왜 그래? 왜 울어?" 깜짝 놀라 묻자 아이가 대답한다.

"흑흑! 나도 엄마한테 관심 받고 싶고, 나도 피곤했는데, 엄마가 민준이만 챙기잖아. 으앙!"

아이의 말에 당황한 나는 오늘 내가 어떻게 행동했는지를 돌이켜보았다.

'내가 그렇게 민준이만 챙겼나?' 생각해보니 그런 것 같다.

물론 민준이의 컨디션이 좋지 않은데다 수상쩍은 변을 보였으니 걱정이 되어 그랬던 거지만, 윤아 역시 아직 엄마의 관심을 받고 싶은 어린 아이일 뿐인데, 그 마음을 이해받지 못한데다 막판엔 싫은 소리까지 들었으니 얼마나 속이 상했을까? 먼 곳까지 떠나와 나도 모르는 사이 아이에게 마음의 상처를 주었단 사실을 깨닫자 내 마음도 아파온다.

"윤아가 그랬어? 엄마가 몰랐네. 민준이가 열이 나고 설사도 하고 너무 아픈 것 같아서 챙기다 보니 그랬어. 정말 미안해."

"나두 아프단 말야! 나두 엄마한테 관심 받고 싶다구!"

어린아이 둘을 키우며 가장 힘든 것 중 하나는 '엄마 혼자 아이 둘을 동시에 만족시키기란 무척이나 어려운 일'이라는 사실이었다. 때문에 아이 둘의 욕구가 일치하지 않을 경우 대부분 양보를 해야 하는 쪽은 한 살이라도 나이를 더 먹은 누나인 경우가 많았지만, 과연 그것이 다섯 살배기 어린아이에게 납득이 될 만한 변명이었을까. 아…! 가장 이상적인 모습은 아이가 둘이면 엄마도 둘이어야 하겠지만, 그게 불가능한 우리는 어떻게 해야 하는 것이란 말인가.

어린 아이가 아픈 진짜 이유는 다른 데 있어

집에 도착하자마자 민준이에게 지사제와 해열제를 먹였다. 설사의 원인이 항생제 부작용일지도 모른다는 생각에 항생제는 먹이지 않기로 했다. 단순히 감기인 줄만 알았는데, 혹시 장염은 아닐까? 자꾸만 헷갈린다.

'오늘 밤엔 무사하기를…'하고 바랬지만, 밤새 아이가 큰소리로 우는 바람에 이웃들에게 미안해 혼났다.

오늘 새벽까지만 해도 내가 아는 민준이는 예민하고 짜증을 잘 내던 누나보다 비교적 무던한 모습으로 엄마를 편안하게 해주는 아이였다. 게다가 평소 몸이 아플 때에도 약을 덥석덥석 잘 먹어주어 엄마와 실랑이를 벌인 적이 없던 아이였다. 그랬던 아이가 제 누나처럼 해열제를 완강히 거부하다 못해 집이 떠나가라 울어 젖히기까지 한다. 이러다간 자는 사람들 다 깨우게 생겼다. 그렇지만 열이 무섭게 치솟고 있어 일단 아이의 입을 강제로 연 다음 억지로 해열제를 먹였다.

'아이가 왜 이렇게 아픈 걸까?'

여러 각도에서 생각해보았다.

'누나로부터 옮은 감기 때문에? 그래, 시작이 감기였던 건 맞지. 하지만 평소에 앓던 감기증상 치곤 좀 심한데?'

'혹시 수돗물을 끓이지 않고 먹어서 장염에 걸렸나? 아니야. 그럴 거면 수돗물을 먹었던 바로 다음날 설사를 했어야지, 며칠 내내 괜찮다가 왜 지금에서야?'

'그럼 항생제 부작용? 예전에도 항생제 먹고 설사해서 고생했던 적이… 맞다! 항생제 부작용이다!'

민준이가 태어난 지 5개월 즈음, 독한 감기에 걸린 적이 있었다. 평소 항생제를 잘 처방해주지 않던 의사가 이번 감기엔 좀 먹여봐야 할 것 같다며 항생제를 처방해주기에 별 의심 없이 아이에게 항생제를 먹였다.

그러나 아이는 그때부터 설사를 하기 시작했고, 항생제 투여를 중단해도, 지사제와 유산균을 아무리 먹여도 아이의 설사는 멈추지 않았다.

두어 달 간 하루 7~8회씩. 아이도 나도 지쳐갈 무렵 우연히 같은 경험을 했던 친구를 만나게 되었고, 덕분에 아이의 설사를 멈추게 할 수 있는 방법까지 알게 되었다. 의사는 그간의 내 얘기를 듣고 말했다.

"민준이가 특수 분유를 먹을 정도로 증상이 심각한 건 아니었어요. 그리고 꼭 특수 분유 때문에 증상이 좋아졌다고 보기도 힘들고요."

앞서 말했듯이 나는 의학 공부를 한 사실이 없기에 의사의 말이 맞는지 틀린지 알지 못한다.

그러나 아이의 몸에 맞지 않는 약을 몇 번 잘못 사용한 뒤로 아이는 두 달이 넘게 제대로 된 변을 보지 못했고, 때마침 주변 아기 엄마의 사례를 좇아 특수 분유를 먹인 다음부터 아이의 변이 제대로 나오기 시작했다면, 아무리 의학지식이 풍부하다 한들 어느 엄마가 의사의 말만 100% 신뢰할 수 있겠는가.

하지만 아이가 아플 경우 그래도 믿을 곳은 병원뿐이기에, 이후에도 아이가 감기에 걸려 고열이 나거나 증상이 심할 때엔 의사의 처방대로 항생제를 먹이곤 했다. 단, 그때 그 항생제가 아닌 다른 종류의 항생제로.

그런데 아마도 이번에 오랜만에 처방받아 온 항생제는 아마도 1년 전 민준이에게 설사를 유발했던 것과 같은 종류의 항생제인가보다. 기억을 되살려 보니 아이의 변 상태도 1년 전 그때와 같다.

'아이의 상태를 좀 더 지켜보고 약을 먹일걸, 괜히 빨리 낫게 한답시고 덥석 항생제부터 먹였다니!' 후회가 막심하지만 아이가 아픈 원인을 일찍 알아내어 그나마 다행이라는 생각이 든다.

그러나 아침식사를 하다 말고 연거푸 구토를 하는 민준이의 모습을 보자 '혹시 장염에 걸린 건데, 이 미련한 엄마의 속단에 아이만 고생시키고 있는 건 아닌가?' 다시 걱정이 되기 시작하여, 차라리 의사의 정확한 진단을 받기로 마음먹고 지금쯤 로키산맥 어딘가에서 즐거운 휴가를 보내고 있을 조슈아씨에게 전화를 걸었다.

"에이~! 병원 가봤자 소용없다."

"네?"

"여긴 병원에서 약 처방 잘 안 해준다. 캐나다 의사들은 항생제 같은 약 잘 안 써준다. 저번에 재원이 감기 심해서 병원 데려갔더니 사과주스 처방해주더라. 차도 없는데 괜히 힘들게 왔다갔다하지 말고, 내가 우리 딸 시켜서 배 아플 때 먹는 약 하나 줄 테니 딸내미 바꿔봐라."

참한 외모에 동양적인 아름다움이 피어나기 시작하는 스무 살의 조슈아씨 딸은 아버지와 통화를 마치자마자 안방에서 약 한 병을 가져다주었다. 한국의 약국에서도 흔히 구입할 수 있는 생약성분의 어린이 약을 들이대자 아이는 배가 꽤나 아팠던지, 두말 않고 받아먹었다.

삼십 분쯤 지났을까. 약이 효능을 발휘했는지, 지난 밤 내내 아이의 입에서 떨어지지 않았던 "배 아파… 배…"라는 말의 횟수가 눈에 띄게 줄어들었다. 신기했다.

캘거리 타워 레스토랑에서의 윤아

어린 아이도 이 약이 자신의 복통을 멎게 해준다는 걸 알았는지, 아님 약이 제 입맛에 맞았는지, 한 번만 더 먹겠다고 조르기에 용법에는 맞지 않지만 그리 해보았다. 그러자 아이는 입가에 미소를 짓기 시작했고, 이후 구토도 멈추었다.

장염이 아닌 것이 확실했다. '병원이 어딘지도 모르는 데다 영어로 된 의학용어도 잘 모르는데 어떻게 병원에 가서 진료를 받나… 만약 아이가 진짜로 큰 병에 걸린 거면 어떡하나…' 등등 내 머릿속을 어지럽히던 생각들이 사라지고 있었다. 다만 아직 우리에게 남은 숙제는 설사였다.

'일 년 전에도 아이의 설사로 그렇게 고생을 했으면서 제대로 알지도 못하고 덜컥 항생제부터 먹였다니…' 생각할수록 후회가 되지만, 항생제 투여를 중지한 지금은 조슈아씨가 준 약을 먹이며 기다려 보는 수밖에…

나만 몰랐던 캐나다에서 횡단보도 건너는 법

이대로 집 안에만 있다간 머리가 더욱 복잡해질 것 같아 엊그제 세이프웨이(safeway)에서 잘못 구입한 물건도 환불받을 겸 아이들과 함께 외출 준비를 했다.

집 밖으로 나오자 우중충한 회색빛 하늘에서 빗방울이 하나 둘씩 떨어지기 시작했다. 우산을 가져갈까 잠시 망설였지만, 어차피 우산 하나로는 쌍둥이 유모차에 쏟아지는 빗방울을 피하지 못할뿐더러 물건 하나 바꿔오는 사이에 비를 퍼부을 것 같진 않아 챙기지 않았다. 세이프웨이(Safeway)로 가기 위해서는 횡단보도 하나를 건너가야 했다.

그러나 보행신호를 아무리 기다려도 신호등은 초록불로 바뀌지 않았다. 비단 오늘뿐이 아니었다. 엊그제도 버스정류장으로 가는 횡단보도 앞에서 얼마나 오랜 시간을 기다렸는지… 한참을 기다린 끝에 결국 신호가 바뀌어 도로를 건널 수 있었지만, 선진국일수록 차보다는 사람이 우선일 텐데 아무리 생각해봐도 이건 뭔가 이상했다.

10분… 15분… 함께 건너려는 사람이 있으면 붙잡고 물어보기라도 할 텐데, 날씨 때문인지 오늘따라 이 넓은 도로의 보행자는 우리뿐이다. 급기야 '혹시 이 나라는 빨간 보행신호에 횡단보도를 건너는 건데 그동안 내가 모르고 있었던 건 아닐까?'라는 엉뚱한 생각까지 하기에 이르렀다.

'아니야… 그럴 리가 없지… 그런 내용은 가이드북에도 없었어.'

자꾸 머리를 굴리다 보니 문득 이틀 전, 이곳 주민으로 보이는 사람과 함께 초록 신호에 횡단보도를 건넜던 기억과, 그 사람이 횡단보도 앞에 온 지 얼마 안 되어 빨간불이 초록불로 바뀌었던 기억까지 떠올리게 되었다.

캘거리 시가지 횡단보도 신호등 버튼

'이곳에 내가 모르는 무언가가 있지는 않을까?'

주변을 찬찬히 살펴보던 나는 전봇대처럼 생긴 기둥에 있는 노란 버튼 하나를 발견했다.

혹시나 하는 생각으로 그 버튼을 누르자 잠시 후 보행자 신호등에 초록불이 켜진다. 당시엔 무슨 대단한 발견이라도 한 것 마냥 뿌듯함에 어깨를 으쓱거렸지만, 지금에 와 돌이켜보니 내 자신이 좀 우습게 느껴진다. 주변을 조금만 더 살폈더라면 발견할 수 있었을 것을, 그렇게 한참

동안 도로 가에서 아이들과 멍하니 기다리기만 했다니…

그렇지만 그땐 몰랐으니까. 그렇게 직접 부딪혀보며 배우는 것이 새로운 문화를 체험하는 시간의 작은 재미 중 하나가 아닌가.

하지만 그 어이없는 재미 좀 보느라 시간이 많이 지체되었다.

잠시 들렀던 마켓에서 그만 발이 묶이고

온 세상이 신기한, 그래서 무엇이든지 자기 맘대로 해보고 싶은 민준이와의 쇼핑은 늘 나의 혼을 쏙 빼놓곤 했다.

지난 번 이곳에서 장을 볼 때에도 아이들 때문에 워낙 정신이 없어, 쇼핑카트에 같은 종류의 물건이 두 개나 담겨 있다는 사실도 알아채지 못한 채 집에 가져와 버렸다. 어차피 두면 쓸 물건이므로 만약 한국에서였다면 굳이 환불을 받지 않았을 것이다. 뭐… 솔직히 말하자면 언어가 잘 통하지 않는데다 일부러 나서는 게 귀찮기도 했다.

그러나 여행자는 짐을 줄이면 줄일수록 편한 법이거늘, 당장 쓰지도 않을 물건을 굳이 긴 여행 기간 동안 가지고 다닌다는 게 불필요하다 생각되어 조금이나마 짐을 덜기로 마음을 먹었다.

한편, 영어가 유창하지 않은 내가 환불절차를 완벽하게 해내려면 약간의 노력이 필요하다 생각되어 어젯밤 아이들을 재우고 또 한 번 벼락치기를 해놓았다. 지난밤 공부한 영어 문장을 입속으로 되뇌며 고객센터 데스크 앞에 섰다.

"무엇을 도와드릴까요?"

"이 물건을 환불받으려고요."

캘거리 한 마트 내 이모저모

"왜 환불받으려 하죠?"
"아… 집에 있는 물건인데 하나를 더 샀네요."
"알았어요. 계산했던 카드와 영수증 보여주시겠어요?"
"여기요."

돌아서며 생각해 보니, 저렇게 간단한 대화를 왜 그리 어렵게만 생각하고 미리 겁을 먹었는지 이해가 되지 않지만, 나는 학창시절 내내 영어를 배웠음에도 막상 외국인을 만나면 말문이 막혀 좀처럼 입이 열리지 않는 보통 한국인, 게다가 이곳은 영어권 국가. 이 벽을 넘기 위해선 벼락치기를 넘어선 꾸준한 영어공부와 현지에서의 경험이 동시에 필요할 것 같다.

　원래 계획은 하늘이 더더욱 기승을 부리기 전에 얼른 환불만 받고 집으로 돌아가는 것이었지만, 아까 횡단보도에서 헤맨 시간이 길었던 탓인지 마트 밖으로 나가기 전, 비가 먼저 쏟아져버렸다. 혹시 지나가는 소나기일 가능성도 있어 일단 아이들과 가볍게 장을 본 다음 마트 안에 자리한 '스타벅스(Starbucks)'에서 따뜻한 커피를 마시며 기다려보기로 했다.

　엄마가 따뜻한 커피를 마시자 아침부터 먹을 걸 다 토해내어 속이 허한 민준이도 장바구니를 뒤져 초코우유를 꺼냈다.

　'아침까지만 해도 배가 아프다던 아이였는데… 우유를 먹여도 되나?' 초코우유를 눈앞에 두고 잠시 망설였지만, 당장 먹일 만한 게 마땅치 않은 이 상황에 배가 몹시 고픈 아이를 무조건 굶길 수도 없었다.

　'어차피 우유를 먹으나 안 먹으나 설사하는 건 마찬가지일 텐데, 기저귀 한 번 갈아줄 생각하고 달라는 거 한 번 줘보자!'

　5개월 전 모유수유를 중단하고 아이가 밤에 엄마젖을 찾기 위해 잠에서 깨는 횟수가 줄어들자, 출산 이후 수면 부족으로 인해 늘 나를 괴롭히던 두통도 많이 줄어들었다.

　그와 동시에 유난히 피곤한 날을 제외하고는 예전처럼 나의 두통약 역할을 해주던 커피전문점 커피를 찾아다니는 일도 한결 줄어들었다.

　그러나 먼 나라까지 와서 오랜만에 여유 있게 커피 한 잔을 홀짝이고 있자니 감회가 새롭다. 아이들도 엄마를 따라 창밖을 바라보며 초코우유를 마시는 시간이 맘에 들었던지, 표정에 여유가 묻어

나온다. 다만 한 가지 걱정되는 게 있다면 그건 바로 민준이의 설사였다.

지금은 저렇게 웃으며 우유를 쪽쪽 빨아먹고 있지만, 배가 아파오기 시작하면 저 미소가 사라지는 건 시간문제일 텐데… 게다가 원래는 볼일만 마치면 곧바로 집에 돌아갈 생각이었기에 기저귀 여유분을 제대로 챙겨오지 않아 자꾸 설사를 할 경우 기저귀를 새로 사야 할 판이었다.

'비가 이렇게 많이 오는데 애들이랑 유모차에 기저귀까지 다 어떻게 챙겨가나…' 걱정이 꼬리에 꼬리를 물자 이대로는 안 되겠다 싶어 직접 민준이의 기저귀를 확인해보기로 했다. 두근두근… 떨리는 마음으로 아이의 엉덩이에 코를 살짝 들이대 보았다.

"킁킁!" 아이는 엄마가 갑자기 자기 엉덩이에 코를 가까이대자 이유가 궁금하면서도 그 느낌이 간지럽고 재미있는지, 금방이라도 장난을 시작하자는 익살스런 표정으로 나를 바라본다. 우리 아이 특유의 설사똥 냄새가 나는 듯 아닌 듯 헷갈린다. 냄새만 맡아봐서는 잘 모르겠다. 이번엔 바지를 살짝 들추어 기저귀를 확인해보았다. 없다! 물똥이 보이지 않는다!

먹기만 하면 바로 설사를 하던 아이였으니, 초코우유를 마신 지 20분이 훌쩍 지난 지금쯤은 이미 설사가 나와 있어야 했지만 아이 기저귀엔 아무것도 없었다.

"으이구! 이뻐라~! 우리 민준이 설사 안했어? 민준아, 배 안 아퍼?"

아이를 끌어안고 얼굴을 부비며 묻자 아이가 싱글싱글 웃으며 말한다.

"응!"

"다행이다! 엄마는 민준이가 우유 마셔서 배가 더 아프면 어쩌나 걱정했거든… 정말 다행이다. 마저 마셔. 만약에 배가 또 아프면 꼭 엄마한테 얘기해야 돼. 알았지?"

"응!"

내 추측이 확실해졌다. 아이의 설사는 장염이 아니라 '감기증상+항생제 부작용으로 인한 결과'였다. 지금처럼 항생제 투여를 중지한 채 상태를 잘 봐가며 조심만 한다면 아이의 장은 곧 정상으로 돌아올 것이다.

원인을 알고 대책도 찾았으니 이젠 걱정할 일이 없다! 계속 지켜본 결과 주룩주룩 쏟아져 내리는 이 비는 아무리 봐도 소나기는 아닌 것 같다.

우리가 비 때문에 마트에 발이 묶여 있다는 걸 알아챈 마트 직원 한 명이 나에게 다가와 이런 경우 콜택시를 부를 수도 있다는 사실을 알려주었지만, 걸어서 오 분도 되지 않는 거리에 택시를 부른다는 게 좀 염치없이 느껴져 조금만 더 기다려보겠다는 대답을 했다.

그러나 기다리고 기다려도 비는 그치지 않고, 이러다간 하루해가 저물겠단 생각이 들어 다시 마트 직원에게 다가가 택시 부르는 방법을 물어보았다. 전화 통화를 마치고 돌아오자 마트 직원은 그동안 우리가 꽤 궁금했는지, 질문을 시작했다.

"여기 살고 있나요?"

"아니요, 우린 한국에서 왔어요."

"한국? 남한이요? 아니면 북한?"

"아… 남한이요."

"그렇군요. 북한 사람들은 남한 사람들처럼 다른 나라로 여행을 할 수 있나요?"

"아니요. 대부분의 북한 사람들은 남한 사람처럼 쉽게 여행을 할 수 없어요."

"북한 사람들은 위험한가요?"

마침 북한의 핵 문제가 국제적 관심을 일으키고 있던 시기였다.

그러나 TV 시청을 즐기는 편이 아닌데다 온종일 아이들과 정신없는 하루를 보내느라 세상 돌아가는 일에 눈과 귀를 닫고 지내오던 나에게 마트 직원의 궁금증을 풀어줄 만한 답은 없었다. 물론 분단국가의 국민으로 자라오며 어릴 적부터 보고 배운 잡다한 지식을 긁어모을 경우 그녀에게 해줄 이야기꺼리가 아주 없는 건 아니었지만, 일단 나의 지식수준과 영어회화수준이 일치하지 않는다는 점, 그리고 거창한 대화를 시작하기엔 우리 서로에게 주어진 시간이 많지 않다는 점을 핑계로 일부러 북한의 문제를 대화로 이어가지 않았다.

다만, 정치외교 분야에 종사하거나 국제정세에 관한 연구를 하는 사람이 아닌 일반인이 동양의 작은 나라에 대해 지대한 관심을 가지고 있다는 사실은 조금 놀랍게 느껴졌다.

어쩌면 내가 알고 있는 대한민국은, 이미 예전부터 더 이상 '동양의 작은 나라'가 아니었을 지도. 오히려 나의 생각과 시야가 지나치게 좁았던 건 아닐까.

일터에서 마냥 수다나 떨고 있을 수 없는 그녀는 몇 분간의 대화 끝에 자기 자리로 돌아갔지만, 아무리 기다려도 택시는 올 생각을 않는다. 조금만 더 기다려보자. 원래 이 나라는 여유가 넘쳐나는 나라이니까.

  그러나 20분이 지나도 택시는 감감 무소식이다. 혹시 내가 전화를 잘못 건 게 아닐까 싶어 마트 직원에게 물어보니 택시를 부르면 기다리는 데 최소 20분은 기본이라 하기에 10분을 더 기다렸다. 그래도 택시가 오지 않아 수화기를 다시 들고 문의를 하자, 날씨 때문에 택시를 부르는 전화가 빗발치는지 수화기 너머 상대방은 급하고 사무적인 목소리로 짧은 대답을 한 뒤 툭 끊어버린다. 얼핏 듣기에는 이미 접수됐으니 기다리라고 말한 것 같은데, 너무 빠른 속도로 말해 제대로 들은 건지 잘 모르겠다.

  '혹시 다른 대답을 한 건데 내가 잘못들은 건 아닐까?'

  마음 같아선 다시 전화를 걸어 물어보고 싶지만, 그쪽도 바쁜 거 같은데 같은 내용으로 자꾸 전화를 걸기가 미안하여 하는 수 없이 조금 더 기다려보기로 했다. 어차피 택시를 기다리는 것 외엔 다른 방법이 없었다.

  조슈아씨는 로키 산맥 어딘가에 있을 테고, 아무리 짧은 거리라지만 컨디션이 썩 좋지 않은 아이들과 빗속을 헤쳐 나갈 순 없으니 말이다. 그러던 중 민준이가 꾸벅꾸벅 졸더니 낮잠을 자기 시작했고, 그와 동시에 노란 택시 한 대가 마트 주차장으로 들어오는 것이 보였다.

  "여기요!"

  두리번거리는 택시기사를 향해 유리문 안에서 손짓을 하자 우리를 발견한 택시기사는 즉시 직업정신을 발휘해 쌍둥이 유모차를 실을 트렁크 뚜껑을 열고 우리를 맞이했다. 그는 잠든 아이를 안고 있는 승객을 위해 유모차를 대신 접어주려는 노력도 보였다.

"어디로 모실까요?"

"아… 여기서 가까워요. 저 신호에서 좌회전하면 바로 우리집이 보여요."

지나치게 가까운 거리 때문이었을까? 내 말이 끝나기가 무섭게 택시기사의 표정이 굳어졌다. 물론… 비가 와서 택시들이 무척이나 바쁘다는 건 나도 안다. 그리고 이 정도 거리에 굳이 택시를 부를 필요 또한 없다는 사실도 잘 알고 있다. 하지만 그건 신체의 이동이 자유로운 보통 사람의 경우에 한해서였다.

다행히 기사는 아무런 불평불만 없이 우리를 집까지 안전하게 모셔다 주었지만, 지나치게 솔직한 그의 표정에 집으로 오는 총 2~3분의 짧은 시간 동안, 적막이 흐르는 택시 안이 얼마나 답답하게 느껴졌는지 모르겠다. 고마우면서도 미안한 마음에 내가 기사에게 해줄 수 있는 건, 택시 요금에 팁을 조금 더 얹어주는 것뿐이었다. 그러나 팁 역시 기사의 마음엔 흡족하지 않았는지 그의 표정은 요금을 받아들었을 때조차 여전했다.

캘거리 한 마트에 설치돼 있는 택시 호출 전화기

도대체 어떻게 해야 하나… 사과라도 해야 하는 것일까? 잠시 갈피를 못 잡고 망설였지만, 어쨌거나 나는 고객 아닌가? 짧은 거리는 택시를 부르지 말라는 법도 없고 말이다.

마트에 가서 물건 하나 환불받고 돌아오자 어느덧 하루를 마무리할 시간이 되었다. 평소 한국에서의 하루와 별다를 것 없는 일상이 이곳에서도 그대로 재현되자 조금 이상한 기분이 든다. 지금 우리가 이곳에서 하고 있는 건 '여행'일까, 아니면 '거주'일까.

만약 일정이 짧았다면 이곳에 머무르는 시간이 아까워 어떻게든 더 많이 돌아다니려고 애를 썼겠지. 아마 오늘처럼 달랑 마트 한 번 다녀오는 것으로 마무리하는 하루는 상상도 못했을 것이다.

그러나 우리는 비록 여행자이긴 했지만, 그 목적이 단순히 '관광'에만 있지 않은데다, 특히 이번 여행에 덤으로 주어진 캘거리에서의 일 주일은 어린 아이들이 캐나다 생활과 시차에 적응을 하는 것이 주목적이었으므로 평범하고 소소한 하루하루에 만족할 수 있었던 것 같다.

서부캐나다 캠핑여행 Tip

① 택시 부르는 방법
마트 입구 벽면에 설치된 전화기(Associated Cab Line)의 수화기를 들면 택시회사와 직접 연결되며, 가고 싶은 위치를 말하면 된다.

② 캐나다의 팁 문화
캐나다는 팁 문화가 있는 나라이기 때문에 택시를 이용할 때에도 요금과 별도로 팁을 주어야 하며, 그 요금은 통상적으로 택시요금의 10% 정도

조슈아씨 가족과의 만남은 우연 아닌 필연!

낮잠을 늘어지게 자고 난 민준이는 몸 상태가 한결 좋아졌는지 이것저것 먹을 걸 찾기 시작했고, 이따금 갈아주던 기저귀에서도

설사는 더 이상 보이지 않았다. 다만, 가끔씩 배가 아프다는 말을 하는 걸로 보아 아직 완전히 나은 것 같지는 않다. 오후 다섯 시쯤 웬 건장한 남자가 집 안으로 들어와 우리 방문을 두드렸다.

"누구세요?"

"안녕하세요. 이 집 주인 아들입니다."

"아…! 안녕하세요. 그런데 웬일이세요?"

"저희 아버지가 그러시는데 아기가 많이 아프니 가서 살펴보고, 증세가 심하면 병원에 같이 가라고 전화하셔서요. 캐나다 오신 지 얼마 안 되서 병원 가는 게 힘드실 수도 있다고요. 근데 아기 상태는 어떤가요?"

이럴 수가! 여행 중임에도 우리가 걱정된 조슈아씨가 캘거리 다운타운의 한 은행에서 일하는 큰아들에게 전화를 걸어 우리를 보살피도록 신경을 써준 것이었다. 그 마음이 너무 감사하면서도, 은행 업무가 끝나자마자 빗길에 우리를 돌보러 와준 분께는 미안한 마음이 들었다.

"어머! 여기까지 와주셨는데 죄송해요. 아이가 아침보다는 상태가 정말 많이 좋아져서… 아마 조슈아씨가 주신 약 덕분인지… 어떡하죠? 병원엔 가보지 않아도 될 것 같아요."

"아니에요. 아기가 좋아졌다니 다행이네요. 아버지가 걱정을 너무 많이 하셔서… 저보고 꼭 가보라고 신신당부하셨거든요. 캐나다는 처음이시라 병원 가는 길 잘 모르실 거라고. 아이가 안 아프다니 정말 다행입니다. 그럼 이만 저는 가 봐도 될까요?"

앞에서도 말했지만, 솔직히 한인 민박집은 내 여행 스타일이 아니었다. 그저 원하는 숙소에 예약을 하지 못한 탓에, 어떻게든 일주일만 버텨보자며 별 기대 없이 찾아왔던 곳이었다.

  그러나 만약 우리를 지켜주는 수호천사가 존재한다면, 어쩌면 그 알 수 없는 힘이 우리를 이곳으로 안내한 것은 아닐까. "지금 이 시기는 너의 여행 스타일만 따질 때가 아니야"라고, 나의 귀에는 들리지 않는 그 음성으로 말하며 말이다. 나는 진심으로 감사했다.

  물론 이곳이 아니었더라도 우린 어떻게든 버텼겠지만, 여행을 떠나오기 전 예상했던 것보다도 훨씬 힘들었던 지난 5일을 호의적이고 정이 많은데다가 언어와 정서가 소통하는 분들과 따스하고 편안한 마음으로 지낼 수 있었음에 그저 감사한다.

  늦은 저녁, 조슈아씨의 가족들이 로키 여행을 마치고 집으로 돌아왔다.

  "로키 날씨는 어땠어요? 좋아요?" 내가 묻자 조슈아씨가 대답했다.

  "윤아엄마, 걱정 안 해도 되겠다. 로키 날씨 참 좋더라. 비도 안 오고 말이야."

  "아 그래요? 여긴 오늘 비가 엄청 왔어요."

  "그래. 전화로 들었다."

  "아 참, 아드님까지 보내주시고… 정말 감사합니다. 그런데 아드님이 허탕 쳐서 어떡해요. 저희 때문에 괜히…"

  "아니다! 허탕은 무슨… 아가 안 아프면 됐지. 민준인 괜찮드나?"

  "네… 아까 따님이 갖다 준 약 먹고 정말 많이 좋아졌어요."

  "그래? 다행이네… 계속 가지고 다니며 먹여라."

  "아, 그래도 되요? 여기서 한국 약 구하려면 힘들 텐데…"

"괜안타. 우리는 또 있다."

조슈아씨가 연로하신 어머님을 챙기러 들어간 사이, 이번엔 조슈아씨의 부인과 대화를 나누었다.

"오늘은 뭐했어?"

"아까 아이들이랑 세이프웨이 다녀왔어요."

"세이프웨이? 비 오는데?"

"그게… 출발할 땐 비가 한두 방울 내렸는데, 집에 올 때는 너무 많이 와서 결국 택시 타고 왔어요."

"거기서 여기까지 택시를? 택시기사가 태워줘?"

"아… 콜택시 불렀거든요. 쫌 미안하긴 하더라구요."

"쫌 미안한 게 아니지. 그보다 택시기사가 여기까지 태워줬다는 게 더 신기하다. 원래는 이렇게 짧은 거리는 잘 안 태워줘. 이 동네는 택시가 많지 않거든. 특히 이런 주택가는 다운타운과 달라서 택시 보기가 더 힘들고"

"아… 그렇구나. 몰랐네요. 아마 아이들이 있어서 별 말 않고 태워줬던 것 같아요."

우리는 몇 년을 벼르고 별러 힘들게 떠나온 로키 여행이지만, 맘만 먹으면 언제든 떠날 수 있는 조슈아씨의 가족은, 처음이 아니라 그런지 여행 테마도 우리와는 달리 조금 독특했다.

"캐나다에도 고사리가 있어요?"

내가 놀라며 묻자 조슈아씨 부인이 웃으며 말했다.

"그럼. 여기도 고사리 있지. 얼마나 많은데… 지천에 널린 게 고사리야. 트렁크에 꽉 차서 더 이상 못 실을 만큼 캐왔어. 낼부터 고사리 삶아 뒷마당에 널리면 일이다. 시간 많이 걸리겠네."

캘거리 동물원의 펭귄들

캘거리 동물원에서 펭귄을 바라보는 윤아

캘거리 동물원 원내를 활보하는 공작

나이 지긋하신 분들이 삼삼오오 모여 고사리를 캐던 모습과 온천을 찾아다니며 뜨끈한 물에 몸을 담갔을 모습을 상상하자 절로 미소가 생겨난다. 아울러 '얼마나 많이 다녔으면 남들은 평생에 한 번 갈까 말까 한 로키 산맥에서 고작 고사리나 캐고 다녔을까'라고 생각하자 그저 부러울 뿐이다.

조슈아씨 부인은 우리가 오면 함께 가기 위해 동물원 티켓을 미리 구입해놓았다며, 내일 아침 함께 동물원에 가자는 제안도 했다.

"아… 자꾸 이러시면 제가 너무 죄송하잖아요."

새삼, 이곳이 민박집인지 잘 아는 친척집인지 헷갈린다. 새벽에 두어 번, 잠꼬대를 하는 것 마냥 "배 아퍼… 배 아퍼…"라며 민준이가 중얼거리긴 했지만 약을 먹여주자 곧 잠들어버렸고, 그 외엔 잠에서 깨는 일 없이 아이들은 밤새 비교적 잘 잤다.

어딜 가나 가슴 탁 트이는 이곳 '캘거리 동물원'

우리나라와 캐나다는 국가면적에 있어 어마어마한 차이가 있는 만큼, 어느 장소를 가던 넓이나 규모에 대한 비교는 그 시도가 무색할 정도였다.

한국의 동물원도 여타 놀이시설에 비해 참 넓었던 편이라는 기억은 있었지만, 이곳의 규모는 더욱 놀랍다. 더군다나 우리의 동반자는 어린아이 셋. 오늘 우리가 돌아본 장소가 동물원 면적의 4분의 1은 되었을까.

가장 인상적인 건, 우리 밖에 풀어 놓고 키워 동물원 곳곳을 활보하던 공작새들과, 추운 지방에서만 사는 줄 알았던 펭귄을 따뜻한 이곳에서도 만날 수 있다는 사실이었다.

캘거리에 살며 종종 방문하는 곳임에도 아직 동물원의 모든 구역을 돌아보지 못했다는 조슈아씨의 부인은 그동안 가보지 못했던 곳으로 한 번 가보자며 우리를 낯선 구역으로 이끌었는데, 중간에 길을 조금 헤매는 바람에 유모차를 타지 않고 걸어 다녀야 했던 재원이가 조금 힘들어했다.

동물원에 오면 솜사탕을 사주겠다는 엄마의 말에 잔뜩 기대를 하고 왔던 재원이는 어른들이 자꾸 엉뚱한 길로 돌아다니자 투덜대기 시작하더니, 급기야 지나가는 공원 관리자를 붙잡고 묻는다.

"Where can I buy some cotton candy?(솜사탕은 어디서 살 수 있나요?)"

순간, 아이특유의 귀엽고 또랑또랑한 말투의 영어구사에 깜짝 놀랐다. 캐나다에서 나고 자란 조슈아씨 부부의 늦둥이, 재원이는 자연스럽게 영어와 한국어를 동시에 사용할 줄 알았지만, 우리와 대화할 때는 늘 한국어만 사용하던 아이였기에 새삼 영어로 말하는 모습이 낯설어 보였던 것이다.

외국에 나오면 늘, 가장 부러운 사람이 외국어를 잘하는 사람이었는데, 오늘은 이 어린아이가 가장 부럽게 느껴진다.

내일은 드디어 토마스를 만나는 날이다.

하룻밤만 자면 아빠를 만날 수 있다는 데에 들떠 아이들도 저녁 내내 기분이 좋아 보인다.

캐나다에 온 지 나흘째 되던 날부터 시차적응이 끝난 윤아와는 달리 민준이는 뒤바뀐 낮과 밤에 적응하는 데 시간이 꽤 걸리긴 했지만, 그래도 처음에 비하면 많이 나아진 편이었다.

캘거리 동물원 원내 이모저모

새벽에 한두 번씩 깨어 놀자고 조르다 무언가가 제 맘에 들지 않으면 보채거나 울긴 했지만, 일단 낮엔 깨어있고 밤이 되면 잠자리에 드니 말이다.

육아휴직 중인 나와는 달리, 토마스는 장기휴가를 내지 못해 이번 여행의 전(全) 기간을 우리와 함께 하진 못했다.

그러나 캐나디안 로키에서의 캠핑은 토마스 역시 나와 함께 오래 전부터 꿈꿔오던 일인데다, 아무리 내가 '여행만 떠나면 없던 힘도 생기는 강철체력의 여인'이라 하더라도 텐트 및 각종 캠핑 장비를 구입하고 설치, 철수하는 일 모두를 혼자서 하기엔 무리라 판단했기 때문에 로키에서만큼은 꼭 토마스와 함께여야 했다. 바로 지금, 몇 년간 꿈꿔오던 로키에서의 멋진 시간을 위해 토마스가 우리 곁으로 날아오고 있다.

🍁 캘거리 동물원(Calgary Zoo)

캐나다에서 두 번째로 큰 동물원으로, 보 강에 떠있는 세인트 조지 섬(St. George Island) 일대에 자리하고 있다. 내부는 동물원, 식물원, 선사시대 공원 등 이색적인 테마파크로 구성되어 있다.

※ 캘거리 동물원 벽면 곳곳에 붙어 있던 글 중 가장 인상 깊었던 문장 두 가지
1) We do not inherit the earth from our ancestors: we borrow it from our children.
2) You are what you eat.

아빠를 만나러 가는 길

시간이 맞으면 조슈아씨가 공항근처까지 태워다 주겠다고 약속

을 했지만, 막상 출발준비를 마치자 조슈아씨에게 급한 일이 생기는 바람에 우린 대중교통을 이용해야 했다. 차를 얻어 타고 갔더라면 더 편했겠지만, 이미 이곳의 대중교통을 여러 번 이용해 본 나에겐 스스로의 힘으로 공항까지 가는 것이 크게 어려운 일은 아니었다.

"괜찮아요. 저희끼리 다녀올 수 있어요. 일 보세요."

그런 나를 보며 조슈아씨 부부와 그의 친척들은 입을 모아 칭찬했다.

"이렇게 어린 아이들과 낯선 땅에서 돌아다니는 것도 대단한데, 남편 마중까지? 정말 대단한 여성이야!"

상당히 멋쩍었지만, 많은 이들의 칭찬에 어깨가 으쓱해진 나는 자신만만한 표정으로 아이들과 함께 민박집을 나섰다.

공항으로 가기 위해 가장 먼저 해야 할 일은 '이곳에서 얻은 노선표와 한국에서부터 가져온 가이드북을 적절히 병합하여 공항까지 가장 빠르고 쉽게 갈 수 있는 방법 찾아내기'였다.

그러나 공항으로 가는 길은 생각했던 것보다 훨씬 복잡했고, '버스나 열차 한두 번 갈아타면 곧 도착하겠지.'라 생각했던 나의 예상은 한참 빗나가고 말았다. 어쨌든 천릿길도 한 걸음부터다.

일단 평소처럼 버스를 타고 사우스랜드(Southland) 역으로 가서 C-Train을 타고(City Hall 역에서 한 번 환승) 화이트 혼(White Horn) 역에 도착한 다음, 가이드북에서 알려주는 대로 57번 버스에 환승하기 위해 버스 정류장에 섰다. 도중에 열차를 갈아타긴 했지만, 열차 하나 당 머문 시간이 길지 않아 아이들이 지루해할 새는 없었으며, 이제 버스 한 번만 타면 공항에 도착한다는 생각에 아이들과 가슴 설레었다.

그러나 당황스럽게도 버스는 오지 않았다. 초행길이라 헤맬 걸 예상하고 충분한 시간적 여유를 갖고 나오긴 했지만 이렇게 마냥 기다리다간 약속한 시각에 토마스를 만나지 못할 것 같다.

걱정스런 마음으로 주위를 두리번거리다 중고등학생 쯤으로 보이는 흑인 청소년들을 발견하고 버스 노선을 물으려 할 때였다. 학생들이 먼저 입을 열었다.

'내가 헤매는 걸 이미 알고 있었나?'라는 놀라운 마음에 바라본 그들의 입에서 나온 건 말소리가 아닌 노랫소리였다. 아~ 나지막이 울려 퍼지는 작고 부드러운 아카펠라 선율은, 규모가 크고 높이가 낮은 대형 창고와 같은 건물 몇 동과 전철역, 그리고 버스 정류장 하나가 전부인 황량한 이곳의 분위기를 순식간에 바꿔놓았다. 음악이 만들어낸, 공기의 작은 입자 하나하나까지 들어찬 신선한 풍요로움은 우리의 마음을 뭐라 형언할 수 없는 감동으로 가득 메우고 있었다.

영혼을 울릴 것만 같은 매력적인 보이스, '나'를 표현하는 데에 그 어느 누구의 눈치도 볼 필요 없는 자유로운 분위기.

만약 이곳이 우리나라였다면, 정류장에서 버스를 기다리던 학생들이 갑자기 노래를 부르기 시작했다면, 사람들은 그들을 어떤 눈으로 바라보았을까. 문득 궁금해진다.

허스키하면서도 묘하게 맑은 느낌을 주는 여학생의 멜로디와 그를 더욱 아름답게 꾸며주는 남학생의 화음… 아름다운 하모니에 넋을 잃고 그들에게 시선이 고정된 아이들은 노래가 끝날 때까지 손가락 하나 움직일 생각도 하지 못한 채 그 자리에 그림처럼 머물러 있었다.

캘거리 시내 숙소에서 공항에 도착하는 아빠를
만나러 가는 길 / 필자가 렌트한 차량 내부

노래를 마친 뒤 아이들을 바라보며 미소를 지어주던 여학생에게 목소리가 참 매력적이라고 말을 건넸다. 그러자 주위의 시선 따위는 의식하지 않고 노래를 하던 그 여학생은 의외로 수줍어하며 감사의 인사를 전해왔다.

학생들 덕분에 좀처럼 경험하기 힘든 멋진 라이브 공연을 구경했지만, 잠시 후 꿈에서 깨어나듯 정신을 차리고 보자, 아직도 버스는 오지 않았다.

또 다른 학생 역시 아까부터 우리와 같은 벤치에서 버스를 기다리고 있었기에, 그 학생을 붙잡고 57번 버스가 공항에 가냐고 물었지만, 이번에도 "모른다!"고 대답했다.

한참의 시간이 흐른 후, 드디어 57번 버스가 도착했다.

"이 버스가 공항으로 가나요?"

버스노선을 가장 잘 알고 있

을 버스기사에게 묻자, 곧바로 정확한 답이 돌아왔다.

"아니요. 이 버스는 공항에 가지 않아요. 그리고 이곳엔 공항으로 가는 버스가 없어요. 다른 곳으로 가야 해요."

힘이 쭉 빠졌다. 버스 노선을 잘못 알고 있는 줄도 모르고 엉뚱한 곳에서 엄청난 시간을 소비했다니… 그러나 누굴 탓하랴? 가이드북만 믿은 내가 잘못이지.

일반적으로 여행을 할 때에 가장 많은 도움을 주는 것 중 하나가 가이드북이지만, 이따금 나의 경로를 더욱 혼란스럽게 만드는 것 또한 가이드북이었다. 아무리 심혈을 기울여 수집한 정확한 정보라 할지라도 주기적인 업데이트는 필수적이며, 그렇다 해도 무엇이든 100% 신뢰해선 안 될 것 같다.

오랜 시간 헤맨 탓에 조금 지치긴 했지만 '버스기사가 알려준 경로가 정확한 정보라면, 이번 여행에서 캘거리의 C-트레인을 타는 경험은 이번이 마지막일 것이다.'라는 생각으로 힘을 내며 열차에 탑승, 맥나이트(McKnight) 역에서 내린 다음 100번 버스로 갈아탔다. 그리고 이번엔 제대로 도착했다!

점심시간을 훌쩍 넘긴 시각이라 공항 내 '팀 홀튼(Tim Hortons)'에 들러 배가 몹시 고플 아이들에게 간단히 라자냐를 사서 먹이고 있다 보니 얼마 후 토마스가 공항에 도착했다.

아픈 아이들과 함께 새로운 환경에 적응 하느라 지치고 찌든 모습의 나와는 달리 건강한 혈색과 말끔한 차림의 토마스를 보자, 이제는 나 혼자가 아니라는 생각에 안도의 한숨이 몰려온다.

본격적인 캐나다 캠핑여행 위한 준비과정

이제 본격적인 여행의 시작이다!

캐나디안 로키를 여행하기 위해선 달리고 싶을 때 달리고, 멈추고 싶을 때 멈출 수 있는 우리만의 차가 필요했다. 따라서 가장 먼저 들른 곳은 공항 내 렌터카 사무실.

우린 가족 캠핑 여행에 적합하다는 미니밴을 예약하면서 추가 옵션으로 유아 카시트와 보험 등을 선택했지만, 내비게이션은 일부러 빼놓았다(이것저것 추가하자니 대여비가 점점 올라가 아깝게 느껴지는데다, 로키를 찾아가는 길은 그다지 어렵지 않다고 들었기 때문이었다).

그러나 운 좋게도 우리에게 배정된 미니밴은 기본적으로 내비게이션이 내장되어 있는 모델이었고, 덕분에 우린 추가비용을 들이지 않고도 내비게이션을 이용할 수 있게 되었다.

대부분의 상점이 이른 저녁 문을 닫는 캐나다의 특성상 캠핑용품점 또한 일찍 문을 닫을 가능성이 컸으므로, 차량의 시동을 걸고 내비게이션의 전원이 켜지기를 기다린 다음 캠핑용품점 주소를 입력하려 할 때였다.

"캐나다의 내비게이션은 우리나라의 것과 작동방법이 달라 사용하기가 매우 까다롭다"는 블로거들의 말이 떠올랐다.

"에이, 그래봤자 기계인데, 원리는 다 똑같은 거 아냐? 단어만 잘 클릭해서 사용하면 되겠지."

기계를 다루는 데 능한 토마스와 그런 토마스의 능력을 믿는 나는, 함께 콧방귀를 뀌며 천천히 내비게이션을 작동시켰다. 안타깝게도 블로거들의 말은 사실이었다. 우리나라의 것과 시스템 운영체계가 다른 캐나다의 내비게이션은 얼핏 그 작동방법이 단순해 보였지만, 실은 전혀 그렇지 않았다.

　다운타운 어딘가에 위치하고 있다는 캠핑용품점을 찾아가려면 내비게이션의 도움이 절대적으로 필요했지만, 멈춰있는 차 안에서 아까운 시간을 허비하다간 우리 계획대로 일이 진행되긴 힘들 것 같다.

　"안되겠어. 일단 출발해봐." 내가 말했다.

　"그래? 어딘지 알아?" 그런 나를 바라보며 토마스가 물었다.

　"아니, 모르지. 일단 가보자. 여기 주소랑 지도가 있어."

　그동안 조슈아씨의 차를 얻어 타고 다니며 창밖으로 보았던 낯익은 풍경들이 지금 내 눈앞에 그대로 펼쳐지고 있는 걸로 보아 촉을 조금 더 곤두세우면 목적지를 찾아갈 수 있을 것 같기도 하다. 처음 밟아보는 땅이지만 도로와 이정표가 잘 정비되어 있어서인지 토마스는 거침없이 다운타운으로 향했고, 더 놀라운 사실은, 가이드북에 적혀 있던 도로명 주소 한 줄과 스스로의 힘만으로 생전 처음 가보는 다운타운의 캠핑용품점을 찾아냈다는 사실이었다.

　캘거리의 캠핑용품점 중 우리가 들른 곳은 MEC. 'Mountain Equipment Co-op'이라는 이름에 걸맞게 2층 높이의 커다란 매장 안엔 캠핑용품 말고도 각종 레포츠 용품들(카누, 자전거, 스포츠 의류 등)이 컬러풀하고 역동적인 모습으로 진열되어 있었는데, 그저 보는 것만으로도 다양한 활동을 체험해보고 싶다는 기분이 들 정도였다. 게다가 신기한 물건들이 굉장히 많아 휙휙 절로 돌아가는 눈을 어찌해야 할 지 모르겠다.

　마음 같아서는 가게를 통째로 우리 차에 옮겨다 싣고 싶지만, 여행자의 기본자세는 짐을 늘리는 데 있는 것이 아니라 줄이는 데 있는 법. 생전 처음 캠핑용품을 구입하는 지라 무엇을 얼마나 사야 할지 가뜩이나 머리가 복잡한데, 이렇게 아기자기하고 예쁜데다 쓸 만한 캠핑용품들을 잔뜩 갖다놓고 꼭 필요한 것만 추리라 하다니… 차라리 마음에 드는 걸 다 사라고 하는 편이 더 쉬울 것 같다. 다 큰 어른도 이 지경인데, 어린아이들은 오죽했을까.

태어나 처음 보는 갖가지 물건들로 인해 우리만큼이나 신이 나 눈에 불을 켜고 돌아다니는 아이들, 특히 '걸어 다니는 호기심덩어리' 민준이는 도저히 통제 불능이었다.

영업이 끝나기 전에 도착했다며 좋아했지만, 과연 우리는 시간 안에 쇼핑을 끝마칠 수 있을까. 잠시나마 토마스 없이 혼자서, 이런 아이들과 함께 캠핑여행을 시도하려 했었다니… 아마도 내가 여행에 미쳐 제정신이 아니었나보다. 또한 텐트 설치를 위해선 텐트만 구입하면 될 거라 생각해왔던 나는, 텐트 외에도 '팩'과 '스트링' 등 기타 부수적인 용품이 필요하다는 당연한 상식에 적잖이 충격을 받기도 했는데, 아마도 나 혼자였다면 텐트만 덜렁 구입해 떠난 뒤 제대로 된 형태 없이 바닥에 흐물흐물 늘어져 있는 합성섬유 안에서 아이들과 잤어야 했을지도 모른다는 아찔한 생각을 하자, 새삼 토마스가 이번 여행에 함께 해주었다는 것이 그저 고마울 뿐이다.

잠시 아찔한 기분을 느끼긴 했지만, 신혼살림을 갖추기 위해 토마스와 함께 이곳저곳을 찾아다니던 그 시절처럼, 돌아다니는 집 한 채와 그에 필요한 살림살이를 갖추는 일은 묘한 설렘을 가져다주었고, 매장 안에 설치된 텐트 안에 들어가 누워보다 실내 놀이터에 온 마냥 길게 늘어진 색색깔의 침낭 사이를 지그재그로 돌아다니며 깔깔대는 아이들을 보자 웃음이 절로 나온다.

캘거리 MEC 매장 내부

'하긴… 이 엄마아빠도 이렇게 신이 나는데, 저희들은 오죽할까?'

아직 시작도 하지 않았는데 이 정도라면, 진짜 캠핑은 얼마나 즐거울까. 벌써부터 가슴이 두근거린다.

텐트는 휴대가 좋고, 나중에 한국으로 가져갈 것을 대비해 무게가 가벼우며(항공사마다 다르지만 수하물 규정에 의하면 통상적으로 20~30kg을 넘을 수 없다. 넘을 경우 추가 요금을 지불해야 한다) 로키산맥의 환경에 적응하기 좋은 산악용 텐트를, 침낭은 변덕스럽고 추운 로키의 날씨를 대비하여 영하의 온도에서도 견딜 수 있다는 동계용 침낭으로 구입했다. 바닥에서 올라오는 습기와 한기를 막아주는 에어매트리스 역시 가격이 다소 비싸더라도 품질이 좋은 것으로 구입했다.

지금 당장 꼭 필요하지는 않으나 구경만이라도 해보고 싶은 물건들이 참 많았지만, 시간이 지날수록 통제가 더욱 더 힘들어지는

매장 안에서 못 말리는 아이들

아이들 때문에 서둘러 계산을 마치고 나올 수밖에 없었다. 오랜만에 온가족이 한 방에 모여 함께 지내는 정겨운 밤.

시차적응을 거의 마친 아이들은 쿨쿨 잠에 빠져들었고, 이제부터 새로운 시간대에 생체시계를 맞춰가야 하는 토마스는 쉽사리 잠들지 못한 채 엎치락뒤치락 몸을 뒤척이다 새벽녘 겨우 잠이 든다.

캘거리의 노을 무렵 하늘 풍광

서부캐나다 캠핑여행 Tip

'캠핑용품 잘 구입하는 방법'

캠핑용품 구입 시에는 캘거리에 있는 대형마트나 캠핑용품 전문점을 이용한다. 캘거리의 캠핑용품 전문점은 '코스트마운틴(www.coastmountain.com), MEC(www.mec.ca) 등이 있다.

캘거리 MEC 매장 안에 전시되어 있는 스테인리스 컵

밴프 · 레이크루이즈 · 재스퍼 등 로키의 주요 다운타운뿐 아니라 캐나다 곳곳엔 캠핑용품 가게가 즐비하므로 부족한 용품은 그곳에서 구입해도 된다. 단, 도시보다는 산악지대나 시골로 들어갈수록 가격이 올라간다.

캐나디안 로키 지역 레이크루이스 모레인호수(Morain Lake) 보트하우스 일대 풍광

광활한 자연 속 한 점이 되다!

여행은 인간을 겸손하게 만든다.
세상에서 인간이 차지하는 영역이 얼마나
작은 것인가를 깨닫게 해준다.
- 프리베르 -

Ⓐ 렌터카 관련 유용 정보

간혹 자전거나 오토바이로 로키를 여행하는 강철체력의 소유자도 만나보긴 했지만, 로키 여행에 가장 필요한 걸 말하라면 '자동차'라 답할 정도로 어마어마하게 넓고 깊은 산맥, 로키에서 어린아이들과 함께 하는 가족 단위 여행에 없어서는 안 될 이동수단은 자동차이며, 따라서 렌터카는 필수였다.

① 캠핑카 VS 일반차량

그러나 렌터카 중에서도 캠핑카를 빌릴 것인가, 아니면 일반 차량을 빌릴 것인가를 놓고 한동안 나는 결정을 내리지 못했다.

　내가 아무리 겁이 없고 여행을 할 때만은 유독 매사에 자신만만한 성격이라 할지라도, 어린 아이들과 함께 하는 자연 속 캠핑은 처음인 만큼 아이들의 안전에 많은 신경이 쓰였기 때문이었다. 그 중 가장 걱정되는 건 추위였다.

　'로키산맥은 일교차가 커서 해가 지면 몹시 춥다던데… 과연 천막 쪼가리 하나로 아이들을 추위로부터 무사히 지킬 수 있을까?'

　또한 엄마 아빠를 한시도 가만히 놔두지 않는 아이들과 각종 장비를 설치하고 철수하는 것도 일이었다.

　아이들의 요구를 한없이 들어주다간 텐트 하나도 제대로 설치하지 못한 채 밤을 맞이하게 될 것이며, 반면에 아이들의 요구를 무시하고 장비 설치에만 몰두하다간 나도 모르는 사이에 어딘가에서 사고를 치고 있는 아이들을 발견하게 되거나 아니면 엄청난 떼쓰기로 인해 우리를 포함한 다른 이들의 신경이 곤두설지도 모를 일이었다. 캠핑카를 빌릴 경우 그런 문제는 대부분 해결될 수 있었다.

　캠핑카는 침실과 주방, 화장실 등 생활에 필요한 기본적인 요건을 갖추고 있어 편리한 데다, 자체 난방시설이나 전기를 이용한 난방기구 사용 등으로 내부 역시 텐트보다 따뜻하여 어린 아이들과 함께 로키의 일교차에 적응하기엔 제격이었다. 다만 우리에게 있어 캠핑카의 가장 큰 단점은 비싼 대여료였다.

　캠핑카는 일반 차량에 비해 3~5배 이상 값을 주어야 하는 데다, 성수기에는 호텔을 이용한 여행과 비용 면에서 큰 차이가 없을 정도였으니 말이다.

　휴~! 다시 한 번 말하지만, 우리의 주머니 사정은 빠듯했으며, 돈

캠핑카

이 많아 떠나온 여행이 아니었다.

이번 여행 역시 그저 '세계여행'이라는 우리의 꿈을 실현하기 위한 과정 중 하나였기 때문에 되도록 비용을 아껴야만 했다.

결국 우리는 캠핑카를 포기하고 일반 차량을 빌리기로 결정했다. 캠핑카만의 편리함과 낭만을 즐길 수 없다는 점은 좀 아쉽지만, 기동성 있고 운전이 편리한데다, 낭만으로 따지자면 텐트가 더하지 않을까.

② 렌터카 예약

차량 대여엔 두 가지 방법이 있다. 인터넷을 이용하거나 또는 현지에서 대여하기.

나의 경우 원하는 차량을 미리 맡아놓기 위해(성수기에는 차량을 대여하는 사람이 많아 서둘러 예약해놓지 않으면 원하는 차량을 구할 수 없을지도 모른다) 렌터카 예약 사이트를 이용했으며, 우리가 선택한 차종은 미니밴이었다(미니밴은 일반 승용차에 비해 좌석과 수납공간이 넓은데다 SUV차량에 비해 렌트 비용이 저렴하다).

③ 그 밖에 운전을 위해 필요한 사항
- 국제운전면허증: 캐나다 운전에 필수. 전국의 운전면허 시험장에서 쉽게 교부받을 수 있다. 운전면허증과 여권, 여권용 사진 1매와 발급비용(2016년 현재 8,500원)을 내면 즉시 교부해준다. 이때 반드시 영문 성명을 한 번 더 확인해볼 것!
- 보험은 당연 필수!
- 주 운전자 외에 추가 운전자가 있는 경우 렌터카 회사에 알려주어야 한다.
- 내비게이션: 생각보다 내비게이션 대여료가 높아 우리의 경우 지도 보는 능력과 감(感), 그리고 이정표를 믿기로 하고 대여 신청하지 않았다.
- 유아 카시트: 유아 카시트를 장착하지 않을 경우 법에 위반될 뿐더러(캐나다에서 몸무게 36kg 이하의 어린이는 보조의자나 베이비시트에 앉혀야 하며 이를 어기다 적발되면 벌금을 부과 받는다) 무엇보다 아이들의 안전이 중요했기에 다소 비용이 나가더라도 유아카시트를 대여했다.

④ 간단한 교통규칙
- 전조등은 항상 켜놓은 상태에서 운행한다.
- 좌회전 신호등이 없는 도로가 많아 특별히 좌회전 표시가 있지 않은 도로에서는 빨간 신호에도 좌회전이 가능하다(우회전은 우리나라와 같다).
- 운전 중 STOP 사인을 보면 무조건 정지해야 한다. 일단 정지했다가 통행에 별 지장이 없다면 다시 주행을 시작해도 된다.

- 스쿨버스! 스쿨버스 옆면에 STOP 사인이 켜지면 뒤따르는 차는 반드시 멈춰야 한다. 반대편 차선의 차량도 마찬가지다. 스쿨버스가 다시 출발할 때까지 추월을 해서도 안 된다.
- 앰뷸런스가 지나가면 반드시 구석에 정차
- 도로변에 주차를 할 경우 관리하는 사람이 없다고 해서 요금을 내지 않고 가면 안 된다. 분명히 누군가가 관리하고 있다.
- 안전벨트 꼭 매기!
- 장거리 운행 시 출발 전 기름을 가득 넣도록

Ⓑ 캠핑장비

캠핑장비는 한국에서 가져가도 좋지만, 대부분 무게가 많이 나가므로 현지에서 구입하는 것도 괜찮은 방법이다.

장비를 한국에서부터 가져갈 경우 항공사마다 수하물 무게 제한 규정이 다르므로 미리 알아본 뒤 챙겨가자.

캠핑장비는 캐나다라고 해서 특별히 비싸진 않지만, 한국보다 크게 저렴한 편도 아니며 로키 안으로 들어갈수록 물가가 높아지므로 캘거리나 에드먼턴 같은 시내에서 미리 구입하는 것이 좋다.

① **텐트:** 우리나라에서 사용하는 오토캠핑용 텐트보다는 가볍고 설치가 간편한 산악용(등산용) 텐트를 추천

② **바닥깔개와 매트리스:** 바닥깔개는 지면에서 올라오는 습기와 냉기를 차단해주며, 매트리스는 보다 포근한 잠자리를 위해 필요

③ **침낭:** 일교차가 큰 로키의 특성상 밤이 되면 몹시 추워지므로 침낭을 준비하는 것이 좋다(계절에 따라 침낭의 두께가 다르다).

④ **코펠과 버너(스토브)**

⑤ **랜턴**

⑥ **연료:** 스토브나 랜턴의 종류에 따라 휘발유·가스·건전지 등 연료가 필요

⑦ **의자:** 로키의 캠핑장 대부분은 사이트마다 의자가 붙은 테이블을 갖추고 있지만, 모닥불을 피울 때나 그늘에 앉아있고 싶을 때엔 이동이 편리한 접이식 의자를 가져가면 유용하다.

⑧ **아이스박스:** 음식을 보관하기에 좋다. 얼음은 마트나 주유소에서 구입 가능

⑨ **물통:** 캠핑장마다 식수대가 있지만, 일일이 물을 뜨러 가는 것이 귀찮게 느껴질 수 있으므로 물통 하나 정도 구비해 놓으면 편리하다.

⑩ **도끼:** 캠핑의 또 다른 묘미인 모닥불을 피우기 위해선 장작이

(사진 위에서부터 시계 방향으로) 텐트 / 바닥깔개 / 침낭 / 도끼 / 랜턴 / 코펠과 버너(스토브)

캠핑 용 착화제(着火製)

필요하나, 장작이 클수록 불을 붙이는 것이 쉽지 않다. 도끼(클수록 좋다)를 이용하여 장작을 팬 다음 불을 붙이면 불이 한결 잘 붙는다. 캐나다 캠핑장에서 판매하는 장작은 우리나라 캠핑장에서 판매하는 얇고 잘 마른 장작과는 달리 커다랗고 높게 쌓아놓고 필요한 만큼 가져가는 형태로, 나무 원형 그대로에 가까울 만큼 크기가 큰 경우도 있으며 잦은 비에 항상 축축하게 젖어 있어 도끼로 팬 다음 말려서 사용해야 한다.

ⓒ 캠핑장 이용 시 주의할 점

- 채집 금지: 국립공원에서 식물이나 버섯, 꽃을 채집하는 것은 불법
- 먹이주기 금지: 사람에게서 먹이를 받아먹는 동물은 자생력이 떨어지므로 동물에게 먹이를 주는 것은 불법이다. 또한 동물들에게 접근하다 위험한 상황을 맞을 수도 있다.
- 소음 금지: 오후 11시부터 오전 7시까지는 조용히
- 산불 조심: 한 번 큰 불이 나면 돌이킬 수 없는 결과를 초래할 수 있으므로 늘 주의해야 한다.
- 청결 유지: 주변에 쓰레기를 버리거나 짐을 아무렇게나 놔두어서는 안 된다. 자리를 비울 때는 물건을 텐트나 자동차 안에 넣어 놓아야 하며 이는 도난이나 동물의 습격을 예방하는 데

레이크루이스(Lake Louise) 캠핑장에서 독서하는 한 캠퍼

에도 도움이 된다.

Ⓓ 국립공원(캠핑장) 예약

캐나다 국립공원 홈페이지 (www.parkscanada.ca)에 접속, 4개의 국립공원(밴프 Banff, 재스퍼 Jasper, 요호 Yoho, 쿠트니 Kootenay)를 찾아들어가 원하는 캠핑장을 예약하면 된다. 극성수기가 아니라면 예약 없이 캠핑장에서 직접 체크인해도 된다.

Ⓔ 캠핑장 시설

대부분의 캠핑장에는 화장실·샤워장(보통 화장실과 같이 있으며, 샤워장이 없는 캠핑장도 있다)·쓰레기통·테이블·화로·쉘터·음수대·음식 보관소·장작 보관소 등의 시설이 기본적으로 설치되어 있다.

캠핑장의 음식보관 박스 / 캠핑장에 수북이 쌓여 있는 장작더미 / 캠핑장의 쓰레기통(곰이 열지 못하는 구조로 만들어짐) / 캠핑장의 화장실

불가능하다던 '어린 아이들과의 로키 캠핑여행'

토마스의 도착에 완벽한 조합을 이룬 우리 가족을 보며 조슈아씨 부부는 걱정을 한 시름 놓았지만, 로키 캠핑에 관한 우리의 계획을 듣던 그들은 깜짝 놀라며 손사래를 쳤다.

"지금 윤아랑 민준이랑 캠핑 한다 캤나? 힘들끼다."

"그렇지만 저희는 캠핑을 계획하고 떠나온걸요."

"그래? 캠핑 장비는 있나?"

"네. 아까 다 샀어요."

"그럼, 전기장판은? 로키는 산악지대라 한여름에도 추울긴데…"

"전기장판까지 필요한가요? 에어매트인가? 그거 깔면 괜찮다던데… 참, 전기 안 들어오는 사이트에선 어차피 전기장판 못쓰잖아요."

"그거야 전기 들어오는 사이트로 가면 되지. 안 된다, 안 돼. 내가 전기장판 빌려줄게."

그러나 결국 전기장판은 빌리지 못했다. 어차피 로키 여행이 끝나면 캘거리 공항을 경유해 밴쿠버로 돌아갈 생각이었으므로 조슈아씨 댁에 들르는 것이 불가능한 일은 아니었지만, 오랜 캠핑 생활로 피곤한 몸을 이끌고 전기장판을 돌려주기 위해 이곳에 다시 온다는 게 벌써부터 까마득하게 느껴지는데다, 성격상 차라리 사서 쓰는 게 낫지 남의 것을 빌려 쓴다는 게 영 미안하고 불편했기 때문이었다.

로키로 출발하는 날 아침, 조슈아씨에게 조심스럽게 말했다.

"신경써주셔서 감사하지만, 전기장판은 빌려주시지 않아도 될 것 같아요."

"와? 필요 없드나?"

"아니요. 그건 아니지만, 정 필요하면 저희가 사서 쓸게요."

"그래도 괜찮겠나?"

"네. 그리고 남한테 내 물건 맡기면 꼭 고장 나고 그러더라구요."

"그래? 그런 것도 아나? 윤아 엄만 젊은 사람이 그런 건 어떻게 아나?"

다 경험에서 나온 얘기였다.

틈이 날 때마다 글을 끄적대는 나를 위해 토마스가 생일 선물로 사준 미니 노트북이 마음에 들어 늘 품에 지니고 다니던 적이 있었다. 그즈음 직장 워크숍에서 만난 한 동료가 내 노트북에 관심을 보이기에 나는 전원 켜는 방법을 가르쳐주었고, 그 동료는 내가 평소 하던 방법 그대로 노트북의 전원장치를 눌렀다. 그 순간, 참으로 황당한 일이 벌어졌다 내가 아끼던 그 노트북은 제대로 켜지지도, 그렇다고 완전히 꺼지지도 않은 채 동작을 멈춰버렸다. 기계도 주인을 알아보는 걸까.

한번은 친정엄마가 우리 집에 오셨다가 두 아이를 키우느라 늘 바쁜 딸을 위해 화장실 청소를 해주셨다. 화장실 물때와 곰팡이가 모두 없어지도록 닦아 윤이 나게 만들어 놓고, 마지막으로 욕조 하수구 구멍을 막고 있는 머리카락을 손으로 줍던 중, 하필이면 하수구 구멍이 밑으로 빠져 버렸다.

아니, 60을 바라보는 노인이 힘이 세면 얼마나 세다고, 그 집에 사는 내내 끄떡없던 하수구 구멍이 빠져버렸을까. 더 속이 쓰렸던 건, 하수구 구멍만 교체할 수 없어 큰돈을 들여 욕조를 통째로 드러내는 대공사를 해야 했다는 점이었다.

"그냥 알아요. 아무튼 남의 물건은 함부로 빌리는 게 아니에요."

"그래 맞다. 어차피 내가 봤을 땐 얘네들이랑 텐트에서 못 잔다. 아마 하루 이틀 자보면 근처 숙소로 옮기게 될 거다. 괜히 무리하지 말고 애들 상태 봐가면서 해라."

"네, 정 아니다 싶으면 숙소라도 잡아서 자야죠. 여행을 포기할 순 없으니."

조슈아씨 부부의 마음은 충분히 이해한다.

그들이 보기에도 지난 일주일 동안 어린 아이들을 데리고 다니는 내가 힘들어보였을 테니. 게다가 캠핑초짜가 계획하는 어린 아이들과의 로키 캠핑은 내가 아는 많은 블로거들 역시 반대하는 일이었다. 사실 객관적으로 봤을 때 가족단위 캠핑이 그다지 어려운 일은 아니었다. 다만 우리 같은 캠핑 무경험자가 어린 아이들과 함께 낯선 외국, 그것도 일교차가 워낙 커 한여름이 아닌 경우 해가 지면 영하의 온도를 기록하곤 하는 로키산맥에서 텐트와 침낭 외에 별다른 난방장비 없이 보름간의 캠핑을 한다는 게 조금 특별한 사정이라 할 수 있었을까.

캐나다 여행을 마친 이후 한국에 와서도 우리는 틈만 나면 캠핑을 했다.

그러나 한겨울이 아닌 봄가을에도 아침저녁으론 한기가 느껴져 텐트 안에 난로를 피워놓곤 했는데, 그때마다 늘 로키에서의 추억이 떠올라 웃음이 나오곤 했다.

"우리 그땐(로키 캠핑) 지금 같은 날씨였는데도 난로 없이 그냥 잤잖아."

"그땐 난로는 생각도 못했지. 아무것도 모르고 가서 말이야."

캐나디안 로키 일대에 핀 야생화

"무식하면 용감한 거지. 그래도 별 탈 없이 잘 다녀왔잖아."
"맞아. 애들도 좋아했고."

드디어 민박집을 떠나 로키로 향하다

마냥 힘들고 어렵게만 느껴졌던 지난 일주일간 우리를 따스하게 보듬어준 캘거리의 작은 민박집을 뒤로 한 채 우린 로키로 향했다. 가는 길엔 캘거리 월마트에 잠시 들러 어제 미처 구입하지 못했던 기타 캠핑 도구와 먹을거리를 장만한 뒤 아이들의 낮잠시간에 맞추어 출발했다.

어린 아이를 키우는 엄마들이라면 굳이 언급하지 않아도 잘 알겠지만, 장거리 이동시엔 가급적 아이가 자는 시간을 이용하면 서로 편하다. 아이는 정신없이 자느라 지루함을 모를 테고, 어른들은 아이들이 떼쓰는 소리를 듣고 예민해지거나 주행 내내 아이를 돌봐야 하는 수고를 덜 수 있으니 말이다.

내비게이션 작동이 워낙 복잡한 데다 캐나다에서의 자동차 운전은 오늘이 고작 두 번째였으므로 혹시 길을 헤맬 수도 있겠다는 염려를 살짝 하기도 했으나, "일단 트랜스 캐나다 하이웨이(Trans Canada Highway)를 타면 로키로 가는 길은 어렵지 않다"는 가이드북의 설명처럼 지도만으로도 별 어려움 없이, 우리를 태운 미니밴은 도로를 따라 시원하게 미끄러져갔다. 또한 이상 기온으로 인해 기후 변화가 예년 같지 않다는 말을 들은 터라 우려했던 것과는 달리 날씨도 매우 화창했으며, 도로를 한창 달리던 중 장엄한 로키산맥이 서서히 눈에 들어오기 시작할 때엔 가슴이 두근거리기까지 했다.

3-1 밴프 (Banff)

우리들의 첫 캠핑지 '터널 마운틴 빌리지'

　우리의 첫 목적지는 '밴프(Banff)'였다. 일단 주변 경관이 아름답다는 말에 예약을 시도해 보았으나 사전 예약을 받지 않던 '투 잭 레이크 사이드(Two Jack Lake Side)' 캠핑장에 들러보았지만, 극성수기가 아님에도 캠핑장은 미리 온 캠퍼들로 꽉 차 있어 우리가 들어갈 자리는 없었다.

　자동차가 운행을 멈추고 캠핑장 관리자와 대화를 나누는 아빠의 목소리가 들리자 때마침 둘째가 잠에서 깨어났는데, 그제야 오랜 시간 앉아있었다는 사실에 지루함을 느꼈는지 빨리 내려달라며 떼를 쓰고 우는 바람에, 우린 땀을 뻘뻘 흘리며 차선책으로 생각해두었던 '터널 마운틴 빌리지(Tunnel Mountain Village)' 캠핑장으로 방향을 돌려야 했다.

　만약 한국에서였다면 지금과 같은 경우 조수석에 앉은 내가 아이를 안고 달랬을 것이고, 엄마 품에 안긴 아이는 곧 울음을 그쳤을 것이다.

그러나 캐나다는 36kg 미만인 아이들의 카시트 사용이 의무화되어 있으며 이를 어길 경우 주저 없이 처벌한다는 말을 익히 들어온 터라(게다가 보호자 없이 아이들만 차 안에 두는 것도 허용되지 않는다), 주행 중엔 웬만해선 아이를 카시트에서 내리기가 조심스러웠다.

기분 좋게 떠나온 여행에서 경찰관에게 단속되어 높은 벌금을 물게 된다면 돈 아끼려고 고생했던 일들이 헛수고로 돌아가는 건 물론이거니와 기분 역시 나빠질 게 뻔한 일이었고, 낯선 곳에선 평상시보다 안전에 더욱 신경 쓰는 것이 당연한 일이라 생각했기에 가급적이면 여행 내내 교통규칙을 지키려고 노력했다.

하지만 우리나라에선 편의에 따라 이따금 어기기도 했던 '룰 Rule(규칙, 규정)'을 꼬박꼬박 지킨다는 것은 결코 쉬운 일이 아니었고 여행 중 가장 많은 스트레스를 받았던 부분도 아마 이런 것들이 아니었을까.

터널 마운틴으로 가는 길 또한 초행길이었지만, 이정표가 비교적 잘 설치되어 있어 이번에도 어렵지 않게 찾아들어가 체크인을 마치고 캠핑사이트를 배정받았다. 사이트 별로 시야가 시원하게 트여 있고, 높은 산맥들이 주변을 병풍처럼 둘러싸고 있는 캠핑장 내에는 구역마다 화장실과 식수대가 마련되어 있어 이용에 큰 불편함이 없어 보였다. 단, 캠핑의 또 다른 묘미인 모닥불을 피우기 위해서는 많은 양의 장작이 필요했는데, 캠핑장이 워낙 넓어 장작을 가지러 가기 위해서는 자동차 또는 수레를 이용해야 했다.

드디어 캠핑 초보들의 첫 캠핑이 시작되었다. 카시트에 꽁꽁 매여 있던 몸이 홀가분하게 풀어지자 신이 난 아이들은 차에서 내려 사이트 주변을 어슬렁거리며 탐색을 시작했고, 나와 토마스는 일단

밴프 터널마운틴 빌리지 캠핑장 전경

모든 장비를 차 밖으로 꺼냈다.
"자…! 텐트부터 쳐야지? 그런데, 이거… 어떻게 하지?"

서부캐나다 캠핑여행 Tip

'텐트 칠 때의 체크 및 유의 사항'
① 땅이 평평한 지 ② 돌이나 나무뿌리가 있어 잘 때 걸리는 지 ③ 팩이 땅에 박히는 지 ④ 입구를 어느 쪽으로 할 지 ⑤ 땅에서 올라오는 습기를 막을 수 있는 비닐이나 방수 돗자리 깔기

3. 캐나디안 로키(Canadian Rocky)

초보들의 캠핑… 생각보다 쉽지 않구나!

애초에 정해진 건 이랬다. 역시 캠핑 경험이 없었지만, 군대에서 야전을 할 때 텐트를 쳐본 경험이 있으니 걱정 말라며 큰소리를 치던 토마스는 장비 담당, 혼자서 텐트 한 번 제대로 쳐본 적 없는 나는 언제 어디서 어떻게 터질지 모르는 호기심 덩어리들 담당.

그러나 힘없이 땅 위에 널브러져 있는 천막쪼가리 앞에 선 토마스의 '십여 년 전 군대 경험으로 익혔던 감(感)'은 도무지 살아날 생각을 않고 있는 모양이다.

"내가 도와줄까?"

혹시 도움이 될까 해서 물어보았지만, 아직은 마음의 여유가 있는지 돌아오는 대답은 자신만만했다.

"내가 할 수 있으니 애들이나 잘 봐."

그러나 머리 꼭대기를 비추던 태양이 점점 서편으로 기울어지려는 움직임을 보이자 혼자서 끙끙대던 토마스의 마음이 급해지기 시작했나보다.

"잠깐만 이리 와볼래? 이거 어디가 앞이고 어디가 뒤지?"

"글쎄… 어차피 앞뒤는 똑같고… 위가 어딘지만 알면 되는 거 아냐?"

"아, 그렇지?"

둘이 힘을 모으니 전보다 조금 나아진 것 같긴 하지만 아직 노력이 더 필요하다. 대충 텐트의 형태를 잡고 땅에다 팩을 박았지만, 처음이라 그런지 그마저도 쉽지 않아 팩의 위치를 변경해가며 망치질하기를 수차례. 급기야 토마스는 얼굴에 조바심을 내비치며 한 마디 내뱉는다.

"이러다간 밤을 새도 못 치겠어. 휴~"

다행히 밴프의 해는 길었다.(참고로 로키의 여름 해는 무척 길다. 위도가 높기 때문이다. 때문에 밤 10시가 되어도 하늘이 환하다.)

"걱정 마, 천천히 해. 아직 날 저물려면 멀었어."

두세 번의 시행착오 끝에 우리는 텐트를 바로 세울 수 있었고, 한시름 놓은 토마스는 2단계 작업, 에어매트에 바람 넣어 부풀리기에 들어갔다. 사실, 우리가 구입한 고가의 에어매트는 굳이 입으로 힘들게 불거나 별도의 공기주입기 없이 간단한 손동작만으로도 공기를 넣을 수 있는 구조로 만들어졌다.

그러나 그 사용방법을 몰랐던 토마스는 매트 한 개를 채 불기도 전에 새빨갛게 달아오른 얼굴을 하고는 현기증이 난다며 비틀거리기 시작했다. 이번에도 도움을 주려는 나를 향해 토마스가 한 말은, "괜찮아. 내가 할 테니 애들이나 봐"였지만, 그렇게 말하는 토마스의 표정은 전혀 괜찮아 보이지 않았다. 조마조마한 마음으로 토마스를 힐끗힐끗 살펴보니, 급기야 낯빛이 점점 창백해지기까지 한다.

결국 둘이 마주 앉아 매트 하나씩 붙잡은 채 입을 풍선처럼 부풀리는 일을 반복해야 하는 바람에, 늦은 오후의 햇살을 만끽하며 캠핑장을 산책하는 캐나다인 부부의 저녁인사에도 힘겨운 미소로 답할 수밖에 없었다.

어쨌든 이번에도 힘을 합치니 한결 나아졌지만, 토마스는 무슨 걱정이 그리도 많은지, "한 번은 어떻게 불긴 불었는데, 캠핑장 옮길 때마다 이걸 언제 다 부냐?"라며 미리부터 투덜대기 시작했다(우리의 계획대로라면 앞으로 최소 세 번에서 네 번은 캠핑장을 옮겨 다녀야 했다).

생각보다 만만치 않은 캠핑장비 설치에 적잖이 스트레스를 받았는지, 아니면 아직 적응되지 않은 시차로 인해 평소보다 예민해져 있었는지, 토마스의 입에서 나오는 말들은 죄다 부정적이었다.

'저 사람이 도대체 왜 저러나…'

덩달아 기분이 썩 좋진 않지만, 이곳은 내가 일 년이 넘게 꿈꿔오던 로키라는 사실을 마음속으로 상기시키며 부지런히 토마스를 도왔다.

장비설치를 마치고 나니 이마에 땀방울이 송글송글 맺힌다. 문득 주위를 둘러보자 극성수기가 아니라 그런지 사이트 군데군데가 비어있었지만, 곳곳에 들어선 텐트와 그 안의 캠퍼들은 우리와 다르게 참 여유로워 보인다.

'모두들 캠핑의 고수들인 걸까? 아니면 우리가 처음이라 유독 우왕좌왕하는 걸까?'

해질녘이 되자 기온이 급격히 내려가기 시작했다. 토마스가 가져온 짐 안에는 겨울잠바와 두꺼운 옷 몇 벌이 들어있었으므로 아이들에게 잠바와 바지를 덧입혀 모닥불 앞에 앉혀놓았다. 따뜻한 불을 쬐면 이정도 추위쯤은 별 문제가 되지 않을 것 같건만, 모닥불을 피우는 토마스의 솜씨가 어설퍼서인지 화려한 색감을 자랑하는 건강한 불꽃 대신 매캐하고 검은 연기가 주변 공기를 채웠고, 그 때문에 아이들과 나는 바람의 방향이 바뀔 때마다 코와 눈을 울리는 검은 연기를 피해 다녀야만 했다.

우리 맞은편 사이트에 머물던 젊은 아가씨들이 피우는 모닥불은 연기를 많이 피워 올리지 않으면서도 잘 타들어 가는데, 우린 뭐가 잘못된 걸까. 궁금해진 나는 직접 찾아가 물어보기로 했다. 토마스보다도 키가 더 커 보이는 미인형의 아가씨는 훤칠한 생김새처럼 대답도 시원시원했다.

　검은 연기의 주원인은 나무에 스며든 습기 때문이었다. 로키는 산악 지역인 만큼 수시로 비구름을 동반하는 변덕스러운 날씨를 보이곤 하는데다, 얼마 전 일대에 내린 큰 비로 인해 나무에 습기가 굉장히 많았다. 그러므로 비가 올 때를 대비하여 미리 테이블 밑에 나무를 쌓아놓고 비를 피하게 하거나, 모닥불을 피울 때 불 근처에 젖은 나무를 널어놓아 물기를 바싹 말린 다음 불 속에 넣어야 검은 연기가 나지 않는다고 한다.

　"와…! 대단하네요. 저는 이유를 몰랐거든요."

　"저도 어제 이곳에 처음 왔을 땐 당신들처럼 모닥불에서 검은 연기가 나서 당황했어요. 에드먼턴(Edmonton)에 있는 저희 집에선 아버지가 평소 모닥불을 자주 피우셨는데, 그 기억이 떠올라 전화로 물어보았지요. 다 아버지가 알려준 방법이에요."

　여동생과 함께 로키산맥을 여행 중인 그녀는, 하루 종일 자전거를 타고 하이킹을 하다 밤이 되면 캠핑장으로 돌아와 간단히 저녁을 먹고는 이렇게 모닥불을 쬐다 잠자리에 든다고 한다.

　우리가족은 캠핑을 하기 위해 한국에서 왔다고 소개하자 그녀가 깜짝 놀란다.

　"한국에서부터 여기까지 캠핑을 하기 위해 왔다고요?"

　"네. 저기 있는 제 아이들과 함께요."

　먼 길을 왔다는 것도 놀라운데, 어린 아이들까지 함께라는 걸 알게 된 그 아가씨는 입을 떡 벌리며 놀라움을 감추지 못했다. 새삼 검은 연기가 솟아오르는 우리의 모닥불을 보기가 안쓰러웠는지, 그

필자 가족이 텐트 설치하는 광경 및 드디어 텐트 설치에 성공한 광경

녀는 잘 마른 장작 몇 개를 번쩍 들어 내 팔에 얹어주었다.

감사하다는 인사를 하고 돌아와 그 아가씨(의 아버지)가 가르쳐준 대로 해보자, 아까보단 검은 연기가 덜 나는 듯하다.

따뜻한 불가에 조용히 앉아 불꽃을 응시하던 민준이는 꾸벅꾸벅 머리를 떨구다 어느새 잠이 들었고, 태어나 처음 경험해보는 자연 속에서의 캠핑이 신기했는지 조잘조잘 쉴 새 없이 떠들어가며 온갖 참견을 다 하던 윤아는 아빠가 구워주는 소시지구이를 먹던 도중 졸리다는 말과 함께 텐트로 들어가 꿈나라로 빠져들었다.

걱정의 70%는 결국 일어나지 않는 거예요!

'별다른 난방장치 없이 산 속에서의 밤을 춥지 않게 보낼 수 있을까?'

이곳에 오기까지 많은 걱정을 해왔지만, 막상 하룻밤을 겪고 나니 별것 아니란 생각이 든다.

물론 조금 춥긴 했다. 그렇지만 그건 얇은 바지 두 겹에 가을 티셔츠 하나, 폴라폴리스 잠바 하나만 겹쳐 입은 나의 경우였다. 아래 위 내복 한 벌, 겨울 바지와 가을 티셔츠 각각 두 겹씩에 패

캠핑장에서 피어오르는 모닥불

딩점퍼를 입고 잠이 든 아이들은 추위를 모르는 듯 했으며, 평소 열이 많은 토마스는 두툼한 침낭 덕분인지 티셔츠에 바지 하나만 입었음에도 오히려 덥다고 말할 정도였다.

우리 집에서 추위를 가장 많이 타는 나만 두꺼운 바지 하나 사 입으면 될 것 같다. 무엇보다 다행인 건, 드디어 민준이가 시차에 적응을 했다는 사실이었다.

밴프에 도착한 첫날 밤, 민준이는 밤새도록 한 번도 깨지 않고 단잠을 잤다. 며칠 동안 민준이를 괴롭히던 감기가 다 나았음은 물론이다.

시차적응 문제와 아이들의 감기로 시달리던 캘거리에서의 일주일 동안 '도대체 이 싸움은 언제 끝나려나…' 참으로 까마득하게 느껴지기도 했지만, 힘든 시간들이 지나가고 오랫동안 꿈꿔왔던 로키산맥에서의 새로운 생활이 시작되자 일종의 성취감과도 비슷한 뿌듯함이 물밀듯이 밀려온다.

서부캐나다 캠핑여행 Tip

로키에서의 피부 관리

"문명을 떠나 자연과 함께 동화되고자 떠나왔으면서 웬 피부미용?"이라고 반문할지 모르겠지만, 어쨌든 피부는 한 번 손상되면 회복하는데 많은 시간과 노력이 필요하므로 꼭 지켜야 할 기본수칙 몇 가지만 언급하고 넘어가겠다.

① 자외선 차단제는 필수: 깨끗한 자연 환경 덕분인지 캐나다의 햇빛은 무척 강하다. 야외 생활로 인해 햇빛에 노출될 기회가 많으므로 얼굴이 기미로 덮이거나 촌스럽게 그을리지 않도록 자외선 차단제를 꼭 바르자.

② 수분 관리: 캐나다의 기후는 무척 건조하다. 특히 해와 바람에 오래 노출된 피부는 수분을 더 많이 빼앗기므로 아침과 저녁에라도 보습력이 강한 수분 크림을 듬뿍 발라주어 각질이 하얗게 일어나거나 얼굴 피부가 심하게 당기는 현상이 없도록 예방하자. 또한, 건조한 기후로 인해 입술이 쩍쩍 갈라지는 현상이 종종 발생하므로 립밤도 꼭 챙기자.

③ 빙하지역: 빙하지역에서는 더욱 강한 추위와 햇빛에 피부가 노출되므로 보습과 자외선 차단에 특히 신경 써야 하며, 눈(雪)에 반사되는 햇빛으로부터 눈(眼)을 보호하기 위해 선글라스 등을 준비해야 한다.

한여름 산타 마을 온 느낌! '밴프 다운타운'

밴프에서의 둘째 날이 밝았다. 간밤에 이른 저녁식사를 하고는 그대로 잠이 들어 버린 민준이가 아침 일찍부터 배가 고프다며 밥을 찾는다.

이제 막 부스스 일어난 데다 아이가 보채는 바람에 밥을 데울 겨를이 없어 찬밥과 김 반찬만으로 간단히 차린 아침식사였음에도 아이는 맛있게 먹어주었다. 짧은 시간 내에 감기가 나아준 것, 일주일 만에 시차 적응을 끝내준 것, 그리고 산속에서의 첫날밤을 무사히 지내준 아이에게 감사하며 기분 좋게 하루를 시작해 본다.

오늘은 로키에서의 본격적인 여행을 시작하는 첫날이었지만 초반부터 강행군을 했다간 아직 여러 면에서 낯선 환경에 대한 적응이 덜 된 토마스가 시작부터 지칠까 걱정되어 쉬엄쉬엄 밴프 시내를 구경하는 하루를 보내기로 계획을 잡았다.

흐림과 맑음을 수시로 반복하여 좀처럼 감을 잡을 수 없는 날씨인데도 밴프 다운타운에서는 마라톤 대회가 열리고 있었다. 크지도 작지도 않은 아담한 규모의 다운타운은 주변을 둘러싸고 있는 눈 덮인 산들과 낮은 통나무 건물들이 옹기종기 모여, 여름임에도 불구하고 마치 산타 마을에 와 있는 것 같은 느낌이 들었다.

기분 좋게 다운타운 구경을 마친 다음 캠핑장으로 돌아와 저녁밥을 짓기 위해 테이블 주변으로 다가가던 나는 깜짝 놀랐다. 테이블 밑에 바짝 마른 장작이 한 무더기 쌓여 있었기 때문이었다. 문득 어젯밤, 우리에게 '연기 없이 모닥불 피우는 방법'을 가르쳐 준 캐나다 아가씨가 떠올라 맞은편 사이트로 고개를 돌렸으나 그 아가씨들은 이미 텐트를 철수하고 떠난 뒤였다.

얼굴뿐 아니라 마음 씀씀이까지 고왔던 고마운 아가씨에게 감사의 인사조차 할 수 없다는 게 아쉬울 뿐이다.

🍁 밴프 다운타운의 볼거리

▶ 화이트 박물관(Whyte Museum of Canadian Rockies): 사진과 그림으로 캐나디안 로키 지역의 특징과 자연을 소개하는 박물관. 원주민의 생활상을 알려주는 민속품도 전시되어 있다.

▶ 밴프 파크 박물관(Banff Park Museum National Historic Site): 서부 캐나다 지역에서 가장 오래된 목조 건물로, 내부에는 캐나디안 로키의 동물을 박제로 전시하고 있다.

▶ 캐스케이드 가든(Cascade Garden): 꽃이 만발한 여름에 가장 아름다운 정원

▶ 케이브앤베이슨(Cave & Basin National Historic Site: Centennial Centre): 1883년 발견된 동굴 속 온천. 이 온천으로 인해 1885년 일대가 보호구역으로 지정되어다가 2년 뒤에 캐나다 최초의 국립공원이 됐다. 예전에는 이곳에서 온천욕을 했지만 현재는 국가사적지로 지정되어 입욕이 금지되어 있다.

▶ 럭스턴 박물관(Buffalo Nations Luxton Museum): 북미 원주민을 연구한 노먼 럭스턴(Norman Luxton)에 의해 설립된 박물관으로 원주민의 생활모습과 전설, 민요, 축제모습 등이 실제처럼 재현되어 있다.

▶ 밴프 스프링스 호텔(Banff Springs Hotel): 1888년에 처음 개장(250개의 객실)했을 땐 세계에서 가장 큰 호텔이었으며 현재는 전 세계에 호텔 체인을 갖고 있는 '더 페어몬트(The Fairmont)' 계열의 호텔로 내부에 골프장, 각종 레저 스포츠 시설, 온천장 등을 고루 갖추고 있다.

▶ 보 폭포(Bow Falls): 마릴린 먼로 주연 '돌아오지 않는 강'의 촬영 장소로 유명한 곳. '보(Bow)'란 '활'이라는 뜻으로 주변에 살았던 원주민들이 이 강가에서 자라는 나무로 활을 만들었던 데서 유래되었다.

캠핑장의 분주한 아침

밴프 다운타운으로 가는 도중 잠시 망중한을 즐기는 필자 가족 및 밴프 다운타운 거리 풍경

밴프 다운타운 노상에서 흥겹게 노래 부르는 여자들(상) / 밴프 다운타운 여행자안내소 외관 / 밴프 다운타운의 한 기념품가게 내부(하)

어린 시절 추억·영혼이 깃든 '미네완카 호수'

이른 새벽, 엄청나게 큰 소리로 울어대는 민준이 때문에 졸린 눈을 비비며 일어났다.

'왜 그러는 걸까?' 아이를 살펴보았지만 특별히 이상이 있어보이진 않는다.

건강한 아이는 잠도 잘 잔다. 아이가 자다가 느닷없이 깨어 운다는 건, 어딘가가 불편하거나 컨디션이 좋지 않다는 걸 뜻했다(그도 아니면 꿈을 잘못 꾸었거나).

'잠자리가 불편해서였을까? 아님 다른 이유가? 시차 적응도 끝났고, 감기도 다 나았는데, 왜 새벽에 깨서 우는 걸까?'

새벽 5시 30분. 하루를 시작하기엔 지나치게 이른 시각이었지만 아이는 더 이상 잘 마음이 없는 것 같다. 조금이라도 눈을 더 붙이고 싶다는 생각에 아이를 다시 재워보려 노력했지만, 얼마 후엔 윤아까지 잠에서 깨어났기에 이왕 이렇게 된 거 아예 일어나기로 마음을 먹었다. 해가 워낙 긴 곳이라 이른 시각임에도 날이 훤하다.

새벽 공기가 꽤 쌀쌀했지만, 겨울옷으로 완전무장한 아이들은 이 정도 추위쯤은 문제없다는 듯 슬금슬금 엄마를 따라 텐트 밖으로 나왔다.

"우리… 호수 드라이브나 갈까?"

"응!"

아이가 깨어 칭얼거리는 소리마저 귀찮게 들리는 지, 잠시 실눈을 떴다가 몸을 반대쪽으로 돌리며 침낭을 홱 뒤집어쓰고 다시 잠을 청하는 예민한 모습의 토마스는, 시차에 어느 정도 적응할 때까지 당분간 그냥 놔두는 게 나을 것 같다. 아이들을 차례대로 카시트에 태운 뒤 시동을 걸고 차를 몰아 캠핑장 밖으로 나왔다.

지난 이틀 간 운전을 도맡아준 토마스 덕에 캐나다에서의 자동차 주행은 처음이라 그런지, 이른 시각 차 한대 다니지 않는 도로가 오히려 편하게 느껴진다.

뾰족뾰족 푸른 침엽수가 빽빽이 들어선 산길이 구불구불 끝도 없이 이어지고, 그 길을 따라 우리를 태운 미니밴도 계속해서 달린다. 아직 잠이 덜 깨어서인지 별 말은 없었지만, 차와 함께 왼쪽으로 기울다가 오른쪽으로 기울다가를 반복하며 이리저리 몸이 흔들리는 아이들의 눈에선 초롱초롱 빛이 난다. 마치 '우리가 타고 있는 이 차는 우리를 어떤 곳으로 데려다줄까?'라며 미지의 세계를 궁금해 하는 것 같은 표정이다.

한참을 달리다 '미네완카 호수(Minnewanka Lake)' 입구에 도착한 우리는 대충 주차를 해은 다음 차에서 내려 호숫가로 가보았다.

하루해가 지고, 그로 인해 낮 동안 한껏 덥혀 놓았던 제 온기를 어둠에 모두 빼앗긴 땅과 물이 전날의 따스함을 되찾으려는 시작점. 물가로 다가갈수록 한기가 더해왔지만 인적 없는 안개 낀 호수를 마주하자 왠지 모를 신비로운 기운과 함께 적막감이 느껴진다.

물안개에 홀린 듯 넋을 잃고 주위를 둘러보다 내 옆에 서있는 아이들에게 시선이 멈추었다.

새벽부터 쫄래쫄래 엄마를 따라와, 엄마와 같은 곳을 바라보고 있는 그 모습이 어찌나 귀엽고 사랑스러운지… 지금 우리 아이들은 이 호수를 보며 무엇을 느끼고 있을까? 문득 궁금해진다.

내가 어릴 적, 우리 가족은 캠핑여행을 자주 했다. 오래 전 일이라 드문드문 남아있는 어렴풋한 기억들이 대부분이지만, 가장 떠오

캠핑장에서 만난 한 아가씨가 주고 간 잘 마른 장작

르는 기억 중 하나는, "이 많은 빨래를 언제 다해… 캠핑만 갔다 오면 빨래며 설거지거리가 한 짐이야"라며 캠핑이 끝나고 집으로 돌아올 때마다 투덜대시던 엄마의 목소리였다(지나치게 깔끔한 성격의 엄마는 사용여부나 세척여부와 상관없이 일단 밖에 나갔다 들어온 옷가지와 그릇 등은 몽땅 세탁기와 설거지통에 풀어놓아야 직성이 풀리셨다). 그러면서도 세탁이 끝나고 빨랫줄에 널어놓았던 옷가지가 다 건조되어 옷장에 들어갈 때쯤이면 우리 가족은 또다시 캠핑을 떠났다.

프리랜서라는 아빠 직업의 특성상 출발시간이 정해져 있는 것이 아니었으므로, 밤이고 낮이고 상관없이 그저 부모님의 "떠나자!"는 말씀 한마디면 잠이 덜 깬 졸린 눈을 비비면서도 무작정 따라나서곤 했다.

그 당시는 스스로 일정을 계획하고 주도할 수 없는 어린아이의 입장에서 그저 아무생각 없이 부모님을 졸졸 따라다녔던 것 같지만, 지금에 와 돌이켜보니 그 무수한 추억들은 나의 내면에 많은 걸 남겨준 것 같다.

지금은 그 이름이 생각나지 않는 어느 계곡에서의 밤이었다. 모두가 잠에 곯아떨어진 시각, 조용히 나를 부르는 엄마의 목소리에 눈을 떴다.

"민숙아, 달이 굉장히 밝아. 엄마랑 나가볼래?"

내가 잠들어 있었는지, 아니면 잠에 빠져들기 직전이었는지조차 잘 기억나지 않지만, 늘 지혜롭고 똑똑한 엄마와의 대화 시간을 좋아하던 나는 그날도 눈을 비비며 엄마를 따라 텐트 밖으로 나와 물가에 앉았다. 유독 그날따라 엄마는 달빛에 반짝이는 맑은 물을 하염없이 바라보며 아무 말씀이 없었다.

나 역시 엄마 곁에서, 흐르는 계곡물에 휩쓸려 내려갈까 어렵사리 제 모양을 갖추려 노력하는 달그림자의 움직임을 보며 어린아이 나름의 사색으로 그 시간을 채우고 있었다.

충청북도 오창에서도 십여 리를 더 들어가야 하는 시골 동네에서 일가친척 하나 없는 먼 곳으로 시집을 와 외로운 시간들을 보내야 했던 우리 엄마. 아빠는 굉장히 가정적이고 마음이 여린 분이었으나, 엄마의 복잡한 심경이나 터질 것 같은 감수성을 이해하기에 조금은 무딘 분이셨다.

평소 마음을 터놓을 만한 친구가 없던 우리 엄마는 어린 나를 친구 삼아 이런저런 얘기를 해주시곤 했고, 그날도 나는 엄마의 말벗이 되어주고자 오랜 시간을 기다렸다.

엄마는 문득 '엄마(나의 외할머니)'에 관한 이야기를 꺼내셨다.

첫딸을 낳은 지 얼마 되지 않아 전쟁터로 떠난 남편을 잃고, 젊은 나이에 청상과부가 되신 외할머니는 당시 생사여부가 불투명한 남편을 하염없이 기다리며 시어머니, 그리고 어린 딸과 함께 외롭고 고독한 삶을 살아오셨다. 그래도 참을 수 없는 청춘의 애끓는 피와 그 시대 여자로 태어난 이상 피해갈 수 없는 숙명을 오랜 세월 견뎌낸 건, 마을에서 총명하고 예쁘기로 제일가는 딸자식이 커가는 모습을 볼 수 있었기 때문이었을 것이나, 그런 딸을 멀리 시집보낸 다

미네완카 호수(Minnewanke Lake)의 이른 새벽 고즈넉한 풍광

음부터는 더 이상 삶을 지속할 의미가 없어졌다 생각하셨는지, 엄마가 결혼하던 그 해 외할머니는 돌아가셨다고 한다.

   순간, 눈물방울이 엄마의 두 뺨을 타고 또르르 흘러내렸다. 아버지의 부재로 인해 늘 가슴 속 어딘가에서 느껴야만 했을 결핍감, 시어머니와 며느리 사이에서 느껴지는 무언지 모를 불편함과 어린 나이에도 그 사이에서 중재를 해야 할 것만 같았던 의무감, 본의 아니게 불효자가 되어 평생 안고 살아야 할 죄책감, 이런 것들이 내면에 뒤엉켜 혼란스러웠을 엄마의 삶. 성인이 되어 가정을 꾸리고 아이 둘을 낳아 키워가는 지금의 나였다면 혹시 모르겠지만, 초등학교 저학년, 그 당시 나이와 경험으로 엄마의 눈물의 의미를 이해한다는 건 역부족이었을 거다.

   그러나 그런 나의 눈에도 엄마의 눈물은 참으로 신비하고 아름다워 보였다. 어쩌면 그때 그 순간, 눈물이라는 작디작은 물방울 말

미네완카 호수에서 이른 새벽부터 엄마를 따라 나온 아이들

고는 엄마와 외할머니의 삶을 향한, 그리움을 포함한, 그 복잡 미묘한 감정을 표출할 수 있는 어떠한 방법도 없다는 걸 본능적으로 느꼈던 건지도 모르겠다.

"엄마, 눈물은 참으로 아름다운 것 같아…"

나도 모르게 흘러나온 공감의 표현에 온 얼굴 가득했던 슬픔이 작은 감동으로 번져가던 엄마의 그 표정이 아직도 생각난다. 그리고 그 시절의 나보다는 훨씬 어린 아이들과 함께하는 이른 아침, 문득 이십여 년 전 달빛 아른거리는 물가에서 쌓아두었던 우리 엄마와의 추억이 생각난다.

구름 잔뜩 낀 흐린 하늘, 잔잔히 흐르는 물결 외엔 그 어떤 움직임도 발견할 수 없는 적막한 호숫가. 두꺼운 잠바를 입고도 오들오들 떨며 서있는 아이들이 감기에라도 걸릴까 걱정되어 대충 주변을 카메라에 담고는 서둘러 차 안으로 들어갔다. 시동을 켜고 히터를 틀자 따뜻한 바람이 우리의 언 몸을 사르르 녹여준다.

호수 주변은 굉장히 멋진 드라이브코스가 되어줄 것 같았지만, 아직 개방시간이 되지 않아서인지 주차장으로 들어가는 길부터 모두 막아놓은 탓에 호수 입구만이라도 감상한 것에 만족하고는 미네완카 호수를 떠났다.

> 🍁 **미네완카 호수(Minnewanka Lake)**
> 원주민어로 '영혼의 호수'라는 뜻의 미네완카 호수는 밴프 국립공원에서 유일하게 모터보트가 다닐 수 있는 곳으로, 크루즈 투어나 낚시 투어가 운영되고 있다.

그냥 지나쳐온 게 못내 아쉬운 '투 잭 레이크'

도로가 워낙 잘 뚫려 있는데다 이정표 역시 곳곳에서 제 역할을 훌륭히 해주는 덕에 길을 잃을 걱정은 없겠다는 생각이 들어, 캠핑장으로 돌아가는 길엔 왔던 길이 아닌 다른 길로 방향을 돌려보았다.

잠시 후, 얼핏 봐도 굉장히 멋져 보이는 호수가 한눈에 들어왔다. 무슨 횡재라도 한 것 같은 기분에 가까이 다가가보니, 이곳은 바로 어제 오후 우리가 잠시 들렀던 밴프에서의 첫 번째 도착지, '투 잭 레이크(Two Jack Lake)'이었다.

캐나디안 로키에는 참으로 많은 호수들이 저마다 다른 모양과 개성을 뽐내고 있었는데, 작은 호수, 큰 호수, 예쁜 호수, 왠지 강해 보이는 호수, 보기만 해도 마음이 편안해지는 호수, 신비로운 호수, 그저 그런 호수까지 참으로 다양했다.

투 잭 레이크는 결코 규모가 작은 호수는 아니었지만, 신기하게도 아기자기하고 예쁜 느낌을 주었다. 아마도 호수 그 자체의 생김새뿐만이 아니라, 주변 나무들의 배치, 그를 둘러싼 산들의 형태 등도 호수의 모양새를 결정짓는 데 크나큰 역할을 하나 보다.

투 잭 레이크(Two Jack Lake) 전경

투 잭 레이크 앞에서 돌을 고르는 민준

'아! 예정대로 이곳에서 캠핑을 했더라면 얼마나 좋았을까!'
어제는 이런 풍경이 숨어있는 곳인지도 모른 채 빈 사이트가 없단 말에 뒤도 안 돌아보고 떠나온 곳이지만, 막상 이렇게 아름다운 실체를 마주하자 이곳에 묵지 못한 게 너무도 아쉽게 느껴진다.
그런데 갑자기 이곳의 환상을 확 깨줄 작은 생물체들이 아이들 주변으로 몰려들기 시작했다.
"애~애~앵~"
현재 바깥기온은 영상 5℃.
'겨울이라 해도 믿을 만큼 추운 날씨에 웬 모기람?'
모기는 더운 여름에만 산다는 내 상식으로는 선뜻 이해가 되지 않는다.

　그러나 산모기가 강하다는 것쯤은 잘 알고 있기에 아이들을 일단 차로 대피시키려 하자 작은 아이는 이곳을 떠나기 싫다며 떼를 쓰기 시작했다. 요즘 부쩍 자기주장이 강해진 데다, "안 돼!"라는 말만 들으면 뒤집어지는 반항심 가득한 시기의 아이. 아이가 원하는 대로 놀게 놔두고 잠시 차안에 들어가 히터 바람에 몸을 녹이고 싶지만, 아직 모기가 무엇인지도 모르는 아이를(모기의 존재를 모르므로 쫓아야 한다는 개념 또한 없다), 더군다나 물가에 혼자 둔다는 건 상당히 위험하게 느껴진다. 그렇다고 억지로 데려오자니 아이는 그저 물에 돌 몇 번 던져보고 싶은 것뿐인데…
　'내가 좀 춥고 말지.'
　아이에게로 달려드는 모기떼를 쫓으며 곁에서 기다려주자 아이는 돌 던지기를 수십 번 반복하고는 따뜻한 차 안으로 달려왔다. 이왕 나온 김에 한 군데만 더 들러보고 가려 했는데 아이들이 차에서 모두 곯아떨어지는 바람에 '존슨 호수(Johnson Lake)'는 입구까지만 갔다 돌아와야 했다. 추운 날씨에 새벽부터 엄마와 돌아다니느라 얼마나 피곤했을까.

투 잭 레이크의 이른 아침 전경

눈을 빛내며 따라 나오던 모습도 귀여웠지만, 입을 헤 벌리고 잠든 모습은 더 귀엽다. 덕분에 밴프의 이름난 호수들을 들러볼 수 있게 되어 감사하다.

우리가 도착하는 소리에도 일어날 생각 없이 쿨쿨 잠을 자고 있는 토마스는 아직도 영 시차적응이 되지 않는가보다.

반면, 차의 시동을 끄자 곧바로 잠에서 깨어나 차에서 내려 텐트 문을 열어 제치고 아빠를 깨우는 아이들은 식전임에도 힘이 넘쳐나는 것 같다.

시작은 좋았으나 끝이… '설퍼 산 곤돌라'

산꼭대기에서 바라보는 밴프 국립공원과 다운타운의 모습은 어떨까. 그 주변으로 펼쳐진 장엄한 산맥은 또 어떨까.

아침식사를 마친 뒤, 우리 가족은 '설퍼 산(Mt. Sulphur) 전망대'에 오르기 위해 어제 미리 구입해 놓은 곤돌라 티켓을 손에 들고 승강장에 섰다. 오늘따라 하늘이 맑아 전망을 감상하기엔 최적의 날씨인 것 같다. 넷이서 다정하게 곤돌라를 타고 올라가는 길, 밑에 있을 땐 크게 보였던 것들이 점점 작아지고, 높게만 보였던 것들이 점점 가까워지는 느낌이 새롭다.

그러나 새벽 드라이브가 꽤나 피곤했는지, 민준이는 곤돌라에 탑승하기 직전 잠이 들어버리는 바람에 태어나 처음 타보는 곤돌라에서의 전망을 즐기지 못했다.

그리 오래 걸리지 않아 정상에 도착한 우리는 곤돌라에서 내려 전망대에 발을 디디자마자 숨을 한껏 들이마셨다.

설퍼산 전망대로 향하는 곤돌라 / 곤돌라를 타고 올라가 설퍼산 전망대에서 바라본 주변 파노라마 전경

 "후아~!" 페퍼민트를 한입 물고 숨을 크게 들이마신 듯, 청량하고 시원한 공기에 코와 입은 물론 가슴까지 확 트이는 기분이다.

 본인이 잠든 사이 얼마나 높은 곳까지 올라와있는 지 꿈에도 모른 채 전망대에 마련된 테이블에 누워 쿨쿨 낮잠을 즐기고 있는 민준이의 폐에도 가슴 벅찰 정도로 맑은 공기가 팍팍 들어가고 있겠지. 멀리서 보니 민준이를 덮은 점퍼가 마치 누더기 같아 보여 영락

없는 홈리스를 연상시킨다. 그 모습을 보며 한참을 킥킥대던 토마스와 나는 옷을 벗어 따가운 햇볕으로부터 아이의 얼굴을 가려주었다.

그러나 곤돌라를 타고 올라와 전망대를 감상한 뒤 다시 곤돌라를 타고 내려가기를 반복하는 수많은 사람들 속, 멀뚱멀뚱 앉아 잠든 아이가 깨기만을 기다리고 있자니 우리 셋은 곧 지루해지기 시작했다.

"우리 좀 걸을까?"
"민준이는? 아직 자는데…"
"안고 걸음 되지 뭐."

능선을 따라 이어진 산책로는 군데군데 계단으로 만들어져 유모차가 다닐 수 있는 구조는 아니었지만, 경사가 완만하여 아이를 안고 걷기엔 무난한 편이었다. 시선을 돌리는 곳마다 파노라마로 펼쳐지는 높은 산맥들과 만년설이 보는 눈을 시원하게 만들어준다.

아기였을 때부터 밝은 모습보다는 "잉~!" 떼를 쓰며 예민하게 굴던 모습이 인상적인 새침 떼기 윤아도 멋

파노라마 전경 / 설퍼산 전망대에서 단잠에 빠진 민준

설퍼산 산책로에서 바라본 전망대

진 광경과 새로운 경험에 우리만큼이나 기분이 좋은지, 조잘조잘 폴짝폴짝 마음도 발걸음도 가볍다.

"윤아 좀 봐. 웬일이래…"

"그러게… 왜 이렇게 잘 걸어? 평소엔 걸을 생각도 않더니…"

"저도 좋은가봐… 쫑알쫑알 말도 많네."

평소 쉽게 볼 수 없는 광경에 놀라우면서도 덩달아 기분이 날아갈 것만 같은 토마스와 나는 아이에게 들리지 않도록 속삭이며 가벼운 몸과 마음으로 발을 내디뎠다.

🍁 설퍼 산 곤돌라(Mt. Sulphur Gondola)

설퍼라는 이름은 산 중턱에 자리한 온천에 유황(sulprur)이 섞여 있기 때문에 붙은 이름으로, 곤돌라를 타면 산 아래에서 정상까지 단 8분 만에 도달한다.

전망대가 있는 지점은 해발 2,281m로 꽤 높은 편이며, 정상인 샌슨스 피크(Sanson's Peak)까지 산책로가 닦여 있어 쉽게 오를 수 있다.

가시 박힌 손에 가시 박힌 마음이여!

그러나 모처럼 훈훈하고 흐뭇했던 시간은 오래 가지 않았다.

산책로의 중반을 벗어났을 때쯤, 아이가 손이 아프다며 갑자기 울음을 터뜨렸다. 자세히 보니 오른손 둘째손가락 한 부분이 벌건게, 아마도 나무로 만들어진 산책로 난간을 손으로 잡고 훑으며 다니다 가시가 박힌 모양이다. 재빨리 빼주려고 했지만, 워낙 작은 가시라 잘 보이지도 쉽게 잡히지도 않는다. 조금 더 자세히 들여다보면 가시를 뺄 수 있을 것 같은데, 아이는 아프다며 자꾸만 손을 빼내어 뒤로 숨기며 울기만 한다.

'아…! 방금 전까지만 해도 우린 정말 즐거웠는데…'

우리 가족의 평화로운 산책시간은 허무하게 끝이 나버렸다. 산책로의 종점을 눈앞에 두고도 더 이상 진행하는 건 무리라는 판단에 우린 우는 아이를 달랠 겸, 왔던 길을 돌아 전망대 건물 안으로 들어갔다. 3층에 위치한 '레스토랑(restorante)'에서 맛있는 요리를 먹고 싶었지만, 레스토랑이 문을 닫아 하는 수 없이 2층에 있는 '카페테리아(cafeteria)'로 들어갔다.

카페테리아는 스낵코너 같은 곳이라 제대로 된 식사를 즐기기엔 주문할 수 있는 메뉴가 한정되어 있었다. 햄버거 같은 패스트푸드와 수프, 간단한 스낵류와 음료가 전부인 이곳에서 우리는 치즈버거, 치킨버거, 아이들을 위한 브로콜리 수프와 음료를 주문했다.

누나의 우는 소리에 잠에서 깬 민준이는 눈앞에 펼쳐진 먹을거리에 신이 났는지 자기도 먹을 걸 고르겠다며 열심히 매점을 돌아다녔지만, 윤아의 기분은 영 회복될 기미를 보이지 않는다. 하필이면 음식도 별로였다.

잠시 후 나온 치즈버거는 그 이름에 충실하게 빵 위에 소고기 패티, 그 위에 치즈, 그 위에 빵. 이 구성이 전부였고, 치킨 버거 역시 재료의 배열은 같았다.

"뭐야, 이게 다야? 야채도 없고, 케첩도 없어?"

"뭐야, 진짜 너무하네… 값도 저렴하진 않구만…"

주위를 둘러보니 카운터 옆에 케첩과 머스터드소스를 비치해 놓아 자유롭게 가져다먹을 수 있도록 해놓았지만, 곁들인 음료가 없었더라면 굉장히 퍽퍽한 버거들을 씹다 왔을 것 같다.

수프를 좋아하는 윤아 역시 맛이 없었는지, 아니면 손이 아파서인지 그릇에 담긴 음식을 눈앞에 놓고도 먹지 못한 채 오만상을 찌푸리며 앉아있다.

"윤아야, 손 이리 줘봐."

"싫어… 잉잉…"

"아빠가 손을 봐야 가시를 빼주지."

"싫어… 엉엉…"

"엄마가 한번 볼까? 가시 안 빼면 계속 아플 텐데…"

"싫어… 잉잉…!"

성의 없는 음식과 고집불통 윤아의 모습에 기분이 썩 좋진 않았지만, '그래도 사방이 탁 트인 멋진 전망을 감상하며 먹을 수 있다는 데 그 값을 치렀다.'고 생각하며 가족들의 기분을 띄우기 위해 애써 밝은 표정을 짓고 있는데, 도무지 사그라지지 않는 윤아의 징징거림에 결국 토마스가 참지 못하고 버럭 소리를 질러버렸다.

"그만 먹고 가자! 얼른 일어나, 얼른!"

묵직하게 들려오는 저음의 성난 목소리에 놀란 아이는 얼떨결에

설퍼산 전망대 카페테리아에서 산 치즈 버거 / 설퍼산 전망대 카페테리아에서 음식 먹여주는 토마스와 뽀루퉁한 윤아

울음을 그치고 우리를 따라왔지만, 이내 징징대는 소리가 내 귀에 다시 들려온다. 올라올 때와는 달리 기분 좋게 깨어있는 민준이에게 곤돌라에서의 좋은 추억을 남겨주고 싶었지만 다른 이의 신경을 박박 긁어대는 소리 때문에 그른 것 같다. 엄마아빠가 가시를 빼줄 테니 손을 달라 해도 싫다고 뒤로 빼며 징징~ 그렇다고 그냥 놔두면 아프다며 징징~ 도대체 이 아이를 어떻게 해야 할까.

손에 가시가 박혔던 경험이 있어봐서 안다. 견디지 못할 통증은 아니지만, 은근히 신경 쓰이게 아프면서 도통 손을 쓸 수 없게 만드는 성가신 기분. 그런데 지금 이 꼬마아이가 우리의 기분을 그렇게 만들고 있다. 그리고 그 강도는 점점 심해지고 있다.

윤아는 속이 깊고 신중하며 어휘력이 뛰어난 데다 사람의 마음을 잘 읽고 느끼는 영특한 아이였지만, 한편으론 예민하고 낯가림이 심하며 자존심이 굉장히 강한 데다 한 번 기분이 나빠지면 쉽게 풀지 않는 아이였다. 따라서 평소엔 아이답지 않은 차분함으로 제 역할을 훌륭하게 해내다가도 일단 마음이 틀어지면 함께 있는 엄마의 마음과 정신이 피폐해져 더 이상 어떤 수를 쓸 수 없을 정도로까지 만들곤 했다.

나 역시 평소엔 덜렁대고 자잘한 일은 대충 웃어넘기는 데다 웬만한 건 참아 넘기는 성격이라 아이들이 이따금 떼를 쓰거나 눈물을 보이더라도 함께 잘 해결해나가고 있다 자부했지만, 정도를 넘어서는 윤아의 행동엔 속수무책이었다. 쉼 없이 그리고 끝없이 좁은 곤돌라 안에 울려 퍼지는 아이의 울음소리에 결국 토마스가 먼저 백기를 들어버렸다.

"그만 해라." 어째 분위기가 심상치 않다.

"잉잉잉…"

"그만, 그만 하랬지?" 이 터질 것 같은 분위기. 불안하다. 이쯤에서 멈춰줘도 좋으련만…

"으앙~! 앙앙앙!"

"그만!!!" 드디어 폭발했다. 으르릉~!

아빠의 호통에 얼어버린 민준이는 와락! 엄마 품속으로 안기듯 몸을 숨겼고, 아빠가 너무 무섭지만 한편으론 나름 화가 나고 분하여 어쩔 줄 모르는 자존심 강한 윤아는 억지로 울음을 삼키며 씩씩 거친 숨을 내뱉었다. 참으로 야속했다.

아무리 어린아이라지만 때로 엄마아빠의 머릿속을 후벼 파듯 신경을 긁어대는 윤아의 특이한 태도도 마음에 들지 않았고, 부모도 사람이기에 화를 낼 순 있지만, 나와 민준이까지 얼어붙도록 만드는 토마스의 큰 목소리와 살벌한 표정은 더더군다나 마음에 들지 않았다(그러나 솔직히 말해, 한편으론 내가 멈출 수 없는 윤아의 징징대는 소리를 대신 멈춰주었다는 사실이 감사하게 느껴졌다).

온가족이 함께 곤돌라를 타보는 건 처음이라며 부푼 기대를 안고 밝은 얼굴로 올라갔던 설퍼산에서 도무지 회복될 것 같지 않은 어두운 감정들을 가득 안고 내려온 우리 가족의 분위기는 어떻게 회복해야 할까. 캠핑장으로 돌아가는 길, 어제 점찍어 놓았던 내 겨울점퍼를 사기 위해 잠시 다운타운의 한 등산용품 매장에 들렀다.

갖가지 생각에 머릿속이 복잡한 토마스와, 이제는 손이 아픈 것보다 아빠가 자신에게 화를 냈다는 사실이 더 분하여 씩씩대며 화난 얼굴로 앉아있는 윤아, 그리고 아빠의 호통에 아직까지 기가 죽어 있는 민준. 셋 중 어느 한 명도 쇼핑을 할 만한 상태가 아니었기에 혼자 등산용품 매장으로 뛰어 들어가 점퍼 하나를 급히 산 다음, 어색한 분위기 속 굳은 얼굴로 앉아있을 셋을 위해 차 안으로 서둘러 돌아갔다.

그런데 나를 본 순간, 이번엔 민준이가 갑자기 울음을 터뜨리기 시작했다.

모름지기 아이의 마음을 무시한 결과란…

생후 9개월까진 내 손으로 직접 키웠지만 이후 1년간 직장에 다니는 낮 시간 동안 친정엄마에게 보육을 부탁했던 윤아와는 달리, 태어나서부터 지금까지 늘 품에 안고 키워서인지 민준이와 나는 교감이 잘 되는 편이었고, 그 눈빛과 울음소리, 모습만으로도 나는 아이의 마음을 읽을 수 있었다. 지금 민준이의 마음은 이랬다.

"어제처럼 차안에서 기다리고 있으면 엄마가 아이스크림을 사올 줄 알았는데, 엄마 손에 아이스크림이 없잖아! 으앙~!"

지금 이곳은 어제 이맘때, 아이들에게 아이스크림을 사주기 위해 차를 세워놓았던 바로 그 장소였다. 제법 기억력이 발달한 아이는 아마 오늘도 엄마가 아이스크림 가게에 들러 두 손에 아이스크림을 들고 올 것으로 기대했던 모양이다.

그러나 아무리 교감이 잘 되면 뭘 하나? 난 민준이의 마음을 알고도 무시해버렸다. 왜 그랬을까. 그냥 그때 아이스크림을 사주었으면 모든 상황이 더 쉽게 해결되었을 텐데… 아님 차분히 설명이라도 해줄 걸… 아마 서로 기분이 안 좋은 상태에서 작은 아이까지 울기 시작하니 모든 게 귀찮게만 느껴졌던 것 같다. 그저 휴식을 취하든, 아니면 잠을 자든, 어서 빨리 우리의 보금자리인 텐트로 돌아가고만 싶었다.

제1반항기가 한창인 작은아이의 울음소리는 제 누나만큼 엄마아빠의 신경을 거스르진 않았지만, 이번엔 아이가 좁은 차안에서 온몸으로 자신의 의사를 표현하는 바람에 우리는 또 한 번 애를 먹어야 했다.

차를 몰아 캠핑장까지 왔지만 아이는 제 주장을 꺾을 생각이 없는데다 평소에 비해 우는 정도도 심했다.

"애 아무래도 아까 그 자리에서 아이스크림 기다렸나봐…"

조용히 건네는 나의 말에 토마스는 입을 꾹 다문 채 다시 시동을 건 다음 차를 돌렸고, 마치 순간이동이라도 한 듯 순식간에 우리가족은 다운타운에 도착했다. 이런 상태의 아이들을 아이스크림 가게에 데려간다는 건 참을성이 아주 강한 나에게도 지나치게 가혹한 임무로 느껴져 이번에도 아이들을 토마스와 함께 차안에 있게 한 뒤 혼자서 내렸다. 일단 엄마가 아이스크림을 사온다고 하니 금세 기분이 좋아진 것 같았지만, 왠지 아이는 컵이 아닌 콘에 담긴 아이스크림을 먹고 싶은 눈치였다.

그렇지만, 난 이번에도 아이의 의사를 무시해버렸다(도대체 나는 왜 그랬을까. 아이의 마음이 잘 들린다고 교감이 잘 되는 게 아니라, 아이의 마음이 들리면 그 마음에 맞게끔 반응해주어야 교감이 잘 된다고 할 수 있는 것 아닌가.). 굳이 이유를 들자면 민준이는 한참 던지고 엎기를 좋아하는 시기의 아이였다.

언제부턴가 아이는 식사 도중 밥이나 국그릇을 뒤집기 일쑤였고, 물을 마시던 컵까지 엎어버리는 바람에 매일 상이며 방바닥이 국과 물로 흥건했다. 동작은 또 어찌나 재빠른지, 언제 뒤집을지 몰라 옆에서 만반의 준비를 하고 있어도, 엄마가 순간 방심한 틈을 타 아이는 상에 올라온 모든 그릇을 홀라당 뒤집곤 했다. 처음엔 호기심에서 그러려니 했다. 저 나이 때엔 궁금함을 참지 못하고 뭐든 행동으로 옮긴다지. 그래도 그런 건 하지 말아야 하는 행동이라고 꾸준히 일러주긴 했다. 지속적으로 알려주면 언젠가는 아이가 말을 듣는다고도 들었기 때문이었다.

하지만 그러한 행동이 하루에 7~8회 이상 반복되다 보니 아이 뒤치다꺼리 하는 것이 힘에 부치기 시작했고, 식사시간마다 온 가족이 스트레스를 받아야했다. 급기야 어른들은 "아이의 정신건강상 문제가 있는 건 아닌가?"라며 걱정하는 안색을 내비치셨다. 혼내보기도 했다. 주변에선 늘 나를 보고 물러 터졌다며 혀를 끌끌 차곤 했기 때문에 혹시 내가 아이를 잘못 키우는 건 아닌가 하는 육아 스트레스에서였다.

그러나 엄마의 꾸중에 서럽게 울던 아이는 눈물을 뚝뚝 흘리면서도 손을 올려 또다시 그릇을 엎었고, 그것이 내 눈에 일부러 하는 행동 같지는 않아 보였다. 어쩌면 아이 스스로 그릇을 엎고 싶은 욕구를 통제할 수 없는 걸지도 모른다는 생각이 들었다.

주변의 우려와 쌓여가는 스트레스를 참지 못해, 하루는 자주 다니던 소아청소년과 의사에게 상담을 요청했다. 내 얘기를 들은 의사는 웃으며 물었다.

"아이가 밥은 잘 먹나요?"
"네, 굉장히 잘 먹어요."
"개구쟁이네요. 장난하는 거예요."
"네?"
"개구쟁이라 그래요. 재미있으니까. 너무 신경 쓰지 마세요, 좀 지나면 안 그래요."

나 역시 막연히 그런 이유일 거라 생각은 해왔지만, 신기하게도 의사의 말을 듣고 나자 온갖 걱정이 싹 사라지는 느낌이 들었다. 늘 손자 걱정에 평안하지 않으실 어른들께 걱정할 일이 아니라고 말씀을 드리긴 했지만, 아이가 그 버릇을 온전히 고치기까지 마음을 놓지 못하셨던 어른들… 사서 하는 걱정까지 덜어드릴 수 있으랴.

어쨌든 아이는 콘 아이스크림을 먹고 싶어 하는 것 같았지만, 가뜩이나 서로 기분도 안 좋은 판에 아이스크림콘을 아이 손에 쥐어

설퍼산 전망대에서 서로 다른 곳을 바라보고 있는 토마스와 윤아

설퍼산 전망대에서 바라본 풍경으로 산악지대의 전형적인 날씨. 한쪽은 쨍쨍하고 다른 쪽은 비구름이 보인다

주었다가 아이가 던져버리기라도 하면… 그때야말로 차 전체가 폭발해버릴 것만 같은 무시무시한 예감에 아이의 눈빛을 싹 무시하고 컵에 아이스크림을 담아오자, 아이는 자신이 제일 좋아하는 초콜릿 아이스크림이 도착했음에도 불구하고 아까보다 더 큰 소리로 울어 젖히기 시작했다.

이런 끔찍한 여행을 계속할 순 없지 않나…

터질 것 같은 마음을 억누르고 다시 캠핑장까지 왔지만, 더 이상 참고 싶은 마음이 없어졌는지 토마스는 굳은 얼굴로 짐을 싸기 시작했다.

"한국으로 돌아가자! 어떻게 가면 돼? 비행기 표 끊으면 돼? 어디로 전화하면 돼!?"

그래! 지금 마음 같아선 나도 돌아가고만 싶다. 이렇게 저희 마음대로만 하려하고, 한 번 때를 쓰면 도무지 멈출 생각을 않는 반항기의 아이들과는 정말… 게다가 조금 달래다 말고 불같이 화를 내는 토마스와의 여행은 더욱 끔찍하단 말이다. 나 역시 가슴이 터질 정도로 화가 났지만, "직접 전화해. 항공사 전화번호 알잖아"라고 소심하게 한마디 틱 던져놓고는 그 자리를 피하고 싶은 마음에 화장실로 향했다. 아빠의 거친 행동이 무서웠던 아이들도 엄마를 따라 화장실로 들어왔다.

마침 저녁때가 되어 으슬으슬 추워지기에 따뜻한 난방이 들어오는 화장실 세면대에 민준이를 앉혀 놓고 아이스크림을 먹였다. 콘 아이스크림이 아니라며 바락바락 떼를 쓰던 미운 아이는 어디 갔나 싶을 정도로 순한 양이 된 아이는 컵에 담긴 아이스크림을 맛있게도 먹는다. 윤아는 그런 민준이가 부러웠던지 텐트 앞 테이블에 놓고 온 아이스크림을 가져오겠다며 화장실 밖으로 나갔지만, 한참이 지나도 돌아오지 않는다.

궁금하여 밖을 내다보니 아이는 차마 발걸음이 떼어지지 않는지 화장실 건물 벽에 붙어 쭈뼛쭈뼛 대고 있다.

"윤아야, 왜 안가?"

엄마의 물음에 아이가 기어들어가는 목소리로 답한다.

"어? 어… 아빠가 캠핑장에 있어서…"

동네 미용실 아주머니가 '밀크 초콜릿'이라는 별명을 붙여주었을 정도로 평소 녹아내릴 듯 다정한 모습의 아빠였지만, 이따금 한 번씩 불같은 모습을 보이고 나면 아이들은 한동안 아빠에게 다가가려 하지 않았다. 민준이가 아이스크림 컵 하나를 다 비울 정도의 시간이 흘렀으니(어린 아이들은 굉장히 조금씩, 천천히 먹는다) 이제 토마스의 마음도 어느 정도 누그러졌겠단 생각이 들어 아이들을 데

캠핑장의 필자 가족 캠핑 사이트 주변 풍경

리고 화장실 밖으로 나왔다. 뒤뚱뒤뚱 살금살금… 아빠가 있는 곳을 향해 가는 아이들의 표정이 잔뜩 굳어 있다. 아까와 같은 상황이 더 이상은 일어나지 않길 바라는 마음으로, 우리를 향한 토마스의 표정을 먼저 살폈다.

다행히 그 사이 마음을 진정시키고 원래의 다정한 아빠로 돌아와 있던 토마스는 몸을 숙인 채 아이들을 향해 두 팔을 벌리고 있었다.

"얘들아, 괜찮아. 아빠 화 다 풀렸어. 아빠한테 가보자."

나의 말에 용기를 얻었는지 머뭇거리던 아이들이 조심조심 텐트 앞으로 다가간다.

"아빠가 화내서 미안해. 놀랐지? 미안해."

아빠의 사과를 받고서도 아직 어리둥절한 표정의 아이들은 아마도 이런 생각을 하고 있는 듯하다.

'아빠가 아까는 막 화를 내더니, 지금은 왜 이러지?'

그러나 우리가 아이들에게서 본받아야 할 점 중 한 가지.

"아이들은 어른들의 생각보다 훨씬 관대하며 뒤끝이 없다!"

이내 기분을 풀고 본연의 모습으로 돌아와 깔깔거리며 텐트 주변을 돌아다니는 아이들을 바라보자 반나절 동안 꽉 막혔던 마음이 풀리는 것 같다.

5분만 빨랐어도 참 좋았으련만! '버밀리언 호수'

우리는 내일 밴프를 떠난다. 한 장소에 3~4일 정도 머무는 것으로 일정을 잡으면 넉넉하진 않더라도 부족함 없이 지낼 수 있을 거라 생각했는데, 막상 떠나려고 생각하니 밴프에서 즐긴 게 별로 없다는 아쉬움에 저녁엔 '버밀리온 호수(Vermilion Lake)'를 보러 가기로 했다.

저녁식사를 하고 난 뒤 출발하면 타이밍이 딱 맞을 것 같아 시간 여유를 갖고 호수 구경을 계획했지만, 이곳에 온 이후로 밥이 꼭 말썽이다.

한국에서부터 가져온 220V 미니 밥솥은 110V인 이곳 전압과 맞지 않아서인지, 아니면 산악지대라 기압차가 있어서인지, 평소보다 오랜 시간 뜸을 들여도 매번 밥이 설익었다. 어린 아이들에게 생쌀에 가까운 밥을 먹일 순 없어 그 밥을 다시 코펠에 넣고 물을 좀 더 부어 먹을 만하게 만들어 주곤 했지만, 번번이 시간이 오래 걸려 밥 때가 늦어지기 일쑤였다.

결국 몇 번의 시행착오 끝에, 이 먼 곳까지 가방 한구석을 내어주며 함께해온 게 아깝지만, 미니 밥솥은 이제 그만 사용하기로 결정하고 짐칸 깊숙이 넣어두었다.

그러나 밥도 늦은데다 해가 길다며 지나치게 방심하고 느릿느

버밀리언 호수 일대 풍광

릿 행동한 탓인지, 막판엔 서둘러 출발하였음에도 호수에 다다르기 전, 해는 이미 저 산 너머로 꼴깍 넘어가버렸다.

주홍빛(vermilian) 호수를 보진 못했지만, 아직 날이 완전히 저문 건 아니기에 '주홍빛 대신 다른 빛의 호수는 볼 수 있겠지…'라고 생각하며 급히 차를 몰아 호숫가에 도착했다. 군데군데 삼각대를 설치해놓고 커다란 카메라로 사진을 찍다 일몰과 동시에 하나둘씩 철수를 하던 사진사 중 한명이 나를 보며 안타까운 표정으로 말한다.

"너무 늦었어요. 5분 전만 해도 정말 멋졌는데…"

그를 향해 괜찮다는 의미로 어깨를 으쓱해보였지만, 내가 봐도 많이 늦은 것 같긴 하다.

아직 대기 중에 남아 있는 어둑한 빛이 비추는 호숫가도 나름 멋은 있었지만, 해질녘 주홍빛으로 물든 절경을 내 눈에 담지 못한 것이 내내 아쉬울 뿐이다. 신기한 일이었다.

낮과 달리, 해가 지고 깜깜한 적막으로 뒤덮인 산속에선 더 이상 무언가를 할 수 없다는 걸 아이들도 직감하는지, 평소엔 밤이 깊어도 잘 생각을 않고 더 놀겠다며 떼를 쓰던 아이들이 이곳에선 날이 어두워지면 이내 잠이 들어버리곤 했다. 어쩌면 로키에 온 첫날 민준이가 시차 적응을 마친 것도 그런 이유 때문은 아니었을까.

 버밀리언 호수(Vermilion Lakes)

해질 녘이면 호수 주변을 둘러싼 Mt. Rundle이 주홍빛으로 물들고 그 주홍빛 산이 호수에 비친 모습 또한 호수가 붉게 물든 것 같아 보인다 하여 지어진 이름이 바로 'Vermilion Lake(주홍빛 호수)'이다.

아이를 키운다는 건 참으로 어려운 일이다

오늘은 밴프를 떠나 레이크루이스로 가는 날이다. 어제 아침 가족 드라이브에 동참하지 못한데다 오후엔 아이들에게 크게 화를 낸 게 미안했던지, 오늘 아침, 토마스는 새벽같이 일어나 부지런하고 다정한 아빠로서의 모습을 보여주기로 했나보다.

그릇들이 덜거덕거리는 소리에 눈을 뜨고 일어나보니, 토마스가 아침식사 준비를 하고 있었다. 방금 뜸이 들어 구수한 냄새를 풍기는 하얀 쌀밥, 프라이팬에서 지글지글 익어가며 맛있는 냄새를 풍기는 삼겹살과 소시지, 그 기름에 매콤하게 익어가는 신 김치, 아이들이 좋아하는 버섯구이… 늘 말하지만, 아이를 키운다는 건 참으로 어려운 일인 것 같다. 떼쓰기와 반항, 울음과 징징거림은 아이들이 자기표현의 한 방식으로 흔히 사용하는 것들이었다.

그렇지만 올바르게 성장하여 사회의 한 구성원으로서 다른 이들과 어우러져 살아가려면, 그런 방식보다는 언어와 같이 보다 효과적인 방법으로 자신의 의견을 표현할 수 있도록 가르쳐주는 것이 부모의 의무라 생각하기에, 무조건 아이가 하려는 대로만 놔둘 순 없었다. 물론 가장 좋은 방법은 부모가 올바른 행동을 통해 아이들 앞에서 꾸준히 본을 보이는 것이겠지만, 우리도 사람인지라 늘 차분한 태도로만 일관할 순 없었다. 잘 하려다가도 순간 끓어오르는 화를 참지 못하고 아이에게 상처가 되는 말과 행동을 퍼붓는 경우가 있었으며, 때로는 아이 못지않게 비이성적인 행동을 하기도 했다.

그러나 그런 경우 남는 것은 늘 후회뿐이었다.

'그래도 어린 아이들인데 말로 좀 더 타일러볼걸… 아니, 애들이 오죽 말을 안 들어? 혼낼 건 혼내야지! 아니야… 그래도 심한 말은

필자 가족과 같은 캠핑장 사이트에 머물던 귀여운 프레리독

하지 말걸, 애들이 상처받았을 텐데…'

마치 내 안의 천사와 악마가 싸우듯, 이랬다저랬다 갈팡질팡하는 마음으로 인해 그 시간들이 더욱 힘겹게 느껴지기도 했다. 어제의 토마스가 바로 그런 경우였을 지도 모른다. 늘 가족을 위해 헌신하는 가장인데, 얼마나 속이 상했을까.

토마스의 입장에서 생각해보니, 아빠로서, 가장으로서의 위치에서, 그 역할이 때론 힘들고 때론 버겁게 느껴질 것 같아 가여운 생각까지 든다.

하지만 부모와 대립하고 타협해가며 아이들이 성장하듯, 부모 역시 아이들과의 그런 과정들을 통해 보다 성숙해지는 건 아닐까.

토마스의 노력에도 불구하고 아이들은 늦게까지 잠을 잤다. 어쩌면 어제 오후, 아이들이 유난히 떼를 쓰고 투정을 부렸던 건, 피곤했기 때문은 아니었을까 하는 생각이 든다.

흐린 날이 있으면 맑게 갠 날도 있듯 육아에서도 힘든 시간의 정점을 찍고 나면 한동안 숨 쉴 여유가 생기곤 했으니, 어제가 그 정점이었다면 오늘부터 당분간은 잘 지내볼 수 있겠지. 아이들은 자고 싶은 만큼 자도록 내버려두고, 부부만의 아침식사를 했다.

토마스 덕에 맛깔난 아침식사를 하고 나니 힘이 불쑥 솟아나 장비를 철수하는 데도 신바람이 난다. 아이들이 누워있는 텐트만 남겨두고 다른 걸 모두 정리하여 차 안에 실은 다음 마지막으로 아이들을 살짝 안아 올려 차에 태우자 아이들은 그제야 눈을 떴다. 어차피 떠날 거 지체하고 싶지 않아 다음 목적지는 레이크루이스라는 설명을 간단히 해주고는 터널 마운틴 캠핑장을 떠났지만, 곧바로 레이크루이스로 갈 순 없었다. 윤아가 어제 설퍼산 곤돌라를 타기 전, 기념품 숍에서 봐두었던 물건을 다시 한 번 꼭 보고 싶다고 부탁했기 때문이었다.

우리는 아이가 그토록 원하는 기념품이 어떤 건지 구경이나 하자며, 어제에 이어 또 한 번 곤돌라 승강장 건물로 향했다. 커피를 좋아하는 나는 이미 가이드북이나 인터넷을 통해 캐나다에는 '팀홀튼(Tim Hortons)'·'세컨컵(Second Cup)' 등 고유의 커피브랜드가 있다는 정보를 사전에 입수했고, 두 곳의 커피 맛에 엄청난 기대를 하고 왔지만, 그 고유의 브랜드도 이젠 옛말인가보다.

우리가 다니는 관광지 대부분에서 제일 먼저 눈에 띄는 커피브랜드는 '스타벅스(Starbucks)'였으며, '팀홀튼'·'세컨컵' 같은 전통

브랜드는 이따금 한 군데씩 있거나, 아니면 그 자취를 찾기 힘들었다. 캘거리 곳곳에도, 밴프 다운타운에도, 심지어 설퍼산 곤돌라 승강장 건물에도 '스타벅스'는 버젓이 자리를 잡고 있었다.

편식을 하지 않는 식성이 커피 브랜드에도 그대로 반영된 나는 '스타벅스' 커피 특유의 향 또한 좋아했으므로, 아이에게 작은 기념품 하나를 사준 다음 아이들의 아침식사도 해결할 겸 스타벅스에 들어가 오랜 드라이브에 앞선 각성제 한 잔을 음미했다. 커피숍에 느긋하게 앉아 오전의 여유를 만끽하는 이들, 곤돌라를 타기 위해 오가는 수많은 사람들… 우리 가족도 그 틈에 섞여 한가한 시간을 즐겨 본다.

산과 나무가 어우러진 절경 '보우 밸리 파크웨이'

레이크루이스로 가기 위해선 국도(Trans Canada Highway)를 타고 가는 편이 더 쉽고 빠르다 했지만, 산과 나무가 어우러져 절경을 연출한다는 드라이브 코스, '보우 밸리 파크웨이(Bow Vally Parkway)'를 그냥 지나칠 우리가 아니었다.

아직 내비게이션 사용 방법을 완전히 익힌 것이 아니었으므로, '중간에 Bow Vally Parkway로 빠지는 길을 찾지 못해 헤매진 않을까?'하는 우려를 했지만, 가는 방법은 생각보다 어렵지 않았다.

🍁 **보우 밸리 파크웨이(Bow Valley Parkway)**
밴프에서 트랜스 캐나다 하이웨이(Trans Canada Highway)를 타고 5km 가면 보우 밸리 파크웨이로 들어가는 길이 나온다.

이곳에서 17km 가면 존스턴 캐년(Johnston Canyon)이 나오고, 존스턴 캐년을 지나면 오른쪽으로 캐슬 산(Mt. Castle)이 보이며, 길이 끝날 때쯤엔 보우 밸리 파크웨이 최고의 전망대라 불리는 모랜츠 커브(Morant's Curve)를 감상할 수 있다.

서부캐나다 캠핑여행 Tip

'캐나다에서 주유하기'

캐나다의 주유소에서는 대부분 주유소 직원이 아닌 운전자 자신이 주유를 해야 한다(우리나라로 치면 일명 '셀프주유소').

연료의 가격은 지역과 주유소마다 다르며 국립공원 지역으로 들어갈수록 비싸지므로 출발하기 전 연료를 가득 채워가는 것이 여행경비를 절약할 수 있는 또 한 가지 방법이라 할 수 있다.

① 일단 주유를 하기 전에 차량이 어떤 연료를 넣는지 확인한다. 승용차와 SUV는 거의 가솔린(휘발유)

② 주유구를 열고 노즐을 꽂은 다음 그립을 쥐면 주유가 시작된다. 원하는 만큼 주유를 했다면 그립을 푼다. 연료탱크가 가득 차면 저절로 멈춘다.

③ 주유 노즐을 제자리에 놓은 후 매장에 들어가 계산을 한다(주유한 자리의 번호를 알려주면 된다).

서부 캐나다 캠핑여행 중 주유하는 광경

가슴 시원한 멋진 풍광을 자랑하는 보우 밸리 파크웨이

우렁찬 물소리에 잠 확 달아나다 '존스턴 캐넌'

유명한 협곡이라는 말을 듣긴 했으나 주차장에 차를 세우고 트레일 입구로 들어설 때까지만 해도 사방이 지나치게 조용하여 이곳이 어떤 곳인지 도통 짐작이 가지 않았다. 때마침 낮잠 시간이 되어서인지 아이까지 잠투정을 해가며 칭얼대는 바람에 유모차 걸음으로 왕복 1시간은 족히 걸릴 폭포까지는 감히 가볼 생각도 못한 채 산 아래쪽에 눈도장만 찍을 생각으로 아이를 달래며 힘겹게 걸음을 옮겼다.

그러나 협곡을 향해 조금 더 깊숙이 발을 들여놓자, 마치 앰프의 볼륨을 최대치로 올려놓은 마냥, 힘찬 물살이 계곡을 타고 내려오며 만드는 굉음이 산 전체를 뒤흔들었고, 덩달아 우리의 가슴도 힘차게 뛰었다. 아이 역시 우렁찬 소리에 잠이 확 달아나버렸는지 떼쓰기를 중단하더니, 거센 물살의 근원지를 찾아가려는 듯 힘차게 발걸음을 떼기 시작했다.

빙하가 녹아 흐르는 물일까? 희미한 녹색의 뿌연 계곡 물빛이 예사롭지 않다. 물살이 워낙 세차 겨울에도 얼지 않을 정도라니 그 흐름에 잘못 휩쓸렸다간 살아 나오지 못할 것 같아, 트레일 밑으로 떨어지는 상상만으로도 아찔한 기분이 든다.

물을 워낙 좋아하는 아이들은 물만 봐도 기분이 좋은지 유모차에서 내려 직접 유모차를 밀기도 하고, 중간 중간 나타나 귀엽고 앙증맞은 모습을 보이는 다람쥐를 한동안 쫓아다니기도 하며 시종일관 밝고 씩씩한 모습으로 트래킹을 즐겼다.

토마스와 나 역시 그런 아이들을 흐뭇하게 바라보며 걷다 보니 얼떨결에 폭포(lower falls)가 있는 곳까지 와버렸다. 애초에 어린

아이들과는 무리일 거란 생각에 어퍼 폴스(Upper Falls)나 잉크 포트(Ink Pot)까지는 올라갈 생각도 없었지만, '이 아이들이랑… 설마 갈 수 있을까?' 라며 반신반의하던 로어 폴스(Lower Falls)에조차 어렵지 않게 다다르자 헛웃음이 다 나온다.

"힘들어… 못 걷겠어…"라는 말이 귀에 쟁쟁할 정도로 평소 약한 모습만 보이던 우리 아이들은 어디로 갔을까? 오늘따라 어

존스턴 캐넌에서 만난 다람쥐와 소통을 하는 아이들

른 못지않은 체력을 보여준 아이들에게 그저 감사할 뿐이다.

존스턴 캐넌(Johnston Canyon)에서의 엄청난 활동량 덕분인지 레이크루이스로 가는 차안에선 아이들이 아예 곯아 떨어져버렸다. 덕분에 토마스와 난 홀가분한 마음으로 드라이브를 즐기며 보우 밸리 파크웨이의 진면목을 감상할 수 있었다.

존스턴 캐넌에서 아이들을 태운 유모차를 밀며 산책로를 오르는 토마스

존스턴 캐넌의 로우어 폴스(Lower Falls) / 모랜츠 커브(Morant_s Curve)

🍁 존스턴 캐넌(Johnston Canyon)

캐나디안 로키에서 가장 유명한 트레일 중 하나. 빙하와 거센 물살이 만들어낸 이 협곡엔 크고 작은 폭포가 특별한 볼거리를 더해주며, 군데군데 짙은 이끼가 깔려 있어 원시림에 들어온 것 같은 느낌을 준다.
Lower Falls(1.1km, 주차장 기준, 왕복 1시간 코스) → Upper Falls(2.7km, 왕복 2시간 코스) → Ink Pot(5.8km, 왕복 4시간 코스)

🍁 모랜츠 커브(Morant's Curve)

Bow River가 크게 휘돌아 흘러가는 언덕에 자리한 전망대

레이크루이스 한가운데에서 바라본 정경

3-2 레이크루이스 (Lake Louise)

초보캠퍼에겐 숙소확보 중요 '레이크루이스 캠핑장'

 밴프에선 꽉 채우지 않은 나흘을 보냈지만, 레이크루이스에서는 좀 더 오래 머물 생각이다.

 장기간 여행에 계속되는 강행군은 무리가 될 수 있다. 더군다나 캘거리에서의 일주일 동안 시차적응을 완전히 마친 우리 셋과는 달리 캐나다에 도착한 이후 지금까지 쉼 없이 달려온 토마스에겐 무엇보다 휴식이 필요했다. 물론 우리의 첫 목적지, 밴프에서 더 많은 시간을 보낼 수도 있었다.

 그러나 레이크루이스에 더 많은 일정을 할애한 이유는 이곳이 '밴프 → 레이크루이스 → 재스퍼'로 이어지는 로키 여행의 중간지점이었으므로 '한 템포 쉬어가도 괜찮지 않을까'라는 생각 때문이었으며, 거기엔 레이크루이스라는 호수 자체에 품고 있던 기대감도 한몫 했다.

 캐나디안 로키에서 가장 아름다운 호수, 더 나아가 유네스코 선정 '세계에서 가장 아름다운 여행지 BEST TOP 10'에 꼽힐 정도로 그 명성이 자자한 레이크루이스(호수는 보통 Louise Lake 이런 식으로 부르지만, 이곳은 다른 호수들과 달리 Lake Louise라 부른다).

영국의 '빅토리아' 여왕이 이곳을 방문한 뒤 자신의 딸 '루이스 캐롤라인 앨버타(Louise Caroline Alberta)'의 이름을 따서 명명했다는 얘기를 들으며, 나의 기대감은 더욱 커졌다(더 넓게 보자면, 앨버타 주의 이름도 그녀에게서 비롯됐다).

'얼마나 멋진 호수이기에 사랑하는 딸의 이름을 선물했을까?'

어서 달려가 아름다운 호수를 감상하고 싶지만, 초보캠퍼는 일단 잠자리를 마련해놓아야 마음이 놓이는 법. 야외 생활을 즐기기에 앞서 아직 경험과 실력이 모자라다는 사실을 누구보다 잘 알고 있는 우린, 이번에도 날이 저물기 전 텐트부터 설치해놓아야 한다는 일종의 강박관념을 갖고 한국에서부터 인터넷으로 미리 예약해놓은 '레이크루이스 캠핑장'으로 향했다.

그러나 캠핑장에 거의 도착했다고 생각했을 때쯤 길을 잘못 드는 바람에 같은 길을 몇 번이나 빙빙 돌며 헤매야 했다(레이크루이스 캠핑장은 레이크루이스로 가기 전, village에서 남쪽으로 500m방향). 다행히 레이크루이스와 레이크루이스 캠핑장, 그리고 레이크루이스 빌리지는 서로 근접한 곳에 있어, 그리 오래 걸리지 않아 캠핑장에 도착할 수 있었다.

로키 내 국립공원 어디를 가든, 비교적 규모가 있는 캠핑장들이 기본적으로 갖추고 있는 시설은 대부분 비슷했지만, 모두 같은 건 아니었다. 캠핑장마다 사이트의 크기와 모양, 개수대 및 샤워실의 구조, 장작 보관소의 위치 등이 조금씩 달랐으며, 특히 우리 눈에 띈 건 터널 마운틴 캠핑장의 것과는 약간 다른 모양과 구조의 화로였다.

"어? 화로 모양이 다르네?"

"그러게. 왠지 이 구조가 불이 더 잘 붙을 것 같은데?"

"그래? 그럼 더 잘됐네."

이번 여행을 통해 생전 처음으로 장작에 불을 붙여본 초보들이 잘 알지도 못하면서 화로의 생김새만으로 성능을 논한다는 것이 좀 우습지만, 어쨌든 이곳에서 모닥불 피우기는 하루 일과 중 많은 비중을 차지했고, 어떻게 해서든 모닥불을 잘 피워보고 싶단 마음이 간절했다.

신기한 건, 불과 사흘 전만 해도 "어떻게 하지?"라는 말을 연신 반복하며 스트레스를 온몸에서 뿜어내던 토마스의 모습을 이곳에선 더 이상 볼 수 없단 사실이었다. 이제 고작 두 번째인데, 마치 익숙한 물건을 다루듯 혼자서 뚝딱 텐트를 치고, 다른 장비들을 짜임새 있게 제자리에 배치하는 그 모습이 듬직해 보인다.

밴프에서처럼 텐트 안에 앉아 또다시 얼굴이 빨개지도록 "훅훅!" 에어매트를 불던 나 역시 새로운 걸 발견했다. 그것은 바로 에어매트 한 귀퉁이에 그려진 그림(손바닥 펌핑으로 매트에 공기를 넣을 수 있는 방법)이었다. 이제는 현기증을 느끼지 않고도 손바닥만으로 비교적 쉽게 에어매트를 부풀릴 수 있다. 왜 진작 설명을 읽지 않았을까. 아마 첫 캠핑이라 무얼 먼저 해야 할지 모르는데다 아이들 보살피랴, 텐트 정리하랴 정신이 없어서 그랬던 것 같다.

문득 첫날 에어매트를 부느라 빨개진 얼굴의 나에게 인사를 하던 캐나디안 부부의 의미심장한 미소가 떠오른다. 혹시 바보처럼 사용방법도 모른다며 웃었던 건 아닐까. 그래도 좋다. 이젠 캠핑장

레이크루이스 캠핑장에서의 텐트 설치 과정

레이크루이스 캠핑장에서 사진 찍는 윤아

을 옮길 때마다 머리가 핑~ 돌아버릴 것만 같은 어지럼증을 느끼지 않아도 될 테니.

한편, 아빠의 모습에 흥미를 느낀 윤아는 주변의 나뭇가지를 망치 삼아 아빠처럼 땅에 팩을 박기 시작하더니, 그예 아빠를 도와주겠다며 팔까지 걷어붙이곤 한 시간이 넘도록 텐트 치는 흉내를 냈다. 아빠의 작업은 이미 끝난 지 오래였는데도 말이다. 왜 빨리 텐트를 설치하지 않느냐 재촉하다 못해 아예 텐트 위에 올라서기까지 하던 첫날과 달리 엄마아빠의 작업에 방해가 되지 않도록 자연스레 테이블에 자리를 잡고 앉아 오누이만의 다정한 시간을 보내는 모습 또한 사랑스럽다.

그러다 문득 발견한 작은 애벌레 두 마리에 꺄르륵대며 즐거워하는 아이들을 바라보자, '어쩌면 우리 아이들 역시 토마스와 나처럼 여행을 사랑하고 새로운 세상과 경험에 도전하는 삶을 즐기며 살게 되지 않을까?'하는 기분 좋은 예감이 든다.

밴프에서 레이크루이스까지는 먼 거리가 아니었으나, 이곳저곳 구경하며 길을 좀 돌아온 데다 잠자리까지 마련해놓고 나니 이미 저녁 시간대가 되어버려, '오늘은 이만 캠핑장에서 하루를 마감해야지.'라고 생각했지만… 이대로 잠들기에 이곳의 해는 지나치게 길다.

"무얼 하면 좋을까?"라고 고민하던 우리는 먹을거리도 사고 구경도 할 겸 레이크루이스의 다운타운으로 향했다.

작은 상가단지, '레이크 루이스 빌리지'

빌리지(Village)라 불리는 다운타운은 건물 2동으로 이루어진 작은 상가단지로, 밴프의 다운타운보다 규모도 훨씬 작고 가게의 수도 적었지만, 여행자에게 기본적으로 필요한 상점 정도는 종류별로 갖추고 있었다.

일단 우리는 저녁을 해결하기 위해 상가건물 2층에 있는 '그릴 앤드 바 패밀리 레스토랑(Grill & Bar Family Restaurant)'으로 올라갔다.

혹시 식당 주인이 중국인은 아닐까 싶을 정도로, 식당 안은 우리와 비슷한 시간대에 도착한 중국인 단체 패키지 손님들로 북적였으며 메뉴에도 중국음식이 많이 포함되어 있었다. 때문에 사람 많고 복잡한 곳을 싫어하는 토마스와 나는 이곳에서 식사를 하고 싶은 마음이 사라졌지만, 근처에 마땅한 식당이 보이지 않는데다 이미 주문을 해버린 상태라 하는 수 없이 음식이 나오기까지 오랜 시간을 기다려야했다.

그러나 기다리다 지쳐갈 무렵 우리 테이블에 차려진 저녁식사는 비주얼도 맛도 꽤 훌륭했다. 내가 고른 연어요리, 여행 내내 토마스가 즐겨먹던 치즈버거, 아이들을 위한 수프와 미트소스 라자냐.

평소 생선을 좋아하지 않던 민준이는 그릇을 싹 비울 때까지 연어요리를 계속해서 먹었고, 육즙이 주욱 배어나오는 치즈버거 패티 또한 칼로 썰어놓는 족족 아이들이 다 먹어치우는 바람에 토마스는 빵과 야채, 그리고 치즈만 먹어야 할 판이었다.

맛있는 음식 덕분에 아이들의 배가 기분 좋게 채워지자, 시끄러운데다 음식이 늦게 나온다며 투덜대던 아까의 마음은 어느새 싹 사라지고 훌륭한 저녁을 만들어준 주방장에게 감사의 마음이 저절로 든다. 식사 후엔 먹을거리를 구입하기 위해 마켓으로 향했다.

귤·사과·바나나 등등 한국에서 흔히 먹던 과일을 이곳에서도 쉽게 구할 수 있어 참 좋다. 일단 아이들이 잘 먹는 과일 위주로 잔뜩 골라 쇼핑 카트에 담아놓은 다음 캠핑에 필요한 잡다한 용품들을 고르고 있을 때였다. 무엇이 제 마음에 들지 않았는지, 민준이가 떼를 쓰기 시작했다. 안 그래도 세상에 대한 호기심을 주체하지 못해 가는 곳마다 물건들을 휘저어놓는 아이 때문에 매번 마트에 가는 일이 고역이었다.

아이는 아이대로 "왜 내가 궁금해서 만져보는 걸 못하게 막는 거예요?"라고 시위하듯, 물건들을 마구 흐트러뜨리거나 원하는 물건이 있으면 죄다 카트에 담으려 했고, 나는 나대로 "이건 다른 사람들이 사야 할 물건인데, 네가 다 망가뜨리면 다른 사람들이 이용할 수가 없잖아!"라며 제지하고 다녀야 했으니 서로가 얼마나 불편하고 힘들었겠는가.

부모는 아이의 발달단계를 고려하여 아이의 호기심을 인정해 주어야 하고 지나치게 많은 걸 제한하거나 세상에 대한 아이의 흥미를 꺾으려 해서는 안 된다는 것… 물론 잘 알고 있다.

그러나 그건 때와 장소에 따라 다르게 적용되어야만 했다. 나에

연어요리, 미트소스 라자냐, 치즈버거(좌로부터)

게는 내 아이가 중요하듯, 다른 이들에겐 그들의 권리가 중요하니까. 내 아이의 호기심을 위해 다른 사람들의 쇼핑 또한 방해해선 안되니까. 아이들과 함께 찾은 우리 동네 대형마트에서였다.

한 엄마가 "그래, 만져봐, 괜찮아"라고 말하며, 진열되어 있는 옷에 관심을 보이던 자신의 아이가 마음껏 호기심을 충족하도록 놔두었다.

그러나 아이의 행동이 도가 지나쳐 옷을 휘두르다 못해 바닥에 질질 끌고 다니는 상황까지 이르렀지만 그 엄마는 제지할 생각이 없었고, 다른 이들 역시 눈살을 찌푸리긴 했지만 아무도 간섭하지 않았다. 애가 타는 건 깨끗한 새 상품을 팔아야 하는 마트 점원이었다.

아이의 행동을 제지하고 싶지만, 자기 아이에게 듣기 싫은 말을 했다며 그 엄마가 따지기라도 할까봐, 그래서 인터넷에 항의성 민원성 글을 올리기라도 할까봐 아무 말도 못하고 있던 점원은, 그 모자가 자리를 떠나간 뒤 마침 옷가게를 지나가던 나에게 하소연하듯 방금 전의 일을 토로했다. 듣기만 해도 어처구니없었던 그 일은 '내 아이만 잘되면 된다.'라는, 요즘 일부 엄마들 사이에서 유행처럼 번지고 있는 생각에서 나온 것일 거다.

레이크루이스 한 빌리지 마켓 내부

　나 역시 초보 엄마 시절에는 내 아이의 호기심이 제일인 줄만 알고, 공중도덕보다 우리 아이의 경험을 우선시한 사례가 몇 번 있었다. 그렇지만 시간이 좀 더 흘러 육아에 대한 개념이 어느 정도 제 자리를 잡아가던 시점에 와서 지난 기억을 돌이켜보니, 그렇게도 부끄러울 수 없었다. 모두가 '나'와 '내 아이'만을 위해 사는 세상은 어떨까를 떠올려보면 무섭게 느껴지기까지 했다.
　그러나 선진국을 여행하다 보면 그들의 사고방식에는 우리네와 다른 점이 많았다. 그들은 누가 보지 않아도 일일이 감시하지 않아도 사회의 기본적인 룰이나 공중도덕 등을 스스로 지키려 노력하는 편이었으며, 비록 어린아이일 지라도 그것에 대한 부모들의 규제는 엄격했다(물론 예외라는 건 어디에나 존재했지만). 그래서인지 한국에서였다면 덜 당황스러웠을 내 아이의 이런 행동(예를 들면, 마트 안을 헤집고 다니는 상황)들이 이 나라에서는 유독 신경 쓰였고, 그 때문에 여행을 하는 내내 예상치 못했던 스트레스를 많이 받기도 했다.
　아니, 어쩌면 그 불편함은 '이방인'이라는 스스로의 인식이 만들어낸 것이었을 지도 모르겠다.

늦은 저녁의 레이크루이스

지나친 기대는 하지 않는 것보다 못한 법

늦은 저녁이었지만, 아직 해가 마을을 환히 비추고 있는데다, 빌리지에서 레이크루이스까지는 짧은 걸음 안에 도착할 만큼 가까운 거리였으므로 호수 산책이나 해볼 겸 우리는 레이크루이스로 향했다.

사진 속의 레이크루이스는 그 빛깔과 전체적인 모양이 참으로 아름다워 보이는 데다, 로키를 찾는 대부분의 사람들이 꼭 한 번씩은 들르는 유명한 관광 명소였기에 이곳에는 뭔가 특별한 것이 있으리라는 기대감을 갖고 호수 앞에 섰다.

그러나 '지나친 기대는 안하느니만 못하다'는 나의 지론처럼, 늦은 저녁 마주한 레이크루이스는 나에게 별다른 감흥을 안겨주지 못했다. 해가 넘어갈 시각이라 그 빛깔이 제대로 나오지 않아서일까, 아니면 생각했던 것보다 호수의 크기가 너무 작아서일까. 호수 한 면에 위풍당당하게 자리 잡고 있는 페어몬트 샤토 레이크루이스 호텔과 자연스럽게 어울려 귀족적인 분위기를 자랑하는 레이크루이스는 아기자기하고 예쁜 호수임에는 틀림없었지만, 내가 기대했던 '무언가 특별한 것'을 찾으려면 아무래도 시간이 필요할 것 같다.

나는 왜 다른 이들이 입을 모아 "멋지다"고 칭송하는 것엔 처음부터 쉽사리 마음을 열고 다가가지 못하는 것인지 자책 아닌 자책도 해본다.

호수 한 켠에 매인 카누를 발견한 아이들이 배를 태워달라며 졸랐지만, 보트 사무소는 문을 굳게 걸어 잠근 상태였으므로 내일 아침에 다시 오자며 아이들과 함께 레이크루이스를 떠나 캠핑장으로 향했다.

늦은 저녁 무렵이지만 아직도 환한 레이크루이스 일대의 고즈넉한 풍광

🍁 레이크 루이스(Lake Louise)

빅토리아 빙하(Victoria Glacier)가 비친 호수와 페어몬트 샤토 레이크 루이스 호텔(Fairmont Chateau Lake Louise Hotel)이 어울려 세계 10대 절경의 하나로 꼽히는 호수.

경험이 쌓여도 시행착오는 늘 존재하는 법

전체적인 맥락에서 보자면, 우린 지금 캐나디안 로키를 여행하는 중이지만, 세부적으로 나누어보았을 때, 레이크루이스에서의 캠핑은 밴프 이후 두 번째 캠핑에 해당했다.

캠핑 첫날 장비를 설치하는 일이며 모닥불을 피우는 일 등 어느 것 하나 쉽게 넘어가지 않아 적잖이 스트레스를 받았던 토마스는 며칠 동안의 경험을 통해 검은 연기를 동반하지 않고 예쁜 색감의 불꽃이 활활 춤을 추는 모닥불을 피워냈으며, 오늘 낮에 보았듯 텐트 치는 실력 또한 일취월장하여 저녁 캠프파이어 역시 우리의 기대를 저버리지 않을 거라 자신했었다.

그러나 토마스의 모닥불 피우는 솜씨가 새로운 장소에선 낯을 가리는 지, 터널마운틴 캠핑장과 약간 다른 구조의 이곳 화로에선 영 빛을 발하지 못했다.

화로에서 나오는 검고 매캐한 연기, 피다 말고 곧 꺼지는 불꽃은 마치 터널마운틴 캠핑장에서의 첫날로 돌아온 것만 같은 착각을 일으키게 했다. 어제까지만 해도 자부심으로 가득 찼던 토마스의 얼굴에 실망한 표정이 역력하다.

"화로 모양만 다른 게 아니라, 불이 숨을 쉬도록 공기가 오가는 통로도 다른가봐."

"어, 밴프에선 잘됐는데, 여기선 영 불이 안 펴지네."

"여기 구조에 다시 익숙해져야겠네."

"에이! 멋지게 불 피워서 우리 가족 따뜻하게 해주려고 했는데."

"괜찮아. 내일은 더 잘할 수 있겠지."

내일 마켓에 들를 땐 아는 블로거가 추천해주었던 '착화제(着火劑)'를 찾아봐야겠다.

지난해 보라카이 여행엔 지금보다 더 어린 아이들과 함께였다. 때문에 더욱 철저한 준비 과정을 통해 무사히 여행을 마쳤지만, 미처 예상치 못했던 점은 '외출 시 아이의 화장실 문제'였다. 아울러 이번에는 더욱 완벽한 준비를 하겠다며 아예 여행품목에 '휴대용 유아변기'를 포함시켰다. 휴대용 유아변기는 적당량의 수분을 자체적으로 흡수하는 일회용 봉지만 갈아 끼우면 되므로, 이번 여행엔 아이들의 화장실 문제로 곤란을 겪는 일은 없겠다고 자신하며, 마침 소변이 마렵다는 윤아에게 자신 있게 변기를 내밀었다(민준이는 아직 기저귀를 차는 시기).

그러나 아이는 이번에도 나를 당황하게 만들었다. 이유를 모르겠지만, 아이는 휴대용 변기에서 볼일을 볼 수 없다며 고개를 저었다. 물론 휴대용 변기가 평소 집에서 사용하던 것보다 좀 불편하긴 할거다. 그렇지만 굳이 먼 화장실까지 걸어가야 하는 수고와, 커다란 어른변기에 빠지지 않기 위해 팔과 다리에 힘을 줘야 하는 수고를 감수하면서까지 휴대용 변기를 거부하는 아이를 선뜻 이해할 수 없다.

몇 번 더 권유해보았지만 아이가 자꾸만 완강히 거부하자, 싫다는 아이에게 더 이상 강요하는 게 귀찮아져 아이가 휴대용변기와 친해질 때까지 저 하고 싶다는 대로 놔두기로 했다.

이번 여행엔 토마스가 함께 하는데다 이젠 민준이도 스스로 잘 걸어 다닐 수 있으니, 어린아이가 공중화장실 바닥을 기어 다닐 일 같은 건 걱정하지 않아도 되겠지.

그러나 본인이 고집한 커다란 어른 변기에 앉아 볼일을 보던 윤아는, 변기 속으로 빠지지 않는 데에만 지나치게 집중을 한 나머지 결국 다리에 오줌을 흘려버렸다. 화장실에 다녀온 이후로 다리가 따갑다며 계속 허벅지를 긁적이는 걸 보니 아마도 오줌 묻은 자리

늦은 저녁 여전히 환한 레이크루이스 일대에서 동심의 세계를 즐기는 아이들

가 쓰린가보다.

"안되겠다. 물로 씻어내야겠다. 윤아야, 씻으러 가자!"

나의 말에 아이는 군말 없이 따라나섰다.

밤이 되어 기온이 뚝 떨어져서인지, 샤워장 내부 역시 썰렁한 기운이 돌았다. 따뜻한 물이 나오긴 했지만, 아무래도 추운 곳에서 몸을 축여서인지 아이에게서 감기 기운이 살짝 엿보인다.

한국에서부터 걸려온 감기로 인해 여행 초반을 힘들게 고생하며 보낸 탓에 아이의 코에서 흘러나오는 콧물만 봐도 가슴이 철렁했지만, 웬만하면 걱정 같은 건 하고 싶지 않다.

워낙 공기가 맑고 깨끗한 곳이니 이런 곳에 있는 것만으로도 가벼운 바이러스 정도는 쉽게 이겨내지 않을까. 자연 스스로의 치유력을 믿으며, 포근한 침낭 속에 아이들을 들여놓은 다음 함께 눈을 감아 본다.

한밤중 잠결에 들려온 기차소리는 정겹기만

기차소리가 워낙 시끄럽고 커 잠을 잘 이루지 못하는 경우가 많

레이크루이스 캠핑장 내 샤워장

으니, 가능하면 기찻길에서 먼 사이트를 택하라는 블로거들의 귀띔이 있었건만(가이드북에선 캐나디안 로키 캠핑여행의 주요 준비물 중 하나로 귀마개를 명기해놓았을 정도), 지금 우리가 자리 잡고 있는 사이트를 배정받을 때만 해도 우린 근처에 기찻길이 있다는 사실을 전혀 알지 못했다.

그러나 캠핑장 주변을 산책하다 우연히 기찻길을 발견하곤, 캠핑 준비물에서 배제했던 귀마개를 새로 사야 하나 말아야 하나 한참을 고민했다. 결론은 'No!'이었다. 귀마개를 끼워놓았을 경우, 과연 그 귀마개가 아이들 귀 안에서 십초는 온전히 버틸 수 있을까. 아마 몇 초도 못가 답답하다며 징징대거나 스스로 빼내버릴 것이 분명했다.

더 깊이 생각해보면 우리도 마찬가지였다. 숙면을 취하는 건 좋지만, 한밤중일지라도 유사시 아이를 챙겨야 하는 것이 부모의 의무인데, 귀마개를 낀 채 세상 돌아가는 소리에 전혀 신경 쓰지 않고 잠을 자다가 만약 무슨 일이라도 생긴다면 어떻게 한단 말인가. 집에서야 자다 업어 가도 모를 정도로 깊은 잠에 빠진 적도 있지만, 캐나다의 캠핑장이 아무리 안전한 편이라 해도 이곳은 엄연한 밖

레이크루이스 인근 캐나디안 로키를 가로질러 질주하는 기차

이었다. 때문에 우리는 아예 귀마개를 준비하지 않았다. 굳이 기차소리가 시끄러워서 못잘 정도면 하룻밤 잠을 설치고 다음날 마켓에서 구입하면 된다는 생각으로.

그러나 잠결에 들려온 기차소리는 전혀 시끄럽게 들리지 않았다. 사람도 나무도 산도 강도 호수도 모두 큼직큼직한 서양의 특성처럼 기차 역시 어마어마하게 길어, 한 번 지나가기 시작하면 도무지 끝이라는 건 없을 것처럼 여운이 길었지만, 이따금 꿈결에 정겨운 기차소리가 "칙칙폭폭, 칙칙폭폭" 이런 식으로 들려올 때면 마치 어린 시절 들었던 자장가처럼 아련한 기분이 들기까지 했다.

'레이크 루이스'에서의 아찔한 카누 타기

어제 저녁 샤워를 한 다음부터 감기기운을 보이던 윤아가 이른 새벽, 잠깐 동안 기침을 했지만 증상이 심한 것 같진 않아 보인다.

아이들이 아프지 않길 기도하며 가벼운 마음으로 온가족이 호수 산책길에 나섰다.

빌리지에 하나밖에 없는 빵가게, 'Laggan's Mountain Bakery'에는 아침부터 웬 손님들이 그리 많은지, 가게 밖까지 길게 줄을 섰다. 무얼 먹을까 고민하며 줄을 따라 조금씩 앞으로 가고 있는데, 빵가게 직원이 묻는다. "한국인이세요?"

우연히 만난 한국인 청년은 워킹홀리데이 비자로 캐나디안 로키, 그것도 레이크루이스까지 와서 일을 하며 지내는 대학생이었다. 성실한 태도에 친절한 말투까지… 한눈에 봐도 바른 모습의 청년은 "이곳은 '헬스쿠키'가 유명하다"고 추천했다. 낯선 곳에서 한국 사람을 만나게 되니 참으로 반갑다.

아이들을 위한 샌드위치와 음료수, 갖가지 맛좋아 보이는 빵과 음료수를 골라 계산을 한 다음 우리 가족은 레이크루이스로 향했다. 자연은 우리에게 늘 같은 모습만 보여주진 않는가보다.

별의 세기와 각도 그리고 위치가 조금만 바뀌어도, 바람의 세기, 구름의 모양, 구성원의 배열이 조금만 달라져도 그들이 보여주는 모습은 때로 전혀 다른 모습이 되곤 했으니 말이다.

햇살이 밝게 비추어 어제 저녁과는 사뭇 다른 모습을 보이는 레이크루이스의 물빛깔이 오묘하다.

우리는 어제 저녁 아이들과 했던 약속을 지키기 위해 제일 먼저 보트 하우스(Boat House)에 들렀다. 간단한 주의사항을 알려주며 구명조끼를 건네주는 보트 하우스 직원의 안내에 따라 조심스럽게 카누 위로 올랐다.

그러나 카누 타기는 생각보다 어려운 과제였다. 일단 배에 오르는 것부터 보기보다 쉽지 않았다. 이쪽저쪽 기우뚱기우뚱 조금만 균형을 잃어도 배가 뒤집힐 듯 아슬아슬하다. 그 움직임이 신기했는지, 아니면 본인의 동작과 카누의 움직임 사이의 연관성이 아직 파악되지 않았는지, 초반에 민준이가 자꾸 이리저리 움직이는 바람에 하마터면 보트가 뒤집힐 뻔했다.

토마스, 윤아, 그리고 민준이를 안은 나까지 안간힘을 쓰며 균형을 유지하고자 노력한 끝에 겨우 배의 평형을 유지한 다음, 정식으로 노를 저어 출발했다. 스르르~ 물 위를 미끄러져가는 느낌이 새롭다.

'카누엔 이런 매력이 있구나!' 감탄하며 은근한 힘으로 물살을 가르는 카누에 몸을 맡긴 채 호수 중간쯤에 다다르자 코끝이 어는 것 같은 한기가 느껴진다. 따뜻한 날씨라 생각했는데, 그것도 장소 나름인가보다.

'산 너머 보이는 빙하에 가까워져서일까?' 궁금한 마음에 호수 안쪽으로 조금 더 들어가자 이번엔 살을 에는 추위가 엄습해온다.

'보트를 타고 아름다운 호수 위를 유유자적 거닐며 샌드위치 나누어 먹기!'

방금 전까지 내 머릿속에 머물러 있던, 상상만 해도 낭만적인 장면이 실제로 이루어질 시간이 왔다. 빙하 근처 차디 찬 호수 위에서의 낭만이라… 무언가를 씹어 넘기고 소화시키기에 조금 춥긴 하지만, 지금이 아니면 언제 해볼수 있겠는가.

한 폭의 그림 같은 식사장면을 연출하기 위해 베이커리에서 포장해온 빵 봉투를 조심스레 열어 샌드위치 포장을 풀려고 할 때였다. 먹을 것을 발견한 민준이가 잽싸게 빵 봉투로 달려들었고, 그와 동시에 카누가 옆으로 심하게 기울었다.

'어! 어어!'

비명소리도 미처 입 밖으로 나오지 못하던 급박한 순간, 토마스가 순발력을 발휘하여 반대편으로 무게를 실어준 덕에 카누는 좌우로 까딱까딱하다 다시 균형을 되찾았지만, 하마터면 온 식구가 물속으로 빠질 뻔했다. 구명조끼를 입긴 했지만, 빙하가 녹아 만들어진 차가운 물속에 빠졌을 상황을 떠올리니 아찔하다 못해 오금이 저려 더 이상 호수 안쪽으로 들어갈 생각이 싹 사라져버렸다.

"이제 슬슬 육지 쪽으로 배를 저어갈까?"

가족의 안전에 문제가 생길지 모른다고 판단한 토마스 역시 나의 제안에 고개를 끄덕이며 서서히 노를 저어 뭍으로 배를 향했다.

"얘들아, 지금 샌드위치를 먹는 건 아무래도 무리인 것 같아. 주스로 목을 축이고 샌드위치는 배에서 내린 다음에 먹자."

배가 꽤 고팠는지 몹시 아쉬워하는 민준이의 입 안엔 빵가게 직원의 추천을 받아 사 온 헬스쿠키를 쪼개어 넣어주었다. 갖가지 잡곡이 들어간 쿠키라 어린 아이에겐 씹어 넘기는 감이 껄끄럽게 느껴지지 않을까 염려했지만, 오물오물 입을 움직이던 아이는 금세 커다란 쿠키 하나를 다 먹어치웠다.

남들이 타는 카누는 굉장히 쉬워 보이던데, 길지 않은 시간 동안 우리가 타는 카누에는 왜 이리 아슬아슬한 순간들이 많은지… 종점을 향해 가고 있던 중, 내 가슴팍에서 심상치 않은 움직임이 감지되었다. 굳이 옷을 들추어 그 정체를 확인해 보지 않아도 짐작되는 그 느낌…벌써부터 소름이 돋기 시작한다.

일단 호흡을 가다듬은 다음 조심스레 구명조끼의 지퍼를 열자,

이른 오전 레이크루이스에서 카누를 즐기는 캐나다인들 / 물을 언 레이크루이스 보트 하우스 앞에서 / 레이크루이스에서 카누를 타고 바라본 빙하 일대 풍경

레이크루이스에서의 카누 즐기기

세상에나! 내 가슴팍에 붙어 기다란 다리를 까딱거리고 있는 건, 다름 아닌 거미였다. 그것도 영화 '샬롯의 거미줄(Charlotte's Web)'에서 나왔던 것과 똑같이 생긴 커다란 거미! 수중생물이 아닌 거미가 차디찬 호수 한가운데서 기어 나왔을 리는 없고, 아마 카누에 올라타기 전부터 내 몸 어딘가에 붙어 이곳까지 따라왔나 보다.

엄연히 따지자면 거미는 곤충이 아니지만, 유난히 곤충류를 무서워하는 나였다. 아마 평소대로라면 "꺄악~! 꺅!"이라는 소리와 함께 오두방정을 떨어가며 온몸을 털어냈을 것이다.

그러나 다행히도 몸이 움직여지지 않았다. 이곳은 우리 네 가족이 타고 있는 카누 안이었으며, 만약 내가 거미를 털어낸답시고 몸을 조금이라도 흔들었을 경우 결과가 어떻게 될지 눈에 선했기 때문이었다. 다시금 심호흡을 한 다음 침착해지자 마음을 먹었다.

어제 발견한 민준이 엉덩이의 커다란 모기 물린 자국, 내 바지에 붙어 두어 시간을 따라다니던 캠핑장의 애벌레, 이번엔 고개만 떨구면 눈을 마주칠 수 있는 가슴팍의 큰 거미까지… 우린 지금 도시가 아닌 자연 속에 와있다.

3. 캐나디안 로키(Canadian Rocky) | 207

레이크루이스 선착장 일대 풍광

친구가 되자며 따라다니는 건지, 왜 멋대로 저희들의 영역을 침범하느냐 따지러 온 건지, 아니면 이도 저도 아닌 아무 의미 없는 움직임인지 알 수 없지만, 내가 지금 어디에 있는가를 곰곰이 생각해보면 그리 호들갑을 떨 만한 일도 아니었다.

"후… 후…!"라고 입김을 불자 깜짝 놀란 거미는 여덟 개의 발을 부지런히 놀려 어디론가 사라져버렸고, 우리가 타고 있던 카누도 어느덧 선착장에 도착했다. 발이 뭍에 닿는 순간까지 긴장을 놓을 수 없었던 우리는, 세상 그 어떤 놀이기구보다도 더 무서운 건 카누였다며 긴장과 익살이 가득 넘치는 스릴감을 온 얼굴로 표현했지만, 한편으론 사고 없이 무사히 도착할 수 있었음에 감사해하며 가슴을 쓸어내렸다.

그는 그 모습 그대로 한 결 같이 서 있는데

호숫가에 앉아 샌드위치와 쿠키를 먹는 우리 가족만의 시간은 눈앞에 보이는 레이크루이스만큼이나 찬란하게 빛난다. 지나친 기대에 오히려 실망감을 안겨주었던 곳.

그러나 기대도 실망감도 순전히 내 스스로 만들어낸 감정일 뿐, 그 누군가의 감정에 동요하지 않고 묵묵히 제자리를 지키며 특유의 물빛으로 본연의 매력을 발산하는 레이크루이스.

마음을 비운 뒤 맑은 눈으로 바라보자 호수에게 괜히 미안한 마음이 든다.

어쩌면 사람도 마찬가지 아닐까. 그는 그저 그 모습대로 한 결 같이 서있는데, 내가 정해놓은 기대와 기준을 들이대어 멋대로 평가

샌드위치를 먹으며 바라본 레이크루이스 풍광

해버리고는, 그것에 묻혀 그의 진정한 매력을 알아보지 못하는 어리석은 모습들.

'내려놓자… 욕심을 버리자… 함부로 평가하지 말자… 있는 그대로를 바라보자…'

가슴이 뻥 뚫릴 것 같은 상쾌함을 오래도록 느끼고 싶었으나, 한참을 머무르다 보니 시원하다 못해 온몸이 시려와 우린 할 수 없이 콧물을 훌쩍이며 아쉬움을 뒤로 한 채 차에 올라탔다.

서로 달라도 배려마음씨 가득한 곳 '모레인 호수'

따뜻한 히터 바람에 몸을 녹이자 아이들은 노곤한 지 낮잠에 빠져들었고, 한참을 달려 도착한 모레인 호수 주변은 레이크루이스에서보다 기온이 더 낮은 것처럼 느껴졌지만, 몸이 덥혀진 뒤라 한결 견딜 만했다.

호수에 도착하자 제일 먼저 눈에 띈 건 머리를 맞대고 모여 있는 색색의 카누들이었으나, "생각만 해도 아찔한 그런 경험은 한번으로 족하다"는 말을 주고받으며 토마스와 나는 호수 주변을 천천히 거닐었다. 그런데 뱃속에 거지가 들었나. 오늘따라 왜 이리 배가 고픈 걸까.

조용한 호숫가 벤치에 앉아 아무리 먹어도 허한 배를 채우려 아까 사 온 빵을 정신없이 입에 넣고 있을 때였다. 배가 고픈 건 나뿐이 아니었는지, 문득 기척이 느껴져 고개를 돌려보니 빵 냄새를 맡은 다람쥐 한 마리가 어디선가 쪼르르 나타나 귀여운 눈망울로 우리를 바라보고 있었다. 사람을 무서워하지 않고 눈을 초롱초롱 빛내며 서있는 폼을 보아하니 그간 많은 사람들에게서 먹이를 받아 왔음을 짐작할 수 있겠다. 너무나 귀여운 모습에 나도 모르게 빵을 건네줄 뻔했다.

그러나 로키 국립공원 곳곳의 안내문에 쓰여 있던, "동물들에게 먹이를 주지 마시오. 당신이 그들에게 먹이를 주는 행위는 겨울철 그들을 굶어죽게 만들 것입니다"라는 문구가 자꾸만 마음에 걸렸다. 어차피 내가 아니더라도 다람쥐의 천진난만한 눈빛에 마음이 약해진 누군가가 먹이를 건네주겠지만, 그들의 자생력을 해치는 그 행위에 동조를 하고 싶진 않다.

"다람쥐야, 미안해…"

난 이미 먹을 만큼 먹었으니, 배가 허전해도 잠시 참아야겠다. 빵을 슬그머니 봉지에 넣어 둔 다음 다람쥐의 눈에 띄지 않게 숨겨놓자 내 발밑을 기웃거리던 다람쥐는 못내 아쉬운지 멀리 가지 못한 채 우리가 자리를 뜰 때까지 주변을 서성였다. 어린 아이들을 키워본 부모들이라면 아이들이 자는 시간이 부모들에게 얼마나 소중하고 유용한 시간인지 잘 알 것이다. 늘 아이들을 챙기느라 뒷전으로 미뤄두어야만 했던 일들을 찾아 할 수 있으니 말이다. 토마스와 나 역시 잠이 깊게 든 아이들 덕분에 두어 시간을 따뜻한 햇볕 아래 함께 앉아 이런저런 이야기를 나누고 독서도 하며, 모처럼 그 어느 것에도 방해받지 않는 한가하고 여유로운 시간을 보내고 있었다.

그러나 별안간 시끄러운 음악소리가 우리 주변으로 다가오기 시작했다.

"뭐야? 이 소리는?"

마침 자전거를 타고 모레인 호숫가를 지나가던 한 덩치 큰 남자가 켜놓은 음악소리였다. 무슨 음악이었는지도 모르겠다. 그저 내 귀엔 "이제 아이들이 잠에서 깨어날 시간입니다!"라는 메시지를 전달하는 알람소리로만 들렸으니 말이다. 한 사람이 호수의 풍경을 나름 다이내믹한 기분으로 즐기고자 했던 행동은 어이없게도 두 사람의 평화로운 시간을 순식간에 앗아가 버렸다.

'에이! 저런 몰상식한 사람. 다른 이의 편안한 휴식을 한순간에 무너뜨리다니…'

아쉽지만 오늘의 자유시간은 이것으로 끝. 잠에서 깨어난 아이들은 아까 엄마가 보았다는 다람쥐를 찾아 헤매며 근처를 한동안 어슬렁거렸지만, 이내 출출해졌는지 먹을 것을 찾으며 우리에게 다가왔다. 나도 아이들도 자꾸 배에서 꼬르륵거리는 걸 보니 아무래도 밥심으로 사는 우린 빵 쪼가리 따위로 식사를 대신할 수 없나보다.

'금강산도 식후경'이라는데, 배고픈 아이들에게 빙하 녹은 물이 무슨 소용이란 말인가. 모레인 호수 구경도 실컷 했겠다, 이만 캠핑장으로 돌아가 맛있는 저녁이나 해먹어야겠다. 고요하고 잔잔한 모습만큼이나 우리에게 편안한 시간을 주었던 호수를 뒤로 하고 주차장으로 가는 길, 아직 잠에서 완전히 깨어나지 않은 듯 유모차에 몸을 기댄 채 터덜터덜 길을 가던 아이들의 얼굴에 갑자기 화색이 돈다.

'뭐지?'라는 마음에 급히 주변을 둘러보니, 길 한가운데 쌓여 있

모레인호수 입구의 눈부신 풍광

모레인호숫가에 매여 있는 카누들

는 작은 눈 무더기가 눈에 들어온다. 아직 유모차 바퀴가 멈추지도 않았는데 뭐가 그리 급한지 아이들은 유모차에서 미끄러지다시피 서둘러 내려가더니 그 앞에서 걸음을 멈추었다.

여름에 만나는 눈이라… 아이들이 관심을 가질만했지만, 이 먼 곳까지 찾아오기 위해 투입한 시간과 노력이 아까울 정도로 호수엔 별 관심을 보이지 않던 아이들이 격한 반응을 보이며 환호하는 존재가 고작 길가에 쌓인 작은 눈 무더기라니…

아이들의 눈높이에서 생각하지 않으면 이해가 되지 않는 일이었다. 또한 단체의 움직임에 맞춰야 하는 '패키지여행'이 아닌 스스로 시간을 마음껏 조절할 수 있는 '자유여행'이기 때문에 가능한 일이었다.

어른들이 모처럼 여유로운 시간을 가질 수 있도록 낮잠으로 배려

모레인호수 정경

3. 캐나디안 로키(Canadian Rocky)

레이크루이스 캠핑장에서 엄마의 요리를 거드는 윤아

(?)를 해준 아이들에게 이제 우리가 보답할 차례다. 눈에 그림을 그려보다가 발로 밟아보기도 하고, 눈 주변을 빙빙 돌다 깔깔대며 질리도록 뛰어놀던 아이들은 그제야 흡족함을 느꼈는지 군말 없이 모레인 호수를 떠났다.

오후 내내 배가 고팠던 우리 가족은 캠핑장으로 돌아오자마자 토마스가 차려준 소고기 스테이크, 삼겹살, 소시지에다 밥까지, 모처럼 진수성찬을 차려놓고 닥치는 대로 음식을 입에 넣었다.

그러나 너무 급하게 먹어서인지 갑자기 내 뱃속의 음식 이동 통로가 꽉 막힌 느낌이다.

아무래도 체했나보다. 결국 후식으로 약(소화제)까지 찾아먹는 미련한 모습을 보이고 말았다.

저녁을 먹으며 무심코 옆 사이트를 바라보던 중 오늘 아침까지만 해도 비어있던 그곳에 한 프랑스인 가족이 와있음을 알았다. 우리보다 짐이 세 배는 더 되어 보이는 그 가족 역시 아이가 둘 있었는데, 작은 아이가 굉장히 어려 보인다. 걷지도, 기지도 못하는 걸 봐선 아마⋯ 태어난 지 6~7개월 정도 되지 않았을까. 우리 아이들도 어리다 생각했는데, 그보다 더 어린 아이들을 데리고 온 그 부부를 보니 참으로 대단하단 생각이 든다.

  오늘 밤엔 기필코 불씨를 잘 살려보겠다는 토마스의 굳은 결심과 아까 우연히 마켓에서 발견했던 착화제가 훌륭한 조화를 이루어 모닥불 피기에 극적으로 성공할 수 있었던 레이크루이스에서의 두 번째 밤. 덕분에 온 가족이 따스하고 정겨운 모닥불 앞에 둘러앉아 마음까지 훈훈해지는 시간을 보내본다.

 모레인 호수(Moraine Lake)

모레인(Moraine: 빙퇴석[빙하에 의해 운반·퇴적된 암석]이라는 뜻) 호수는 레이크 루이스와 함께 캐나디안 로키에서 가장 인상적인 호수라는 평을 듣고 있으며, 레이크 루이스에 비해 크기는 작지만 역시 물빛이 뛰어나다.

서부캐나다 캠핑여행 Tip

'손쉽게 만들어먹을 수 있는 캠핑 요리'

베이컨 버섯 구이   햄·야채 볶음밥   삼겹살 바비큐

파스타 토마토 고추장 파스타 소스 소시지 야채 구이

김치볶음 또는 김치찌개 각종 양념으로 밑간을 해놓은 스테이크 야채를 곁들인 스테이크 바비큐

고기의 온도를 측정해주는 온도계

레이크루이스에서 즐기는 맛있는 요리에 빠질 수 없는, 캠핑의 묘미를 더해주는 캐나다산 맥주

지퍼 하나로 자연과 통하는 신기한 집, 텐트

비록 일교차는 크지만, 모처럼 초여름다운 날씨를 보이는 아침이다. 언뜻 보기에 높은 산 중턱쯤에 위치했던 밴프의 터널 마운틴 캠핑장에 비해 이곳 레이크루이스 캠핑장은 상대적으로 고도가 낮은 곳에 위치한 것처럼 느껴져 '혹시 기압차 때문에 솥이 제 기능을

못했던 건 아닌가?'라 가정했던 우리의 어설픈 이론이 맞는지를 증명해볼 겸, 한국에서 가져온 미니 밥솥을 다시 한 번 꺼내보았다.

그러나 이번 역시 오래도록 뜸을 들였음에도 생쌀이 입안에 맴도는 걸로 보아, 밥솥이 제대로 작동하지 않는 이유가 단순히 기압차 때문만은 아닌 것 같다. 그렇다면 한국과 전압이 맞지 않아서라는 가정이 맞는 걸까. 아니, 어쩌면 우리가 보는 것과는 달리 레이크루이스 캠핑장의 고도가 높은 것일지도 모른다. 어쨌든 이러나저러나 밥솥이 말을 듣지 않는 건 마찬가지, 앞으론 시간 끌지 말고 속 편하게 코펠과 버너를 이용해야겠다.

사방 어디를 둘러보아도 우리 눈에 들어오는 건 자연뿐… 우리가 잠을 자고 휴식을 취하는 텐트는 최소한의 비와 바람을 막아주는, 그야말로 자연에 가장 가까운 쉼터였다. 사방엔 다람쥐·까마귀·사슴·곰 그리고 여러 동물들… 나무가 울창한 숲으로 조금만 들어서면 맑고 경쾌한 소리를 내며 흐르는 개울물, 그리고 강과 호수…

레이크루이스 캠핑장에서 즐거운 시간을 보내는 필자 가족

레이크루이스 캠핑장에서 본격적인 여름 날씨가 감돌던 어느 날 아침 풍경

　아이들에게 있어 이만한 자연 놀이터가 또 어디 있으랴. 실로, 아이들은 이번 서부 캐나다 캠핑여행 중 '잠에서 깨어 텐트 밖으로 나가는 그 순간'을 가장 좋아했던 것 같다. 텐트 문 하나만 열면 아이들이 늘 동경하는 '바깥세상'이 펼쳐져 있었으니까. 콘크리트로 만들어진 아파트 건물에선 밖으로 나가는 데 꽤 많은 절차가 필요했다.

　일단, 현관문을 열어야 했고, 엘리베이터 버튼을 눌러야 했으며, 아파트 라인마다 설치된 문도 열어야 했다. 키가 작아 엘리베이터 버튼을 누르지 못하면, 계단을 쉽게 오르내리지 못하는 아이들에게 5층이란 참으로 높은 곳이었다. 밖으로 나왔다 해서 곧바로 자연이 나타나는 것 또한 아니었다. 건물 밖은 주차장·도로·펜스로 둘러싸인 화단들… 아이들이 맘껏 뛰어놀 수 있는 곳을 찾기 위해선 조금 더 움직여야 했다.

　그러나 지퍼로 된 문 하나만 열면 곧장 밖으로 연결되는, 바깥과

안의 온도차가 크지 않아 특별히 옷을 덧입지 않아도 외출이 가능한 '텐트 집'은 아이들에게 있어 얼마나 매력적인 곳이었을까. 게다가 통상적으로 약간의 지저분함이 용납되는 캠핑장에서의 자유로움이란…

과연 누가 누구를 향해 도발한 것일까?

온가족이 설거지거리를 들고 개수대 근처로 산책을 나온 김에, 캠핑장과 너른 들판이 펜스로 경계 지어진 곳으로 아이들을 데리고 갔다.

펜스 밖 들판은 엄마 곰과 아기 곰이 종종 산책을 나오는 곳이었다. 다양한 동물들의 삶의 영역을 인정해주는 캐나다에서는 자칫 서로에게 해를 끼칠 수 있는 곰과 인간의 영역을 펜스로 구분지어 놓았다.

고압의 전기가 흐르는 펜스 바깥쪽은 곰의 영역, 캠핑장이 설치된 펜스 안쪽에는 얼마만큼의 전기가 흐르는 지 잘은 모르겠지만, 곰이 위협을 느끼고 넘어오지 못할 정도면 꽤 높은 전압이 흐르리라 짐작한 토마스와 나는 아이들에게 펜스를 절대로 만지지 말라고 신신당부해두었다. 때마침 펜스 바깥쪽으로 곰이 나타났다 사라지려 하기에 아이들에게 곰이 나타났다고 알려주곤, 가지고 있던 카메라로 정신없이 사진을 찍었다.

돌을 가지고 하는 자신만의 놀이에 푹 빠진 민준이는 전혀 관심을 보이지 않고 펜스에서 어느 정도 떨어진 공터에 머물렀으나, 윤아는 저 멀리 어렴풋이 보이는 생물체가 궁금한 모양인지 내 주위

레이크루이스 캠핑장 주변 펜스 뒤로 어렴풋이 보이는 엄마 곰과 아기 곰(사진 맨 우측 중간 부문)

에서 펜스 주변을 기웃거렸다.

평소 말귀를 잘 알아듣는 아이이므로 "펜스를 건드리지 말라"라는 우리의 말을 충분히 알아들었을 것이라 생각한 나는 아이에게 별 주의를 기울이지 않았다. 그러나 토마스는 자꾸만 마음이 놓이지 않았는지, 계속해서 아이에게 주의를 주었다.

"윤아야⋯ 저 펜스엔 전기가 흘러서 만지면 위험해. 절대로 만지지 마."

"응!"

"윤아야⋯ 저 펜스 절대로 만지면 안 돼. 진짜 위험해."

"응. 알았어."

"윤아야, 진짜로 만지면 안 된다."

걱정하는 토마스의 마음은 알겠지만, 한두 번 주의를 주었다면 그 이상은 내버려두어도 알아서 조심할 아이인데, 왜 자꾸 못미더워 하는 지 조금은 이해가 되지 않는다.

'오히려 반복되는 강조가 아이의 호기심을 더 유발하진 않을까?' 라는 생각이 들려던 찰나였다.

"아빠가 만지지 말라고 했지!"

화를 내듯 큰소리로 윽박지르는 토마스의 목소리가 들렸고, 갑작스런 아빠의 호통에 깜짝 놀란 아이는 울음을 터뜨렸다. 이번에도 난, 머리가 멍해지고 말았다. 그냥 놔두어도 아이는 알아서 잘 했을 텐데, 왜 자꾸 아이를 믿지 못하고 반복된 주의를 주어 오히려 아이의 행동을 유발시키는지… 아니, 어쩌면 아이는 펜스를 만질 생각이 아예 없었을 지도 모른다. 그저 토마스가 보기에 펜스와 아이의 손이 가깝게 느껴졌던 걸지도 모른다. 적어도 내 생각엔 그랬지만… 토마스가 보기엔 그렇지 않았나보다. 아이의 울음소리에 신경이 더욱 예민해진 토마스는 급기야 나에게도 화를 냈다.

"사진 그만 찍고 애들 좀 보라고!"

화살이 나에게로 튕겨오자 덩달아 기분이 나빠진 나 역시 한마디 던졌다.

"애들은 가만 놔두면 알아서 잘 하는데 왜 자꾸 애를 도발해?"

"알아서 잘 한다고? 방금 전에 윤아 손 펜스에 닿을 뻔한 거 몰랐어?"

"당신이 자꾸 펜스 얘기 하니까 애가 궁금해서 더 그러는 거 아냐!"

졸지에 부부싸움으로까지 번질 기세다. 더 이상 화내는 모습을 보이기 싫었는지 토마스는 개수대로 성큼성큼 걸어가 벅벅 설거지를 하기 시작했고, 난 상황을 수습하기 위해 제자리에 얼어붙은 아이들에게 억지로 미소를 지어 보이며 괜찮다는 듯 안심을 시켜주었다.

누가 옳은 것인지 나도 잘 모르겠다. 혹시 다른 사람들 눈엔, 내가 지나친 '방임주의형' 엄마로 보이는 것은 아닐까. 지금까진 깨닫지 못했지만, 어쩌면 토마스와 나의 육아관이 생각보다 많이 다른 건 아닐까.

레이크루이스 캠핑장 오솔길을 거닐며 즐거워 하는 아이들

나는 그저 큰 틀을 정해놓고 그 안에선 아이를 자유롭게 하되, 그 틀을 벗어났을 때만 주의를 주면 된다는 육아관(育兒觀)을 가지고 있었으며, 토마스의 육아관 또한 나와 비슷할 거라 자신해 왔는데… 그건 어쩌면 나만의 착각이었는지도 모른다는 생각이 들기 시작한다.

그와 동시에, 아이들과 난 지금까지 이런 식으로도 큰 사고 없이 잘 지내왔는데, 토마스가 끼어드는 바람에 자꾸 얼굴 붉힐 일이 많아지는 것 같아 짜증이 난다.

그러나 별다른 도리가 없다. 어차피 함께 하기로 한 이상 서로 맞추어나가려는 노력을 하는 수밖에. 오랜 시간 착잡한 마음으로 한숨을 내쉬는 어른들과는 달리 방금 전에 일어났던 일을 금세 잊어버린 아이들은, 아빠가 설거지를 하며 마음을 정화시키는 동안 공터에서 즐거운 시간을 보냈다. 설거지를 마치고 나니 마음이 한결 차분해진 듯, 토마스는 아까보다 편안한 얼굴로 우리에게 다가왔다.

욱하는 토마스의 행동이 마음에 들진 않았지만, 나 역시 곰을 찍는답시고 아이들에게 너무 무심했던 건 아닌가 하는 반성을 했기에 이번 일은 없었던 것처럼 슬쩍 묻어가기로 했다.

로마에 가면 로마의 법을 따르는 법이지

오늘은 레이크루이스에서 좀 떨어진 곳에 위치하고 있는 에메랄드 호수를 다녀올 계획이다.

일단 점심거리를 사기 위해 빌리지에 잠깐 들렀는데, 마침 차를 세워둔 곳은 기념품 가게 바로 앞이었다.

나의 어릴 적 기억을 떠올려보아도 마찬가지로, 갖가지 신기한 장난감들로 가득 찬 기념품 가게는 아이들에게 있어 마치 별세계와도 같을 것이다. 어른이 된 나와 토마스도 그 안에만 들어가면 처음 만나보는 장식품들을 구경하는 재미에 정신을 못 차리니 말이다.

어떤 보이지 않는 강한 마력이 끌어당기듯 아이들은 차에서 내리자마자 기념품 가게로 사라져버렸고, 우린 웃으며 천천히 아이들을 뒤따라갔다.

새롭고 특이하고 예쁜 물건들, 그리고 민준이가 좋아하는 자동차까지… 흥미와 호기심에 부푼 아이들은 그곳을 떠날 생각을 않으려 했지만, 에메랄드 레이크로 출발하기 전 점심거리를 미리 구입해 놓아야 하는 데다 아이들의 낮잠시간과 이동시간을 적절히 맞춰야 한다는 공식이 머릿속 깊이 박혀있는 토마스와 나는 시간이 지날수록 초조해지기 시작했다. 결국 기다리다 못한 우리는 아이들이 장난감에 열중한 사이 재빨리 가게 옆 베이커리에서 빵을 사오기로 했다.

그러나 오늘따라 빵을 사려는 사람들의 줄이 왜 이리 긴 지, 원래도 손님들로 붐비던 가게이긴 했지만, 기다리는 동안 맘에 드는 빵을 고르며 어제 처음 만났던 한국인 직원과 대화를 나누고 있는데, 기념품 가게 주인 할머니가 급히 우리를 찾아왔다.

"내 가게에서 놀고 있는 아이들이 당신의 아이들인가요?"

그렇다고 대답을 하자 할머니는 차분하고도 단호한 어조로 우리에게 설명을 하기 시작했다.

"캐나다에서는 보호자 없이 아이들만 따로 놔두어서는 안돼요. 만약 15분 이상 아이들이 방치되면 우리는 경찰을 불러야만 해요."

'폴리스(police)'라는 말이 귀에 들어오자마자 토마스는 빵집을 뛰쳐나가 기념품 가게로 달려갔고, 마침 줄이 줄어들어 우리 차례가 되었기에 나 역시 서둘러 빵 값을 계산한 뒤 토마스를 뒤쫓아 갔다.

여행을 하다 보면 나라마다 문화나 법제도가 달라 소소한 일에도 당황하게 되는 경우가 종종 있었지만, "로마에 가면 로마의 법을 따르라"는 말처럼 때로는 '모르는 게 죄'가 될 수도 있었다.

캐나다에 대해 많은 걸 준비하고 왔다고 생각했는데, "보호자 없이 아이들만 놔두어서는 안 된다"는 상식 없이 왔다는 것과, 굳이 법을 염두에 두지 않더라도 '바로 옆 가게'라는 안일한 생각으로 낯선 장소에 아이들만 놔두고 빵을 사러 간 개념 없는 우리의 행동이 창피하게 느껴졌다. 얼른 그 자리를 벗어나고 싶어 아이들에게 원하는 기념품 하나씩을 고르게 한 뒤, 여행을 떠나면 늘 수집해 오는

레이크루이스의 한 기념품 가게에서 장난감 구경에 푹 빠져있는 아이들 / 레이크루이스 에메랄드 레이크(Emerald Lake) 기념품

냉장고 마그네틱 몇 개를 골라 재빨리 계산대에 올려놓았다.

그러나 계산을 하기 위한 행동이 마치 제 자동차를 빼앗는 일로 느껴졌는지 하필 민준이가 떼를 쓰며 울기 시작하는 바람에 안 그래도 화끈거리는 얼굴이 더 달아오르려던 찰나, 어느새 인자한 얼굴로 변해있던 주인 할머니가 아이를 달랬다.

"아~주 아주 빠른 속도로 해줄게요. 울지 말아요."

또한 아까의 그 심각한 표정의 주인공이 맞나 어리둥절해 하는 우리에게는, "물건을 30달러 이상 구입할 경우 사은품 증정 행사를 진행하고 있으니 아이 둘에게 똑같이 나누어 줘요."라며 철제 장난감 보관함을 두 개나 챙겨주었다.

에메랄드 호수의 평화로운 풍광

3-3 요호(Yoho)

마음까지 청량해지는 '에메랄드 호수'

예상대로 아이들의 낮잠시간이 되었다. 아이들이 카시트에서 달콤한 잠을 자는 동안 여유로운 드라이브를 즐길 수 있겠다며, 우린 차분한 마음으로 에메랄드 호수를 향해 길을 떠났다.

그러나 호수에 도착해도 아이들이 깨어날 생각을 않는다.

'어쩌지?'

아이들만 차에 두고 내릴 순 없고, 그렇다고 호수 구경을 시킨답시고 잠든 아이들을 일부러 깨우고 싶진 않고… 하는 수 없이 번갈아가며 호수 구경을 하기로 정한 다음, 내가 먼저 차에서 내렸다. 규모가 굉장히 큰 에메랄드 호수는 그 이름처럼 초록빛 물이 잔잔히 흐르는 아름다운 호수였다.

캐나디안 로키에선 다니는 곳마다 자신만의 개성과 매력으로 보는 이들의 감탄사를 자아내는 호수들을 만날 수 있었지만, 그런 일상이 반복되다 보면 문득 '그게 그 호수'처럼 식상하게 느껴지는 순간도 있었다.

에메랄드 호수(Emerald Lake)로 가는 길 풍광으로 저 멀리 롯지가 보인다

그러나 호수 초입부터 안쪽까지 만들어진 로지 덕분인지, 에메랄드 호수는 다른 호수에 비해 더욱 예쁘고 특별하게 느껴졌다.

로지 건물에 마련된 야외 레스토랑에선 많은 사람들이 따스한 햇살을 받으며 그들만의 여유로운 식사시간을 즐기고 있었다. 부부만의 단출한 여행이었다면 이토록 분위기 있는 레스토랑에서 식사 한 끼 즐겨도 좋으련만, 어린 아이들과 함께 하는 식사에 낭만 따윈 사치라는 걸 너무도 잘 알고 있기에 욕심내지 않고 지나친다.

호수 입구에 만들어진 기념품 가게엔 천장부터 바닥까지 아기자기하고 독특한 기념품이 다닥다닥 오밀조밀하게 진열되어 있어 시간 가는 줄 모르고 구경하다, 지루해 할 토마스와 교대를 해주기 위해 주차장으로 가다 보니, 불과 어제만 해도 추위를 피하기 위해 차 안으로 몸을 녹이러 들어가던 기억이 무색할 정도로 햇살이 포근하다.

오늘 아침, 겨울 잠바를 입고 차에 탔던 아이들은 태양빛으로 한껏 덥혀진 차안에서 땀을 뻘뻘 흘리며 자다 토마스와 내가 교대하는 소리에 마침 잠에서 깨어났다.

'이 아름다운 곳을 아이들이 못 보고 가면 아까워서 어쩌나' 했던 우리의 걱정도 필요 없게 되었다.

차량 문이 열리면 지금껏 보지 못한 새로운 세상이 펼쳐져 있다는 걸 경험을 통해 자연스럽게 체득한 아이들은, 차에서 내리자 몸을 쭉 펴 맑은 공기를 한껏 들이마시고는, 늘 해왔던 것처럼 뒤뚱뒤뚱 호숫가를 향해 발걸음을 옮긴다.

캐나다에 온 이후로 자동차 놀이 말고도 물속으로 돌을 던지는 놀이에 푹 빠져버린 민준이는 어마어마하게 큰 호수를 발견하자

에메랄드 호숫가의 롯지

눈을 빛내며 발놀림이 빨라졌고, 혹시나 아이가 물에 빠질까 나 역시 잰 걸음으로 아이를 따라갔다.

와…! 조금 전에 이어 두 번째로 마주하는 순간이지만, 시원하게 탁 트인 호수를 보자 마음까지 절로 청량해지는 느낌이다. 이토록 탁 트인 시야 안에서 지내본 적이 있었던가. 산도, 호수도, 숲도… 모든 게 이렇게 넓고 큼지막한 곳에서 사는 이들의 마음은 자연스레 넓어질 것만 같다. 어쩌면 마음의 여유 하나 없이 아옹다옹하며 하루하루를 바쁘고 정신없이 살아가는 우리네 모습은 좁은 세상에서 좁은 시야로만 살아왔기 때문이 아닐까. 각박한 도시에 사는 현대인들이 농촌으로의 귀향이나 전원주택 생활을 꿈꾸듯, 나 역시 이러한 자연 속에서 아름다운 것만 보며 살고 싶다는 생각이 간절해진다.

그러나 편리한 도시 생활에 뼛속까지 익숙해진 내가 이런 곳에서 과연 얼마나 버틸 수 있을까. 처음엔 마냥 좋아하겠지만 일단 그 생활에 익숙해지고 나면 오히려 단조로운 일상이 지겨워 또다시 도시 생활을 그리워하게 되진 않을까.

이런저런 감상에 빠져 있다 문득 눈을 돌려보니 근처의 돌을 찾아와 호수에 던져보던 민준이가 이제는 아예 호수로 뛰어들 기세다. 호수를 감상하기 위해 설치해놓은 나무 바닥에 엎드려 물가로 고개를 내밀고 팔을 뻗어 물을 휘저으려는 아이를 보자 정신이 번쩍 든다.

아이들은 이곳이 마음에 들었는지, 옷이 지저분해지는 것 따윈 전혀 상관없이 땅바닥에 누워 하늘을 바라보기도 하고, 저 멀리 떠가는 카누에 탄 사람들과 손을 흔들며 인사도 해 본다. 나도 아이들을 따라 바닥에 누워본다.

이번 여행을 떠나오기 몇 달 전 모유수유를 끊었지만, 아직 엄마의 젖내를 그리워하는 아이는 엄마가 눕자 이때다! 하며 내 가슴팍으로 파고든다. 윤아 역시 덩달아 동생을 좇아 엄마 배 위에 머리를 기댄 채 그립고도 따스한 감촉을 느낀다. 그렇게 셋이 뒤엉켜 바라보는 눈부신 햇살 아래엔 따스한 행복감이 물씬 피어오른다.

호수를 따라 조성된 산책로는 에메랄드 로지 건물을 옆에 끼고 이루어진 길이었다.

호숫가에 마련된 한 동, 한 동의 건물들… 이런 곳이야말로 작가에게 어울리는 곳이 아닐까. 이곳에 머무르며 집필을 하고 싶다는 생각이 간절하다(당시 나는 보라카이 여행기를 쓰고 있는 중이었다).

유명한 작가가 되어 이곳에 며칠씩, 아니 몇 주, 아니 몇 달씩 머물며 글을 쓰고 있는 나의 멋진 모습을 상상해본다[실제로 음악가 유키 구라모토는 '페어몬트 샤토 레이크루이스 호텔(Fairmont Chateau Lake Louise Hotel)'에 머물며 '레이크 루이스(Lake Louise)'라는 곡을 완성했다고 한다].

에메랄드 호수 초입 풍경

 화단 군데군데 꽃이 활짝 피어 아기자기하고 예쁜 산책로 구경에 신이 났는지, 아이들은 이 참견 저 참견 다 해보며 힘든 줄 모르고 돌아다녔지만 토마스는 오늘도 왠지 피곤한 기색이다. 로지와 연결된 산책로가 거의 끝나고 산으로 이어지는 길이 나올 때쯤, 토마스의 되돌아가자는 말에 발걸음을 돌려 주차장으로 향했다.

🍁 에메랄드 호수(Emerald Lake)

그 이름처럼 아침이면 옥빛으로 빛나며, 빙하가 녹아 흘러내리면서 따라온 빙퇴석이 강물을 막아 생긴 호수로, 레이크 루이스(Lake Louise), 모레인 호수(Moraine Lake)와 더불어 캐나디안 로키(Canadian Rocky)의 3대 호수 중 하나. 필드(Field)에서 서쪽을 향해 1km 가면 오른쪽에 에메랄드 호수로 가는 길이 시작된다.

누구나 상황 달라도 집 떠나면 고생이지

에메랄드 호수를 뒤로 한 채 주차장으로 돌아오는 길, 민준이의 기저귀에서 응가 냄새가 난다.

'언제 싼 거지?'

추운 날씨로 인해 아이들은 어쩔 수 없이 두꺼운 옷을 여러 벌 겹쳐 입어야 했기 때문에 엄마인 나는 아이가 볼일을 봤다는 사실을 자꾸만 늦게 알아챌 수밖에 없었으며, 그 바람에 아이의 엉덩이가 점점 짓물러 가고 있는 판이었다.

'집 떠나면 고생'이라는 말처럼, 우린 이상하게 여행만 떠나오면 아이들의 배변과 관련된 문제가 늘 말썽이었다. 아무래도 집에서처럼 엄마가 아이에게만 온 신경을 써주지 못해서인 것 같다. 하필 캠핑장에서 물티슈를 챙겨오지 않은 탓에 '엉덩이가 짓무르려 할 땐 물티슈보다는 따뜻한 물로 엉덩이를 씻어준 뒤 잘 말려주는 게 더 낫다'는 상식을 앞세우며 아이를 안고 화장실로 향했다.

그러나 우릴 당황스럽게 만든 것은, 어쩌면 친환경적이거나, 에메랄드 호수의 자연을 지켜주기 위함이거나 사실상 그게 그거겠다 싶었다. 에메랄드 호수 입구에 위치한 화장실에는 손 씻을 물이 없다는 사실이었다. 아니, 애초에 세면대도 설치되어 있지 않았다. 아…! 아이의 엉덩이를 어찌할꼬.

급히 차 안으로 들어가 가지고 있던 마른 티슈로 아이의 엉덩이를 대충 닦아주고는 다른 화장실을 찾기 위해 차를 몰았다. 내추럴 브리지도 구경할 겸 화장실 물을 이용하여 민준이의 엉덩이도 닦아줄 겸, 내추럴 브리지 주차장에 차를 세운 뒤 화장실에 들러보았지만, 이 동네 화장실은 죄다 그런 식인지 이곳 역시 세면대가 설치되어 있지 않았다.

마음 같아선 계곡을 따라 흐르는 물에라도 아이를 씻겨 주고 싶지만, 비록 날씨가 따뜻하다 해도 아직 한기가 느껴지는 로키산맥 안에서, 그것도 만년설이나 빙하가 녹아 내려온 차가운 물에 아이를 씻길 수는 없었으며, 이곳의 맑은 물을 구경하러 온 관광객들을 보아서도 그리하면 안 되었다.

내추럴 브릿지 일대 경관

아이들을 자꾸 태웠다 내렸다 하기 미안한데다 오늘따라 토마스도 움직이기가 귀찮은지 아이들과 차안에 있겠다고 하여 나 혼자서만 잠깐 동안 내추럴 브리지를 구경하고 돌아왔다.

🍁 **내추럴 브리지(Natural Bridge)**
키킹호스 강(Kicking Horse River)의 급류가 오랜 세월 암반지대를 흐르면서 풍화작용이 일어나 바위에 커다란 구멍이 생겨 형성된 자연적인 다리. 단, 추락 위험이 있어 출입을 금지하고 있다.

'작은'이란 단어에 희소성 부여하자! '필드'

'필드(Field)'에 도착한 우리는 유명 관광지 어디를 가나 꼭 있는 건물, '여행자안내소' 화장실에 들러 먼저 민준이의 엉덩이를 씻은 다음, 마을 구경을 시작하기로 했다.

그러나 여행자안내소 건물 벽을 도로 삼아 한동안 자신의 장난

필드 입구

감 자동차를 굴려보던 민준이는 가상의 찻길에서도, 여행자 안내소에 마련된 공룡화석 발굴 체험코너 앞에서도 좀처럼 떠날 생각이 없어 보인다. 뭐 급할 건 없었다. 어차피 우리에겐 시간이 충분했으므로 굳이 그 장소를 떠나야 할 이유도, 아이의 놀이를 방해할 이유도 없었다.

아이가 어디까지 가나 지켜보던 토마스와 나는 어느새 서서히 흩어져 따로따로 구경을 하기 시작했고, 그러다 발견한 것은 '여행자 안내소에는 안내의 기능 외에도 그 밖의 볼거리가 꽤 많다'는 사실이었다.

🍁 필드(Field)

CPR 철도(캐나다 태평양 철도: Canadian Pacific Railroad)를 건설할 때 형성된 마을로, CPR 전체에서 가장 험난한 키킹호스 패스(Kicking Horse Pass) 구간에 투입되었던 많은 노동자들이 먹고 자던 곳이며, 요호(Yoho) 국립공원에서는 유일한 마을로 걸어서 30분이면 전체를 돌아볼 수 있을 정도로 작다.

서부캐나다 캠핑여행지서 만난 친구와의 인연

필드에 도착한 지 두 시간 정도 지났을 무렵, 그리 크지 않은 건물 안을 설렁설렁 돌아다니는 것조차 힘들다고 느껴질 때쯤 우리 가족은 건물 밖 벤치로 나와 앉았다. 관광버스 한 대와 승용차 몇 대, 여행자 안내소를 오고 다니는 사람 몇 명이 전부인, 여느 한적한 시골마을을 연상시키는 필드엔 춥지도 덥지도 않은 밋밋한 바람이 불고 있었다.

"위잉~!"

이곳의 분위기 따윈 아랑곳 않는 민준이는, 이번엔 벤치를 도로 삼아 자동차를 굴려 본다.

"Hi! How are you? What are you doing?(안녕, 뭐하니?)"

옆 벤치에 앉아 바람을 맞고 있던 은발의 곱슬머리 할머니 한 분이 인자한 미소를 지으며 아이 곁으로 다가왔다. 인사를 받은 아이는 고개를 들어 상대방을 쓰윽 쳐다보고는 제 엄마인 나에게로 다가와 눈빛과 손짓을 이용해 방금 전의 상황을 알렸다(이때가 생후 20개월. 대부분의 아이들은 아직 정확한 문장으로 의사소통을 할 수 없는 나이이다). 엄마의 조용한 미소와 끄덕이는 고갯짓으로 '어울려도 괜찮다'는 메시지를 전달받은 아이는, 다시 할머니에게로 다가가 대화를 시작했다.

잠시 후, 자동차가 땅으로 떨

'필드' 지역 여행자 안내소 앞에서 짧은 시간 동안 우정을 나눈 두 친구(?)

'필드' 지역 여행자안내소 공룡 화석 발굴 체험코너 등 시설 내부

어졌다. 아이가 자동차를 주워 벤치에 올려놓자 할머니가 말했다.

"You found it!(찾았구나!)"
"차! 차!"
"Oh! car!(차!)"
"위잉~!"
"Wee~!"

영어를 사용하는 할머니와 일반인은 해석하기 힘든 일종의 외계언어를 구사하는 어린아이. 나이며 관심사며 공통될 만한 것이 없어 보이는 관계였지만, 그 둘은 곁에서 지켜보는 관객들이 감탄할 만큼 호흡을 척척 맞추며, 무미건조한 필드를 독특한 우정으로 빛내주었다. 딱히 볼 것 없었던 필드가 유독 우리 기억에 남는 이유 중 하나도 그 둘의 잔잔한 어울림이 있었기 때문은 아니었을까. 길지 않은 일정에 '필드(Field)'라는 작은 마을을 방문하여 반나절이라는 긴 시간을 할애한 이유를 굳이 들자면, 이곳을 '마치 영화 속 세트장'과도 같은 곳이라 했던 가이드북의 설명 때문이었다.

캐나디안 로키 어느 곳을 가도 우리 눈에 들어오는 건 거대한 규

필드' 지역 여행자안내소 내에서 판매하는 책자들

모의 산맥과 호수들뿐이었으며 그들은 물론 우리 눈을 휘둥그레지게 만들었지만, 그것은 오히려 '작은'이라는 단어에 희소성을 부여하게끔 만들기도 했다. 또한 '영화 속 세트장'이라는 표현 역시 우리의 호기심을 증폭시켰다. 자연 자체가 하나의 예술작품인 로키에서 그러한 표현을 사용할 정도의 장소라면, 도대체 어떤 곳일까.

저녁식사를 할 만한 레스토랑을 찾을 겸 필드 곳곳을 돌아다녀 보니, 건물 하나하나가 작고 아기자기한 맛은 있었다. 붐비는 곳을 싫어하는 우리의 비위를 맞추려는 듯 길가엔 돌아다니는 사람들도 거의 없었다.

그러나 마을을 돌아보는 내내 토마스의 얼굴엔 실망감이 엿보였고, 그 표정은 가이드북의 소개를 받아 토마스를 이곳으로 이끈 나까지 무안하게 만들었다. 모두의 마음이 편한 상태에서 저녁식사를 하려면, 이만 레이크루이스로 돌아가는 게 좋겠다. 갈 때는 몰랐는데, 오다 보니 필드에서 레이크루이스까지는 차로 고작 15분, 꽤 가까운 거리였다.

오는 길에는 또다시 빌리지에 들러 프로판 가스, 아이스박스에 채워 넣을 얼음, 물티슈, 착화제, 그리고 토마스가 좋아하는 캡틴모건(럼주의 일종), 그리고 나를 위한 레드 와인을 구입한 다음 캠핑장

3. 캐나디안 로키(Canadian Rocky) | 241

으로 돌아왔다.

유독 일이 꼬이던 날, 또 한 번 폭발하고

고슬고슬 흰쌀밥, 간단한 소고기 스테이크, 아침에 먹다 남은 김치찌개를 덥혀 조촐하면서도 먹음직스런 저녁상을 차렸다.

"짠~!" 아이들은 물, 엄마는 와인, 아빠는 캡틴모건.

걱정과는 달리 순조롭게 흘러가는 우리의 행복한 캠핑을 자축하며 각자 한 모금씩 마신 뒤 테이블에 잔을 내려놓았다.

그런데 식사를 하던 중, 민준이가 무심결에 내 와인 잔을 팔로 툭 치는 바람에 잔이 쓰러지면서 식탁 위로 와인이 쏟아졌다. 평소 아이의 작은 실수에 연연하지 말자는 육아관을 갖고 있던 우리 부부는 "괜찮아, 괜찮아. 실수로 그런 거니까 괜찮아"라며 놀란 아이를 먼저 달랬고, 곧바로 두 번째 와인을 채운 뒤 화기애애한 저녁식사를 이어갔다.

캠핑장에 고정되어 있는 테이블은 성인을 기준으로 만들어져 아이들 입장에선 의자와 테이블의 거리가 상당한 편이었고, 그 탓에 평소에도 중심을 잘 잡지 않으면 아이들이 의자와 테이블 사이로 쏙 빠져 땅으로 떨어지곤 했었는데, 오늘 저녁에도 밥을 먹던 윤아가 순간적으로 중심을 잃었는지 기우뚱하며 의자 밑으로 미끄러지고 말았다. 순발력을 발휘하여 아이를 잡아준 덕분에 다행히도 아이는 바닥으로 떨어지지 않았지만, 이번에는 급히 뻗은 내 팔이 와인 잔을 툭 쳐버렸다.

도대체 이 와인 잔은 작은 충격에도 왜 그리 쉽게 균형을 잃고 쓰러지는 것일까. 유리가 아닌 스테인리스 재질이라 찌그러질망정 깨질 염려는 없었지만, 진짜 와인 잔처럼 긴 막대가 둥근 잔을 받치는 구조여서인지 아무래도 다른 컵보다 균형을 잡기 힘든 때문아 닌가 싶었다.

  테이블 아래로 줄줄 흘러내려가는 붉은 와인을 바라보니 기분이 묘했다. 유독 일이 꼬이는 날, 어쩌면 오늘이 그런 날일지도 모르겠다는 생각이 들었다. 아무래도 이때 그만두었어야 했나보다.

  그러나 아이의 안부를 확인한 뒤, 세 번째 잔을 채워주는 토마스를 제지하고 싶지 않을 정도로 우리의 기분은 괜찮았다. 나는 아직 와인 맛도 제대로 보지 못한 상태였다. 토마스가 웃으며 말했다.

  "우리 애들은 그래도 얌전한 편이야. 그렇지?"

  나 역시 고개를 끄덕이며 대답했다.

  "맞아. 정말 부모 혼을 쏙~ 빼놓는 애들도 있던데… 그에 비하면 우리 애들은 얌전한 편이지."

  이때까지만 해도 우리의 얼굴엔 미소가 남아 있었는데… 일이 잘못되려면, 평소 안하던 행동도 하게 되나 보다. 식사가 끝나기 전, 김치찌개 때문에 입 안이 맵다며 아이들이 사과주스를 달라고 했을 때였다. 늘 별다른 행동 없이 곧바로 빨대를 꽂아 건네주던 것을, 오늘따라 주스를 골고루 섞어주고 싶은 마음이 들었다. 나름 아이들을 생각한답시고 신나게 주스 팩을 흔들었는데, 이번에는 내 팔꿈치로 와인 잔을 보기 좋게 쳐버렸다. 게다가 동작이 어느새 그렇게 커졌는지, 쓰러진 와인 잔에서 튀어나간 붉은 방울은 좀전보다 반경을 넓혀 맞은편에 앉아있는 토마스의 바지에까지 흔적을 남겼다.

"어? 미안해…"

모처럼 비싼 돈을 들여 사온 와인이 연거푸 세 번이나 쏟아지자 아깝게 느껴진데다 짜증도 났지만, 어쨌든 이번엔 나의 실수 때문이었으므로 일단 사과를 했다. 그런데 그 순간, "와인 그만 먹어!"라며 갑자기 토마스가 성질을 팍 내며 와인 병을 땅으로 던져버렸다.

흙과 잔풀로 뒤덮인 땅이 푹신하여 그 정도 충격으로는 와인 병이 깨지지 않으리라는 것을 우리 둘 모두 알고 있었지만, 느닷없는 토마스의 행동에 나는 그만 당황하고 말았다.

민준이와 윤아 그리고 나, 이렇게 셋이 차례대로 실수를 저질렀으며, 아이들이 그랬을 때만 해도 관대한 태도로 넘어가던 토마스가 나의 실수엔 이토록 예민하게 반응하다니…

토마스는 평소에도 가끔씩, 아주 가끔씩 욱하는 성질이 튀어나오는 성격이었지만 그 점만 제외하면 다른 면에선 꽤 멋진 남자였으므로, '단점 없는 사람이 어디 있겠어? 이 정도면 큰 흠은 아니지…'라고 여기며 살아왔다.

하지만 이토록 멋진 여행 중 즐거운 저녁시간에, 큰 잘못도 아닌 것에 저리도 황당한 모습을 보이다니. 지금 이 자리에 아이들이 없었다면 나 역시 가만히 있진 않았을 것이다.

솔직히 "미쳤어? 와인 병은 왜 던져? 내가 뭘 그렇게 잘못했어? 사람이 실수도 못해?"라고 쏘아붙이고도 싶었다.

그러나 가급적 아이들에겐 서로 다투는 모습을 보이지 않으려 지금껏 노력해온 게 아까워, 가슴은 터질 듯 답답했지만 일단 말없이 굳은 얼굴로 밥 먹은 자리를 치웠다. 그래도 '도대체 생각이 있는 거야 없는 거야? 누가 뭐 죽을죄를 지었나'라고 생각할수록 자꾸만 화가 난다. 내가 상상할 수 있는 수준의 모든 욕이 밖으로 튀어나오고 싶다며 입안에서 들썩거리지만, 아이들 앞에서 미운 말을 내뱉고 싶은 생각은 전혀 없다. 그렇다고 가만히 있자니 속이 부글부글 끓어 안 되겠다. 나는 땅 위에 내팽개쳐진 와인 병을 향해 저벅저벅 걸어가 허리를 숙여 와인 병을 집어 들고는 쓰레기장으로 향했다. 그리고 쓰레기통 문을 열어 와인 병을 그 안으로 집어던졌다.

'필드' 지역의 한 전원 교회 외관

"쿵!"이라는 둔탁한 충격음이 육중한 쓰레기통 안에서 울려 퍼진다. 내 뒤로 어이 없어하는 토마스의 표정이 느껴진다.

'내가 다시는 저 사람이랑 와인 먹나 봐라!'

조금, 아주 조금은 분이 풀린 것 같지만, 그래도 아직 멀었다. 텐트 앞으로 돌아와 시선을 돌리자 밀린 빨래가 눈에 들어왔다.

"빨래하고 올게."

'아빠니까 아이 한 명 정도는 잘 볼 수 있겠지'라고 생각하며 민준이를 놔둔 채 윤아만 데리고 샤워장으로 빨래를 하러 갔다. 그동안 밀린 빨래거리가 어찌나 많은지, 게다가 죄다 겨울옷들이라 물에 젖자 무게가 몇 배나 많이 나가는 바람에 팔과 어깨가 좀 결리긴 했지만, 이렇게 기분 더러운 날엔 무언가 집중할 것이 필요하다. 빨래를 마치는 데엔 꽤 오랜 시간이 걸렸던 것 같다.

제법 컸다고 이런 순간에 떼를 쓰거나 엄마를 귀찮게 하지 않는 사려 깊은 윤아는 어떻게든 도움이 되고 싶었는지 조몰락조몰락 빨래거리를 만져보기도 하고 샤워장을 들락거리는 사람들을 쳐다보기도 하면서 차분하게 내 옆을 지켜주었다.

샤워장 밖으로 나오자 어느덧 캠핑장엔 짙은 어둠이 깔려 있었다. 아까보다는 조금 후련해진 기분으로 돌아온 나는, 서로 떨어져 있는 잠깐 사이 토마스도 나처럼 기분을 풀고 있길 바랐지만, 그건 그저 나의 바람일 뿐이었다.

"도대체 어디 갔다 온 거야?" 찡그린 얼굴이 묻는다.

"빨래하고 온다고 말했잖아!"

"에잇!"

왠지 아까보다 더 기분이 나빠진 것 같은 토마스는 자리에서 벌떡 일어나 어디론가 사라졌다 한참 만에 돌아왔다.

가족여행 길에 숨어있던 전혀 예상 못한 복병

한국을 떠나기 직전까지, 아니, 캐나다에 도착한 뒤에도 새로운 환경에 다가설 때마다, 여행 중 우리에게 닥칠만한 위험과 예상되는 돌발 상황들을 수도 없이 되짚어보곤 했다.

예컨대 '로키의 추운 날씨 때문에 행여나 아이들이 감기에 걸려 아프진 않을까', '아이들이 텐트 생활에 적응하지 못해 캠핑장에 머물 수 없게 된다면, 추가되는 숙박비용은 어떻게 감당해야 하나', '중요한 물건(돈이나 여권 등)을 잃어버려 곤란한 상황에 처하게 되면 어쩌나', '큰 사고가 나거나 누군가가 심하게 다쳐 여행을 그만두게 되는 상황에 닥치면 어떻게 할까' 같은 것들 말이다.

그러나 우리 여행엔 전혀 예상치 못했던 복병이 숨어 있었다. 모든 것이 순조롭게 흘러가고 있는 이 다행스러운 시점에 웬 말도 안 되는 상황이 자꾸 벌어지고 있는 것인지 도무지 이해를 할 수 없다. 아무래도 내가 무언가를 잘못 생각해도 한참 잘못 생각한 것 같다. 쓸데없는 감정싸움으로 소중한 시간들을 진정 아름다운 마음으로 즐기지 못하고 있다는 것이 그저 원망스러울 뿐이다.

토마스와 나, 둘 다 화해를 할 만한 기분이 아니었기에 아이들과 일찌감치 텐트에 들어가 자리를 잡고 누웠다(그날 밤, 토마스는 텐트에 들어오지 않았다. 아마 차에서 밤을 지새웠겠지).

"엄마, 아빠 되게 못됐다. 그치?"

아이들 앞에서 남편 욕을 하는 건 교육상 좋지 않다고 했던가. 부부가 서로 헐뜯는 모습을 보여주기 싫어 지금껏 아이들 앞에서 토마스에 대한 흉 한 번 본적 없었지만, 오늘은 도저히 그렇겐 못하겠다. 나에게 묻는 윤아의 말에 단호히 답했다.

"응, 진짜 못됐어."

"아빠 진짜 너무해. 아빠 미워!"

"그래, 알았어. 오늘은 늦었으니 일단 자자."

'필드' 지역을 가로 질러 지나는 기차

아이의 말에 긍정의 의사표시를 하고 나자 이상하게도 기분이 더 착잡해진다. 나한테는 그렇다 쳐도 토마스는 왜 아이들 앞에서까지 그런 못난 행동을 보였을까. 이해할 수가 없다.
'내일은 또 어떻게 하지?'
생각의 갈래들이 끊임없이 꼬리를 무는 바람에 머리가 지끈거렸지만, 많은 일이 있었던 하루라 그런지 피로를 주체하지 못하고 어느새 잠이 스르르 쏟아진다. 토마스는 무슨 생각을 하고 있을까. 밖에서도 더 이상 인기척이 느껴지지 않는다.

토마스는 진짜 어떤 사람일까 자못 궁금해져

다음날 아침, 일찌감치 잠에서 깬 아이들과 텐트 밖으로 나가자 구수한 밥 냄새와 프라이팬 위에서 지글지글 익고 있는 반찬 냄새가 코를 찌른다. 맛있는 냄새가 풍겨오는 방향으로 고개를 돌리자 어젯밤과는 180° 변한 얼굴로 가족들을 위해 아침식사를 준비하고 있는 토마스가 눈에 들어온다.
'채찍과 당근'인가? '병 주고 약 주기'인가. 토마스의 행동에 도무지 갈피를 못 잡겠다.
그러나 이미 간밤의 일을 까맣게 잊은 아이들은 어느새 웃는 얼굴로 아빠를 향해 달려가고 있다.
"아빠…!"
"그래, 우리 아가들…!"
10시간만의 가족 상봉이 이리도 애틋하다니… 서로 껴안고 얼굴을 부비는 아빠와 아이들을 보자, 아직까지 가슴속에 화를 품고 있는 나만 우스울 지경이라 일단 기분을 풀기로 했다.

　마음 같아선 꼴도 보기 싫지만, 부부라는 게 어찌 제 감정대로만 살 수 있나. 그동안 무리 없이 일정을 추진한다고 생각했지만, 그건 캐나다라는 곳에 이미 익숙해져버린 나와 아이들만을 위한 일정이었던 것 같다. 이제 와서야 깨달은 것이지만, 토마스에겐 지금까지보다 더 천천히, 한 템포가 아니라 두, 세 템포씩 쉬어가는 여행이 필요할 것 같다. 일이 이렇게 될 줄 알았는지, 미리 세워두었던 계획표를 펼쳐보자 오늘 같은 날을 위해 비워 놓은 일정이 눈에 띤다.

　평소보다 더 여유 있는 아침식사를 마친 다음, 밤새 불편한 차안에서 잠 같지 않은 잠을 자느라 온몸이 찌뿌듯할 토마스는 텐트 안으로 들어가 휴식을 취했고, 나는 아이들과 함께 캠핑장 안에서 즐거운 시간을 갖기로 했다.

　나무 그루터기에서 소꿉놀이하기, 나뭇가지와 돌 모아보기, 근처 산책하기… 자연 속에서 갖가지 사물을 이용한 아기자기한 시간들을 보내다 갑자기 입이 심심해진 우리는 간식을 먹기 위해 빌리지로 나갔다.

　오후 시간이라 그런지, 빵을 사기 위해 들른 베이커리엔 어제보다 손님이 적어 아이들이 천천히 제 맘에 드는 빵을 고를 수 있었다. 양 이틀간 인사를 나누었던 한국인 청년은 우리를 반갑게 맞아주었고, 잠시 후엔 테이블에 앉아 빵과 커피, 음료수를 먹고 있는 우리에게 '라즈베리 초콜릿 패스트리'를 살짝 건네주기도 했다. 감사의 인사를 나누던 중 우린 함께 이야기를 나누게 되었다.

　군대 제대 후 캐나다에 오게 되었다는 그 청년은 여름 시즌엔 로키산맥 곳곳에서 일할 사람을 구한다는 걸 알고 경험을 쌓기 위해

이 먼 곳까지 자원했으며, 유흥시설이 전혀 없는 이곳에선 일이 끝나면 주변을 산책하거나 숙소에 들어가 공부 또는 게임을 한다고 한다.

이런저런 이야기를 듣자, 더 넓은 세상을 보지 못하고 좁은 세계 안에서 허송세월을 보내던 어린 시절의 내 모습이 생각나 청년이 몹시 부러워진다. 지금도 충분히 젊은 편이지만, 더 어릴 적 내가 삶의 울타리 밖 다른 세상의 존재를 알고 있었다면 지금과 같은 인생을 살고 있을까. 나와 지내온 삶의 환경이 비슷했던 토마스는 어땠을까. 내가 알고 있는 토마스는… 답은 이미 알고 있지만, 직접 듣고 싶다. 토마스의 답이 몹시 궁금해진 나는 맛있는 간식시간이 끝나자마자 캠핑장으로 돌아왔다.

마침 인기척을 느끼고 단잠에서 깨어난 토마스에게 빵을 주자 배가 고팠는지, 아님 속이 허했는지, 토마스는 함박웃음을 지으며 빵을 맛있게 먹는다. 청년과의 대화 내용을 꺼내며 나의 질문에 관한 토마스의 대답을 듣고 싶어 부랴부랴 왔지만, 이상하게도 왠지 말이 입 밖으로 나오지 않았다.

'도대체 진짜 토마스는 어떤 사람일까?'

문득 궁금해졌을 뿐이다.

자연 속 단체생활 통해 산교육 실천하다

오후엔 민준이가 조금 떼를 썼다. 아직 언어라는 수단을 잘 활용하지 못하는 어린 아이들이 자신의 의사를 표현하기 위해 가장 손쉽게 사용하는 방법 중 하나가 '떼쓰기'라는 건 익히 알고 있지만,

에메랄드 호수 위를 유유히 떠가는 카누

    때로 아이의 그런 행동들은 나를 피곤하고 지치게 만들곤 했다. 그러고 보니 어른이라고 모든 의사표현을 언어로만 하는 건 아닌데(어제의 토마스처럼), '내가 어린 아이에게 무얼 바라고 있나?' 하는 생각도 든다.
    화장실에 갔을 때였다. 엄마와 누나의 볼 일이 아직 다 끝나지 않았는데, 저 혼자 나가겠다며 화장실 입구에 기대어 징징 울면서 떼를 쓰던 민준이는, 갑자기 화장실 문이 활짝 열리는 바람에 화장실 밖으로 나가떨어졌다. 그저 문을 열었을 뿐인데 어린아이가 자신들 앞으로 굴러오자 우리만큼이나 깜짝 놀란 학생들 여럿이 나를 보며 연신 사과를 했다.

3. 캐나디안 로키(Canadian Rocky) | 253

화장실 문턱보다 조금 아래에 위치한 땅으로 아이가 떨어진 것은 안됐지만, 학생들에게 큰 잘못이 있는 건 아니기에 나는 괜찮다고 말하며 아이를 안아 올렸다. 아이도 조금 놀라긴 했지만, 처음 보는 누나들이 자신에게 다가와 자꾸만 사과를 하자 이내 어안이 벙벙한 표정을 짓는다. 윤아의 볼일이 모두 끝난 뒤 화장실 밖으로 나오자 건물 옆 공터에 앉아 우리를 기다리던 학생들이 말을 걸었다.

"Hi…"

"Ah! Hi…"

"아이는 괜찮나요?"

"네. 괜찮아요, 걱정 말아요."

캐나다 퀘벡 몬트리올의 어느 학교에서 단체로 캠핑을 떠나 온 학생들이었다(학교 이름을 물어보긴 했지만, 발음도 어려운데다 그다지 좋지 않은 내 기억력 탓에 듣자마자 잊어버렸다). 14~15살의 그들은 로키에 8일 동안 묵으며 캠핑, 래프팅 등을 즐길 예정이라고 한다.

학교 선생님, 현지 가이드와 함께 하는 단체 여행… 얼핏 우리나라의 수학여행 또는 현장학습과 비슷해 보이지만, 짧은 일정에 겉핥기식 둘러보기 위주인 우리네 학생들의 여행과는 꽤 다른 모습이 부럽기도 했고, 만약 내가 어린 나이였다면 그들과 함께 서로의 문화를 주고받으며 어울려 보고 싶다는 마음도 들었다. 아이들이 어쩜 그렇게도 하나같이 착하고 선한 눈매를 가지고 있는지… 게다가 타인에게도 굉장히 호의적이었다.

잠시 후 학생들은 나에게 차례대로 자기소개를 했는데, 그 아이들의 이름 역시 듣는 대로 다 까먹어 버리는 어쩔 수 없는 나였지만, 그 중 나와 이야기를 가장 많이 나누었던 소녀의 이름은 잊지 않았다.

클로이. 하얀 얼굴에 긴 생머리를 한 그녀는 한국에서부터 아이들과 함께 이 먼 곳까지 캠핑을 하러 왔다는 나의 이야기에 큰 관심을 보였다. 생각 외로 반응이 좋아서 그만 기분이 들뜬 나는, 내친 김에 초등학교 시절 걸스카우트 단원으로 캠핑을 했던 경험을 늘어놓기도 했다. 그러자 클로이가 물었다.

"우린 내일 모레인 호수에서 래프팅을 할 예정이에요. 그렇지만 래프팅은 처음이라 많이 걱정돼요. 어떻게 하면 좋을까요?"

"음… 나도 한국에서 래프팅을 해본 적이 있어요. 굉장히 재미있지만, 한편으론 두렵기도 하지요. 그렇지만 안전수칙을 잘 지키고 가이드의 지시를 잘 따른다면 그다지 위험하진 않을 거예요."

학생들은 한국이라는 나라에 대해서도 많이 궁금해 했다.

"한국의 집은 어떻게 생겼나요? 한국은 큰 나라인가요? 도시국가인가요, 아니면 농촌국가인가요? ……"

그러나 그 많은 것을 설명해주기엔, 솔직히 나의 영어실력이 너무 짧았다.

"미안해요. 사실 나는 영어를 잘 하지 못해요."

대답을 하다 힘에 부친 내가 솔직하게 터놓자 클로이가 웃으며 답한다.

"우리도 프랑스어를 주로 말하기 때문에 영어는 잘하지 못해요. 그렇지만 학교에서 프랑스어와 영어를 같이 배워서 이렇게 영어로 말할 수 있는 거죠. 당신이 영어를 못해도 괜찮아요. 우린 다 알아들을 수 있거든요."

마침 토마스가 설거지거리를 가지고 우리 앞을 지나갔다. 학생들을 향해 방긋 미소를 지어주는 토마스를 소개시키자 그들은 이번에도 눈을 초롱초롱 빛내며 인사를 했다.

레이크루이스 캠핑장에서 노는 아이들

캐나다 여행에서 돌아온 지 몇 달이 지난 어느 날, 토마스가 가족들 앞에서 하는 말을 우연히 들은 적이 있다. 그 당시 토마스는 레이크루이스 캠핑장에서의 장면을 회상했다.

"민숙이가 마치 강의를 하듯이 학생들을 앞에 쭉 앉혀 놓고 걸스카우트 때의 경험을 얘기하는데 그 모습이 얼마나 멋져 보였는지 몰라요."

나를 칭찬하는 말에 귀가 솔깃했지만, 왠지 쑥스러워 그 이유는 묻지 않았다. 어쩌면… 처음 보는 이에게도 친근하게 다가갈 수 있는 열린 마음, 그 낯선 이의 나이와 국적에 상관없이 친구가 될 수 있는 능력… 그러한 자유로운 사고방식이 부럽다고 생각했던 내가 그날만큼은 그들의 세계에 동화되어 있었기 때문은 아니었을까.

캐나디안 로키 레이크루이스 캠핑장으로 현장학습을 온 캐나다 학생 단체 캠프

꽤 오랜 시간 동안 함께 대화를 나누던 학생들은 저녁 식사를 준비하기 위해 자리를 떠났다. 샤워장으로 가던 길에 유심히 살펴보니 학생들은 각자 맡은 역할에 따라 저녁을 준비했고, 테이블을 따라 주욱 차려진 뷔페식의 각종 요리들 앞에서 함께 기도를 한 뒤 밝은 얼굴로 식사를 시작했으며, 테이블을 정리하는 데에도 각자 정해진 역할이 있었다. 이러한 활동을 통해 단체생활에서의 제 역할과 자연 속에서 어우러지는 모습을 배워나가는 것, 이것이 바로 산 교육이 아닐까 싶다.

늦은 저녁, 비가 내리기 시작했다. 식사를 마친 테이블을 치우고 있는데 비가 후두둑 쏟아지기에 아이들과 나는 일단 텐트로 대피하고 토마스는 남은 정리를 마친 다음 들어왔다.

"툭! 툭! 투둑! 두두! 둑! 투두두두!" 얇은 천위로 떨어지는 빗소리와, 이따금 "칙칙폭폭! 칙칙폭폭! 츄츄~!"라고 소리를 내며 지나가는 기다란 기차 소리가 어우러지는 낭만적인 밤이다.

그게 결국 까마귀들의 소행이었구나!

이른 아침, 해는 떴으나 밤새 내린 장대비에 이어 부슬비가 내리는 흐린 날이다.

찌뿌둣 같은 기분에 일어나기가 귀찮아 떴던 눈을 감고 다시 잠을 청하려는데, 누군가 텐트를 두드렸다.

"Excuse me! Excuse me!"

"무슨 소리지?"

"몰라, 밖에서 나는 소린데?"

"Hi, sir!"

"일단 대답해봐!"

"Yes!"

토마스의 대답으로 텐트 안에 사람이 있다는 것이 확인되자 정체불명의 남자는 말을 이었다.

"밖에 쓰레기가 널려 있어요. 혹시 당신들 것 맞나요? 쓰레기를 이렇게 아무데나 방치해두면 까마귀나 다람쥐, 그 밖의 동물들이…"

"아…! 죄송합니다."

일단 사과를 하자 공원 관리인으로 추정되는 그 남자는 앞으로 조심하라는 말을 남기고는 우리 사이트를 떠났다.

"뭐지? 우리 어젯밤에 다 치우고 잤잖아."

캐나디안 로키 마운틴 일대에 서식하는 까마귀

"글쎄… 내 기억으로는 다 치운 것 같은데…"

눈을 비비며 텐트 밖으로 나온 우리 앞엔 잠이 확 달아나버릴 만한 광경이 펼쳐져 있었다.

땅바닥에는 쓰레기를 넣어두었던 검은 비닐봉지가 지저분하게 터진 채 사이트 한복판에 내동댕이쳐져 있었고, 그 안에서부터 밖으로 튀어나온 쓰레기들이 여기저기 널브러져 있었다.

'이게 도대체 어찌 된 일이지?'

가만히 기억을 더듬어 가다 보니, 어젯밤 갑자기 비가 많이 내리는 바람에 일단 다른 건 다 치웠지만, 차마 비를 맞으며 쓰레기장까지 갈 수 없어 테이블 밑에 숨겨 놓았던 검은 쓰레기 봉지 하나가 떠올랐다. 아침이 되어 비가 그치고 날이 밝는 대로 갖다 버릴 생각이었는데, 아마도 까마귀들이 봉지를 찾아낸 뒤 신 나게 물고 뒤흔든 모양이다. 어이가 없었다.

만약 우리의 사정을 모르는 다른 사람들과 공원 관리인은 이 광경을 보고 우릴 어떻게 생각했을까. 이미 떠난 사람을 쫓아가 "우리가 아니라 까마귀가 그랬어요"라고 설명할 수도 없지 않은가.

"아~! 이게 뭐야… 완전 엉망이네…" 토마스의 얼굴이 일그러진다.

"괜찮아. 여기 근무하면서 까마귀들이 이러는 거 처음 봤겠어? 그러려니 하겠지."

만약 일부러 그랬다면 안 될 행동이겠지만, 설마… 로키의 캠핑장에 근무하는 직원들이라면 동물들의 행태를 빤히 알고 있지 않을까.

국적은 달라도 엄마들의 마음은 같구나!

비가 조금씩 내린다. 하지만 걱정되지 않는다. 로키의 날씨는 워낙 변화무쌍하니까.

한바탕 소동으로 인해 잠에서 깨어난 아이들에게 오늘의 일정을 말해주었다.

"얘들아, 우린 이제 여길 떠나 재스퍼로 갈 거야."

"아니야!"

"여기 더 있고 싶어?"

"응!"

이곳을 떠나는 게 싫은지, 장비를 철수하여 차에 싣는 중에도 민준이는 이곳에 더 머물겠다는 의사표시를 하며 장난감 버스와 함께 테이블과 의자에 올라가 내려 올 생각을 않았다.

그렇지만 우린 이미 레이크루이스에서 많은 시간을 보냈으며, 로키 안엔 레이크루이스 외에도 경험해보고 싶은 곳이 많았기에 우리에게 주어진 시간을 적절히 배분하여 사용해야 했다.

지난 며칠 간 우리 옆 사이트에 묵었던 프랑스인 가족과도 작별인사를 나누었다.

"간밤에 아기 울음소리가 너무 컸죠? 미안해요."

매일 밤 큰 소리로 울어 젖히는 아이 때문에 이웃에게 미안했는지, 아이엄마가 먼저 사과를 했다.

"괜찮아요. 우리 아기 울음소리가 너무 커서 오히려 저희가 더 미안했는걸요."

밤마다 꼭 한두 번은 울어대는 민준이 때문에 우리 역시 주변 캠퍼들에게 미안하던 차였다.

"오, 아니에요, 괜찮아요. 우리 아이가 콧물이 나오고 코가 막혀 굉장히 힘들어했거든요. 아마 감기에 걸렸나 봐요."

"아, 그랬군요. 저희 아이는 감기에 걸리진 않았는데, 자다가 저렇게 우네요."

"괜찮아요. 애들이 다 그렇죠 뭐."

한번 잠들면 밤새 깨지 않고 아침까지 잘 자는 아이들도 있다지만, 우리 아이들은 한밤중에 습관처럼 꼭 한두 번씩 깨어 울곤 했다.

혹시 아이에게 무슨 문제가 있는 건 아닌가. 아니면 우리가 수면습관을 잘못 들여서 그런 건 아닐까. 별의별 고민을 다 해보았지만, 큰아이를 키우며 얻은 결론은 '아이의 모든 행동엔 다 때가 있으며, 대부분 그 시기만 잘 넘기면 괜찮아진다'는 것이었다. 다행히도 큰아이는 세 돌이 지나자 컨디션이 특별히 좋지 않은 날을 빼면 밤에 한 번도 깨지 않고 아침까지 숙면을 취하는 모습을 보여주었고, 작

레이크루이스 캠핑장에 머물던 한 프랑스 가족

은아이 역시 15개월이 지나 밤중수유를 끊은 이후부터는 자다 깨는 횟수가 현저히 줄어들고 있었다. 이유 없이 깨는 수면패턴이 저희 누나와 거의 비슷한 걸 보면, 민준이도 아마 세 돌이 지나면 밤중에 깨지 않고 아침까지 쭈욱 자는 모습을 보여주게 되지 않을까.

기차 소리도 예사로 넘기는 이곳이다 보니, 거리가 먼 사이트까지 신경 쓸 필요는 없었지만, 문제는 우리와 가까운 사이트였다. 그리고 한밤중의 아이 울음소리가 고요한 정적과 다른 이들의 달콤한 잠을 깨우진 않을까 걱정했던 아기엄마들의 대화였다.

"애들이 다 그렇죠 뭐…"

이 말은 세계 공통어였던가. 서로의 처지를 이해할 수 있는 사람

레이크루이스 캠핑장의 어느 비오는 날 아침 텐트 안에서

들끼리 옆 사이트에서 지낼 수 있어 다행이었다는 생각을 해본다. 어쩌면 캠핑장 관리사무실에서 프랑스인 가족과 우리 가족을 가까운 사이트로 배정해준 것도 '두 가족이 같은 처지임을 알고 배려해준 것은 아닌가'라는 생각도 든다. 사는 곳과 살아온 문화가 달라도 아이를 키우는 일에는 공통점이 많다는 걸 확인하자 그들에게 친근감이 느껴졌지만, 이제 우리는 헤어져야 한다.

캠핑장을 떠나기 전, 어제 많은 대화를 나누었던 클로이와도 인사를 나누기 위해 학생들이 있는 사이트를 찾아갔다. 작별인사를 하자, 오늘 래프팅을 위해 모레인레이크로 간다는 클로이는 이미 한 번 그곳을 다녀온 나에게 어떤 곳이냐며 궁금해 했다.

"매우 아름답죠… 그렇지만 좀 추워요."

또한 클로이는 생전 처음 해보는 래프팅이 아무래도 걱정되었는지, 나에게 래프팅에 대해 또 한 번 물어보았지만, 솔직히 단 한 번의 래프팅 경험이 전부인 나 역시 아는 게 많지 않아 안전수칙을 잘 지키라는 조언 외엔 해줄 말이 없었다.

 서부캐나다 캠핑여행 Tip

'캐나다 캠핑과 우리나라 캠핑의 차이점'

이쯤 되면 눈치 챈 분들도 있겠지만, 캐나다 캠핑과 우리나라 캠핑 문화엔 차이가 있다. 우리나라의 경우 '캠핑' 그 자체가 여행의 목적인 경우가 많지만, 캐나다의 경우 캠핑은 '잠을 자거나 휴식을 취하기 위한 수단'에 더 가깝다.

캐나다인들은 일단 날이 밝으면 캠핑장을 떠나 자연을 즐기는 여행을 한 뒤, 저녁이 되면 캠핑장으로 들어와 조촐한 저녁식사와 함께 모닥불을 쬐며 하루 일과를 정리한 다음, 조용히 텐트로 들어가 잠을 잔다. 따라서 장비도 간단하다.

작은 텐트와(1인용 텐트도 심심찮게 볼 수 있다) 침낭·의자·작은 프로판 가스 스토브 등이 전부이며, 취침 시간도 정확히 지킨다(밤 10시가 넘으면 대부분 텐트 안으로 들어가 쥐죽은 듯 조용하다). 물론 불편한 점도 있다.

사이트는 늘 청결을 유지해야 하며, 자리를 비울 땐 사이트 안에 텐트와 의자, 차량 외엔 그 어떤 것도 놓아두어선 안 된다(심지어 아이스박스도 보이지 않는 곳에 들여놓아야 한다).

관리인들이 수시로 돌아다니며 캠핑장의 청결 여부를 확인하기 때문에(관리인들이 돌아다니지 않을 땐 까마귀, 다람쥐, 때로는 곰 등 온갖 동물들이 캠핑장을 휘젓고 돌아다니며 무례한 태도로 점검을 시도한다), 한국 캠핑 문화에 익숙한 사람들은 그 점이 매우 귀찮게 느껴질 수 있다.

반면, 우리나라 캠핑장은 아침부터 늦은 밤까지 산만하다. 아침·점심·저녁에 술을 곁들인 밤참까지, 일단 먹을 것에서 확연한 차이점이 드러나며, 캠핑 장비 또한 집을 통째로 옮겨놓았다는 표현이 어색하지 않을 정도로 화려하다.

정해진 취침 시간 또한 없다(밤늦게, 심지어 새벽까지도 술을 마시며 떠드는 옆 사이트 캠퍼를 종종 만나본 경험이 있다). 어떤 것이 '좋다, 나쁘다'를 논하려는 게 아니다.

우리도 로키에서는 텐트·침낭·의자·스토브·아이스박스 이외엔 별다른 장비 없이 캠핑을 마치고 돌아왔지만, 이후 한국에서 새롭게 시작한 캠핑엔 기본 장비 말고도 난로·오븐·조리대·수납장 등 차마 적기 민망할 정도의 많은 장비를, 모두 네 시간이 넘게 설치했다 철수하는 작업을 반복해 가며, 캠핑기간 중 먹는 음식의 개수를 합하면 출장뷔페 수준과 맞먹을 정도이니 말이다.

아름다운 산맥들이 끝도 없이 이어져 있는
아이스필드 파크웨이 (Ice-field Parkway)

3-4 아이스필드 파크웨이(Icefields Parkway)

캠핑도 좋지만 가끔은 안락한 잠자리가 그리워

가는 길엔 비가 그칠 것이라 생각했던 우리의 예상은 보기 좋게 빗나갔다.

마음 같아선 '와푸틱 빙원(Waputic Icefield)'의 끝에 이름 지어진 '크로풋 빙하(Crowfoot Glacier)*'의 까마귀 발 모양도 찾아보고 싶고, '보우 호수(Bow Lake)'를 가운데 두고 아름다운 풍경을 연출한다는 '크로풋 빙하(Crowfoot Glacier)'와 '보우 빙하(Bow Glacier)'의 조화도 감상하고 싶었으나, 하늘에서 쏟아지는 비의 양이 제법 많다.

크로풋 빙하를 보기 위해 잠시 멈춘 호숫가에선 산 중턱에 걸려 있는 낮고 짙은 구름과 물 위에 드리운 안개가 꽤 운치 있는 광경을 연출하고 있었지만, 작고 차가운 물 알갱이가 커다란 호수와 주변 공기를 가득 메우는 바람에 몸속까지 한기가 들어차는 느낌이다.

여러 날 생활해 보았지만 실외라 해야 할지 실내라 해야 할지 도무지 정의를 내리기 어려운 '텐트'는 그 어떤 숙소보다 낭만적인 잠자리였다. 캠핑에서의 텐트는 특별한 공간으로 그곳에 묵다 보면 누구나 자연에 보다 가까워지는 경향이 있지만 그 공간에서 편안함이나 안락함을 찾으려 해서는 안 된다. 그래서인지 로키 곳곳을 돌아다니다 '로지(Lodge)'가 눈에 띄면, 당장 안으로 들어가 따뜻하고 푹신한 침대를 찾아 벌러덩 드러눕고 싶단 충동이 들곤 했다.

'눔티자 로지(Num-Ti-Jah Lodge)'에 들어서자마자 머릿속에 '이곳이야말로 오늘 같은 날 객실 안에 콕 틀어박혀 따뜻한 차 한 잔 또는 진한 브랜디 한 모금 마시며 창밖의 풍경을 감상하기에 최적의 장소가 아닐까'라는 생각이 들었다.

페치카(Pechka: 벽난로)가 있으면 더 좋겠다. 그 앞에 양탄자도 깔려 있으면… 아~! 심심해서 더 이상 견딜 수 없을 때까지 내가 상상하는 그런 분위기 있는 곳에서 게으름을 피워 보고 싶다!

캠핑여행이 아니었다면 이런 로지들을 숙소로 선택하며 돌아다니는 여행도 참 멋질 것 같단 생각이 드는 순간, 뱃속에서 먹을 걸 들여보내달라고 아우성을 친다. 그러고 보니 우린 장비를 철수하고 캠핑장을 빠져나오는 데 신경을 쓰느라 아직 아침식사도 제대로 하지 못했다.

로지 안, 기념품 가게 바로 옆에 위치한 매점엔 기대했던 것보다 먹을거리가 적었다. 아쉬운 대로 수프와 샌드위치, 음료를 골라 값을 지불하고는(물론 팁도 잊지 않았다) 페치카 모양의 벽 앞 테이블에 앉았다. 진짜 페치카는 아니었지만, 마치 벽 안에서 나무 장작이 타들어가며 내뿜는 것 같은 따스한 열기가 온몸에 전해지는 느낌이다(실제로 매점 안은 따뜻했다). 그런데 비교적 얌전하게 식사를 하던 민준이가 갑자기 무언가를 발견한 듯, 벌떡 일어나 뒤뚱거리는

선왑타 고개(Sunwapta Pass)에서 바라본 아이스필드 파크웨이

걸음으로 카운터로 다가갔다.

왠지 불안하여 급히 뒤를 따라가 보니 어느새 아이의 손에는 캐러멜 하나가 쥐어져 있었다.

방금 전 지불한 음식 값을 끝으로 마침 주머니가 텅 비어있었기에 캐러멜을 사줄 수 없다고 말하자 아이는 울음을 터뜨리기 시작

크로풋 빙하(Crowfoot Glacier)와 주변 산맥. 사진 좌측 상단에 위치한 게 크로풋 빙하

했고, 그럼 차에서 돈을 가져올 동안 잠시만 기다리라 말해도 아이는 그저 울기만 할 뿐이었다. 내가 아이를 달래는 사이 토마스가 서둘러 주차장에 다녀오려는데, 이 광경을 물끄러미 지켜보던 매점 직원이 우리를 불렀다.

"아까 저에게 팁을 주었잖아요. 제가 그 팁으로 아이의 캐러멜을 살게요. 봐요, 됐죠?"

그와 동시에 남자직원은 팁 박스에 담긴 동전 두 개를 꺼내어 물건 값을 받아두는 금고에 집어넣으며 캐러멜에 대한 계산을 마쳤다.

얼떨결에 캐러멜이 제 것이 되자 아이는 천진난만한 기쁨의 미소를 지었지만, 본의 아니게 신세를 진 것 같은 기분이 든 토마스와 나는 고맙기도, 미안하기도 한 마음에 가만히 보고만 있을 순 없었다. 얼른 주차장으로 달려가 주머니를 채워온 토마스는 감사의 표현으로 팁 박스에 동전 두 개를 다시 넣어주었다.

"그럴 필요까진 없는데…"

비오는 날의 보우 호수(Bow Lake) 주변 풍광

아이스필드 파크웨이의 눔티자 로지(Num-Ti-Ja Lodge) 기념품 가게

    멋쩍은 듯 미소를 짓는 남자직원의 훈훈한 태도 덕분에 마음까지 따뜻해지던 눔티자 로지에서의 작은 추억을 가슴에 안고 우린 다시 비를 맞으며 재스퍼(Jasper)로 떠난다.

🍁 아이스필드 파크웨이(Icefields Parkway)

내셔널 지오그래픽 선정, '세계 10대 드라이브 코스' 중 하나. 레이크 루이스(Lake Louise)에서 재스퍼(Jasper)까지 230km에 걸쳐 있는 도로로, 그 중심에 많은 이들이 밟아보고 싶어 하는 컬럼비아 아이스필드(Columbia Icefield)가 있다.

아이스필드 파크웨이의 관광명소로는 크로풋 빙하(Crowfoot Glacier) · 보우 호수(Bow Lake) · 보우 고개(Bow Pass) · 페이토 호수(Peyto Lake) · 미스타야 협곡(Mistaya Canyon) · 눈물의 벽(Weeping Wall) · 선왑타 고개(Sunwapta Pass) · 컬럼비아 아이스필드(Columbia Icefield) · 선왑타 폭포(Sunwapta Falls) · 애서배스카 폭포(Athabasca Falls) 등이 있다.

🍁 크로풋 빙하(Crowfoot Glacier)

산에서 흘러내린 빙하의 모양이 까마귀 발처럼 세 갈래로 뻗어 있다고 해서 붙여진 이름. 그러나 현재 맨 아래의 빙하는 사라지고 두 개만 남아 있다.

🍁 **눔티자 로지(Num-Ti-Jah Lodge)**

'Num-Ti-Jah'는 '담비'를 뜻하는 원주민 말로, 보우 호수(Bow Lake)에 위치한 이 특별한 로지는 1800년대 후반부터 평생을 사냥과 가이드, 모피 교역을 하며 살다간 심슨의 통나무집이다(그는 이곳에서 관광객에게 잠자리와 식사도 제공했다고 한다). 현재는 고급 숙소로 운영되고 있다.

아이들 덕분에 축복 누린 환상적 물빛 '페이토 호수'

쌍둥이 유모차와 함께 페이토 호수 전망대로 올라가는 길은 참으로 험난했다.

주차장에서부터 전망대까지는 짧은 거리라 다행히 진을 뺄 정도는 아니었지만, 다른 곳에 비해 유난히 두껍게 쌓여있는 하얀 눈, 그 눈이 녹아 질퍽거리는 산길 때문에 유모차 바퀴도, 우리의 신발도 죄다 진흙투성이가 되어버렸다.

오늘 아침 레이크루이스를 떠날 때만 해도 분명히 초여름 날씨를 느끼며 출발했는데, 길을 떠나온 지 반나절도 되지 않아 우린 초겨울 기후를 보이는 산속에 들어와 있다.

갑작스런 환경변화를 미처 예상하지 못한, 반바지에 슬리퍼 복장의 토마스가 갑자기 안쓰러워 보인다.

"안 추워?"

"응. 괜찮아."(토마스는 평소 열이 많다)

"그래도… 추워 보이는데."

"아니야. 난 지금이 딱 좋아."

씩씩한 토마스. 감기에나 걸리지 말았으면 좋겠다. 전망대에 거의 다 도착했을 때쯤 한국인 단체 관광객들과 마주쳤다. 50대 중후

페이토 호수로 가는 길. 눈 속에 빠져버린 유모차 바퀴와 세 사람

반으로 보이는 아주머니와 아저씨들은 호수보다 이곳까지 우리를 따라온 윤아와 민준이가 더 신기한 듯, 반가운 얼굴로 우리를 맞아주었다.

"아이고~! 이렇게 쪼끄만 애들이 어떻게 여기까지 왔대?"

"너희들은 어디서 온 거니?"

아주머니들의 질문공세에 어리둥절한 아이들을 대신해 토마스가 대답했다.

"인천에서 왔습니다."

"하이고! 한국에서 여기까지 왔단 말이야? 이렇게 쪼끄만 아이들이?"

"네!"

"작은애가 몇 살이나 먹었는데?"

"한국 나이로 3살, 이곳 나이로 1살입니다."

"아니, 진짜 한국에서부터 왔단 말이야? 여기 사는 게 아니라?"

"네"

"야~! 너희들은 복 받았다. 우리는 이 나이 먹고서 여길 처음 와 봤는데, 태어난 지 일 년 좀 지난 애가 벌써 이런 델 와보고. 부모 잘 만났네. 좋겠다, 좋겠어."

아주머니들은 아이들을 앞에 두고 "깔깔깔!" 웃으며 정신없이 말을 했고, 아저씨들은 그저 "흠흠!"이라고 헛기침을 하면서 우리 아

3. 캐나디안 로키(Canadian Rocky) | 273

이들을 흘깃 바라볼 뿐이다. 이왕 여행을 할 거라면 자연을 즐길 수 있는 로키 산맥으로 장소를 정하는 게 아이들에게 좋겠다고 생각하긴 했지만, 어쨌든 여행이라는 것 자체가 '나'를 위해 시작되고 계획된 일이었으므로 그동안 '나의 여행'에 동참해주는 아이들에게 그저 감사할 뿐이었다.

그러나 아주머니들의 말을 듣자 다시 생각해보게 된다.

'혹시 복 있는 아이들을 만난 덕에 이 모든 게 가능했던 건 아닐까?'라고. 주관적인 입장에서, 마치 우주 저편에서부터 터키석과 같은 푸른빛을 띠는 거대한 운석 하나가 대기를 뚫고 날아들어 와 산을 가르고 그 사이에 콕 박혀있는 것 같은 형상의 페이토 호수(Peyto Lake)는 내가 본 캐나디안 로키의 호수 중 물빛깔이 가장 환상적인 호수였다.

신은 어떻게 저런 색을 만들었을까. 거대하고 아름다운 자연 앞에 할 말을 잃은 채 카메라 셔터를 열심히 눌러댔지만, 안타깝게도 내가 가지고 있는 도구로는 페이토 호수에서 느꼈던 감동의 반의 반의 반도 담아내지 못하겠다.

아이스필드 파크웨이에 위치한 페이토 호수(Peyto Lake) 풍광

🍁 페이토 호수(Peyto Lake)

캐나디안 로키에서 물빛이 가장 아름답기로 소문난 곳. 칼든 산(Mt. Carldon)과 패터슨 산(Mt. Patterson) 사이에 길쭉한 모양으로 형성되어 있으며, 주변의 산에서 흘러내린 토사와 빙하에서 녹아내린 물의 양이 계절마다 다르기 때문에 여름에는 짙푸른 녹색을, 가을에서 겨울로 넘어가면서는 점차 에메랄드빛에서 푸른빛으로 변한다. 페이토 호수는 이곳 국립공원의 1호 레인저였던 빌 페이토(Bill Peyto)의 이름을 따서 지었다. 주차장에서 호수 전망대까지의 거리는 약 500m.

발아래로 펼쳐진 괴이한 자태 '미스타야 협곡'

미스타야 협곡(Mistaya Canyon)에 도착할 무렵, 다행히 비가 그쳤다. 같은 협곡(canyon)이지만 가는 길이 비교적 평탄하여 유모차 이동이 쉬웠던 존스턴 캐년과 달리 이곳은 입구부터 경사가 심상치 않아 보인다.

유모차를 어떻게 해야 하나 잠시 고민했지만, 본인이 끝까지 책임질 테니 일단 가져가보자는 든든한 토마스의 말에 아이들을 유모차에 태웠다. 주차장에서 출발하여 얼마 동안은 돌과 나무뿌리

미스타야 협곡 일대 풍광

등이 울퉁불퉁하게 널려 있는 길이라 평평하진 않았지만, 유모차가 다니지 못할 정도는 아니었다. 그러나 협곡 근처로 갈수록 길이 더욱 험해져 아이 둘을 태운 유모차는 더 이상 앞으로 나아갈 수 없었다. 먼 거리는 아니었으나 역시 험난한 산길을 아이들과 함께 걷다 안다 하며 가다 보니 어느 결에 협곡에 다다랐다. 발아래로 펼쳐진 협곡의 모양이 참으로 괴이하다.

'저 아래로 떨어지면 뼈도 못 추스르겠구나!'라고 생각하니 또다시 오금이 저려와, 아이들은 보호난간을 설치해놓은 인공다리까지만 데려가고, 난간이 설치되어 있지 않은 곳은 토마스와 나 각자 교대로 다니며 넌지시 구경만 하다 왔다.

자동차를 좋아하는 민준이의 눈에는 협곡과 협곡 사이를 이어주는 다리가 멋진 찻길로 보였는지, 아이는 가지고 온 장난감 자동차를 꺼내놓고 또다시 자동차 놀이에 열중했다. 어차피 오늘은 아이스필드 파크웨이를 지나 재스퍼로 가는 것 말고는 달리 계획해둔 일정이 없었으므로 아이가 만족할 때까지 충분한 시간적 여유를 두고 이곳에서 쉴 수 있었다. 우리의 휴식을 방해하는 귀찮은 존재만 없었다면… 처음엔 한두 마리가 주변을 맴돌 뿐이었다.

그러던 것이 어느새 떼로 모여 공격을 하기 시작했다.

모기가 자신의 주변으로 왔는지… 침을 꽂고 피를 빨아먹는지, 그냥 날아다니는 건지… 전혀 감을 못 잡고 노는 데만 집중하던 민준이의 이마와 얼굴 곳곳은 순식간에 올록볼록 부어올랐다. 몇 분이라도 더 머물다간, 아이의 얼굴 전체가 분홍빛 동그라미들로 뒤덮일 것만 같다. 걱정된 내가 이만 떠나자고 말을 해보았지만, 자신이 만들어놓은 가상의 도로를 따라 버스를 움직이는 데에 푹 빠져버린 민준이는 엄마의 말에 결국 떼를 쓰며 뒤집어지고 말았다.

다리 위에서 바라본 미스타야 협곡의 괴이한 자태의 매력

"그래… 엄마아빠도 여기서 더 놀게 하고 싶어. 근데 네 머리에 몰려든 저 모기떼 안 보이니?"

내 말이 아이 귀에 들렸을까? 바닥에 퍼질러 앉아 떼를 쓰다 말고 다시 일어나 자동차 놀이를 시작하는 걸 보니 전혀 그런 것 같지 않다. 동생의 고집 때문에 누나까지 모기떼의 공격을 받게 할 순 없었기에 윤아와 토마스는 유모차와 함께 앞장서 출발했고, 결국 나

선왑타 고개(Sunwapta Pass)에서 바라본 아이스필드 파크웨이

는 민준이를 안고 헥헥대며 산을 올라가야 했다.

"내려갈래! 내려갈래!"

버둥거리는 아이가 버거워 잠시 내려놓으면 그 자리에 앉아 다시 자동차 놀이를 하고, 안고 올라가다 하도 발버둥을 쳐서 잠깐 내려놓으면 또다시 그 자리에 앉아 자동차 놀이를 하고… 무섭게 달려드는 모기만 없었어도 이런 식으로 아이의 집중력을 흩뜨리고 싶진 않았지만, 난들 어쩌겠는가. 도대체 산악지대의 추운 날씨, 깨끗한 자연과 어울리지 않게 웬 모기떼란 말인가. 다행히 가는 길이 멀진 않았다. 게다가 길 중반부터는 아이도 엄마의 말에 수긍을 했는지 떼쓰기를 멈추어 다독이고 격려하며 함께 산길을 올라올 수 있었다.

🍁 미스타야 협곡(Mistaya Canyon)

보우 패스(Bow Pass)에서 나뉜 물줄기는 페이토 호수를 거쳐 서스캐처원 강(Saskatchewan River)이 되어 북극으로 흘러간다. 이 강이 워터파울 호수(Waterfowl Lakes)를 지나 북쪽에서 내려오는 물과 합류하기 전에 만들어놓은 협곡.

오랜 세월 급류가 바위를 뚫고 지나가면서 형성된 아주 깊은 협곡으로 협곡 위에 다리를 만들어 놓았다. 주차장에서 다리까지는 약 300m.

본격적으로 '아이스필드 파크웨이'를 즐길 순간

이제 본격적으로 아이스필드 파크웨이를 즐길 시간! 추운 날씨 속, 짧은 시간 내에 여러 곳을 구경한 아이들은 피로가 스르르 몰려오는지 차를 타고 가던 중 잠에 빠져들었고, 덕분에 토마스와 나는 캐나디안 로키의 대자연이 선사하는 아름다운 드라이브 코스, 아이

아이스필드 파크웨이 주변 풍경. 저 멀리 보이는 게 컬럼비아 아이스필드(Columbia Icefield)

스필드 파크웨이에서의 드라이브를 마음껏 즐길 수 있었다. 몇 시간에 걸쳐 이루어진 드라이브 코스는 정말 환상적이었다. 산맥과 강의 절경이 끊임없이 이어지는 코스를 지나며 우리는 감탄, 또 감탄했다. 특히 재스퍼로 넘어가는 길 너머에 우뚝 솟은 산들은 각기 그 모양은 달랐지만, 하나하나를 떼어놓고 보아도, 그 조화로운 어우러짐을 보아도 입이 다물어지지 않을 정도로 수려했다. 게다가 공중에 군데군데 떠있는 구름까지 절묘한 그림을 만들어 내어 '천상의 낙원이 있다면 바로 이곳일 것이다'라는 마음이 절로 들 정도의 황홀감에 빠져들게 했다.

그러나 그 황홀감은 아이스필드 파크웨이를 벗어나는 순간 싹 사라져버렸다. 이상한 일이었다. 우리는 단지 '아이스필드 파크웨이'라 이름 지어진 도로를 벗어났을 뿐, 여전히 길게 이어진 국도와 양옆엔 산과 호수, 그리고 아까의 연장선상인 같은 하늘이 끝없이 펼쳐져 있었지만 아이스필드 파크웨이에서 본 그것들과는 느낌이 전혀 달랐다. 이곳에서 늘 볼 수 있는, 그저 그렇고 평범하기까지 하여 별다른 감흥을 주지 않는 산맥들이 줄줄이 늘어서 있다고 하면 그 표현이 적절하려나.

제스퍼의 장승 관련 관광기념품

3-5 재스퍼(Jasper)

자연 속 깊이 들어선 곳 '휘슬러 캠핑장'

우린 로키 여행의 마지막 코스, 재스퍼의 '휘슬러(Whistler) 캠핑장'에 도착했고, 체크인과 동시에 단잠을 자던 아이들도 잠에서 깨어났다. 캠핑장의 규모는 무척 컸다. 마치 우리나라의 대규모 아파트 단지 여러 개를 합쳐놓은 것 같은 크기였는데, 캠핑장 중간에 위치한 우리 사이트까지 찾아가는 데도 차로 한참이 걸렸다. 우리가 배정받은 사이트는 산을 뒤로 두고 앞으론 숲을 마주한, 그야말로 자연 속 깊이 들어와 있는 느낌을 주는 곳이었다.

이번 여행의 장비 담당을 맡았던 토마스가 이곳 휘슬러 캠핑장에서 가장 마음에 들어 한 것은 화로의 구조였다. 그 이유는 레이크루이스 캠핑장의 화로와 같은 모양이 아닌, 터널마운틴 캠핑장의 화로와 같은 모양이었기 때문이었다. 터널마운틴 캠핑장에서는 처음이라 요령이 없어서, 레이크루이스 캠핑장에서는 불 피우는 방법과 보조도구까지 구비했지만 불이 잘 붙지 않는 구조의 화로로 인해 불을 잘 피울 수 없었다. 하지만 이번에야말로 불을 제대로 피워

휘슬러 캠핑장에서 저녁식사를 하는 한 부부

가족들을 따뜻하게 해주겠다며 자신만만해 했다. 또한 토마스 입장에서는 이곳은 화로 외에도 지금껏 다녀본 캠핑장 중 자신이 좋아하는 조건을 가장 많이 갖추고 있는 캠핑장이라며 기분 좋게 텐트를 친 다음 저녁을 준비했다. 비록 '휘슬러 캠핑장'은 처음이었지만 일주일이 넘는 기간 동안 '캠핑장'이라는 장소에 익숙해진 아이들도 이곳을 낯설어하지 않았다. 차에서 내리자마자 테이블 위에 장난감을 차례차례 꺼내놓고 함께 놀이를 시작하는 모습이 무척 자연스러워 보인다.

완벽할 것 같았던 로키에 한 가지 흠 있다면

그러나 완벽할 것만 같았던 이곳에도 단점이 하나 있었다. 그건 바로 모기가 지나치게 많다는 것이었다. 기존의 내 상식으론 '모기는 더러운 물에서 자라며 날씨가 더운 곳에서 사는 곤충'이었기에 깨끗하고 아름다운 대자연 캐나디안 로키와 모기는 전혀 연관성이 없어 보였다.

"로키엔 의외로 모기가 많다"는 누군가의 말에도 '설마…?'라며 반신반의하던 나였다.

그런데 막상 와보니, 캐나디안 로키 곳곳엔 모기가 참 많았다. 그

휘슬러 캠핑장에 설치된 아이들 놀이터

것도 평소 우리 집 근처에서 보던 작은 모기와는 다른, 몸체가 크고 한 번 물리면 부어오름이 유독 심한 산모기. 게다가 이곳, 휘슬러 캠핑장에는 그간 다녀본 캠핑장 중 모기가 가장 많았다. 일단 테이블 근처에 모기향을 여러 개 피워놓은 다음, 피부암 유발의 위험이 있다는 모기퇴치 수프레이를 차마 아이들의 피부에 직접 뿌릴 수 없어 옷에만 뿌려놓았더니, 이런 영악하고 얄미운 모기들이 수프레이 액이 닿지 않은 아이들의 머리 근처에만 다닥다닥 붙어 맛있는 저녁식사를 시작한다. 그나마 모기의 존재를 알고 방어할 줄 아는 윤아는 모기가 올 때마다 휘휘 팔을 저어가며 모기를 쫓았지만, 아직 모기에 대한 개념이 없는데다 한 번 놀이에 빠지면 주변 상황을 크게 의식하지 않는 어린 민준이는 모기들의 훌륭한 밥이었다.

때문에 민준이의 머리는 차츰차츰 울룩불룩 발간 점들로 뒤덮여

3. 캐나디안 로키(Canadian Rocky)

간다.

　베이컨과 버섯 구이, 그리고 밥. 아침부터 차를 타고 여기저기 돌아다니느라 먹는 둥 마는 둥 했던 오늘, 이제야 제대로 된 식사를 해본다. 여전히 흐린 날, 저녁식사를 마치자 또 비가 내리기 시작한다.

열흘만에 목욕하는 축복 누려 '미엣 온천'

　어제 저녁부터 내린 비가 그칠 생각을 않는다. 밤에 비가 오더라도 아침이 되면 쨍~ 하니 햇빛이 비치곤 했고, 낮에 잠시 흐리더라도 금세 개곤 하는 변화무쌍한 모습의 로키였기에 오늘은 맑은 하늘을 보여줄 줄 알았건만… 계속해서 비가 내리니 나름 운치는 있어도, 이 빗속에서 재스퍼 관광을 하고 싶진 않다.

　그러나 오늘 같은 날 우리에게 딱 맞는 여행지가 한 곳 있었으니, 그곳은 바로 캠핑을 시작한 이후 한 번도 제대로 씻어 보지 못한 우리에게 꼭 필요한 곳, 온천이었다. 온천으로 가는 길은 생각보다 멀고 힘들었다. 재스퍼 시내를 지나서도 한 시간이 넘도록 구불구불 험하게 꺾인 경사 급한 산길을 올라가야 했으며, 편도 1차로이던 도로에서 외길로 접어들면서부터는 혹시나 마주오던 차와 부딪히면 어떡하나 마음을 졸이며 속도를 최대한 줄여가야 했다.

　그러나 산길이 끝나는 지점이 나타나자 '치유'의 마을답게, 대문마다 알록달록하고 예쁜 꽃으로 장식된 로지 여러 동과 나무로 지어진 레스토랑 건물이 시작되었고, 차를 타고 조금 더 이동하자 드디어 온천건물이 눈에 보이기 시작했다.

　미엣 온천은 우리나라의 대형 온천에 비해 규모가 그다지 크게 느껴지진 않았으나, 머리부터 발끝까지 캠핑족 티를 제대로 내고 있던 지저분한 우리에게 온천의 크기는 문제가 되지 않았다. 외부와 완전히 차단되지 않은 샤워장이 다소 춥게 느껴지긴 했지만, 비누로 대충 씻고 미리 준비해온 수영복으로 갈아입은 다음 몸을 담근 온천탕은 참으로 따뜻했다.

높고 높은 산 중턱에서도 조금 더 위쪽에 위치한 노천온천의 주변은 온통 짙은 녹색으로 뒤덮여 있었고, 마침 비가 오는 흐린 날이라 회색 하늘과 산등성이를 덮은 비구름이 오히려 운치 있게 느껴졌다.

차갑고 상쾌한 공기는 얼굴을, 따뜻하고 부드러운 온천수는 몸을 감싸주어 일반 목욕탕과 달리 한참 동안 물속에 있어도 숨이 차거나 힘들게 느껴지지 않았다. 또한 온천수는 안락하고 편안한 집을 떠나와 밖에서 지내며, 때로는 즐겁지만 때로는 고된 야외 생활에 지쳐가던 우리의 몸을 노곤하게 풀어주었다. 이번 여행을 시작으로 자동차를 너무 사랑하게 되어 이제 자동차 없인 아무데도 가지 않는 민준이는 장난감 자동차 여러 대와 함께 온천욕을 즐겼다. 자동차는 졸지에 잠수함이 되기도 하고, 물을 건너는 오프로드 카가 되기도 했다.

그러나 한참 후 잠수함 놀이가 지겨웠던지, 민준이는 얕은 물로 나와 오프로드 카 놀이에 열중했지만, 자동차와 함께 몸까지 물 밖으로 나와, 이대로 계속 있다간 민준이가 감기에 걸려 버릴 것 같다. 게다가 하늘에서부터 얼어붙은 공기를 뚫고 내려오는 차가운 빗방울들까지 아이의 몸으로 계속 떨어지는 바람에 지켜보는 내가 다 추울 지경이다.

재스퍼 미엣 온천에서 목욕을 즐기는 여행자들

손으로 계속 따뜻한 온천물을 퍼올려 아이의 몸에 부어주었지만, 그것도 계속하다 보니 나중엔 내 팔이 아파져, "이만 하면 오래 했다"며 온천욕을 마치기로 했다.

아이들은 지금껏 늘 엄마와 함께였기에 육아를 도맡아본 적 없는 아빠였지만, 아들을 데리고 함께 샤워장으로 가는 토마스의 모습을 보니 왠지 뿌듯하다. 딸은 엄마랑, 아들은 아빠랑… 모녀와 부자가 따로 샤워를 마치고 새 옷으로 갈아입은 다음 잠시 후 로비에서 다시 만났다. 그런데, 토마스에게 들려 보냈던 옷 봉지에 새 옷이 그대로 들어있다.

"이거 뭐야? 민준이 뭐 입힌 거야?"

"응? 옷. 옷 입혔지."

"옷 여기 있는데?"

"어? 그건 무슨 옷이야?"

"새 옷. 깨끗이 씻었으니까 깨끗한 옷 입히라고 보내줬잖아."

"아…! 난 또… 옷 입고 있는데 왜 또 옷을 보냈나 했더니… 새 옷으로 갈아입으란 거였어?"

"헉! 애랑 그냥 다니는 것도 힘든데 그럼 내가 왜 이 옷을 귀찮게 들려 보냈겠어."

"하하! 몰랐네… 난 애가 감기 걸릴까봐 빨리 옷 입히느라고 옷 봉투까진 신경을 못 썼네."

"뭐야… 자긴 새 옷 갈아입으면서 애한텐 헌 옷 입히고…"

목욕을 하고 나면 당연히 깨끗한 옷을 입혀야 한다는 나의 상식이 잘못된 건가? 토마스의 엉뚱한 행동에 나까지 잠시 헷갈리긴 했지만, 한바탕 웃어넘긴 다음 건물 밖으로 나가기 전 재빨리 아이의 옷을 갈아입혔다. 열흘만의 목욕이라… 이루 말할 수 없이 개운하다. 샤워장이 워낙 추워 아이들이 혹시나 감기에라도 걸리진 않을까 걱정했지만, 장시간의 온천욕으로 몸이 따뜻해진 상태라 괜찮았나보다.

🍁 미옛 온천(Miette Hot Springs)

재스퍼(Jasper)의 유일한 온천으로 캐나디안 로키(Canadian Rocky) 일대의 3대 온천 가운데 하나로 꼽힌다. 캐나디안 로키 일대에 있는 여러 온천 가운데 용출수 온도가 가장 높은 곳으로 유명하다(섭씨 54도). 온천으로 가는 초입은 한때 석탄광산으로 유명했던 곳. 수영복을 입고 들어가야 하며, 수영복과 타월은 대여 가능.

하루아침에 만들어질 수 없는 우월한 시민의식

캠핑장으로 돌아오는 길, 무슨 연유인지 도로에 차가 꽉 막혀 오도 가도 못하는 차량 여러 대가 줄을 지어 서있다.

"무슨 일이지?"

"글쎄 아침까지만 해도 이러지 않았는데?"

캐나디안 로키에 있는 동안 이런 식으로 도로가 막힌 적은 단 한 번도 없었다. 답답한 마음에 차에서 내려 무슨 일인지 확인을 해보려 했으나, 길에 늘어선 많은 차들 중 어느 한 차도 경적을 울려대거나, 중앙선을 넘어 추월하거나(반대편 도로는 뻥 뚫려 있었다) 또는 차에서 내려 항의하는 사람이 단 한 명도 없다는 사실을 이내 깨닫고는, 상황파악이 될 때까지 일단 차 안에서 기다려보기로 했다.

잠시 후, 차들을 차례로 찾아다니며 운전자들과 일일이 대화를 나누는 유니폼 입은 남자가 시야에 들어왔다.

"경찰인가? 공원 관리인인가? 뭐라고 하는 거지?"

조금만 기다리면 우리에게도 순서가 돌아올 것이었으나, 딱히 지은 죄가 없음에도 괜히 걱정이 되기 시작했다.

'무슨 일 때문에 도로까지 막고 저러는 거지? 도망자라도 쫓는 건가? 아니면 저 앞에 무슨 큰 사고가 난 걸까? 혹시 무슨 일이라도 있으면 어쩌지?'

아무 사고 없이 여행을 마치기를 바라는 마음에 가슴을 졸이며 우리 차례를 기다리고 있자니, 이윽고 유니폼 입은 남자가 우리 미니밴 옆으로 다가왔다.

조심스레 창문을 열고 바라보자 미소 띤 온화한 표정의 경찰관이 입을 연다.

미엣 온천에서 캠핑장으로 돌아오는 길에 조우한 엘크

"재스퍼에서 레이크루이스로 가는 길에 산사태가 나서 도로가 통제되었어요. 번거롭더라도 길을 좀 돌아가야겠네요."

일단 설명을 듣고 나자 마음이 놓인다. 그러자 방금 전 도로에서 있었던 일에 대처하는 다른 이들의 태도가 새삼 놀랍게 느껴진다. 무슨 일이냐며 경적 한 번 울려댔을 법도 한데… 내가 가는 길은 그쪽 방향이 아니니 먼저 보내달라며 따져볼 법도 한데… 무슨 일인지 궁금해죽겠으니 먼저 얘기해 달라 조를 법도 한데… 다들 침착한 태도로 그저 자신의 차례를 기다릴 뿐이었다. 또한 모든 이를 안심시키기 위해 차량 하나하나를 찾아다니며 차분하게 상황 설명을 해준, 권위의식 따윈 찾아볼 수 없는 경찰관의 태도 역시 이곳에 대한 이미지를 더욱 좋게 만들어 주었다.

이런 건 어느 날 하루아침에 만들어진 것이 아닐 거다. 오랜 동안 쌓여온 이들의 우월한 시민의식이 만들어낸 모습들 중 하나이겠지.

서부캐나다 캠핑여행 **Tip**

'빨래방(laundromat) 이용 방법'

① 동전교환기에서 필요한 만큼의 동전을 교환한다.
② 세제 자동판매기에서 세제를 구입한다.
③ 세탁기에 빨랫감과 세제, 필요한 만큼의 동전을 넣고 전원 버튼을 누른다.
④ 세탁이 끝나면 빨랫감을 건조기에 옮긴 다음 필요한 만큼의 동전을 넣고 전원 버튼을 누른다.
⑤ 탈수·건조가 모두 끝나면 옷을 꺼내어 가져간다.
※ 기계마다 차이는 있겠지만, 2011년 당시 세탁비용 4$(30분소요), 탈수·건조비용 4$(40분소요)

서부 캐나다에서의 빨래방 이용 이모저모

아이스크림 가게 괴짜 사장 부부와의 대화

 모처럼 화창한 날씨를 보이는 오늘, 재스퍼 다운타운 구경을 하며 식량을 구비하고, 혹시나 빨래방(laundromat)이 있다면 빨랫감도 맡겨야겠다는 생각으로 캠핑장을 나섰다. 빨래방 위치를 미리 알아보고 출발한 게 아니었으므로, 만약 찾지 못하면 다운타운을 조금 헤매볼 작정이었는데, 다행히 곧바로 빨래방을 찾았다.

그동안 우리가 다녔던 여행지에도 돈을 조금만 들이면 이토록 간편하게 빨래를 해결할 수 있는 곳이 있었을 텐데 매번 힘들게 손빨래를 했다니, '우리도 참 미련하다'는 생각을 하며 꼬질꼬질한 옷들을 세탁기에 넣은 뒤 다운타운 산책길에 나섰다.

그런데 밖으로 나와 몇 걸음 걷기도 전에 아이들이 빨래방 바로 옆 아이스크림 가게를 발견해버렸다.

"날도 좋은데 아이스크림 하나씩 먹고 시작하지 뭐"

아이스크림 가게 사장님은 딱 봐도 동양 사람이었는데, 우리가 하는 말을 듣고서도 아는 체를 않고 두 눈을 부릅뜬 걸 보아하니 중국 사람인 것 같기도 하고, 아닌 것 같기도 하다.

일단 아이스크림을 주문하고는 계산을 하려는데, 그때까지 말 한마디 없던 사장님이 한국어로 인사를 건넸다.

"한국 사람이세요?"

"아? 네! 한국 사람이셨어요?"

"네, 한국 사람입니다."

"그렇군요. 반가워요. 한국어로 말씀 안 하시기에 중국인인 줄 알았어요. 그런데 왜 처음부터 아는 체 안하셨어요?"

"하하! 그게… 가끔 보면 가게 안으로 들어오자마자 욕부터 하는 한국인들이 있어서요. 제가 한국인이라 다 알아듣는데 우리 가게 욕하는 거 들으면 기분 나쁘잖아요. 그런 경우엔 제가 다 듣고 나서 왜 욕 하냐며 한마디 해줍니다."

재스퍼 다운타운 풍경

"아… 그러셨구나, 그럼 그 사람들 놀라겠는데요."

"아 그러니까, 왜 남의 가게에 들어와서 욕을 하냐고요, 기분 나쁘게."

"하하! 저흰 욕 안하길 다행이네요."

그렇게 농담처럼 웃으며 우리와 대화를 시작하게 된 아이스크림 가게 주인 부부는 재스퍼에 자리를 잡은 지 어언 8년, 캐나다로 이민 온 친척집에 놀러왔던 것이 이곳에 눌러앉게 된 계기였다고 한다. 아이들이 아이스크림을 먹는 동안만 자리에 앉아 대화를 나눈다는 게, 빨래가 다 되어 건조기에 옮겨 넣고 건조기에 있던 옷들이 완전건조 될 때까지 약 두 시간이 넘는 시간을 우린 그곳에서 함께 이야기꽃을 피웠다.

이민 초기 언어와 문화가 달라 고생했던 얘기… 사기는 꼭 같은 한국인에게 당한다는 얘기… 자녀들 교육 얘기… 캐나다에서의 여유롭고 소박한 삶에 관한 얘기…

처음에는 약간 괴짜 같았지만 알고 보면 정이 넘치고 다정한 그분들의 얘기를 듣고 있자, 우리도 각박한 한국을 떠나 자연과 함께 여유를 가지고 살아갈 수 있는 이곳에 자리를 잡고 살고 싶다는 생각이 간절해진다.

"아주머니 말씀을 듣고 보니 진짜로 여기 이민 와서 살고 싶어지네요."

"그러니 큰일이야. 대한민국을 이끌어나갈 많은 젊은이들이 이민 올 생각만 하고 있으니…"

물론 한국이 살기 나쁜 곳이라는 뜻은 아니었다.

재스퍼 다운타운의 기념품 가게 입구

한국은 한국만의 고유한 매력이 넘치는 곳이며, 제도적인 면에서 캐나다보다 나은 점도 많은데다(특히 의료제도), 우리 역시 한국에서 나고 자라며 한국에 터를 잡았기 때문에 다른 곳으로 가고 싶다고 해서 쉽사리 움직일 수 있는 건 아니었다. 게다가 실제 살아보지도 않고 지나가며 바라본 것만으로 평가한 나라에서 살겠다는 건 아주 위험한 생각일 수 있었다. 또한 단순히 오래 살고 안 살고의 문제를 떠나 국적을 바꾼다는 건 우리가 상상도 하지 못할 만큼 숨겨진 의미가 컸다.

3. 캐나디안 로키(Canadian Rocky) | 297

재스퍼 다운타운의 기차역

그러나 점점 각박해지는 사람들… 자연과 어우러지기 힘든 도시 생활… 아이들이 자랄수록 점점 피부에 와 닿는 교육 문제와 싫어도 따라가게 되는 현실…

학교 다닐 적, 우린 아침 일찍 등교하여 야간자율학습이 끝날 때까지 학교 안에서 하루 종일을 보내야했으며, 하교 후나 주말엔 학원에서 많은 시간을 보내야 했다. 책상에 앉아 있다고 해서 온 시간 집중해서 공부를 한 것도 아니며, 지루하고 피곤한 생활에 지쳐 딴 생각을 하거나 멍하니 먼 산 밖을 바라본 적이 태반이었다.

지금 와서 생각해보니, 흘러가버린 그 시간들이 어찌나 아깝던지… 나에게 황금 같은 그 시절을 다시 돌려준다면, 절대로 그 자리에 앉아만 있진 않을 것이다.

그러나 주위를 둘러보니 현실은 아직도 변함이 없었다. 우리 아이들이 중고등학교에 다닐 미래에도, 15년 전 내가 보냈던 것과 비슷한 시간들이 찾아올지 모른다 생각하니 그것 참 끔찍하다. 아마도 우리가 한국을 떠나고 싶다는 생각을 한다면 가장 큰 이유는 '우리나라의 교육제도에 우리네 아이들을 내맡기고 싶지 않아서'가 될 것이며, 두 번째 이유는 '가족과 함께 더 많은 여가생활을 즐기고 싶어서'일 것이다. 대화를 마치고 밖으로 나오자 이미 오후 해도 반은 저문 것 같다. 아주머니와 아저씨가 현지인의 입장에서 갈 만한 곳 여러 군데를 추천해주었지만, 오늘따라 특별히 새로운 곳을 찾아가보고 싶다는 생각보다는 그냥 천천히 여유를 즐겨보고 싶어 아이들과 함께 재스퍼 다운타운을 하염없이 걸었다.

거대한 대자연 앞 할 말 잃어, 재스퍼 트램웨이

걷다 보니 문득 배가 고파와 'A&W'에서 햄버거와 루트비어를 사가지고 '피라미드 호수와 패트리샤 호수(Pyramid Lake & Patricia Lake)'로 향했다(피라미드 호수와 패트리샤 호수는 근처에 함께 위치하고 있다).

피라미드 호수 근처로 오자 맑게 갠 하늘은 어디론가 사라지고 잔뜩 흐린 하늘이 '피라미드 산(Mt. Pyramid)'을 드리워 왠지 모를 쓸쓸함을 더해준다. 잠시 후엔 바람까지 합세하여 을씨년스러운 분위기를 조성하는 바람에, 호숫가에 펼쳐진 돗자리 위에서의 아기자기하고 발랄한 가족 피크닉은 얼마 못가 막을 내려야만 했다.

우리는 이미 밴프에서 곤돌라를 타고 산꼭대기에 위치한 전망대를 밟아본 경험이 있으므로 '어차피 높은 곳에 올라가는 건 다 마찬가지'란 생각으로 '레이크 루이스 곤돌라'와 '재스퍼 트램웨이'를 일정에서 제외해버렸다.

그러나 재스퍼 안내 팸플릿에 소개된 빨간 트램웨이 사진을 통해 자동차가 아닌 다른 '탈 것'이 이곳에 존재하고 있다는 사실을 알아챈 아이들의 열화와 같은 요청에 이번에도 그냥 지나칠 순 없었다.

트램웨이 매표소에 도착하자 우리를 제일 먼저 반겨준 건 다름

피라미드 호숫가에 앉아 호수를 감상하는 노년의 부부

재스퍼 피라미드 호숫가에서 즐긴 가족 피크닉 / 피라미드 호숫가에 놓여진 보트

아닌 모기였다. 군침을 흘리며 몰려드는 모기떼로 인해 여간 성가신 게 아니다. 표를 구입하고 순서를 기다리는 동안 부지런히 팔을 움직여 모기를 쫓은 덕분인지, 다행히도 곤돌라 안에선 모기가 보이지 않았다. 또한, 같은 곤돌라라 생각하고 타지 않으려 했던 것이 후회될 정도로 휘슬러 산 전망대에서 바라본 전경은 밴프의 설퍼 산 전망대에서 본 그것과는 또 다른 매력이 있었다.

 트램웨이를 타고 친절한 가이드의 설명을 들으며 산 정상에 자리 잡은 전망대 입구에 내렸다. 아니, 정확히 말하자면 이곳은 산 정상이 아니었다. 진짜 정상으로 가려면 약간의 트래킹을 필요로 했다. 그 길은 길어보이지도, 올라가기에 힘들어보이지도 않았으며, 조금만 노력한다면 금세 도달할 수 있을 것 같아 보였다.

 그러나 흙과 돌멩이가 뒤섞여 척박하고 비탈진 산길을 보며 어린 아이들과 함께 오르기엔 쉽지 않을 수도 있겠다는 생각이 먼저 들었다.

'무리해서 좋을 거 없지.'

여기까지 온 것만으로도 충분히 높이 오른 셈이니 발길이 닿는 곳까지만 가보기로 하고, 우린 천천히 전망대를 돌아 정상 부근으로 향했다.

"후아…!"

해발 7,472피트 아래로 보이는 탁 트인 전망은 이루 표현할 수 없을 만큼 벅찬 감동을 선사해주었고, 거대한

재스퍼 트램웨이를 타고 휘슬러 산으로 올라가던 도중의 가이드와 윤아 / 재스퍼 트램웨이

자연 앞에서 우린 그저 입을 헤 벌린 채 어떤 말도 꺼낼 수 없었다.

각기 모양과 색이 다른 여러 개의 호수가 드문드문 보이고, 사방이 온통 높은 산들로 둘러싸인 곳. 극히 일부분이 이토록 거대하고 높은 산맥들로 이루어진 것이라면, 로키 전체에 있는 산맥과 호수, 빙하의 수와 크기는 도대체 얼마만큼이나 될까. 감히 상상할 수도, 그 수를 헤아려볼 수도 없는 자연의 위대하고 아름다운 광경에 넋을 잃는다.

젊고 푸릇푸릇하면서도 강한 남성적 느낌을 주는 설퍼 산 정상에서와는 달리 넓게 퍼져있으면서도 정적이고 포용력 있는 여성적

느낌을 주는 휘슬 산 정상. 폐부를 꿰뚫어버리는 것 같은 차갑고도 시원한 바람은 막혀 있던 머릿속까지 뻥 뚫어주는 기분이다. 전망대 뒤편에 쌓아 만들어진 '눈 벽'을 발견한 아이들이 소리친다.

"눈이다!"

눈 벽 바로 아래엔 물길이 깊이 파인 도랑 같은 것이 벽을 따라 길게 이어져 있어 잘못 미끄러져 아이의 작은 발이 빠지기라도 한다면 위험할 것 같아 보는 내가 다 아슬아슬했지만, 기뻐하는 아이들 덕분에 덩달아 나까지 기분이 좋아진다.

🍁 휘슬러 산(Mt. Whistler)
해발 2464m의 높은 산으로, 트램웨이를 타고 쉽게 오를 수 있다. 휘슬러(Whistler)라는 이름은 산에 많이 서식하고 있는 마멋(Whistling Marmot)의 휘파람 소리 같은 울음소리에서 유래됐다.

산이 거기 있기 때문에(Because it is there!)

정상까지 가보진 못하더라도 조금 더 높은 곳에 도전해보고자 아이들과 산꼭대기를 향해 천천히 올라가보았다.

민준이는 자동차 다음으로 좋아하는 장난감, '돌'을 찾기 위해 어찌나 빨리 걸어 올라가던지, 전망을 감상하느라 잠시만 한눈을 팔면 저 위까지 올라가 있고, 따라잡다가 눈을 잠깐만 돌리면 또 저 위까지 가있곤 했는데, 그 모습이 마치 다람쥐 같아 보였다.

오르막길인데다 일부 바위 아래는 자칫 발을 헛디디면 저 아래로 굴러 떨어질 수 있는 위험한 길이었는데도, 사리분간을 제대로 못하는 이 어린아이는 그저 자신이 원하는 돌만 찾을 수 있으면 되

재스퍼 휘슬러 산 전망대에서 바라본 주변 풍광

었으니, 아이의 안전은 전적으로 토마스와 나의 몫이었다.
　산 정상을 넘어 다른 트래킹 코스로 넘어가는 길엔 이따금 배낭을 메고 점퍼를 입은 산악인들이 보였다. 물끄러미 그들을 바라보

3. 캐나디안 로키(Canadian Rocky)　|305

재스퍼 휘슬러 산 눈 벽 앞에서 동심의 세계를 즐기는 아이들

자니 그들 사이에 합류하고 싶단 생각에 가슴이 울렁거린다.

문득 중학생 시절, 도덕 교과서에서 보았던 영국의 유명한 등산가 '조지 맬러리(George Mallory: 에베레스트 산의 최초 등정자로 추정)'의 말이 생각난다.

"왜 산(Mt. Everest: 에베레스트 산)에 오르는가?"

"산이 거기 있기 때문이다(Because it is there)."

그 당시엔 그 말의 의미를 이해할 수 없어 오히려 비웃었다.

"산이 있어서 올라갔다고? 그게 이유야? 산이 있으면 꼭 올라가야 하나? 그런 말은 누구는 못해? 좀 더 그럴 것 같은 이유 없나?"

그 시절 배우고 익혔던 많은 내용들은 세월의 흐름과 함께 기억 속에서 잊혀져갔지만, 하도 비아냥거린 덕인지 조지 맬러리가 남긴 말은 오히려 나의 뇌리에 깊이 박혀있었다. 성인이 되어서도 눈 앞의 산을 볼 때마다 내 머릿속엔 여전히 풀리지 않는 궁금증, 바로 조지 맬러리의 대답이 떠오르곤 했지만, 그저 "산이 있어 올라갔다"는 그런 식의 이유는 도무지 끝마치지 못한 숙제처럼 마음 한구석을 답답하게 만들 뿐이었다.

그런데 난 오늘에서야 그의 말을 이해할 수 있다. 내 눈 앞에 산이 있기에 오르고 싶다. 든든한 등허리를 내밀며 저 앞에 우뚝 솟은 봉우리에 나의 두 발을 내딛고 싶다.

그러나 지금은 산에 오를 때가 아니었다. 토마스와 내가 각자 아이 한 명씩 업고 올라가지 않는 한 이렇게 어린 아이들과 아무런 준비 없이는… 무작정 도전한다고 될 일이 아니었다.

어쩌면 아무 말 없었지만, 아이들 역시 우리와 같은 마음이었을지도 모른다. 이제 그만 내려가자는 말에 이곳에 더 있고 싶다는 의사표현을 하는 걸 보니 말이다.

그러나 찬바람으로 인해 콧물을 줄줄 흘리고 있는 아이들을 이대로 방치했다간 심한 감기에 걸릴 것만 같아 우리는 다음을 기약하며 아쉬운 마음을 안고 전망대로 내려와야 했다. 트램웨이에서 내리자 또다시 우리를 격하게 반기는 모기떼를 힘겹게 따돌린 다음 재빨리 차를 몰아 캠핑장으로 돌아왔다.

대자연 앞에선 누구나 같은 마음일거야…

우리 오른쪽 사이트엔 프랑스계 엄마와 아빠 그리고 아기가, 왼쪽 사이트엔 새로운 캠퍼 - 노부부가 도착하여 그들만의 시간을 보내고 있었다. 그 중, 잠시도 쉬지 않는 아이 덕에 한가할 새 없는 젊은 가족보다는 온 주변을 '여유'라는 은근한 힘으로 채워주는 노부부의 모습이 우리 눈에 들어왔다. 은발이 참으로 아름다워 보이는 노부부는 모닥불 앞에 앉아 조촐한 식사를 마친 뒤 책을 읽기 시작했다.

　누구에게도 방해받지 않는 한적한 시간, 굳이 설명하지 않아도 서로의 마음을 알아채는 능력과 상대방을 배려하는 태도, 자연과 인생을 즐길 줄 아는 노부부의 모습은 토마스와 내가 걸어가고 싶어 하는 노년기의 모습을 그대로 보여주고 있었다. 아이들이 잠든 시각, 부부만의 시간을 가져본다.
　"짠~!"이라며 맥주 캔을 부딪치고는 한 모금 마시려 하는데, "산이 거기 있기에 올라갔다"는 조지 맬러리의 말이 자꾸만 떠오른다.
　내가 어릴 적 우리 가족은 주말마다 산행에 나섰다. 휴일이라는 핑계로 늦잠을 자고 싶다가도, 어린 마음에 부모님이 가자면 당연히 가야하는 줄 알고 따라다녔다. 또한 그 시절 종종 떠났던 가족여행의 장소 역시 바다보다는 산인 경우가 많았다. 때문에 어릴 적부터 도시에 살면서도 산을 자주 접한 편이긴 했지만 진정으로 내가 원해서 갔다기보다는 그저 가족과 함께 하기 위해 오른다는 의미가 더 컸다. 커서도 그랬다. 이따금 '산에 올라가고 싶다'는 생각을 했던 적은 있었지만, 오늘과 같이 절실한 느낌은 아니었다.

휘슬러 산 정상

　그랬던 내가 정상을 눈앞에 두고도 올라가보지 못했다는 사실을 이토록 아쉬워하다니… 어쩌면 지금까지의 나는 '산'이라는 걸 진정 가슴으로 느껴본 적이 한 번도 없었던 게 아닐까.
　모닥불 앞에 앉아 자꾸만 눈앞에 아른거리는 휘슬러 산 생각을 하고 있는데, 이심전심 마음이 통했는지 토마스가 입을 열었다.
　"아까… 너무 아쉬웠어. 산을 눈앞에 두고도 올라가보지 못했다는 게… 아이들만 없었어도 올라가보았을 텐데…"
　살다보면 비슷해지는 걸까? 아님 대자연 앞에선 누구나 같은 마음인 걸까? 모처럼 두 사람의 마음이 맞았다는 것에 반가워하며 다시 한 번 다짐했다.
　"다음에 다시 오게 된다면, 휘슬러 산 정상에 꼭 올라가보자!"
　이제 모닥불 붙이기의 달인이 된 토마스는 어렵지 않게 불을 지핀 다음 이따금 나무막대기로 휙휙 저어주는 것만으로도 불씨를 오랫동안 살려냈다. 활활 타오르는 모닥불 앞에선 추위와 어둠으로 뒤덮인 로키산맥의 밤도 따스하게만 느껴진다.

캠핑 생활 중 적응하지 못한 것 딱 한 가지

어린 아이들과의 로키 캠핑은 무리일 테니 하루 이틀 해보고 안 되겠다 싶으면 주변 숙소를 찾아가라는 우려의 말들이 아득한 옛일처럼 느껴질 정도로 우리 가족은 열흘이 넘는 캠핑 생활에 비교적 잘 적응해왔다 자부하지만, 로키 여행이 끝날 때까지도 막내 민준이가 적응하지 못했던 한 가지는 침낭 속에서의 잠이었다.

발에 이불이 닿는 느낌이 싫은지, 평소 자는 내내 이불을 발로 차 버리는 바람에 한겨울에도 이불을 덮지 않고 자던 아이였다. 집 안에서야 보일러를 켜놓아 겨울에도 따뜻한 온도가 유지되니, 이불로 배만 덮어주거나 유아용 수면조끼를 입혀놓으면 그만이었다.

그러나 로키의 초여름 날씨는 더위와는 거리가 먼데다 밤이 되면 기온이 영하로 떨어지다시피 했고, 난로 등 여타 난방기구가 전혀 없는 우리의 캠핑에 믿을 거라곤 침낭밖에 없었기에, 아이의 줄기찬 거부에도 불구하고 나는 침낭을 끈질기게 강요할 수밖에 없었다.

어린 아이 스스로 침낭 밖으로 빠져나오긴 힘들 테고, 발로 아무리 차도 소용이 없으니 꽤나 답답했던 아이는 자다 몇 번씩 깨어 제 발에 걸리적거리는 솜덩이를 치워달라는 의사표시로 울음을 터뜨리곤 했다. 물론 매일 그런 건 아니었다. 유독 잠이 깊게 든 날은 한 번만 깨어 울거나 극히 드물지만 아예 울지 않는 날도 있었다. 게다가 평소에도 밤중에 한두 번씩은 깨서 우는 아이였으니, 아이의 울음이 꼭 침낭과 연결되어 있으리라는 법은 없었다. 어쨌거나 울음의 이유를 말할 수 있을 정도로 자라지 않은 어린아이였으니 말이다. 간밤에도 아이가 잠에서 깨어 울음을 터뜨렸다. 그것도 여러 차례였다.

 조용한 산 속, 어제따라 아이의 울음소리는 유독 우렁차게 느껴졌다. 아이를 혼낼 수도 없고, 그렇다고 마냥 울도록 내버려 두자니 이웃들에게 미안하여 매우 곤혹스러운 밤을 보냈지만, 어느 시점엔 나 또한 잠이 쏟아져 아이가 침낭을 덮든 말든 신경 쓰지 못하고 그대로 곯아떨어진 것 같다. 아침이 되어 잠에서 깨어났지만, 지난밤 잠자리에 들기 전보다 지금이 오히려 더 피곤하게 느껴진다.

 우리 오른쪽 사이트에도 어린 아이가 있었는데… 만약 예민한 아이였다면 한밤중의 또래친구 울음소리에 잠을 이루지 못했을 것이다. 미안한 마음에 사과를 하려했지만, 그 가족은 이미 아침 일찍 캠핑장을 떠난 뒤였다. 우리 왼쪽 사이트에 묵는 노부부에게도 미안하다. 연세가 많은 분들은 잠귀가 밝다던데… 그러나 노부부 역시 일찌감치 하이킹을 떠났는지 텐트가 비어있다.

"매애애애~" 책에서만 보던 양을 실제 만난 환희

 오늘은 '멀린 호스 크루즈(Maligne Lake Cruise)'를 타러 가는 날이다. 캐나디안 로키의 자연적인 호수 가운데 가장 크다는 '멀린 호수(Maligne Lake)'와 캐나다의 랜드 마크로 알려진 '스피릿 아일랜드(Spirit Island)'를 방문할 예정이다.

 멀린 호수 크루즈는 연중 운행되고 있으나 여름철에는 탑승객이 많아 예약을 해야 할 정도라고 하여, 아침 일찍부터 서둘러 준비를 마친 다음 멀린 호수로 향했다.

 캐나디안 로키에서 가장 넓은 국립공원답게 재스퍼 국립공원 내

재스퍼의 메디신 호수 풍광

에 있는 호수들은 죄다 큼직큼직했다. 멀린 호수로 가는 길에 만난 '메디신 호수(Medicine Lake)' 역시 규모가 굉장히 컸는데, 그 커다란 호수엔 숨겨진 비밀이 있었다.

물이 사라지는 원리를 알고 있는 지금도 변화무쌍한 자연의 섭리가 신기해 죽겠는데, 물이 차오르고 사라지는 이유를 알지 못했던 원주민들이 이 호수를 대할 때의 느낌은 어땠을까?

잠시 눈을 감고 작은 물방울이 되어 빙하로부터 호수를 통해 '멀린 협곡(Maligne Canyon)'에 이르는 대장정을 따라가는 짜릿한 상상을 해본다.

뻥 뚫린 도로를 거침없이 달리던 차들이 가던 길을 멈추고 길가에 서있다면 십중팔구는 야생동물을 발견했거나 사진 찍기에 좋은 포인트를 만났다는 것을 의미했다. 메디신 호수 주변을 드라이브하던 중 길가에 줄줄이 주차를 해놓은 차들로 인해 차선이 좁아진 것이 수상쩍게 느껴져 속력을 줄이며 천천히 주변을 살피자 호수와 맞닿은 길가 낭떠러지 부근에 양떼가 보인다.

재스퍼 메디신 호수로 가는 길에 만난 큰 뿔 양떼

"배애애애애~!"

털갈이를 할 때가 되었는지 털 군데군데가 벗겨져 좀 흉측하긴 했지만, 아이들에게 이토록 가까운 거리에서 큰 뿔 양을 보여줄 기회는 흔치 않기에 일부러 목소리를 한 톤 높여 밝은 목소리로 말했다.

"얘들아, 양 보러 가자!"

"양?"

"응! 매애애애~! 하는 양"

"우와! 나도 갈래!", "나도!"

책에서만 보던 양을 실제로 볼 수 있다는 데에 들떠, 아이들은 아침으로 먹던 사과를 손에서 내려놓을 겨를도 없이 허겁지겁 차에

3. 캐나디안 로키(Canadian Rocky) | 313

아기 큰 뿔 양

서 내렸지만, 막상 본인들보다 훨씬 큰 양을 직접 마주하자 친근함보다는 겁이 먼저 났는지 슬금슬금 뒷걸음을 쳤다. 그 와중에 아이들의 손에 들린 사과를 발견한 양들이 하나둘 떼를 지어 몰려들자 아이들의 표정은 점점 더 굳어지기 시작했고, 아이들 가까이 다가갈수록 더욱 짙게 풍기는 사과 향으로 인해 뱃속의 회가 동했는지, "배애애애애~!"하는 소리가 점점 늘어나더니 결국 지나치게 적극적인 양 한마리가 민준이의 손을 들이받듯 머리로 툭 쳐버렸다.

"으아~앙!"

민준이는 그만 울음을 터뜨렸고, 그런 동생의 모습에 잔뜩 겁에 질린 표정의 윤아는 "엄마, 나 얼른 차로 들어갈래! 으악!"하고 소리를 지르며 차로 달려가 차문에 붙어버렸다.

'이게 아닌데…'

아이들이 동물과 친해지길 바란 내가 너무 성급했던 건가. 하긴, 아이들이 흔히 상상하고 또 책에서 봐오던 양들은 작고 깨끗한 양들이었다.

그러나 지금 우리 앞에 있는 양들은 말 그대로 야생에서 자란 것들이라 깨끗함과는 거리가 멀었고, 게다가 털갈이 중이었다. 어른인 내가 보기에도 약간의 거부감이 들 정도인데, 생전 처음 양을 만나본 아이들은 오죽 했을까. 맛있는 사과가 차안으로 사라져버리자 이제 이곳에는 별 볼일 없다는 듯 양들은 다른 곳으로 느린 걸음을 옮겼고, 차 안으로 들어오고 나서도 양들이 자신들을 쫓아오는지 여부를 확인하기 위해 연신 차 뒤편을 바라보며 마음을 졸이던 아이들은 그제야 안심이 된다는 듯 가슴을 쓸어내린다.

🍁 메디신 호수(Medicine Lake)
계절에 따라 모습이 변하는 호수. 원주민들은 '마법의 호수'라 불렀으며, 'Medicine'이란 이름의 유래가 여기에서 나온다.
빙하 녹은 물이 쏟아져 내려오는 여름철의 메디신 호수(Medicine Lake)는 여느 호수와 다름없다. 그러나 가을이 되면 호수의 물이 모두 말라붙는다. 그 이유는 호수 아래쪽에 구멍이 있기 때문이다. 이 구멍을 통해 땅속으로 스며든 물줄기는 17㎞를 흘러가 멀린 협곡(Maligne Canyon)에서 솟구친다.

영혼의 섬 향한 여정이여! '멀린 호수 크루즈'

'크루즈(cruise)'란 표현이 다소 거창하게 느껴질 정도로 배의 크기는 작았다.

그러나 이곳은 바다가 아닌 호수라는 점을 감안해 보았을 때, 어쩌면 '크루즈'에 대한 우리의 기대가 지나치게 컸던 것일지도 모르겠다. 배가 출발함과 동시에 가이드가 이런저런 설명을 해주었으나 아이들과 함께 맨 뒷좌석에 앉은 우리에겐 그 설명이 들리지 않았다. 차라리 바깥바람이나 쐬자며 갑판으로 나오니 상쾌한 바람과 거센 물살이 역동감을 더해준다. 약 40여분을 달려 멀린 호수 크루즈의 하이라이트이자 캐나디안 로키를 대표하는 사진 속에 늘 등

스피릿 아일랜드의 고즈넉한 사색의 풍광

멀린 호수 크루즈 / 멀린 호수 크루즈 위에서 손바닥 절반 정도의 작은 카메라를 들고 흔들림 없는 자세로 사진 찍던 한 할머니 여행자

장하던 그곳, '스피릿 아일랜드(Spirit Island)'에 도착했을 땐 가슴이 두근거렸다. 크루즈를 함께 타고 온 일행들 외엔 인적을 찾아볼 수 없는 고요한 호수, 산과 빙하가 병풍처럼 둘러싸여 있는 곳, 그곳에 비밀처럼 숨겨진 스피릿 아일랜드가 있었다.

하지만 막상 스피릿 아일랜드(Spirit Island)를 마주했을 땐 약간의 실망감이 느껴졌다. 사실 섬 자체만 놓고 보면 별 것 아닌 것처럼 느껴졌기 때문이었다. 아니, 섬이라기 보단 침엽수 몇 그루가 뿌리를 내린 채 하늘 위로 곧게 솟아 있는 물 위의 작디 작은 점이라 표현하는 게 맞을 것 같았다.

그러나 섬의 배경이 되는 산 무리(Mount Paul, Monkhead, Mount Warren, Mount Henry Macleod, Coronet Glacier, Mount Mary Voux)를 찬찬히 둘러본 다음 스피릿 아일랜드를 배경 속에 넣어놓자, 그제야 스피릿 아일랜드가 속삭이고 있는 숨겨진 아름다움이 내 눈에 들어왔다. 로키에서 만난 대부분의 호수들이 그랬다. 물론 물빛 하나만으로도 본연의 아름다움을 뽐내는 호수가 있었지만, 대부분의 이름난 호수들은 호수 자체만 놓고 보았을 때보다 주변의 산과 나무, 빙하 그리고 건조물 등과 어우러졌을 때 그 아름다움이 배가 되었다.

　이곳에 머문 시간은 짧았지만, '영혼의 호수' 덕분에 조화의 미학을 새삼 깨달으며, 그저 '물속에 돌 던지기 놀이'에 온 정신을 집중하고 있던 아이들과 또다시 배에 올랐다.

　바비큐 냄새가 솔솔 풍기는 선착장 레스토랑에서 늦은 점심을 해결하고 싶었지만, 돌아오는 배 안에서 깊은 잠이 들어버린 민준이를 깨우기가 뭐해 곧장 캠핑장으로 향했다. 조금은 이른 저녁, 캠핑장에 도착한 우리는 점심과 저녁을 한 방에 해결하고자 부지런히 상을 차려 맛있게 먹었다. 토마스는 기분 좋게 캡틴 모건도 몇 잔 마셨다.

스피릿 아일랜드를 배경으로 사진 찍기에 여념이 없는 여행자들

'가족 재발견'의 선물 안겨준 '에디스 카벨 산'

크루즈 투어를 위해 다소 먼 길을 다녀와 피곤한 데다, 원래 계획도 일찌감치 잠자리에 드는 것이었기에 식사가 끝나자마자 잘 준비를 마쳤지만, 해가 좀처럼 지지 않자 선뜻 잘 마음이 들지 않는다. 멀뚱멀뚱 아무것도 하지 않고 가만히 있자니 차라리 어디라도 다녀오는 게 낫겠다는 생각이 들어, 일단 지도를 펼쳐보았다.

"가만 보자… 맞다! 여기에 여름이면 유빙이 둥둥 떠다니는 산이 있다는데… 이름이 뭐였더라? 캠핑장에서 굉장히 가까운 곳이었네! 산책삼아 한 번 가볼까?"

그렇게 해서 우리는 저녁 먹은 것도 소화시킬 겸, 재스퍼에서 꼭 한번 가보고 싶었던 '에디스 카벨 산(Mt. Edith Cavell)'으로 향했지만, 돌이켜 보았을 때 '늦은 저녁 산책삼아 가볼 만 한 거리'는 결코 아니었다. 토마스가 부스스 눈을 뜨며 물었다.

"지금 어디 가는 거야?"

저녁식사 때 반주로 마셨던 캡틴 모건 몇 잔에 취기가 올라오는 토마스는 조수석에 앉아 꾸벅꾸벅 졸고 있었고, 난 지금까지 다녀본 길 중 가장 험한 코스를 조심스레 주행하는 중이었다.

"글쎄… 이 길이 맞는지 모르겠네…"라는 나의 대답에 조금은 귀찮다는 듯 토마스는 다시 눈을 감았다. 미엣 온천을 찾아갈 때도, 멀린 레이크로 가는 드라이브 코스도 참으로 험한 길이라 여기며 다녀왔지만, 에디스 카벨 산(Mt. Edith Cavell)을 찾아가는 길에 비하면 별 것 아니었다. 구불구불 이어지는 산길을 올라가며 쉴 새 없이 나타나는 커브는 C자를 넘어 U자, 그것도 아래 도로와 위 도로 사이가 바짝 붙은 U자 형이었다. 지나치게 경사가 심한 길을 계속

해서 올라가려니 멀미는 둘째 치고 내려오는 길이 걱정되어 이만 되돌아갈까하는 생각도 해보았지만, 지금까지 힘들게 올라온 게 아까워 '이 길의 끝은 도대체 어디인지 확인이나 해보자'는 심산으로 계속해서 차를 몰았다.

로키에서 많은 날들을 보낸 우리에겐 이제 남은 시간이 별로 없었고, 오늘이 아니면 아마도 이번 여행에서 에디스 카벨 산의 '엔젤 빙하(Angel Glacier)'를 보러 가는 건 불가능한 일이 될 것만 같은 예감이 들었다. 물론 내일이라는 시간도 있었다.

그러나 방금 전에도 말했듯이 지금까지 올라온 노력이 아깝게 느껴지기도 했거니와, 길 상태를 모르고 왔으면 몰라도 이렇게 운전하기 힘든 길에 또다시 도전하는 건 쉽지 않은 일일 것만 같았다. 때문에 '지금이 아니면 에디스 카벨 산으로 올라갈 기회는 없다'라는 마음가짐으로 가던 길을 멈추지 않았지만, 아까 길 입구에서 마주쳤던 이정표 외엔 목적지를 알리는 표시가 하나도 없는데다, 그러고 보니 도로를 지나는 차 한 대 없다는 사실이 나를 더욱 불안하게 만들었다.

'혹시 내가 엉뚱한 길을 가는 중은 아닐까?'

'상식적으로 빙하가 둥둥 떠다닐 정도의 물길은 산 정상이 아닌, 산 아래쪽에 있는 것 아닌가? 이렇게 산꼭대기를 향해 가는 길에 무슨 유빙이 떠다닌다는 말인가?'

'피곤해 잠든 가족들을 이끌고 여기까지 왔는데, 만약 허탕 치면 미안해서 어쩌지?'

점점 복잡해지는 마음을 안고 삼십 분이 넘도록 도무지 끝이 어딘지 알 수 없는 험한 산길을 올라가다 보니 드디어 주차장이 눈에 들어오기 시작한다. 다행히 제대로 찾아왔나 보다.

  주차장에 차를 세우고 문을 열자 옆자리에 누워 술 냄새를 폴폴 풍기던 토마스도 아이들과 함께 내렸다.

  그러나 몹시 피곤했는지 아니면 굴곡이 심한 도로로 인해 멀미가 났는지 차에 있는 내내 표정이 좋지 않던 토마스는, 민준이가 이곳에 온 목적을 잊고 자꾸만 자신이 좋아하는 돌멩이만 찾으러 다니자 짜증을 내기 시작했다.

  잠시 후 아이가 원하는 돌멩이를 줍겠다며 산 아래 방향으로 내려가자 토마스도 덩달아 산 아래로 내려가 버렸고, 트레일 입구엔 윤아와 나만 덩그러니 남게 되었다. 사실 이곳을 목적지로 정한 건 순전히 나 혼자만의 결정이었다. 나는 로키에 오기 한참 전부터 몇 만 년 전에 생성되었다는 '빙하'라는 존재를 내 눈으로 직접 확인하고 싶었고, 그에 부합하는 목적지는 두 곳이었다. 바로 '에디스 카벨 산(Mt. Edith Cavell)'과 '컬럼비아 아이스필드(Columbia Icefield)'. 그 중에서도 차를 타고 편하게 도착할 수 있는 컬럼비아 아이스필드보다는 내 발로 직접 찾아갈 수 있다는 이곳에 마음이 조금 더 끌렸다.

  여행을 떠나오기 전, 토마스와 좀 더 많은 대화를 통해 여행지에 관한 사전지식과 의견을 함께 나누는 준비를 해야 했지만, 늘 육아에 시달리던 우리에게 그럴 여유는 없었다.

  그저 "여기 좀 봐봐, 이 사진 속 빙하들 보이지? 이 빙하들이 진짜로 우리 눈앞에서 둥둥 떠다니는 데가 있는데", "그래? 와… 멋지겠네.", "난 여기 꼭 가보고 싶어.", "그래, 민숙이 좋을 대로 해요." 이런 식인데다, 하필 '에디스 카벨 산(Mt. Edith Cavell)'과 관련된 대목에서는 잠시 다른 생각을 하고 있었는지, 토마스는 그때의 기억을 까맣게 잊은 듯했다.

어쨌든 난 목표대로 이곳에 도착했고, 통상 45분이 소요된다는 '패스 오브 더 글래셔 트레일(Pass of the Glacier Trail)'을 한 바퀴 돌고 오기만 하면 되었다. 빙하를 찾아가는 길을 외면하고 반대 방향으로 가버린 토마스의 기분을 무시한 채 이대로 트래킹을 추진하는 게 마음에 조금 걸리긴 했다. 그래서 어떻게 하면 좋을까 잠시 고민을 해보았지만, 결론은 하나였다.

이곳은 종종 들르는 동네 공원이나 근처 산이 아니며, 가끔 찾아다니는 국내의 이름난 관광지 또한 아니었다. 비행기를 타고 하루의 반 이상을 날아 또다시 차를 타고 몇 시간을 달려와야 만날 수 있는, 태어나 처음으로 와본 곳이며 내 생애 꼭 다시 와보리라 장담할 수 있는 곳 또한 아니었다.

"다음 기회를…"이라 말하고 포기하기엔 너무 아깝지 않은가?

'어차피 빙하를 보러 오기로 했던 거면 오는 길이 좀 힘들고 어려워도, 산 위로 올라가는 데 다소 시간이 걸리더라도 기분 좋게 함께 해주면 안 되는 걸까?'

나 역시 토마스에 대한 불만과 짜증으로 마음이 불편했지만, 빙하를 볼 수 있다는 기대감이 상상 이상으로 내 가슴을 벅차게 했기에 차가운 빙하 생각으로 부글부글 끓는 속을 식혀가며 윤아와 함께 빙하를 향해 산을 올랐다. 트레일 곳곳은 물이 흘러 질척거리거나 모래로 인해 미끄럽긴 했지만, 유모차도 가져가지 못할 정도로 험한 길은 아니었다. 아! 그러고 보니 유모차는? 민준이와 함께 있는 토마스가 가지고 가 버렸다! 윤아는 불과 얼마 전까지만 해도 걸

재스퍼 트레일을 따라 가던 길에 보이는 에디스 카벨 산 풍광

는 걸 몹시 싫어하는 아이였다. 스스로 걷는 버릇을 들이기 위해 타이르기도 하고 일부러 매몰차게 굴어도 보았지만, 결론은 늘 같았다. 아이가 싫다는 걸 억지로 강요해봤자 모녀간의 사이만 나빠지는 기분이 든 내가 두 아이와의 여행 필수품으로 쌍둥이 유모차를 꼽게 된 것도 그 때문이었다. 예정에 없던 일을 추진하려니 하나부터 열까지 죄다 꼬이는 기분이다.

'과연 유모차 없이 트래킹을 완주할 수 있을까?'

'유모차 가지러 내려갔다가 토마스와 민준이에게 발목을 잡히면 어쩌지? 그럼 엔젤 빙하 (Angel Glacier)는? 못보고 돌아가게 되는 건가?'

이미 서로의 기분은 나빠질 대로 나빠졌는데, 빙하마저 포기할 경우 들인 에너지와 시간이 아깝다는 생각에 마음을 굳게 먹기로 했다.

'만약 윤아가 중간에 힘들다고 주저앉거나 포기하려 하면 내가 업고서라도 다녀와야지!'

그러나 난 오늘, 우리 딸 윤아의 뜻밖의 모습을 발견하게 되었다.

에디스 카벨 산의 엔젤 빙하의 위용. 빙하 위를 걷는 남자만 봐도 빙하의 크기가 어느 정도인지 가늠할 수 있다

굳이 제목을 붙여본다면, '윤아의 재발견'이라고나 할까. 아이는 마치 유모차 따윈 필요 없다는 듯, 때로는 내 옆을 때로는 내 뒤를 따라 당차고 씩씩하게 산길을 걸었다. 얼음이 녹아 흐르는 질퍽한 길이나 돌멩이가 울퉁불퉁 튀어나와 위험한 길을 만났을 땐 내가 잠시 안고 옮겨주기도 했지만, 그 외의 길에서는 경사가 다소 가파르게 느껴지더라도 아이 혼자 끈기 있게 걸어 올라갔다.

걷는 걸 끔찍이도 싫어하던 그 아이가 맞나 의심스러울 정도였다. 부모는 그저 믿고 기다리면 될 뿐, 아이는 때가 되면 자신에게 정해진 성장속도에 맞춰 자란다는 그 말이 이제야 내 가슴에 온전히 와 닿는다. 어느새 부쩍 성장한 아이를 벅찬 가슴으로 바라보며 함께 걷는 엄마의 마음이 그대로 전해졌는지, 아이는 뭔가 뜻 깊은 일을 하고 있다는 흥분감에 젖어 힘든 것도 모르고 끝까지 임무를 완수했다.

"크르르르~!"

이따금 들려오는 소리는 거대한 빙하가 무너져 내리는 순간이 머지않았음을 암시하고 있었다. 먹이를 앞에 놓고 그르렁거리는 맹

수의 소리, 혹은 하늘에 균열이 생겨 금방이라도 무언가 쏟아져 내릴 것만 같은 소리가 울려 퍼지는 산 정상, 가슴 속 깊숙한 곳까지 전달되는 빙하소리는 우리에게 신비함과 공포감을 동시에 안겨주었고, 그토록 보고 싶었던 빙하와 절벽 아래 떠내려 온 빙하 조각들을 내 눈앞에서 직접 볼 수 있다는 사실에 가슴이 또 한 번 벅찼다.

🍁 에디스 카벨 산(Mt. Edith Cavell)

재스퍼(Jasper)에서 가장 주목받는 산으로, 정상에 빙하가 있어 여름에도 밤낮없이 빛나는 이 산을 원주민들은 '흰색 유령'으로 불렀다.
1900년대 초까지 피츠허그 산(Mt. Fitzhugh)으로 불리던 이 산은 1915년 탐험가 휠러에 의해 에디스 카벨(Edith Cavell)이라 명명됐다.
에디스 카벨(Edith Cavell)은 1차 세계대전 중 연합군 포로의 탈출을 돕던 영국의 간호사 이름으로, 독일군으로부터 스파이 혐의를 받고 화형에 처해진 인물이며, 지금도 재스퍼에서는 매년 여름 그녀를 기리는 추모식이 열린다고 한다.
에디스 카벨 산(Mt. Edith Cavell)과 엔젤 빙하(Angel Glacier)는 관광객들의 인기 코스로, 천사가 날개를 활짝 펼친 모양을 하고 있는 엔젤 빙하(Angel Glacier)는 여름이 되면 빙하의 일부가 무너져 호수에 떨어지는 장관을 보여주며, 호수에는 크고 작은 유빙이 둥둥 떠다닌다.

도대체 토마스 내면에 무슨 일 일어난 걸까!

어느덧 해가 산 저편으로 넘어가고 있는 것을 보니, 이제 내려가야 할 시간이 된 것 같다.

캠핑장에서 출발했을 때가 이미 저녁 8시를 넘긴 시각, 오는 데 30~40분, 아이 걸음으로 함께 하는 산행. 이곳의 해가 워낙 길기에 망정이지 실제로는 밤 열시가 다 되어가고 있을 것이다. 진짜 밤이 오려는지 산이 점점 어두워지자 갑자기 마음이 조급해진 나는 막판엔 윤아를 등에 업고 서둘러 산을 내려왔다.

숨을 헉헉대며 주차장에 도착하자 일몰과 함께 기온이 점점 내려가고 있는 높은 산 중턱에서의 추위를 참기 힘들었던 토마스와 민준이는 차안에서 히터를 틀어놓고 우리를 기다리고 있었다.

내가 왜 굳이 그곳까지 올라갔는지 이유를 모르는 채 긴 시간을 기다려야 했던 토마스는 당연히 화가 났을 거라는 거, 안 봐도 뻔하다.

"도대체 여긴 왜 온 거야?" 굳은 얼굴로 묻는 토마스. 그런 토마스가 몹시 밉다.

"오고 싶었던 곳이야." 나의 대답이 마음에 들지 않았는지, 아무 말 없다.

혹시 내일 다시 오려던 것이었을까?

"다시 오긴 그렇잖아?" 내가 슬며시 묻자, 대답을 회피한다.

그럴 줄 알았다.

어차피 험하디 험한 산길을 따라 차로 삼십 분 이상을 올라와야 하는 이런 외진 곳에 다시는 올 생각이 없었으면서, 이왕 여기까지 온 김에 사십오 분짜리 트레일 한 번 다녀온 것이 그리 큰 잘못인가? 그냥 돌아갔어도 어차피 기분 나빴을 거면서···

"이래도 화, 저래도 화! 어차피 화 낼 거 그냥 해보고 싶었다고!"라고 한마디 해주고 싶었지만, 어둡고 깊은 산 속, 내려가는 길도 마찬가지로 위험할 텐데 자칫 싸움으로 번져 서로의 감정이 망가진 상태로 운전을 하고 가다 사고라도 나면 어쩔까 싶어 꾸욱 참고 캠핑장까지 왔다. 사방은 이미 깜깜한 밤이 되었기에 아이들과 잘 준비를 마친 뒤 잠자리에 들었지만, 마치 온몸 안에서 꿈틀거리는 화를 잠재우지 못하고 당장이라도 폭발할 것 같은 토마스의 모습에 몹시 우울해진다.

'저 사람은 왜 저렇게 자꾸만 화가 나는 걸까?'

'혹시 내가 무슨 잘못을 하고 있는 건 아닌가?'

그동안 우리를 구속하던 모든 것들로부터 벗어나 아름답고 한적한 곳으로 가족만의 여행을 떠나왔으면서, 평소엔 좀처럼 보이지 않았던 행동으로 본인뿐 아니라 다른 이의 여행까지 방해하고 있는 토마스의 모습은 정말이지 이해가 되지 않는다. 도대체 토마스의 내면에 무슨 일이 일어난 걸까. 옆에서 잠든 줄 알았던 윤아가 문득 입을 열었다.

"나쁜 윤아는 어린이집에 버리고 왔잖아. 나쁜 아빠는 캐나다에 버리고 가."

아빠의 낯선 행동이 도무지 이해되지 않던 아이의 의미심장한 표현이었다.

지금보다 더 어릴 적 윤아는 자꾸만 나쁜 습관들을 만들어내곤 했다. 그것의

에디스 카벨 산 트래킹 성공을 자랑스러워하는 윤아

시작시기가 제 동생이 태어날 무렵이었으니, 아마 어린 마음에도 동생에게 엄마를 빼앗길지 모른다는 상실감과 불안감, 그리고 스스로를 위안하고자 하는 마음에서 생긴, 복합적인 성격의 습관들이었

을 것이다. 그러던 어느 날 윤아가 습관 하나를 고쳤다. 깜짝 놀란 내가 어찌 된 일이냐고 묻자, 윤아는 천연덕스럽게 대답했다.

"나쁜 윤아는 어린이집에 버리고 왔어."

별안간 어릴 적 기억이 떠오른 것일까. 짧지만 강한 의미가 함축된 아이의 말이 가슴에 와 닿는다.

"그래… 우리 꼭 말해주자. 나쁜 아빠는 캐나다에 버리고 가라고."

우리가 닮고 싶은 노년의 모습이란…

아침 일찍 잠에서 깨어난 아이들은 텐트 문이 열리자마자 밖으로 나가 놀이를 시작했다.

아직 태양이 대지를 완전히 덥혀놓지 않아 밖은 온통 한기로 가득했지만 아이들은 아랑곳 않았다. 이곳은 자연이 아이들에게 만들어준 멋진 놀이터였다. 하루 종일 땅 위에서 민준이가 좋아하는 자동차 놀이를 할 수 있었으며, 사이트 밖으로 조금만 걸어 나가면 며칠 전 하늘에서 내렸던 빗물이 고여 있는 물웅덩이에서 돌 던지기도 실컷 할 수 있었다. 윤아는 좋아하는 꽃이 핀 곳을 찾아다니며 꽃구경을 했고, 운이 좋으면 오늘처럼 캠핑장 안

휘슬러 캠핑장으로 먹이를 찾아 나온 사슴 무리

으로 산책을 나온 사슴 가족의 행렬도 종종 볼 수 있었다.
　그러나 토마스와 난 아직도 서로에게 쌓인 게 많은 것 같다.
　'그래도 대화를 나누다 보면 해결책이 보이겠지'라는 생각에 아이들이 신 나게 노는 사이 대화를 몇 번 시도해 보았지만, 자꾸 나의 시선을 외면하기만 하니 더 이상의 진전이 없다.
　도대체 어찌해야 할지 나도 모르겠다. 간단히 아침을 차려먹고 놀다 민준이가 낮잠을 자는 사이 옆 사이트에 머무는 은발의 할머니와 대화를 나누게 되었다. 안 그래도 민준이가 밤에 깨어 우는 소리 때문에 이웃들에게 미안하던 차였다. 사과의 말을 꺼내려던 찰나, 할머니가 먼저 입을 열었다.
　"우리들이 밤에 차 소리를 시끄럽게 내어 아기가 자꾸 깨는 건 아니었나요? 미안해요, 시끄럽게 해서."
　"네? 아니에요, 우리 아이는 원래 밤마다 깨서 울어요. 오히려 저희가 시끄럽게 해서 죄송해요."
　"아니에요. 우리는 전혀 시끄럽지 않았어요."
　불과 십여 미터 떨어진 바로 옆 사이트였으니 한밤중에 아이의 우는 소리가 들리지 않았던 건 아닐 것이다. 아이가 깨어 우는 소리를 들었으니 먼저 사과의 말을 꺼낸 걸 텐데, 시끄럽지 않았다고 말씀해주시니 참으로 고맙다. 할머니는 말을 이었다.
　"아이들이 참으로 귀엽고 사랑스러워요. 이렇게 어린 아이들을 데리고 왔다는 사실에 나는 큰 감명을 받았어요."
　할머니의 말 속에서 상대방을 배려하는 마음씨가 진심으로 녹아나와 감사한 마음에 나도 무언가 좋은 말을 해주고 싶었지만, 그 마음이 쉽사리 영어로 바뀌지 않아 입안에서 한참을 머물다 겨우 밖으로 나왔다.

"You look… love… each other…(당신들은 서로를 아껴주고 사랑하는 것 같아요.)"

무슨 말을 하고 있는지… 내가 말하면서도 도대체 말이 되는 소리를 하는 건지 헷갈려 횡설수설 했지만, 나의 좋은 의도를 알아챈 할머니는 인자한 미소를 지으며 말을 이었다.

"당신들은 어때요?"

"Um…(음…)"

사실… 나와 아이들은 진정으로 이곳 생활이 좋았지만, 어젯밤 토마스와의 안 좋은 일도 있고 해서 할머니의 말에 선뜻 답을 할 수가 없었다. 내가 말을 잇지 못하자, 할머니는 화제를 돌려 나의 국적을 물었다.

"전 한국 사람이에요. 한국에서 왔지요."

"그곳에선 영어를 사용하지 않나 봐요?"

"네, 한국어를 사용하죠."

"와… 그렇군요. 우린 낮에 하이킹을 하고, 밤이 되면 이곳에 와서 잠을 잔답니다."

"와우… 대단해요. 저희는 아이들 때문에 하이킹을 할 수 없답니다."

그러자 할머니는 웃음을 터뜨렸다.

"하하! 우리도 조금씩 하는 거랍니다. 만약 우리보고 손자손녀들 데리고 오라고 했으면 못 왔을 거예요. 내가 보기엔 당신들이 더 대단해 보이네요."

함께 웃고 있던 우리에게 살며시 다가와 망고를 깎아달라며 내

휘슬러 캠핑장에서 그저 말없이 서로의 영역을 인정하며 조촐한 캠핑을 즐기던 노부부

손을 잡아끄는 윤아 때문에 대화를 더 이상 이어갈 수 없었지만, 인자한 노인과 함께 한, 한 템포 느린 속도의 대화는 참으로 기분 좋았다. 윤아와 망고를 까서 맛있게 먹고 있는 도중 민준이가 잠에서 깨어났다. 또 다시 한참을 캠핑장 주변에서 즐겁게 놀다가 민준이가 응가를 한 것 같아 화장실에 데려가려 하는데, 아이가 더 논다며 떼를 썼다. 안 그래도 기저귀를 늦게 갈아주었다가 발진이 생겨 고생을 한 기억이 있던 터라 "너! 화장실 안 가면 엄마 혼자 갈 거야!"라고 앞장서자 뒤뚱뒤뚱 엄마 뒤를 따라오는 아이를 발견한 할머니가 웃으며 아이에게 물었다.

"엄마를 찾니?"

아이는 이번에도 보통 사람들은 도통 알아들을 수 없는 외계어로 답을 하고는 화장실 앞에 있는 나를 찾아왔다. 화장실에 들어가 아이의 엉덩이를 씻기고 새 기저귀로 갈아준 다음 밖으로 나왔는데, 할머니가 나를 보더니 달려와 말했다.

"깜짝 놀랐어요. 당신들이 화장실에 간 사이 까마귀가 날아와 당신네 사이트에 있던 쓰레기를 확 채갔어요. 어찌나 빠른지 순식간에 날아와서는 휙! 가져가는 거 있죠?"

"정말요?"

"네"

"와우! 하하하! 진짜 웃기네요."

"그렇죠? 어찌나 놀랐는지… 하하"

안 그래도 호시탐탐 우리 근처의 먹을거리나 쓰레기봉투를 노리고 있던 까마귀들이었다.

한 번은 아이들이 먹던 과자를 잠시 의자 위에 놓아둔 사이 까마귀들이 와서 부리로 파헤쳐 놓은 바람에 과자가 땅으로 모두 쏟아진 적도 있었다. 우리의 먹을거리나 쓰레기를 노리는 건 까마귀뿐만이 아니었다. 이따금 우리가 딴청을 피우는 사이 쪼르르 달려오는 다람쥐들도 방심해선 안 되었다. 왜, 가끔은 곰도 와서 먹을거리를 찾아 파헤친다는 이유로, 쓰레기통 역시 동물들이 열기 힘든 구조로 지어놓지 않았는가.

'캠핑장에 오니 참으로 별 일도 다 있구나…' 생각하며 일단 배고픈 아이들에게 점심을 먹였다. 그런데 아침부터 텐트 안에서 늘어지게 낮잠을 자던 토마스가 일어나 나오며 말한다.

"어디 다녀왔어?"

"민준이 응가 닦아주러 화장실 다녀왔지."

"그래? 여기 순찰 돌던 캠핑장 직원들이 쓰레기 가져갔어."

"어? 까마귀가 가져갔다는데?"

"아니야… 내가 텐트 안에서 들었는데 할머니가 직원들한테 저 사람들은 코리언이라 영어 잘 못 알아듣는다고 대신 말해주겠다고 얘기하는 거 들었어."

"그래? 이상하다… 분명히 까마귀가 가져갔다고 했는데…"

"쓰레기 어디 놔뒀었는데?"

"캠핑장 테이블 옆에. 잠깐 민준이 기저귀만 갈아주고 올 거라 안 치우고 갔었지."

"그럼 맞아. 봐봐, 지금은 없잖아. 까마귀가 가져간 게 아니라 직원들이 치운 거야."

"그래…?"

새삼 할머니의 배려심이 느껴진다. 아이를 챙기느라 늘 정신이 없어 잠시 쓰레기를 방치해야 했던 내 처지를 이해하고 직원들에게 적당히 둘러대 준 센스와, 사실대로 말하면 쓰레기를 제대로 치우지 못했음을 미안해 할까봐 까마귀가 와서 가져갔다며 재치 있는 설명과 제스처로 아이들을 즐겁게 해주던 할머니… 인자함과 사랑이 그득한 눈으로 우리 아이들을 바라봐주던 은발의 할머니… 틈이 날 때마다 책을 읽고 하이킹을 즐기며 단출하게 저녁식사를 차려 먹던 모습. 서로에게 일절의 방해도 주지 않고 말없이 각자의 영역을 인정해주던 그들의 모습. 그 모습이 지금도 눈에 선하다. 나도 그들처럼 늙고 싶다.

토마스가 이상해진 진짜 이유를 알아채니

그러나 감동을 받은 나와는 반대로 토마스는 또다시 '어글리 코리언(Ugly Korean)'이 되었다며 자책을 하고 있었다.

"됐어… 일부러 쓰레기를 널려놓은 것도 아니고, 금방 와서 치우려던 거였잖아. 당신은 어차피 텐트 안에서 자고 있었고."

휘슬러 캠핑장에서 즐거운 한때를 보내는 토마스와 아이들

"그래도 그렇지… 잘 하려고 했는데, 또다시 쓰레기 아무데나 버린 예의 없는 캠퍼가 되어버렸네."

"앞으로 잘하면 되지. 신경 쓰지 마."

자기 부인한텐 잘하지도 못하면서 자꾸 남한테만 신경 쓰는 토마스가 좀 이상해 보인다.

그래도 실컷 자고 일어나자 스트레스가 조금 풀렸는지, 토마스는 먼저 화해를 청해왔다.

이번엔 나도 가만있지 않으리라고 마음을 먹었지만, 막상 상황이 이렇게 되니 그게 그리 쉽지만은 않다. 어쩌면 매번 별 말없이 받아주는 나의 행동이 토마스의 화내는 습관을 키운 걸지도 모르겠다. 그렇지만 난 그렇게 해서라도 이 여행을 유지하고 싶었다. 나까지 감정을 그대로 표현한다면 그나마 유지되던 여행이 산산조각 부서져버릴 것만 같았다. 또한 마음속 한편에는 조금의 믿음이 남아있었다. 토마스는 원래 이런 사람이 아니라 그저 잠깐 이상해진 것뿐이라고.

사실 그동안 토마스는 이렇게 단 한시도 떨어지지 않고 오랜 시간 아이들과 꼭 붙어있던 적이 별로 없었다. 늘 아이들과 함께 있어 자신을 돌아볼 여유가 전혀 주어지지 않는 아기엄마들이 육아스트레스로 인해 자기감정을 주체하지 못하듯, 어쩌면 토마스도 이제껏 겪어보지 못한 새로운 스트레스와 부정적 감정의 덩어리들로 인해 괴로워하고 있는 걸지 모른다. 나야 뭐, 아이들과 떨어져본 적이 거의 없으니 면역이 되어 웬만한 건 참을 수 있었지만, 그럼에도 불구하고 하루에도 몇 번씩 예고 없이 찾아오는 아이의 떼쓰기와 매달리기, 그 밖의 많은 것들을 쉴 새 없이 챙겨주어야 한다는 점은 여전히 힘들게 느껴지곤 했는데, 하물며 토마스는 어떠했을까? 게다가 이곳은 낯선 타국, 비교적 안전하고 갖출 거 다 갖춘 풍요로운 여행을 하고 있지만, 남자들 스스로가 중요시하는 가장으로서의 책임감이나 의무감이 무겁게 다가와 또 하나의 스트레스로 작용하고 있는지도 모를 일이었다.

그래, 이해하자. 어떤 이유를 갖다 붙이더라도 합리화시키자. 이것이 당시 나의 진심이었다.

"정말로, 정말로 이번 딱 한 번만 봐주는 거야!"

"알았어… 진짜로 안 그럴게."

"근데 진짜로 하나만 물어보자, 도대체 왜 그랬던 거야? 이렇게 좋은 곳에서?"

"나도 내가 왜 그랬는지 잘 모르겠어! 그냥…"

"그냥 뭐?"

"그냥… 모건 선장 때문이 아닐까?"

"뭐라고?!"

어이가 없었다. 토마스가 말하는 '모건 선장'이란, 밴프의 한 주류코너에서 발견한 이후 "이건 딱 내 취향"이라며 다운타운에 들를 적마다 한 병씩 구입해 오던 '캡틴모건(럼주의 일종)'을 말하는 것이었다. 한국에선 쉽게 구하지 못하는 거라 이곳에 있을 때 부지런히 마셔두어야 한다며 틈이 날 때마다 홀짝홀짝 마셔대던 토마스였다(당시엔 그랬지만, 지금은 동네 대형마트에서도 쉽게 구할 수 있다). 워낙 주량이 센 데다, 그동안 술을 마셔도 얼굴에 전혀 티를 내지 않아, 술에 관해 별 간섭 않던 나였지만, 그것이 우리 싸움의 원인이었을 줄이야… 뭐… 기억을 돌이켜보니 술에 취한 티가 조금은 났던 것 같기도 하다.

'토마스가 도대체 왜 저럴까?'라며 여행 내내 궁금해 했지만, 막상 의문점이 풀리고 나자 기분이 더 나빠지려 한다.

"또? 또 없어? 다른 이유는?"
"하나 더 있어."
"하나 더? 뭐?"
"그건… 담배가 없어."
"뭐라고? 담배 많이 있었잖아?"
"그 담배가 다 떨어졌어."
"진짜?"
"응! 담배가 없어서 못 핀 지 꽤 됐어."
"오 마이 갓(Oh! My God)!"

담배 때문에 벌어진 소동은 이번이 처음은 아니었다. 신혼 시절, 둘만의 동유럽여행 당시 토마스는 금연 중이었다.

그러나 금단증상이 나타났는지, 토마스는 자꾸 이유가 될 것 같지 않은 일들에 화를 내기 시작했고, 몇 번의 트러블 끝에 토마스와의 여행, 그리고 결혼생활까지 접으려고 하던 차, 금단증상이 그 이유라는 토마스의 고백을 듣고 내 손으로 직접 담배를 사준 이후 남은 여행을 즐겼던 기억이 난다. 우리의 얘기를 들은 친정엄마는 나에게 이렇게 말씀하시기까지 했다.

"자기 몸 자기가 챙기는 거지, 네가 모든 걸 다해줄 수 있는 건 아니잖니. 그러다가 스트레스 받아서 너만 병 생겨. 담배 피고 싶으면 피라고 해. 어떻게 그러고 살겠니?"

내 생각도 같았다. 담배를 끊기 위해선 본인의 의지가 확고해야 한다. 주변에서 펴라 마라 한다고 해서 끊을 수 있는 게 아니란 말이다. 그 때문에 '토마스가 담배를 끊으면 좋겠다'는 바람은 있었지만 부인의 입장에서 금연을 강압적으로 밀어붙인 적은 한 번도 없었다. 그럼에도 불구하고, 이번엔 담배가 떨어진 탓에 이런 사단이 벌어졌다니! 어쩌면 술과 담배는 핑계일 지도 모른다. 육아 스트레스 또한 그저 내 추측일지 모른다. 사람이 살면서 꼭 필요한 게 '진실'만은 아니라는 생각이며, 내가 모르는 또 다른 이유가 토마스와 우리 가족을 힘들게 했을지도 모른단 생각이 잠시 스쳐지나갔지만, 심각하게 파고 들어가는 것을 싫어하는 내 성격상 이쯤에서 적당한 이유를 찾아 종결짓는 게 낫겠단 생각이 든다.

금연 열풍이 불고 있는 이 시점에 남편에게 담배를 권하다니… 그런 아내가 되고 싶진 않았지만, 지금 이 순간 모두를 위한 최선책은 토마스에게 담배를 사서 물려주는 것 같다.

"진작 담배를 사서 피지 왜 이제껏 참고 있었어?"

"여긴 담배를 안 파는걸."

"아니, 금연국가도 아닌데, 어디서는 안 팔겠어? 찾다 보면 나오겠지."

"근데, 마트에도 없고, 도대체 어디 파는지 모르겠네."

"모르면 물어보면 되지. 가보자! 어디서든 팔겠지."

갑자기 기분이 좋아졌는지 토마스는 어제와 오늘 우리에게 보여주었던 표정 중 가장 밝은 표정을 지으며 아이들을 차에 태우고 운전대를 잡았다. 다운타운으로 향하며 머리를 굴려보았다. 이미 늦은 시간대라 대부분의 상점은 문을 닫았으며 열려있는 곳은 편의점 뿐… 편의점… 그래! 한국에서도 편의점에선 담배를 팔잖아!

"어! 저기 편의점인 것 같아, 잠깐만 차 세워봐!"

의외로 쉽게 '모크스(Moch's)'라는 편의점을 찾은 나는 반가운 마음에 편의점으로 뛰어 들어갔다.

"담배 주세요."

말을 하고 보니 갑자기 분위기가 어색하다. 남편 담배 심부름이나 하는 나를 다른 사람들은 어떻게 볼까. 하긴, 남녀구분 없는 흡연시대에 그들은 흡연자가 나인지 내 남편인지 신경도 안 쓸 텐데, 쓸데없이 의식을 해서인지 담배를 건네주는 편의점 직원 아줌마가 나를 빤히 쳐다보는 것만 같다.

"남편이 담배를 피우고 싶대요."

아뿔싸, 괜히 말했다. 차라리 내가 피운다고 하는 게 낫지, 남편에게 사다준다고 하는 게 더 웃기네. 담뱃값은 진짜 비쌌다(한 갑에 한국 돈으로 만원이 넘는 가격). 그것도 모르고 세 갑이나 주문해 놓곤 청구된 비용을 보며 입이 떡 벌어졌다.

"와우! 굉장히 비싸네요."

"그런가요? 여긴 재스퍼잖아요."

그래, 인정한다. 관광지… 시골마을… 외진 곳… 직원의 말대로 담뱃값이 비싼 건 이해가 되지만, 비싸도 너무 비싼 거 아니야? 값비싼 담배를 입에 물고 흐뭇한 표정을 짓는 토마스로부터 다시 한 번 다짐을 받아낸다.

"한 번만 더 성질내면 우린 끝이야!"

빙하지대 극한 추위 실감 '컬럼비아 아이스필드'

오늘은 재스퍼를 떠나 캐나디안 로키 캠핑여행을 처음 시작했던 밴프로 돌아가는 날이다. 시작점으로 되돌아간다는 건, 우리의 여행이 끝나간다는 말과도 같다. 아쉽다.

그렇지만 언제까지나 이곳에서 머물 수 없는 우리는 미련을 접고, 자는 아이들이 깨지 않게 조용히 떠날 준비를 했다. 2주간의 캠핑으로 이제 텐트를 펴고 접는 실력은 수준급이 되었다. 토마스와 나는 일사분란하게 움직여 모든 물건들을 차곡차곡 미니밴 안에 싣고는 아이들을 카시트에 태워 휘슬러 캠핑장을 떠났다.

가는 길엔 마실 나온 곰 가족을 만났다. 멀리서 느릿느릿 움직이는 곰을 기다리자니 마음이 조급해져 곰 근처까진 아니더라도 좋은 포인트로 가서 사진을 찍고 싶었지만, 절대로 해서는 안 되는 일이었다. 저렇게 느려 보여도 실제로 곰이 움직이는 속도는 사람이 뛰는 속도보다 빠르다고 한다.

(※ 주의! 평소 어슬렁어슬렁 느린 몸짓으로 기어 다니는 곰은 '미련하다'는 말의 대명사로 표현되고 있지만, 실제로는 굉장히 빠르고 무서운 동

컬럼비아 아이스필드로 향하는 길목에서 조우한 큰 덩치의 곰

물이라 한다. 때문에 비교적 먼 곳에 있다 해도 결코 안심해선 안 된다.)

내가 어릴 때부터 좋아했던 영화 '가을의 전설(Legends of Falls)'에서도 곰이 등장하며, 주인공 '브래드 피트(Brad Pitt)'는 곰과 싸우다가 그만 최후를 맞이하고 만다. 저 덩치에 날카로운 발톱까지… 또한, 비교적 최근 영화인 '레버넌트(Revenant)'를 보면 진짜 곰을 만났을 경우 어떻게 되는지 비교적 생생하게 간접 체험할 수 있다. '잘못 걸렸다간 온몸이 으스러지겠구나!'라고 생각하니 괜히 오싹해져 아이들이 앉은 뒷좌석의 창문도 닫은 채 운전석 창문만 살짝 내려 대충 사진을 찍고는 우리의 목적지 '컬럼비아 아이스필드'로 차를 몰았다.

비교적 일찍 도착했다고 생각했지만, 이른 아침부터 설상차를 타려는 사람들의 줄이 워낙 길어 한참을 기다린 뒤에야 설상차 티켓을 구입할 수 있었다. 거대한 빙하를 드디어 내 발로 직접 밟아볼 수 있다는 기대감에 가슴이 마구 뛰어온다.

재스퍼에서 컬럼비아 아이스필드로 오던 길엔 분명히 더운 날씨

자동차도로 넘어서 펼쳐진 컬럼비아 아이스필드의 위용

라 느꼈는데, 설상차를 타는 곳에 도착하자 살을 에는 바람이 사방에서 불어온다. 같은 지역인데도 빙하가 가까이 있다는 이유만으로 온도차가 이렇게 크다니, 신기할 뿐이다. 아마 그 덕에 수만 년 동안 녹지 않았던 빙하를 가까이서 직접 볼 수 있는 행운이 주어졌으리라.

아이들이 입은 겨울 점퍼의 옷깃을 단단히 여며주고는 내 키보다도 더 높은 바퀴가 달린 설상차에 오르자 운전과 안내를 동시에 수행하는 가이드가 우리를 반긴다.

아주 느린 속도로 운행하고 있음에도 불구하고 울퉁불퉁하고 미끄러운 빙하 위를 지나가는 설상차는 꽤 아슬아슬하게 느껴졌다. 그렇지만 시종일관 밝게 웃는 표정으로 승객들을 챙겨주며 친절히 안내를 해주는 1인 2역의 가이드 겸 운전사 덕분에 점차 안심되었고, 자신의 일을 진정으로 즐기는 그를 바라보고 있자니 진정한 프로 같다는 생각이 들었다. 그는 솜씨 좋게 설상차를 운전하며 빙하와 이 지역에 대해 많은 설명을 영어로 해주었지만, 솔직히 우리는 반도 제대로 알아듣지 못했다.

그의 설명엔 'Rock Flour*'라는 단어가 자주 나왔는데, 처음 듣는 단어이다 보니 내 귀에는 'Rock Flower'라고 들리곤 했다. 그도 그럴 것이 거대한 빙하 덩어리들이 산이 되고 평원이 되어 이루어진 이 빙하 지역은 한없이 아름다워 내 눈에는 수백, 수천, 더 나아가 수억 개의 얼음 꽃이 켜켜이 쌓인 거대한 언덕으로 보였기 때문이었다. 컬럼비아 아이스필드 방문 이후 그 단어가 내내 궁금했던 나는 한국에 돌아와 사전을 펼쳐들고 'Rock Flower'란 단어를 찾아보았지만, 그런 단어는 존재하지 않았다. 그러던 중 차창 밖으로

컬럼비아 아이스필드를 오가는 설상차

 무언가가 보였다. 우리가 커다란 바퀴달린 버스를 타고 험한 빙하 위를 지나가던 그 때, 한 무리의 사람들이 빙하 위를 한 걸음 한 걸음 힘겹게 걷고 있었다.
 이번 여행을 하며 내면 깊이 숨겨져 있던 탐험가의 기질을 발견한 나였지만, '이렇게 춥고 위험한 지역을 직접 제 발로 걸어 이동하라고 한다면 내가 과연 선뜻 나설 수 있을까?'라고 자문해보았지만 쉽사리 답이 나오지 않을 만큼 언뜻 보아도 험난한 코스였다.
 '인간이 도전할 수 있는 목표에는 한계가 없구나!'라는 생각에 그들이 새삼 위대해 보인다. 한참 동안을 그 웅장하고 커다란 빙하 산맥을 지나 드디어 발걸음을 내디딜 수 있는 지역에 도착했다.
 "이곳의 현재 기온은 영하 30도입니다."
 가이드의 말에 화들짝 놀랐다.
 "영하 30도? 제대로 들은 거 맞지?"

컬럼비아 아이스필드 설상차 내부

태어나 지금까지 이토록 추운 지역에 와본 적이 없다. 말이 영하 30도지, 체감온도는 얼마나 될까. 도무지 감이 잡히지 않아 궁금할 뿐이다. 아이들이 과연 견딜 수 있을까 우려돼 조심스레 자리에서 일어나려던 찰나, "15분 드릴 테니 내려서 빙하를 구경하고 오세요"라는 말이 귀에 들어왔고, 우리는 실망과 아쉬움에 투덜대기 시작했다.

"15분? 고작 15분이 뭐야. 여기까지 오는 게 얼마나 힘들었는데… 이래서 트래킹을 즐기는 사람들은 차 안타고 직접 걸어서 오나봐."

그러나 막상 차 밖으로 나오자, 과연 15분을 온전히 견딜 수 있을까 싶을 만큼의 강한 추위가 온몸으로 엄습해 왔다.

 컬럼비아 아이스필드(Columbia Icefield)
밴프와 재스퍼 국립공원의 경계에 자리한 빙원으로 지상에서 유일하게 빙하 위로 차가 올라가는 곳. 빙원에서 계곡을 따라 낮은 곳으로 흘러내려 온 것을 빙하라 부르며, 컬럼비아 아이스필드에서 우리가 설상차를 타고 가는 곳은 애서배스카 빙하(Athabasca Glacier)이다(컬럼비아 아이스필

설상차를 타고 도착한 컬럼비아 아이스필드의 애서배스카 빙하

드의 빙하는 총 5개). 빙하 위를 오다니는 설상차는 빙판에 미끄러지지 않게 만들어졌으며, 그 바퀴는 어른 키만큼 크다. '컬럼비아 아이스필드 센터(Columbia Icefield Centre)'에서 입장권을 구입, 버스를 탄 후 설상차를 타는 터미널로 이동한다.

🍁 Rock Flour(암분)

빙하의 삭마작용, 특히 분쇄(grinding)에 의해 미세사 내지 실트 이하의 세립으로 된 쇄설물을 가리킨다. 신선한 광물조각으로, 세립자이기 때문에 온난빙하에서는 빙하의 기저와 암반과의 사이를 흐르는 융빙수에 의해 아래쪽으로 옮겨진다. 융빙수의 온도는 낮기 때문에 세립물질의 침강속도는 느려지고, 암분은 그만큼 오랫동안 유류상태로 운반된다. 이 때문에 융빙수는 다량의 암분을 포함하여 뿌옇게 흐린 상태를 나타낼 경우가 많고, 이것은 빙하유(glacier milk)라고 한다.

마시면 만 년 젊어진다는 신비한 빙하수

함께 내린 관광객들은 혹여나 넘어질까 미끄러운 빙하 위를 조심조심 걸으면서도 기념사진 찍으랴, 빙하수 마시랴 다들 분주한 모습을 보였다. 늙는 걸 좋아하는 사람이 과연 몇이나 될까. '마시면 만 년은 젊어진다'는 속설을 담은 빙하수는 단연 인기 코스였다.

준비가 철저한 사람들은 빙하수를 담아가기 위해 빈 페트병이나 물병을 미리 준비해 오기도 했지만, 아이들 때문에 그럴 겨를이 없었던 우리는 뱃속에라도 가득 담아가자며 조심조심 빙하수 녹은 물을 향해 걸어갔다. 이미 로키의 여러 호수를 통해 빙하 녹은 물을 질리게도 보아왔지만, 빙하가 녹아 흘러내리는 과정을 가까이서 접하니 느낌이 또 다르다.

빙하 자체는 그저 투명하거나 하얗게 보이는 얼음덩어리라 생각했지만, 설상차를 타고 지나오면서 보았던 많은 빙하들은 수정처럼 빛나는 푸른빛을 띠고 있었으며, 빙하 녹은 물은 그 빛이 더욱 진하여 신비로운 느낌을 주었다. 빙하 녹은 물에 섞인 어떠한 좋은 성분 덕에 '마시면 젊어지는 물'이라 불렀겠지만, '보석보다 아름다운 물이 내 몸에 들어오는 그 자체만으로 이미 아름다움을 얻은 것과 같다'는 표현을 달리 한 건 아닐까 하는 생각을 해보며 손을 뻗어 물을 받았다.

그러나 그와 동시에, 양손이 찢어지는 것 같은 고통이 느껴졌다. 아름다운 것은 얻는 과정도 쉽지 않구나… 물은 손을 마비시킬 정도로 차갑기도 했지만, 빙하가 녹아 흘러 작은 물길을 만들어낸 빙하벽의 경계에 발이 빠지기라도 할 경우 발이 얼거나 다칠까 두렵기도 했다. 두꺼운 옷을 여러 벌 겹쳐 입어 몸을 움직이기 힘든 데다 미끄러운 바닥 위에선 균형을 잡기가 더욱 힘든지, 비틀비틀 빙그르르 마치 펭귄처럼 뒤뚱거리는 민준이와 특유의 얌전한 자세로

컬럼비아 아이스필드 애서배스카 빙하 지대에서의 필자 가족 기념사진

살금살금 걷던 윤아가 어느새 내 옆에 도착했다.

아이들은 "나도 마셔볼래!", "나도 나도!" 하며 엄마를 따라 빙하 녹은 물을 마셔보겠다고 덤벼들었지만, 일단 얼어붙은 내 손이 더 이상의 빙하수를 받아들이기 괴로워하는데다, 안 그래도 에너지가 넘쳐 감당하기 힘든 아이들이 더욱 젊어진다면? 아니 어려진다면? 그땐 진짜 감당하기 어려울 것 같아 "이거 너무 차가워서 입이 얼어붙을 거야"라는 핑계로 아이들의 관심을 적당히 돌려놓고는 안전한 곳으로 이동시켜 기념사진을 몇 장 찍었다.

15분은커녕 겨우 5분도 버티기 힘들었던 아이들은 차 안에 먼저 들어가 몸을 녹였고, 토마스와 나는 교대로 남아 인간이 직접 밟아볼 수 있는 수만 년 전의 흔적을 만끽하며 5분을 더 버텼지만, 아깝

컬럼비아 아이스필드의 빙하수

게도 남은 5분은 차안에서 보내야 했다. 극한의 추위를 경험하고 돌아오자 몸이 노곤해졌는지 민준이는 이내 잠이 들었다.

아이를 안고 되돌아가던 길, 하염없이 펼쳐진 빙하들을 보며 상념에 잠겨본다. 솔직히 나에겐, 방금 전 만났던 거대한 빙하들보다 엊그제 직접 트레일을 따라 걸으며 가보았던 작은 빙하('엔젤 빙하' 또한 실제로 굉장히 큰 규모였지만 이곳에 비하니 작다는 표현 외엔 다른 표현이 떠오르지 않는다)가 더 인상적이었다. 지금 이 빙하가 몇 백 배 더 웅장하고 멋진데도 말이다. 그 이유는 아마도 다른 이의 힘을 빌려 도달한 것이 아닌, 내 발로 직접 밟아 올라간 곳이기 때문이었던 것 같다. 지금도 힘겹게 빙하 위를 걷고 있는 저 사람들도 나와 같은 감흥을 느끼고 싶어 고생을 무릅쓰며 스스로의 힘만으로 빙하 위를 횡단하고 있는 것이겠지. 누군가 나에게 "빙하 지역을 직접 발로 밟아서 탐험하고 싶습니까?"라고 다시 묻는다면, 내 대답은 "네(yes)!"일 것 같다. 찬란한 햇빛에 눈부시게 빛나는 거대하고 아름다운 빙하… 내 생애 이러한 꿈만 같은 경험을 할 수 있게 해주심에 진심으로 감사드린다. 또한 그토록 고대했던 빙하지역까지 모두 경험하고 나니 이번 로키 여행에 더 이상 바랄 게 없다.

　머릿속을 마구 헤집고 들어오던 갖가지 상념은 신기하게도 컬럼비아 아이스필드를 떠나며 싹 사라져버렸다. 한없이 펼쳐진 하얀 눈처럼 내 마음도 하얀 도화지가 되어버린 기분이다. 어쩌면 견디기 힘든 강추위로 인해 정신이 번쩍 든 걸지도.

처음 시작했던 곳으로 드디어 돌아오다!

　우리는 아이스필드 파크웨이를 따라, 레이크루이스를 지나, 2주간의 여정을 시작했던 곳, 밴프로 돌아왔다. 그리고 첫 캠핑을 시작했던 곳, 터널 마운틴 캠핑장으로 돌아왔다. 처음 시작했던 곳에서 끝을 맺으려니 무언가 특별한 기분과 함께 감회가 새롭다. 이곳에 묵었던 첫날로 돌아가 다시 시작할 수만 있다면 모든 걸 완벽하게 할 수 있을 것 같은데… 모든 걸 다… 아쉬움에 몇 마디 건네니, 역시 이심전심이다.

　"내가 지금 하고 싶은 말이 그거야… 시간을 되돌릴 수만 있다면 화도 안 내고, 캠핑도 더 잘 즐길 수 있을 것 같은데…"

　토마스의 진심을 듣자 왠지 마음속 앙금이 풀어지는 기분이다. 돌이켜 보니 짧은 일정 동안 참으로 많은 일이 있었다. 여행 자체는 나쁘지 않았다. 우리는 계획표가 곧 일정표가 되도록 마음먹은 일들을 추진하는 데 성공했으며, 아이들 또한 건강하고 즐겁게 모든 일정을 소화해주었다. 낯선 곳에서 어린 아이들과의 첫 캠핑은 무리라 우려하던 이들에게도 우리의 여행을 자신 있게 자랑할 수 있을 정도로 우린 모든 걸 해냈다.

터널마운틴 빌리지 캠핑장에서 불 지피는 토마스와 요리하는 아이들. 이제는 너무도 익숙한 풍경이다

그러나 의외의 복병을 만나 쓸데없는 소모전을 벌였던 일들이 많은 후회로 남는다. 늘 생각이 같고 궁합이 척척 맞는 줄로만 여겨온 우리 부부 사이에 숨어 있던, '거대하고도 보이지 않는 벽'을 발견하게 된 것도 실로 나에겐 충격이었다. 아마도 이런 걸 두고 '콩깍지가 벗겨졌다'고 표현하는 거겠지. 아름다운 곳에선 아름다운 생각만 할 줄 알았던 어설픈 기대 역시 '기대는 기대일 뿐'이라는 씁쓸한 여운을 남겼다.

그러나 우리는 알고 있다. 결국 시간이 지나면 즐거움도, 미움도, 후회도 그 모든 게 아름다운 추억으로 남게 되리라는 사실을. 앞으로 무수한 날들을 서로 사랑하다 미워하고, 다투다 화해하며, 서로에게 진이 빠지도록 생채기를 남겨놓곤 그걸 치유하느라 젊은 시절을 다 보내게 되겠지만, 결국 먼 훗날 "그땐 그랬지"라는 말로 시작할 이야깃거리의 일부가 되리라는 걸… 거대한 자연, 그 안에 작은 집을 펼쳐놓고 모닥불을 피우는 토마스, 세상 모든 것이 놀이터가 되는 어린 아이들, 그 모든 걸 한 페이지에 담는 나, 이제는 너무도 익숙한 풍경들 속에서 로키의 마지막 밤을 보낸다.

헤어지기 위한 준비, 다시 캘거리로…

이번 여행에서 토마스와 내가 함께하는 여정은 오늘이 마지막이다. 익숙한 솜씨로 캠핑 장비를 챙긴 우리는 캘거리로 돌아와 가장 먼저 무게가 나가는 캠핑장비들을 한국으로 부친 다음(국제택배를 보내는 방법엔 여러 가지가 있겠지만, 우린 조슈아씨가 알려준 대로 캘거리의 한인 상가에서 텐트, 침낭 등 제법 무게가 나가는 캠핑장비들을 한국으로 보냈다), 남은 짐을 둘로 나누었다. 그 과정에서 한 사람이 비행기에 가져갈 수 있을 만큼의 짐으로 우리의 경우 토마스 몫과 아이들과 남아 또 다른 여행을 하기 위해 필요한 최소한의 나의 짐 이렇게 두 부분으로 구별했다.

여행 기간이 긴만큼 경비를 최대한 줄여야 했기에 호텔에 묵는 것마저 사치라 여기고 떠나왔지만, 오랜 야영 생활로 지친 몸을 쉬어주고 새로운 여행을 시작하기 위한 에너지를 충전하는 데엔 호텔만한 곳이 없겠다 싶어 오늘 하루만큼은 과다지출을 감수하기로 했다.

캘거리 공항 근처엔 이름난 호텔들이 여러 개 있었는데, 우린 그

터널마운틴 빌리지에서 글을 쓰는 필자

중 한 곳을 택해 들어갔다. 문명의 혜택을 누려보는 것이 얼마만이던가!

안락한 침대, 깨끗하고 따뜻한 침구, 세면대와 욕조의 수도꼭지에서 콸콸 나오는 뜨거운 듯물, 각종 채널들이 우리의 눈과 귀를 즐겁게 해주는 TV까지…

"와~ 이것 봐! TV도 나와!"

마치 이런 세상엔 처음 와본 듯 모든 것에 신기해하며 감탄하는 토마스를 보니, 지난 보름간 캠핑 생활을 어떻게 버텼나 싶다. 아이들 역시 침대에 올라가 방방 뛰기도 하고, 편안한 침구에 몸을 기댄 채 TV를 보며 즐거워했지만, 시간이 좀 지나자 따분함이 느껴지는지 함께 놀아달라며 토마스와 나를 들볶기 시작했다. 텐트 문만 열어주면 밖으로 나가 나뭇가지와 돌을 장난감 삼아 온종일 즐겁게 놀던, 불과 몇 시간 전 아이들의 모습이 갑자기 그리워진다. 다시 로키로 돌아가고 싶은 마음이 간절하지만, 그새 문명 생활에 몸이 적응되었는지 그저 나른할 뿐이다.

서부캐나다 캠핑여행 Tip

'캐나다서 사용하던 캠핑장비 한국 반입 요령'

항공사마다 규정이 다소 다르지만(에어캐나다의 경우 1인당 수하물 허용용량은 23kg) 수하물로 가져갈 수 있는 무게에 제한이 있으므로 가능하면 무게가 초과되지 않도록 짐을 최소한으로 줄여야 한다. 여러 명이 함께 비행기를 탈 경우 무게가 나가는 장비들(텐트·침낭 등) 과 가벼운 장비들(코펠·스토브·랜턴 등)을 적절히 섞어 나누어 가져가면 되며, 푹신한 침낭 사이에 다른 물건을 끼워 넣는 방법으로 외부 충격을 줄일 수 있다. 그 외의 기타 장비들(물통·아이스박스 등)은 버리고 가는 것이 나을 수도 있다.

아뿔싸, 공항 가는 길 도저히 찾을 수 없다!

저녁을 먹기 전, 렌터카 반납을 위해 토마스를 공항으로 떠나보낸 다음, 따뜻한 물이 허연 김을 뿜어내는 욕조에서 아이들과 함께 목욕을 하고 있을 때였다. 토마스가 호텔 방으로 돌아왔다.

"차는 잘 반납했어?"

나의 질문에 토마스가 겸연쩍은 미소를 지으며 답했다.

"그게… 공항 가는 길을 못 찾아서… 반납을 못했어."

'설마, 장난이겠지.'라는 생각으로 웃으며 받아쳤다.

"에이~ 농담! 장난하는 거지?"

그러나 토마스가 손에 쥐고 있던 차키를 들어 올렸을 때, 나의 입은 떡 벌어지고 말았다.

"뭐야? 진짜야? 진짜로 반납 안했어?"

보름 내내 주로 운전대를 잡았던 건 내가 아닌 토마스였다. 밴프

↔ 레이크 루이스 ↔ 재스퍼로 통하는 모든 길은 본인이 꽉 잡았다며 내비게이션의 도움 없이도 골목길 하나하나까지 찾아다니던 토마스였다. 아니, 더 거슬러 올라가 캘거리에 도착하여 렌터카를 운전하던 첫날, 도무지 초행길이라고는 믿을 수 없을 정도로 캘거리 공항에서부터 시내로 가는 길까지 막힘없이 잘 찾아다니던 토마스가, 이정표만 잘 살펴보아도 찾아갈 수 있는 공항을 못 찾고 되돌아왔다고, 되돌아오면 어떻게 될까. 그럼 차는 반납하지 않겠다는 건가.

"뭐야! 진짜잖아? 진짜 반납 못했어?"

"어… 공항을 못 찾겠어."

"내비 찍으면 되잖아?"

"찍었지… 그런데 자꾸 이상한 창고건물 같은 곳만 빙빙 돌고, 출국장으로 가는 길은 안 나오네…"

"뭐야! 그럼 어떡해!"

"난 도저히 못 찾겠다. 민숙이가 한 번 가봐."

약속된 렌터카 반납 시간까지는 한 시간이 채 남지 않았다. 씻는 게 문제가 아니었다.

서둘러 자동차 키를 받아든 나는 차를 몰고 공항으로 향했다.

'왜 공항을 못 찾아가는데? 여기서 운전 처음 해봐? 여기 길은 꽉 잡았다며? 캐나다에 온 지도 벌써 보름이 지났는데… 본인도 찾지 못하는 공항을 찾아가라고 떠밀면 내가 무슨 수로 찾는단 말인가?'

너무 어이가 없어 머릿속에 떠오르는 잡다한 생각들을 정리하지 못한 채 그저 엑셀만 부지런히 밟아댔다. 길을 가던 중, 나와 다른 방향으로 'AIRPORT'라 표시된 이정표가 언뜻 눈에 띄었지만, 내

터널마운틴 빌리지에서의 마지막 밤 캠핑장 주변 풍경

가 알기론 이미 공항 근처에 다다랐으므로 일단 내비게이션의 지시를 따르기로 했다. 공항 건물 가까이 들어서자 어이가 없을 지경이었다.

'이렇게 쉽게 도착할 수 있는 곳을 못 찾아왔던 거야? 토마스가 순간적으로 머리가 이상해졌던 건 아닐까?'라는 생각을 하며 건물을 향해 더 깊숙이 들어갔다.

그런데 뭔가 좀 이상하다. 경험상 나라는 달라도 공항으로 들어가는 길은 어디나 비슷했던 것 같은데, 이곳은 지금껏 다녔던 여타 공항들과 약간 다르게 느껴진다. 게다가 이젠 'closed(막힘)'라는 표지판도 보인다.

'어? 길이 어디로 갔지?'

차를 멈추고 앞을 살피자 새로운 공항과 도로를 만들려는지, 길게 낸 도로가 죄다 차단되어 있다. 혹시 공항으로 통하는 길이 있을까 싶어 건물 비스무리한 곳들로 들어가 보았지만 아까 토마스가 말했던 창고건물 같은 곳뿐이다. 삼십 분이 넘도록 근처를 빙빙 돌아보았지만 '공항 같아 보이는 건물들'이 아닌 '진짜 공항'은 찾을 수 없었다. 공항 가는 길 찾기가 이리도 어렵다니, 도무지 이해가 되지 않는다. 2주 전, 우리가 의기양양하게 렌터카를 빌려 나오던 그 공항은 어디로 가야 나온단 말인가.

제시간 내에 차량을 반납하지 못할 경우 추가금액을 물어야 한다고 했다. 우리의 즐거운 여행을 위해 쓰는 돈이 아닌, 이렇게 길을 헤매느라 지출할 돈을 생각하니 아까운 마음이 드는데다, 영영 공항을 찾지 못하면 어떡하나 하는 초조함과 자괴감에 진땀이 삐질삐질 난다. 토마스처럼 모든 걸 포기하고 호텔방으로 돌아가고만 싶다. 그렇지만 나까지 공항을 찾지 못한다면 차는 누가, 언제 반납할 것인가.

내일이면 우리 모두 비행기를 타기 위해 공항에 와야 하는데, 오늘도 못 찾는 길을 내일은 찾을 수 있을까. 시간이 촉박한데 아이들과 함께 헤매느니 시간적 여유가 있는 오늘 혼자서 헤매는 게 낫겠다 싶어 주위를 둘러보았다. 주변으로는 공항을 찾아왔던 차 몇 대가 나와 같은 코스로 계류장과 창고건물을 빙빙 돌다 돌아나가는 것이 보인다. 다른 이들도 길을 헤매는 걸 보니, 토마스나 나만의 잘못은 아닌 것 같다.

지금껏 이정표가 잘 되어 있는 선진국에서 길을 못 찾고 헤맨 적은 거의 없었다. 아무리 공사 중이라 해도 캐나다 같은 선진국에서 공항 가는 길을 제대로 표시해놓지 않다니, 이해가 되지 않는다.

원점으로 돌아가 생각해보기로 했지만, 길을 하도 돌아온 탓에 왔던 길도 찾지 못하고 먼 길을 뺑뺑 돌다 겨우 호텔 근처로 돌아왔다. 여행 내내 마냥 부럽게만 느껴졌던 한없이 넓은 땅덩어리가 이 순간엔 그저 원망스럽고 피곤하게 느껴질 뿐이다. 내비게이션이 새롭게 바뀐 길을 안내하지 못한다면, 아까 잘못된 안내 표지판 정도로 여겼던 그 이정표가 새로 뚫린 길을 알려줄지도 모른다. 이정표를 따라 천천히 길을 찾아 가다 보니 그제야 맨 처음 차를 렌트하여 몰고 나오던 입국장 길이 시야에 들어온다. 오랜 시간 헤맨 끝에 겨우 공항에 도착했지만, 차를 빌릴 때 기름을 꽉 채워 반납하기로 계약을 했기 때문에 일단 공항에서 가장 가까운 주유소로 향했다. 나처럼 렌터카를 반납하려는 사람들로 인해 주유소는 만원이었다. 그간 토마스가 주유를 하던 모습을 여러 번 지켜봤지만, 전혀 어려워 보이지 않았기에 차에서 내려 주유구에다 노즐을 꽂고 기계에 신용카드를 휙! 긁었다.

그러나 "삐삐삐!" 하는 이상한 신호음만 들릴 뿐, 결제가 되지 않은 것 같다.

'잘못 긁었나? 다시!'

그러나 이번에도 결제가 되지 않는다.

'다시 한 번 더!'

'반대로 긁어야 하나? 그럼 이렇게?'

카드를 여러 번 긁어도 결제는 되지 않고, 내 뒤에서 주유를 기다리는 자동차 운전자들은 평소 여유 있게 앞사람을 기다리며 배려해주는 문화의 캐나다인은 아니었던지, 빈 자리를 찾아 급히 차를 이동시키며 불만 가득한 얼굴로 나를 슥 한 번씩 쳐다보고 간다.

'오랜 시간 길을 헤맨 것도 짜증나 빨리 돌아가고 싶은 마음뿐인데, 주유까지 웬 말썽이람? 토마스가 할 땐 쉬워보였는데, 이 또한 아주 쉬운 일은 아닌 것 같군'이라는 생각을 하며 부스에 앉아 있던 직원에게 도움을 요청했다. 안 그래도 대기 중인 차들을 신경 쓰던 직원은 내 요청에 재빨리 다가오더니 결제가 안 된다는 내 설명을 듣고는 휙! 신용카드를 긁어주었다. 내가 하던 방식과 별 차이 없어 보였는데, 직원이 처리해주자 아주 쉽게 일이 끝났다.

'진작 도와달라고 요청할 걸!'

토마스와 나는 렌터카 반납시간보다 한참의 여유를 두고 호텔에서 출발했지만, 결과적으론 반납시간보다 한 시간 이상을 늦어버렸다. 어찌됐든 약속시간을 어긴 건 우리의 잘못이지만 공항으로 오는 길이 막혔다는 변명을 해볼 생각이었는데, 직원은 차를 대충 확인해 보더니 차 열쇠와 반납확인서에 서명을 받은 뒤 잘 가라는 인사를 한다. 공항으로 오는 길이 막혀 초과금액을 받지 않는 건가. 아니면 원래 몇 시간 정도는 여유를 주는 건가. 여행 내내 융통성 없이 원칙만 고수하던 모습의 캐나다인에 제법 익숙해져 이런 태도가 좀 낯설게 느껴지긴 하지만, 나쁘진 않다. 일이 해결되고 나자 갑자기 허기가 느껴진 나는 샌드위치와 커피 한 잔을 사들고 택시 승강장으로 가서 택시를 잡아탔다.

"어디까지 가세요?"

"쉐라톤 호텔이요."

그러자 기사는 이곳에 익숙하지 않은 나를 위해 친절한 말투로 설명을 해주었다.

"어? 그 호텔은 손님을 위한 리무진을 운영하고 있는데, 무엇하러 돈을 들여 택시를 타요? 저기 버스들이 서있는 곳으로 가면 셔틀버스가 올 거예요. 그걸 이용하세요."

"와… 그런 방법이 있었군요. 감사합니다."

택시기사의 말대로 리무진 승강장에 설치된 인터폰을 이용하여 호텔에 전화연결을 시도하자, 수화기 건너편에서 30분~45분만 기다리면 차를 보내주겠다는 답변이 들려온다. 조금 전에 산 샌드위치와 커피를 마시며 기다리면 되겠다는 생각으로 리무진버스 승강장에서 호텔 셔틀버스를 기다렸다.

그러나 다른 호텔 셔틀버스가 뻔질나게 드나드는데 반해, 우리가 묵는 호텔 셔틀버스는 코빼기도 보이지 않는다. 처음에는 '이 나라 사람들은 원래 천천히 움직이니까…'라며 좋게 생각해보았지만, 호텔에 전화를 한 지 한 시간이 지나자 몸이 지쳐가는 데다, 나를 기다리며 걱정하고 있을 토마스의 모습이 눈에 선해져 다시 한 번 호텔에 전화를 해보았다.

그러나 이번엔 아까 통화했던 직원이 아닌 다른 직원으로부터 황당한 답변이 들려왔다.

"이미 체크인을 한 투숙객의 셔틀버스 예약은 받지 않습니다."

확! 짜증이 밀려온다.

"아까는 30분에서 45분 걸린다고 해서 계속 기다리고 있었는데, 지금은 그렇게 말을 하면 어떻게 하나요?"

항의를 해보았지만, 돌아오는 답은 같았다. 더 강하게 따져보고 싶어도, 원체 항의조의 말투에 익숙하지 않은 데다 영어가 짧다 보니 온순한 태도로 자꾸 똑같은 말만 되풀이하는 나의 모습이 내가 봐도 좀 이상한 것 같다. 하는 수 없이 전화를 끊었지만, 전화 받는 사람마다 답변이 다른 것도 웃기고, 모자란 영어실력 때문에 제대로 항의 한 번 못하는 나한테도 화가 난다.

'영어를 완벽하게 구사하지 못하면서 영어권 지역을 여행한다는 게, 때론 상당히 불편한 일이 될 수 있겠구나'라는 생각을 하며 다시 택시 승강장으로 갔다.

'그냥 데려다주지, 공짜로 가는 좋은 방법을 알려준답시고 괜히 호텔 셔틀버스 얘기는 꺼내가지고…'

돈 벌 기회를 포기해가며 선행을 베푼 택시기사에게도 마음속으로 엄한 화풀이를 하며 다른 택시를 잡아탔다. 택시 기사도 지리를 잘 모르는 탓에 이번에도 막힌 길을 돌아 겨우겨우 호텔방에 들어가니 오랜 시간 아이들과 씨름을 하느라 지친 토마스의 얼굴이 발갛다.

"왔어? 차는? 돌려줬어?"

"어… 당신 말대로 공항으로 들어가는 길이 막혔더라."

"그치? 내 말이 맞지? 그래서? 어떻게 찾아갔어?"

"그냥 처음 출발했던 데로 다시 돌아와 새로 난 이정표를 따라가다 보니까 겨우 길이 나오더라. 새로운 공항을 만든다더니 그 작업 때문에 길을 그렇게 막아놨나 봐."

"아, 그랬구나… 실은, 난 차 반납 하나 제대로 못하는 내가 바보는 아닌가 하고 나 자신에게 실망하고 있었어."

"에이… 실망까지… 길이 막혀서 그런 걸 어떡해. 나도 똑같이 헤맸는걸…"

"그래도… 민숙이는 반납하고 왔잖아."

"나야, 당신이 그냥 왔는데 나까지 못하면 안 되니까 어떻게든 해야 한다고 생각하고 밀어붙인 거지… 당신도 나 같은 입장이었으면 끝까지 남아서 하고 왔겠지."

평소 나보다 위치나 거리감각, 문제해결능력이 뛰어나고 가족을 위해 헌신하는 가장이지만, 바쁜 회사생활로 인해 여행의 계획과 준비를 내가 전담해서인지, 이번 여행에선 유독 나에게 의존하는 모습을 종종 보이곤 하던 토마스였다.

'뭐야? 차도 반납 못하고, 바보가 된 건 아닌가?'라던 아까의 생각이 불현듯 떠오르자 토마스에게 괜히 미안한 마음이 든다. 피로에 지친 몸을 깨끗이 씻은 다음 침대에 누웠다. 따뜻한 아늑함에 온몸이 땅속까지 빨려 들어가는 것만 같은 기분이다.

'이렇게 편안한 세상도 존재했구나!…'

고작 2주간의 캠핑이었지만 몇 년은 야외 생활을 하고 돌아온 듯, 잠이 드는 그 순간까지 새로운 환경에 감탄했다. 옷을 껴입거나 침낭 속에 몸을 파묻지 않아도 춥지 않다는 것이, 혹여나 아이들이 추위에 떨거나 감기에 걸릴까 걱정하지 않아도 된다는 것이 그저 맘 편하게 느껴지는 밤. 아이들과 또다시 먼 길을 떠나야 하는 나는, 내일이면 여행을 끝내고 돌아가야 하는 것이 못내 아쉬운지 잠을 이루지 못하고 밤새 뒤척이는 토마스 옆에 누워 어느새 스르르 잠이 든다.

여행자들을 태우고 빅토리아 주의사당 앞을 지나는 관광마차

빅토리아(Victoria)

현대·고전이, 문명·자연이 공존하는 여왕의 도시

여행이란 우리가 사는 장소를 바꾸어 주는 것이 아니라
우리의 생각과 편견을 바꾸어 주는 것이다.
- 아나톨 프랑스 -

늘 여유로운 마음으로 대하는 자세 견지하자

오랜만에 맛보는 편안하고 푹신한 침구 안에서의 달콤한 시간을 좀 더 갖고 싶었지만, 캐나다 여행 제2막을 시작해야 하는 오늘도 우리는 갈 길이 멀다.

호텔 셔틀버스를 타고 도착한 캘거리 공항은 그 분위기만으로도 다가올 '스탬피드 축제 (Stampede Festival: 매년 7월 둘째 주에 시작해 10여 일간 펼쳐지는 캘거리의 대표적인 카우보이 축제)'를 알리고 있었다. 곳곳에 장식된 조형물과 안내문은 물론 유니폼에 배지·가죽신발·가죽조끼·카우보이모자 등으로 장식한 항공사와 공항 근무자들을 통해서도 축제 분위기가 물씬 느껴진다.

　새벽부터 서두른 덕에 체크인을 기다리는 줄이 길진 않았지만, 매사 여유로운 마음으로 대하는 캐나다인들의 특성 때문인지 줄은 좀처럼 줄어들 기미가 보이지 않는다.

　그러나 기다리는 사람들은 얼굴을 붉히거나 서둘러 달라는 요청 한 번 없이 미소를 머금은 얼굴로 자신의 차례를 기다린다. 그 모습이 마치 '때가 되면 내 차례가 오겠지…'라 말하는 듯하다. 만약 여기가 우리나라였다면 이 정도로 느린 속도의 일처리를 느긋한 마음으로 기다려주는 사람이 몇이나 될까. 문득 궁금해진다.

　나 역시 태어나 자란 곳이 대한민국이기 때문에 외국으로 여행을 떠나올 때마다 이런 분위기가 조금은 낯설게 느껴지기도 하지만, 일을 처리하는 사람과 기다리는 사람 모두의 마음을 편안하게 만들어주는 이들의 문화가 부럽기도 하다. 한참을 기다린 끝에 우리 차례가 되었다.

　그러나 수하물의 무게가 항공사 규정보다 약 10㎏ 이상 초과되자 180$ 가량의 초과요금이 부과되고 말았다. 이런 상황이 발생할까봐 일부러 트렁크를 가볍게 해왔음에도 짐을 더 줄여야만 할 것 같다. 하지만 비워도, 비워도 트렁크의 무게는 좀처럼 줄지 않았다. 만약 인원수대로 트렁크를 챙겨왔다면 이런 상황은 발생하지 않았으리라.

　그러나 아이들은 아직 트렁크를 혼자서 책임질 만큼 자라지 않은 데다, 나 혼자 여러 개의 트렁크를 가지고 다닐 수는 없는 노릇이니 어쩌랴(토마스는 2주간의 휴가를 마치고 일터로 다시 돌아가야 했고 우리는 토마스와 헤어져 남은 여행을 지속할 예정이었다). 트렁크 하나로 어떻게든 버텨보고자 꼭 필요한 것만 남기고 그렇지 않은 것은 버리는 작업을 하다 보니 어느새 우리 뒤엔 줄이 더욱 더 길게 늘어져 있었다. 혹여나 그들의 원성이라도 살까 싶어 살짝 고개를 돌려보았지만, 그들 중 얼굴을 찌푸리는 이는 단 한 명도 보이지 않는데다 항공사 직원 역시 기다리는 사람들 따위는 상관없다는 듯 가방 비우는 작업을 하는 우리에게 이런 저런 질문을 던져가며 느긋하게 기다려줬다.

늘 바쁘게, 서둘러 무언가를 해왔던 습관이 아직도 온몸에 배어 있던 나는 기다리는 이들의 눈치가 보이기도 하고 괜히 미안한 생각까지 들었지만, 상호간에 여유 있게 일처리를 할 수 있는 상황이 자연스럽게 만들어지자 캐나다의 문화가 참으로 마음에 든다.

"모자가 참 멋져요!"

토마스가 멋진 디자인과 세련된 카키 브라운 색상의 카우보이모자를 쓴 항공사 직원에게 작별인사와 함께 칭찬의 멘트를 던지자 그녀는 온 얼굴에 환한 미소를 지으며 고맙다는 인사를 했고, 우리의 트렁크가 수하물컨베이어로 넘어가고 나서야 뒤에 서 있던 사람들에게 자기 차례가 돌아갔다.

일찍 일어나 피곤했는지, 민준이는 보안검색 구역에서부터 국내선 비행기를 타고 밴쿠버 국제공항으로 날아오는 내내 떼를 썼다. 하필이면 헤어질 무렵 아이의 심하게 떼쓰는 모습을 본 토마스는 걱정이 한 가득인가 보다.

"혼자서 잘 할 수 있겠어?"

"그럼… 걱정 마."

"힘들면 지금이라도 나랑 한국으로 돌아가자."

캘거리 공항 활주로

"지금? 안 돼."

"내가 보기엔 너무 힘들 것 같아. 그리고… 이미 로키도 다녀왔잖아."

"안 돼. 지금 한창 성수기라 이미 비행기 표 살 때부터 스케줄 변경하기 힘들다는 거 알고 있었잖아. 그리고 잘 곳도 미리 다 예약해놨는데 취소하면 수수료도 물어야 하고…"

"그렇지만 도저히 마음이 안 놓여. 혼자서 이 많은 짐이랑 애들을 다 어떻게 감당하려고."

"하다보면 어떻게든 되겠지. 너무 걱정 마."

"만약에 조금이라도 힘들 것 같으면 지금이라도 포기해, 괜찮아. 한국으로 같이 돌아가자."

"아니야… 난 할 수 있어…"

여전히 마음이 놓이지 않는 토마스는 그렇게 잠시, 나를 붙잡았고, 앞으로 고생길이 훤할 거라는 걸 잘 알고 있는 나 또한 흔들리는 마음을 살짝 엿보이긴 했지만, 지금에 와서 돌아갈 수는 없었다.

"걱정 마. 매일 연락할게. 조심해서 들어가고."

"나야 걱정 없지. 휴우~! 진짜로 조심해. 조금이라도 힘들면 당장 한국으로 돌아와."

"알았어, 고마워. 잘 가!"

"윤아야… 민준아… 아빠 갈게. 여행 잘 하고, 아프지 말고. 빠이

4. 빅토리아(Victoria) | 369

빠이."

아빠와의 헤어짐이 어색하지 않은 것인지 아니면 나처럼 앞으로 다가올 여행에 대한 기대감에 가득 차 있어서인지, 아이들은 아쉬워하는 기색 하나 없이 아빠와의 짧고도 긴 이별을 맞이했다.

밴쿠버공항서 그만 아이들을 잃어버리다!

명색이 국제공항답게 '밴쿠버국제공항'은 각 나라 사람들로 바글바글 넘쳐났다. 3층에 있던 우리는 빅토리아로 가는 버스 티켓 판매소가 위치한 1층으로 내려가기 위해 엘리베이터 앞에 섰다.

"드르륵"

엘리베이터 문이 열렸고, 나는 폭이 넓어 엘리베이터에 탈 때마다 좌우로 걸리곤 하던 유모차를 제일 먼저 문 안으로 밀어 넣었다. 그런 다음 트렁크와 가방을 안으로 밀어 넣으려는 순간, 엘리베이터 문이 순식간에 닫혀 버렸다.

"어? 어! 어!"

엘리베이터 문에는 동작 감지 센서가 설치되어 있지 않았는지, 급한 마음에 손과 발을 밀어 넣어 보았지만, 나의 굼뜬 동작을 비웃듯 문이 굳게 닫힌 엘리베이터는 아래로 내려가 버렸다. 버튼을 눌러보아도 아무 소용이 없었다.

'어떻게 하지? 아이들이 놀랄 텐데…'

당황한 나는 재빠르게 움직이려 했지만, 생각보다 쉽지 않았다. 1층으로 내려가는 에스컬레이터나 계단은 한참 떨어진 곳에 있었으며, 3층 높이에서 무작정 뛰어내릴 수는 없었다. 게다가 나에게는 트렁크와 가방이 무려 세 개나 딸려 있지 않은가. 주인 없는 물건은 위험물로 취급될 수 있기 때문에 공항 내에 가방을 함부로 놔두어서는 안 된다는 잡다한 상식은 왜 하필 지금 이 순간 내 머릿속을 어지럽히고 있는지…

'나에겐 가방보다 아이들이 더 소중하단 말이야!'

잡생각을 물리치고 급히 옆 엘리베이터의 버튼을 눌렀지만, 매사에 여유로운 태도를 보이던 캐나다인들처럼 엘리베이터의 움직임도 지나치게 여유롭게만 느껴졌다. 급기야 저 아래로 내려가는 엘리베이터에선 엄마가 없음을 알아챈 어린 아이들의 울음소리가 울려 퍼지기 시작했다.

"으앙! 엄마! 엄~마~!"

머릿속은 점점 아득해졌고, 이러다 영영 아이들을 놓쳐버리는 건 아닌가 하는 불길한 느낌이 나를 강하게 조여 왔다. 다행히 종종거리며 기다리는 사이, 아이들을 태우고 내려가던 엘리베이터가 3층으로 올라왔고, 곧이어 엘리베이터 문이 열렸지만 아이들은 그 안에 없었다.

'아이들이 어떻게 내린 거지?'

좁은 공간에선 이동이 쉽지 않은 쌍둥이 유모차, 게다가 안전벨트를 채워놓았기 때문에 아이들 힘만으로 유모차에서 내려 유모차와 함께 엘리베이터 밖으로 나갔을 리는 없다.

식은땀이 줄줄 흘러나오던 몸은 조금씩 떨리기 시작했고, 속으로 별의별 자책을 하며 급히 엘리베이터에 올라탔다.

그러나 내가 탄 엘리베이터가 내려감과 동시에 3층으로 올라가고 있는 옆 엘리베이터에서 어린 아이들의 울음소리가 울려 퍼졌

캘거리 공항의 캐나다 국내선 브리지를 지나는 아버지와 딸

고, 아니나 다를까 내가 1층에 도착했을 때, 아이들은 그곳에 없었다.

"젠장! 어떻게 된 거야?! 어떡해? 어떡해!"

아이들이 있는 3층으로 다시 올라가기 위해 벌벌 떨리는 손으로 엘리베이터 버튼을 정신없이 누르고 있던 그때, 한 인도 아가씨가 나에게 다가왔다.

"혹시 아이들을 찾고 있나요?"

"네!"

"걱정 마세요. 아이들은 저희 아버지가 보호하고 있어요. 당신을 찾으러 방금 전에 함께 3층으로 올라갔어요."

"아, 그래요? 감사합니다, 감사합니다!"

가장 필요한 순간 내 눈앞에 나타난 그녀는 마치 구세주처럼 느껴졌다.

'누가 아이들을 데려가면 어쩌나…'라는 끔찍한 생각까지 하고 있던 나는 다소 마음이 놓이긴 했지만, 아이들을 직접 만나기 전까지는 안심할 수 없었다. 인도 아가씨와 함께 엘리베이터를 타고 3층으로 올라왔다.

그러나 그곳에는 아이들이 없었다.

"어? 어떻게 된 거죠? 아이들이 없어요!"

"어? 아버지가 아이들을 데리고 옆 엘리베이터로 내려갔나 봐요. 같이 내려가 봐요."

또 다시 몸이 떨려왔다.

'이러다 아이들을 못 만나면 어쩌지… 괜히 이 먼 곳까지 데려와서 국제미아를 만들어 놓는 건 아닌가… 이 몹쓸 엄마가 도대체 아이들에게 무슨 짓을 한 걸까?'

정말로 미쳐버릴 것만 같았다. 게다가 조금 전까지만 해도 엘리베이터 바깥까지 쟁쟁하게 울려 퍼지던 아이들의 울음소리가 더 이상 내 귀에 들리지 않는다는 사실이 더욱 무섭게 느껴졌다.

'진짜로 아이들이 없어진 것은 아닐까?'

그렇게 엘리베이터 두 개를 번갈아 나눠 타고 아이들과 엇갈리기를 수차례, 아이들도 나도 거의 패닉 상태에 빠질 때쯤, 가까스로 우린 재회했다.

"엄마~!"

"윤아야! 민준아!"

내가 그 당시 울고 있었는지, 내 얼굴에 흐르던 액체가 단순히 땀방울이었는지 아니면 땀과 눈물이 뒤섞인 그 무엇이었는지, 오랜 시간이 흐른 지금은 기억이 가물가물하다.

하지만 지금도 선명하게 내 머릿속에 떠오르는 영상은 온 얼굴이 눈물과 콧물로 뒤범벅되어 애타게 나만을 찾던 우리 아이들이 선하다. 엄마를 찾아주기 위해 생전 처음 보는 아이들을 데리고 1층과 3층을 정신없이 오르락내리락 거리던 친절한 인도 아저씨, 어느 샌가 달려온 밴쿠버 공항 관계자 두세 명, 그리고 우리 주위를 둘러싼 군중들…

"미안해… 엄마가 미안해… 우리 아기들… 엄마 때문에…"

"엄마… 엄마 잃어버리는 줄 알았어. 으앙~!"

"응. 엄마두… 정말 미안해… 정말루…"

그들은 아이들이 엄마를 찾아 다행이라는 말과 함께 서로 부둥켜안고 우는 우리를 바라보며 안도의 한숨을 쉬었고, 난 감사의 인사를 잊지 않았다.

늘 절감하지만 세상만사에 속 깊은 뜻이…

잠시 후 정신을 차린 윤아가 말한다.

"엄마, 나 엄마 없어진 줄 알고 울었어."

"그래… 많이 놀랐지? 엄마도 우리 아기들 잃어버린 줄 알고 울었어."(워낙 정신이 없어 진짜로 울었는지 아니었는지 잘 모르겠지만, 정말로 울고만 싶었던 마음이었기에 울었다고 말해주었다) 그러자 아이의 얼굴이 갑자기 밝아진다.

"진짜? 우리 잃어버리는 줄 알고 엄마도 울었어?"

"응…"

급기야 얼굴에 미소까지 띤다.

"엄마, 다시 한 번 말해봐. 우리 잃어버리는 줄 알고 엄마가 어땠다고?"

"응… 우리 아기들 잃어버리는 줄 알고 엄마도 울었어."

"진짜? 히히… 다시 한 번 말해 봐, 얼른~!"

"응. 엄마는 우리 아기들 너무너무 사랑하는데, 소중한 아기들을 잃어버릴까 걱정 되서 엄마도 울었어."

"내가 진짜 소중해?"

"그럼! 윤아가 엄마한테 얼마나 소중한 존재인데… 윤아는 이 세상에서 엄마가 제일 사랑하는 사람이잖아."

"정말이야?"

"그럼~"

"엄마, 아까 했던 얘기 다시 한 번만 해봐. 우리 잃어버릴까봐 어땠다고?"

무모하고 덜렁대고 바보 같은 엄마가 초래한, 다시 일어나서는 안 될 사건이었지만, 모든 일엔 뜻이 있는지 이번 일 역시 우리 모녀 사이에 작고도 큰 의미를 남겼다. 불과 3주일 전만 해도 캘거리의 민박집으로 향하는 버스 안에서 "나도 엄마의 관심을 받고 싶은데 엄마가 동생만 챙기는 것 같아 속상해!"라며 울음을 터뜨리던 이 작은 아이의 상처받은 마음은 엄마의 사랑을 재차 확인하며 누그러지고 있었다.

아이들을 찾아 1층과 3층을 오르락내리락 하던 횟수보다 몇 배는 더 아이에게 원하는 대답을 반복해주고 나서야 아이는 만족스런 표정으로 대화를 그만두었다.

"엄마… 엄마…" 특유의 애교가 뒤섞인 어리광을 부리던 둘째아이는 엄마의 옷 속에 손을 넣고 가슴을 조몰락거리며 스스로 안정을 취했고, 나 역시 아직도 진정되지 않는 가슴을 달래려 두 아이를 꼬옥 끌어안아 본다.

토마스와 헤어진 지 삼십 분도 채 지나지 않아 이런 실수를 저지르다니! 한 달 남짓 남은 앞으로의 여행에선 좀 더 주의를 기울여야

빅토리아 이너하버의 한 조형물

겠다는 각오를 새롭게 다져본다.

한국으로 가는 비행기가 지연되는 바람에 토마스는 아직 비행기에 오르지 않았으리라. 좀처럼 진정되지 않아 바들바들 떨리는 손을 겨우 움직여 토마스에게 문자메시지를 보냈다. 이런 실수담은 여행이 끝날 때까지 슬쩍 덮어두어도 되건만, 난 왜 그리 지나치게 솔직한 걸까. 아마도 지금 이 순간 나를 위로해줄 누군가가 필요해서였던 걸지도 모르겠다.

"괜찮아? 내가 조금 더 같이 있다가 올 걸."

"지금은 괜찮아. 걱정 마."

토마스와 문자를 주고받다 보니 마음이 좀 안정되는 듯하다.

빅토리아로 가는 도중에 천사 만나다

공항 밖으로 나오자 비가 많기로 유명한 밴쿠버답게 잔뜩 흐린 하늘에선 추적추적 비가 내리고 있었다. 공항을 출발하여 한 시간 남짓 밴쿠버 외곽을 달리던 버스는 '츠와슨 페리 터미널

빅토리아 ↔ 밴쿠버를 이어주는 주요 교통수단인 BC 페리

(Tsawwassen Ferry Terminal)'에 도착했다.

어디서부턴가 바다를 가로질러 온 커다란 배가 사람들과 자동차를 내릴 동안 버스는 항구에서 삼십 분 넘게 기다려야 했고, 오는 내내 차안에 가만히 앉아있느라 답답해하던 승객들은 버스 문이 열리자 하나 둘씩 내려 바깥바람을 쐬기 시작했다.

버스가 주차되어 있는 항구의 공터, 비가 와 여기저기 물이 고인 작은 웅덩이는 아이들의 놀이터가 되어주었다. 마침 자신이 아끼는 장난감 자동차 두 대를 손에 쥐고 나온 민준이는 발로 물웅덩이를 밟아보기도 하고 장난감 버스를 물 위로 지나가게 하기도 했다. 인자한 미소를 띠며 아이의 노는 모습을 지켜보던 버스기사가 다가와 말을 건넸다.

"귀여운 아이네요. 이 아이는 물의 움직임을 즐기는군요."

아마도 자신의 어린 손자를 떠올리는지, 그는 할아버지들 특유의 사랑 가득한 미소를 지

밴쿠버 공항에서 출발하는 퍼시픽 코치 라인 버스

으며 한동안 아이를 바라보다 사라졌고, 잠시 후 한 중년의 여자가 다가왔다. 호주에서부터 빅토리아로 노모의 병문안을 간다는 그녀의 이름은 '바바라(Barbara)'. 친절한 그녀는 나의 서툰 영어에도 차분하게 설명을 곁들여가며 참을성 있게 대화를 이끌어주었다. 그녀 덕에 우리는 오랜 시간 즐거운 이야기를 나눌 수 있었다.

노모가 심장발작으로 쓰러지는 바람에 갑작스레 빅토리아를 방문하게 되었다는 그녀는 호주에서 한국을 경유해 밴쿠버까지 무려 27시간 동안이나 하늘 위에 있었다며 했다. 씻지 못해 꾀죄죄한 자신의 몰골을 나에게 보이게 된 게 걱정이라 말했지만, 내 눈엔 아이 둘을 챙기느라 대충 입은 데다 이미 땀을 여러 번 빼는 바람에 꼴이 말이 아닌 나보단 훨씬 나아 보였다. 또한 머리부터 발끝까지 블랙 컬러로 빼입은 그녀의 편안한 옷차림에선 자연스러운 멋까지 풍겨 나왔다.

승선절차가 끝나자 버스는 사람들을 다시 태우고 이동하여 배에 올랐다. 배가 어찌나 큰 지 퍼시픽 코치 라인 버스 2대 외에도 화물차·승용차·캠핑카 등 다양한 종류의 차, 그리고 많은 사람들이 모두 올라타도 자리가 남을 정도였다. 이 엄청난 무게에도 배가 바다 밑으로 가라앉지 않다니… 문과 출신인 나로서는 이해하기 힘든 과학적 원리가 숨겨져 있는 것이 분명하다.

우린 배 안에서 어떤 것들을 즐길 수 있는지 미리 알아보고 오지 않았지만, 친절한 바바라의 안내 덕분에 마치 원래부터 이 배에 대해 잘 알고 있었던 것처럼 원하는 장소를 쉽게 찾아갈 수 있었다. 게다가 바바라는, 수많은 차에서 한꺼번에 빠져나와 엘리베이터 앞에 모인 사람들을 피해 오르던 가파른 계단에선 민준이를 안고 있는 나를 배려해 윤아의 손을 잡고 함께 계단을 올라주었다. 윤아가 힘들다며 징징대기 시작하자 직접 윤아를 안고 올라가주기까지 했다. 힘든 것도 잠시, 몇 층 위로 올라가자 창밖으로 회색의 흐린 하늘과 그보다 훨씬 더 짙은 색의 바다가 한 눈에 들어왔다.

버스가 주차된 곳은 조명이 약하게 켜져 어두컴컴한 배의 밑 부분, 엄마와 아줌마를 따라 무조건 올라오던 갑갑한 계단… 자신이 있는 곳이 도대체 어딘지 짐작조차 하지 못했던 아이들은 갑자기 밝아진 시야와 눈앞에 펼쳐진 바다를 보자 그제야 배를 타고 있다는 것이 실감나나보다. 내 곁에 한참을 있어주던 바바라는 아이들이 즐거워하는 모습을 보자 안심이 되었는지, 배의 구조에 대해 간단히 설명을 해준 뒤 이제 친정엄마에게 전화를 하러 가보아야겠다며 자리를 떠났다.

그러나 어린아이 둘과 나를 두고 가는 것이 못미더운 듯, 그녀는 몇 걸음 가다 말고 되돌아와 말을 꺼냈다.

"혹시 나의 도움이 부담스럽게 느껴지지 않는다면, 당신 옆에 있어주고 싶은데요… 싫지 않다면 언제든지 말해요, 난 괜찮아요."

"정말요? 고마워요, 진짜 고마워요. 그런데 힘들지 않겠어요?"라고 괜히 미안한 마음에 되묻자, "난 정말로 괜찮아요. 혼자서 아이 둘을 돌본다는 건 정말 힘든 일이예요. 내가 있다면 한 명은 돌보아 줄 수 있잖아요"라며 그녀가 답한다.

"그렇게 생각해준다니 정말 고마워요."

"그럼 얼른 어머니에게 전화만 하고 곧 돌아올게요. 여기서 기다려요."

나름 여행에 대한 사전준비를 많이 했지만, 희한하게도 이 배에 관한 사전정보는 알아볼 생각 없이 여행을 떠나왔다. 아마 그동안 이토록 커다란 배는 타본 경험이 없어서 전혀 감을 잡지 못했던 것 같다.

그러나 비행기와는 비교도 되지 않을 정도로 거대한 규모의 배 안은 여러 층으로 나누어진 구조인데다 내부 또한 굉장히 넓어 아마 나 혼자였더라면 정신없이 헤맸을 지도 모른다.

이제야 버스에 탑승할 당시 운전기사가 배 안에서의 유모차 사용여부를 물은 이유를 알겠다(그 당시 나는 유모차가 필요 없다고 답을 했었고, 이제 유모차는 다른 가방들과 함께 버스 짐칸 안쪽에 고이 실려 있어 꺼낼 수도 없다). 때문에 배를 탈 무렵 바바라가 우리 앞에 나타나준 것이 얼마나 고마운지 모르겠다. 게다가 자진하여 더 많은 도움을 주려 하다니…

바바라를 기다리는 동안 아이들은 통행로를 따라 늘어선 각종 안내책자를 하나둘씩 뽑아 살펴보거나 종류별로 모으는 데 재미를 붙였고, 나는 배가 바다를 가르고 지나가며 남긴 하얀 물거품들을 바라보고 있었다.

이윽고 바바라가 돌아왔고, 우린 일단 배를 채우기 위해 레스토랑으로 갔다. 나는 '클램 차우더(Clam Chowder)'와 '캘리포니아 롤(California Roll)'을, 바바라는 '스펠트 밀과 카뭇 샐러드(Spelt & Kamut Salad)'를 주문한 다음 자리를 잡고 앉았다. 수프를 좋아하는 윤아가 클램 차우더를 먹는 동안 롤에 붙은 밥을 조금씩 떼어 민준이의 입 안에 넣어주자 오물오물 잘도 받아먹는다.

감정 표현에 충실한 서양인답게 샐러드 하나를 먹으면서도 "Um~ Delicious! Very Good~!(맛있다! 정말 좋다!)"라고 하는 등

감탄사를 연발하는 바바라가 신기하게 느껴져 미소를 띠며 바라보자, 그녀는 캘리포니아 롤의 맛이 궁금했던지 나에게 어떤 맛이냐고 묻는다. 내가 맛있다고 대답하며 한 입 권하자 롤 하나를 조심스럽게 집어 들고 입에 넣어 씹던 바바라는 이번엔 눈동자까지 굴려가며 더 큰 목소리로 연신 감탄한다.

"Hm~ Very delicious!(정말 맛있다) Oh~ Blah blah~"

대체적으로 무뚝뚝한 표정의 한국인만 보고 살아오던 나에게 그녀의 모습은 다소 생소하게 느껴져 적응하기가 약간 어려웠지만, 옆에서 보는 내가 웃음이 절로 나올 정도로 풍성한 감정표현은 삶 자체를 즐겁게 만들어줄 것 같다는 생각이 든다.

식사를 마치고 바바라의 안내를 받아 갑판에 올라가보았다. 비가 추적추적 내리는 쌀쌀한 날씨라 그런지, 안에서 바라보는 것과는 달리 갑판엔 엄청난 바닷바람이 불고 있었다. 세찬 바람에 작은 몸이 날아갈 듯 흔들려 똑바로 서 있지 못하면서도 아이들은 마냥 즐거운가보다. "아~!" 입을 크게 열어 온 입으로 바람을 삼켜보기도 하고, '이 바람을 뚫고 앞으로 나아가보겠다!'는 의지를 표현하듯 힘겹게 발을 내디뎌 보기도 한다. 아이를 번쩍 들어 배가 바닷물을 가르며 만들어내는 물거품과 파도를 보여주자 아이는 처음 보는 거센 물살이 마냥 신기한지 입을 헤 벌리고는 발을 마구 버둥거린다. 바바라와 함께 아이를 한 명씩 안고는 한동안 그렇게 바다를 즐겼다.

그러나 절기상 여름이라 생각하고 짐을 줄이기 위해 두꺼운 점퍼는 모두 토마스 편에 보내놓은 상태라, 아이들과 내가 입고 있는 옷은 얇은 점퍼와 카디건 뿐. 이렇게 계속 바람을 맞고 있다가는 아

빅토리아 행 BC페리의 이모저모

이들이 감기에 걸리지나 않을까 걱정되어 더 있겠다고 떼를 쓰며 우는 아이를 데리고 5층 유아휴게실로 내려왔다. 잠시 후, 바바라가 말한다.

"이제 버스로 가야 해요."

"네? 아직 배가 달리고 있는데요?"

"빅토리아에 거의 다 왔어요. 배가 항구에 도착한 다음 버스에 타려면 사람들이 한꺼번에 몰려 복잡할 거예요. 우리에겐 아이들이 있으니까 미리 내려가야 해요."

나는 왜 배의 종착지가 빅토리아인 줄로만 알았을까. 이 바다 어디쯤이 빅토리아인지, 배의 가장 앞머리에 주차된 차들이 내리고 나면 배는 남아있는 차들과 승객들을 그대로 실은 채 다른 목적지로 향한다는 것, 나는 그 모든 것을 사전에 알지 못하고 배에 탑승했다. 게다가 배 안에선 아이들을 챙기느라 정신이 없어, 특히 갑판 같은 곳에서는 잘 들리지도 않는 안내방송은 들을 생각도 못했다.

만약 바바라가 없었다면 우리 짐이 실린 버스를 빅토리아로 보내놓고는 배 안에 남아 마냥 시간을 보냈을지도 모른다는 생각을 하자, '어쩌면 바바라는 우리의 여행을 도와주기 위해 하느님이 보내주신 천사가 아닐까?'라는 생각까지 든다. 이번에도 유아 놀이방에서 더 놀고 싶다며 울상인 아이들을 억지로 버스로 데려와 자리에 앉았다.

잠시 후 배는 빅토리아의 한 항구에 정박했고, 배 앞머리를 내리자 밴쿠버 공항과 밴쿠버 다운타운에서 출발한 퍼시픽코치라인 버스 두 대가 차례로 내리기 시작했다. 버스와 다른 차 몇 대를 내리는 절차를 모두 마친 배는 잠시 쉬었다 다시 앞머리를 올려 바다를

BC페리에서 만난 한 천사
바바라와 함께 한 딸 윤아

향해 출발했고, 우리가 탄 버스는 빅토리아 다운타운을 향해 한 시간 반여를 달렸다.

새벽부터 일어나 차를 타고 캘거리 공항으로 가 비행기를 타고 한 시간 반, 밴쿠버 공항에서 버스를 타고 한 시간 반, 배를 타고 한 시간 반, 다시 버스를 타고 한 시간 반… 쉽지 않은 여정이다.

집들이 드문드문 늘어선 한적한 교외를 지나던 버스는 건물이 즐비하게 이어진 다운타운 지역에 들어섰고, 영국풍의 이국적인 도시를 마주하자 드디어 도착했다는 안도감과 새로운 여행지에서 느낄 수 있는 설렘이 마음속에 번져온다. 바바라는 우리가 택시에 탑승할 때까지 곁을 지켜주었고, 마지막까지 아이들을 챙겨주는 바바라에게 감사의 인사를 전하며 이별을 맞이했다.

서부캐나다 캠핑여행 Tip

① 빅토리아로 가는 방법'

밴쿠버에서 빅토리아로 가려면 페리(BC Ferry)를 이용한다(수상 비행기도 있지만, 비용이 만만치 않다). 자동차 통째로 배에 실어갈 수 있으며, 직행버스를 이용할 경우 빅토리아까지 한 번에 연결되어 편리하다.

직행버스는 퍼시픽 코치 라인(Pacific Coach Line)에서 운영하고 있으며,

밴쿠버 퍼시픽 센트럴 역(Vancouver Pacific Central Station)에서 출발하는 버스와 밴쿠버 국제공항에서 출발하는 버스 2대가 동시에 승선하여 빅토리아로 향한다.

② 다양한 시설이 구비되어 있는 BC 페리
BC Ferry 내부에는 승객을 위한 갖가지 편의시설이 마련되어 있다.
여행을 위한 정보지가 벽면 하나를 뒤덮고 있다. 화장실 · 식당(간단히 조리되어 나오는 요리에서부터 패스트푸드 · 각종 샐러드 · 디저트까지 메뉴가 다양한데다 맛 또한 뛰어나다) · 스낵코너 · 어린이 놀이방 · 게임장 · 휴게실 · 기념품 판매점에 이르기까지, 이용하는 데 전혀 불편함이 없을 정도다. 단, 배의 크기에 따라 이용시설의 차이가 있다.

아이 둘과 함께 묵은 '오션 아일랜드 백패커스 인'

지금보다 더 어린 시절 배낭여행을 다녀본 적이 없어서인지, 신혼여행을 계기로 시작되었던 나의 해외여행 잠자리는 늘 호텔이나 리조트였다. 왜 그런 고정관념을 갖게 되었는지 잘 모르겠지만, 그 당시 토마스와 나는 맞벌이 신혼부부, 아마도 경제적 어려움을 느낄 만한 시기가 아니라 그랬던 것일 수도 있고, 첫 여행의 잠자리가 호텔이라 '여행=호텔'이라는 공식을 스스로 만들어냈던 것일 수도 있었다.

그러나 이번 여행은 이전과는 달랐다. 솔직히 편안하고 쾌적한 환경, 그리고 안전을 제공하는 호텔 같은 고급숙소에 묵고 싶은 마음이 컸다.

그러나 워낙 장기간의 여행인데다, 나의 육아휴직으로 인한 외벌이 가정경제 상황, 게다가 물가 높은 캐나다라는 나라에선 여행을 할 수 있다는 그 자체만으로도 감사해야 할 상황이라 찬밥 더운밥 따질 겨를이 없었다. 또한 돈을 떠나 우리의 숙소를 호스텔로 정했던 더 큰 이유는 아이들의 식사 때문이었다. 오랜 기간 여행을 하면서 삼시  세끼를 모두 외식으로 때울 순 없었다. 하루 세 끼 밥을 먹던 아이들이 갑자기 바뀐 환경에서 생소한 음식들을 계속해서 먹다 보면 영양적으로나 식습관에 문제가 생기지 않겠는가. 때문에 한 끼 정도는 사먹더라도, 나머지 두 끼 정도는 내 손으로 직접 밥을 해먹여야 한다고 생각했다(호텔과 달리 호스텔에는 투숙객들이 이용할 수 있는 공용부엌이 마련되어 있다).

다만, 숙소를 정하고 나자 마음에 걸렸던 것 또한 나와 동행하는 어린 아이들이었다.

여행자들의 말에 의하면 유럽의 어느 호스텔에서는 침대에 살던 이와 벼룩 등의 해충이 투숙객을 물었다고도 했으며, 어느 호스텔은 주변 환경이 지나치게 시끄러워 밤에 잠을 잘 수 없었다고도 했다.

다행히 캐나다의 호스텔은 비교적 괜찮은 편이라고 듣긴 했으나, 캘거리에서 만났던 조슈아씨 역시 "아이들과 호스텔에서? 그런 데서? 흠…"이라며 고개를 갸우뚱하지 않았는가.

'만약 호스텔이 정말로 못 잘 곳이라면, 그 많은 여행자들은 왜 호스텔을 이용하는가?'라는 의문이 들기도 했다. '그나마 난 아이

빅토리아의 '오션 아일랜드 백패커스 인' 호스텔 외관 및 내부

들을 위해 독립된 방인 프라이빗 룸(private room)을 예약해놓았잖아'라고 스스로를 위안하며 호스텔 안으로 들어갔다. '겪어보지도 않고 미리 걱정할 필요는 없어!'라고 다시금 스스로 세뇌를 해본다.

　토요일이라 그런지 우리가 예약한 '오션 아일랜드 백패커스 인(Ocean Island Backpacker's Inn)' 호스텔의 프런트는 많은 사람들로 북적였다. 자칫 균형을 잃으면 그 부피와 무게로 인해 온몸이 함께 뒤로 넘어갈 것만 같은 거대한 백팩을 맨 배낭여행자들, 히피족처럼 보이는 자유로운 영혼들, 염색머리, 곳곳에 피어싱, 희한한 복장들… 프런트엔 그야말로 갖가지 국적의 다양한 사람들이 모여 저마다 체크인과 체크아웃을 기다리고 있었다. 나이로 치자면 나도 젊은 편에 속했지만 이곳은 몸도 마음도 젊은이들이 모이는 곳, 나는 왠지 이런 곳에 어울리지 않는 다른 종족 같다.

　정신이 없어 언제가 내 순서인지도 모른 채 마냥 기다리다 프런트가 조금 한가해진 틈을 타 체크인을 했다(한국에서부터 인터넷을 이용하여 예약을 해놓았기 때문에 체크인 절차는 힘들지 않았다). 체크인 수속을 마치자 덥수룩한 파마머리의 남자직원은 어깨를 으쓱해 보이더니 나를 보며 말한다.

"어쨌든… 아이 둘과 함께라니… 후우~! 대단하네요!"

언뜻 보기에 이 호스텔의 가장 큰 단점은 엘리베이터가 없다는 점인 것 같다. 23kg짜리 트렁크를 들고 낑낑대며 힘겹게 계단을 올랐다. 4층이라는 꽤 높은 곳에 위치한 우리 방까지 죽을힘을 다해 무거운 트렁크를 올려다놓은 다음, 배낭과 보조가방을 올려다놓고, 마지막으로 아이들을 데려가기 위해 왔다갔다하다보니 이곳에는 노인도 보이고, 동양인과 서양인이 골고루 보인다. 보다 다양한 연령대와 인종을 보자 아까의 위축된 마음이 조금 풀리는 것 같다.

'뭐 어때? 좀 더 당당해지자! 그러기로 마음먹고 떠나왔잖아?'

마음을 굳게 먹어보지만, 4층까지 올라오느라 기운을 빼고 나자 다시 자신감이 떨어지기 시작한다.

'사람들은 나를 어떻게 생각할까?'라는 생각이 들어 괜히 신경이 쓰인다. 이동에 꼭 필요한 유모차는 매번 4층에서 1층까지, 1층에서 4층까지 가지고 다닐 수 없어 지하에 보관했다(지하실엔 자전거나 기타 무거운 물건들을 보관할 수 있는 장소와 세탁실이 마련되어 있다).

호스텔에 온 가장 큰 목적은 부엌을 사용할 수 있다는 점이었지만(공동부엌은 1층에 위치), 아직 걸음마가 미숙하여 계단을 기어서 오르내리는 민준이를 데리고 식사 때마다 오르내릴 수도 없는 노릇이고, 그렇다 해서 어린 아이들만 방안에 놔두고 나 혼자 식당에 가 요리를 해올 수도 없는 노릇이다 보니 아무래도 부엌을 이용하긴 힘들 것 같다는 예감이 든다.

🍁 **오션 아일랜드 백패커스 인(Ocean Island Backpacker's Inn)**

빅토리아의 공식 유스호스텔인 Hi Victoria Hostel보다 규모와 시설이 더 좋은 편으로, 유스호스텔 회원인 경우 할인을 받을 수 있다.
세탁실과 자전거를 유료로 이용·대여할 수 있으며, 공용컴퓨터실·현금 지급기 등을 갖추고 있다.

세상 모든 건 내 마음먹기에 달려 있다

프런트에서 받은 열쇠로 문을 열고 방 안으로 들어왔다.

예상은 했지만… 막상 현실을 마주하자 뭐라 할 말이 생각나지 않아 잠시 제자리에 멈추어 있었다. 작은 방 안에는 작은 냉장고, 철제 프레임의 일인용 침대, 철제 테이블 하나와 철제 의자 하나가 전부였다. 어찌나 좁은지, '가구'라 이름 붙이기도 애매한 도구들 외의 빈 공간은 성인 한명만 움직일 수 있을 정도였다.

"휴우~!" 한숨이 절로 나온다.

'호스텔이 좋으면 얼마나 좋겠어.'

기대를 하고 온 건 아니지만 생각보다 더욱 실망스럽다.

'나, 이런 방에서 아이들과 잘 지낼 수 있을까?'

아까의 위축된 마음에 작고 볼품없는 방까지 더해지자 집으로 돌아가고 싶은 마음뿐이다.

그러나 엄마가 짐을 풀고 정리하는 동안 모든 게 신기한 듯 호기심 가득한 눈빛으로 창밖을 바라보며 장난하는 아이들을 보자 그저 고마웠다.

'그래, 너희들만 괜찮다면…'

아이들을 향해 힘없는 미소를 짓던 중, 문득 앞으로 이곳에서 잘

'오션 아일랜드 백패커스 인' 호스텔 공용부엌 및 '오션 아일랜드 백패커스 인' 호스텔 더블 룸 객실

지낼 수 있는 방법이 떠올랐다. 모든 건 나의 마음에 달려있었다. 더 넓은 세상을 경험하고 더 다양한 시야를 갖고자 여행을 마음먹은 내가 아니던가. 아이들이 그 어떤 선입견 없이 이곳을 맘에 들어 하는 것처럼, '왠지 이런 곳과 나는 어울리지 않는다'는 고정관념을 벗어 던지고 '나는 어느 곳에서든 잘 지낼 수 있다'는 열린 마음을 갖는다면 이곳이 그리 형편없게 느껴지지만은 않을 것 같다. 따지고 보면 잠자리와 독립된 공간이 있고, 공용이긴 하지만 부엌과 화장실도 있지 않은가.

대충 짐정리를 끝내고 난 다음, 근처 마켓에서 먹을거리를 구입해 오니 어느덧 저녁 시간이 되었다. 새벽부터 땅과 바다, 그리고 하늘을 누비며 보냈던 힘든 하루라 많이 지쳐있을 텐데 저녁밥까지 늦는다면 아이들의 짜증이 이만저만 아닐 거란 생각에, 1층에 있는 공용 부엌으로 가려던 생각은 잠시 접기로 하고 로키에서부터 미리 챙겨온 코펠과 버너를 이용해 방안에서 밥을 지었다. 밥을 뜸들일 동안 맛있는 된장찌개도 끓였다. 혹시나 해서 챙겨온 버너와 코펠이 이토록 유용할 줄은 미처 몰랐다.

실망감으로 인한 작은 충격이 만들어준 이곳의 첫인상이 아직 머릿속에 박혀있긴 하지만, 창밖으로 보이는 이국적인 건물, 영어와 프랑스어가 섞인 이정표들, 이따금 인도를 지나거나 횡단보도를

'오션 아일랜드 백패커스 인' 호스텔 지하(자전거 등을 보관할 수 있으며, 세탁실도 함께 위치하고 있다)

건너는 외국인들, 그리고 교통신호에 맞춰 멈추고 달리는, 적지도 많지도 않은 자동차들의 모습들이 왠지 정겹게 느껴지려 한다.

테이블에 밥과 찌개, 그리고 간단한 반찬거리를 펼쳐놓고 아이들과 저녁을 먹고 있자니 이곳이 점점 더 마음에 든다.

아까도 느꼈듯 나의 생각만 바꾸면 이곳 생활엔 아무런 문제가 없을 것만 같다. 이토록 해맑은 미소를 지으며 행복한 모습으로 밥을 먹고 있는 두 아이들이 내 앞에 있지 않은가.

빅토리아 역시 한국에 비해 낮이 긴 편이었지만, 캘거리나 로키에서만큼은 아닌 것 같다. 덕분에 지난 3주 동안보다는 조금 더 이른 시각, 아이들과 잠자리에 들어본다.

헤매본 길이 기억 속에 더 오래 남는 법

셋이 자기엔 좁은 감이 있는 싱글침대였지만, 여행을 여러 번 다니다 보니 자는데도 요령이 생겨 약간의 불편함만 참으면 침대의 크기 같은 건 별 문제가 되지 않았다(우리의 경우 세로가 아닌 엇비슷한 가로로 셋이 누운 다음, 침대 밖으로 삐져나가는 나의 다리는 침대 높이에 맞는 의자를 갖다 그 위에 얹어놓는 방법으로 해결했다).

비 내리는 빅토리아의 밤은 절기상 여름임에도 전혀 따뜻하게 느껴지지 않아, 잠든 아이들이 이불을 차 내버릴 때마다 혹시나 추울까 염려되어 계속해서 이불을 끌어다 덮어주곤 했다. 많이 피곤했는지 아님 이곳의 잠자리가 편해서였는지, 아이들은 밤새 한 번도 깨지 않고 숙면을 취했다.

개운한 기분으로 일어난 아이들과 함께 어제 저녁에 만들어놓았던 국과 반찬으로 간단히 아침식사를 하고는 빅토리아 첫 구경에 나설 준비를 해본다.

'어디를 먼저 가볼까?'

침대 위에 가이드북과 지도를 주욱 펼쳐놓고 고민에 고민을 거듭하다, 세계 어디를 가든 그곳의 문화와 서민들의 모습을 직접 느껴볼 수 있는 시장이나 광장과 같은 곳을 먼저 찾아가보기로 했다. 그렇게 정한 오늘의 목표는 '배스천 스퀘어(Bastion Square)'. 호스텔에서 나와 한 블록 지나자 익숙한 양식의 건물이 보여 잠시 멈춰섰다. 그곳은 가톨릭 성당이었다(정식 명칭: St. Andrew's Cathedral). 열린 문 안으로 보이는 것은 마침 미사를 드리고 있는 많은 수의 가톨릭 신자들, '빅토리아 여행을 기도와 함께 시작하게 되다니!' 갑자기 마음이 설레고 경건해진다.

나는 가톨릭 신자이다. 결혼 전, 주일이 되면 어김없이 성당을 찾았고, 성당 안에서 프러포즈를 받았으며, 결혼식도 가톨릭 예법에 맞춰 주교님과 신부님들의 주례로 경건하게 마쳤다. 신혼 때도 특별한 일이 없는 한 매주 일요일 토마스의 손을 잡고 함께 성당에 나가 미사를 드리곤 했다.

그러나 첫아이를 임신하고부터는 성당에 다니기가 힘들어졌다. 사람들이 한데 모여 제각각의 체취를 풍기는 성당 안은 나의 입덧 증세를 더욱 심하게 만들었기 때문이었다.

한두 번 소홀하다 보니, 나중엔 입덧 기간이 끝났음에도 몸이 힘들어서, 쉬고 싶어서 등 온갖 핑계를 대며 성당에 나가지 않게 되었다. 아이를 낳고서는 더욱 좋은 핑계꺼리가 생겼다. 산후조리를 해야 하는데… 또 이렇게 어린 아이를 데리고 어딜 나간단 말인가.

웃긴 건, 큰아이가 태어난 지 3개월이 되기도 전, 난 매주 화요일마다 백화점 문화센터로 '엄마와 아기가 함께 하는 강좌'를 들으러 다녔다. 사람들이 북적이는 곳에 자꾸 어린 아이를 노출시킨다는 친정엄마의 핀잔을 매번 들으면서도 말이다.

문득 성당에서 퍼져 나오는 경건한 분위기를 마주하자 왠지 부끄럽고 죄스러운 마음이 들었다. 무언가에 이끌리듯, 나는 아이들을 데리고 성당 안으로 들어갔다. 신자들로 꽉 찬 성당 안은 앉을 자리가 모자라, 나처럼 늦게 도착한 신자들은 본당 뒷자리에 서있어야 했다. 아무래도 상관없었다. 어차피 영어로 진행되어 잘 알아들을 수도 없었다. 하지만 미사의 전체적인 흐름이나 순서는 한국의 성당에서와 같았다. 아마 전 세계가 다 같은 걸지도. 때문에 귀로 알아듣진 못해도 마음으로 알아들으며 함께 기도를 했다. 가장 인상 깊었던 건 신부님의 강론하는 자세였다. 그동안 내가 다녀보았던 성당의 신부님들은 모두 단상에 선 채 자리에 고정된 마이크 앞에서 강론을 하곤 했다.

그러나 이곳의 신부님은 달랐다. 마이크를 손에 쥐었는지, 옷에 끼웠는지까지는 잘 기억나지 않지만, 신부님은 강단 위를 자유롭게 다니며 강론을 했다. 역시 무슨 말인지 알아듣진 못했으나, 신부님의 자유로운 태도와 제스처에 지루한 줄 모르고 지켜보다 보니 어느덧 봉헌시간이 되었다.

빅토리아의 길을 알려주는 안내판

그러나 아차! 가방 속엔 현금지갑이 없었다. 늘 정신이 없는 내가 호스텔에 현금지갑을 깜빡하고 놓고 왔나보다. 지난 몇 년간의 사죄의 의미로 헌금이라도 좀 하려 했건만… 하는 수 없이 주머니를 탈탈 털어 나온 동전 한줌을 헌금함에 살짝 넣고는 미사 전례가 모두 끝나기 직전, 성당 밖으로 나와 목적지를 향해 걸었다.

아직 이곳 지리에 익숙하지 않아서인지, 지도가 가리키는 방향이 아닌 엉뚱한 곳으로 향하고 있는 것 같다. 지도를 펼쳐들고 한참을 헤매다 다시 도착한 곳은 조금 전 우리가 미사를 드리던 가톨릭 성당. 그곳에선 미사를 마친 사람들이 우르르 밖으로 밀려나오고 있었다. 미사가 끝날 시각엔 아이들과 함께 빠져나오기 복잡할 것 같아 미리 나온 건데, 어차피 미사를 마치고 나오나 아니나 똑같게 되어버렸다. 흠… 뭐, 괜찮다. 한 번 헤맸으니 지도를 다시 읽어볼까.

여행을 하며 깨달은 건, 단번에 찾아간 길보다 여러 번 헤매본 길이 머릿속에 더 깊이 박혀, 이후 같은 길을 찾았을 때 좀 더 수월하게 목적지에 도달할 수 있다는 사실이다. 그리고 이와 같은 과정을 몇 번만 반복하면, 여행지를 떠난 다음에도 눈을 감고 떠올렸을 때 그곳이 마치 내 기억 속에 살아있는 듯 생생히 펼쳐져 마치 여행을 계속하는 것 같은 느낌을 주었다.

어린 시절 더욱 생생해진 '배스천 스퀘어'

복잡한 거리를 지나 배스천 스퀘어에 도착하자, 때마침 일요장이 섰다. 이곳을 오늘의 목적지로 선택하길 잘한 것 같다. 빅토리아를 떠나기 전까진 주말이 한 번 더 남았으니, 나에겐 빅토리아 배스천 스퀘어의 일요장을 볼 수 있는 기회가 두 번이나 주어진 것이다. 마침 오는 길에 아이들이 잠이 들어 혼자서 천천히 장 구경을 할 수 있게 되었다.

어릴 적 엄마를 따라 나섰던 옆 동네 장터에는 사고 싶은 것, 그리고 먹고 싶은 것들이 참 많았다. 이따금 친정엄마는 어린 나를 데리고 시장에 다니던 추억을 떠올리곤 했는데, 어린 내가 시장 입구에 들어가면서부터 밖으로 나올 때까지 보이는 건 죄다 사 달라 조르던 모습이 얼마나 귀엽고 웃겼는지 모른다고 종종 말씀하셨다. 금이야 옥이야 기르던 딸이었지만, 동생이 태어나자 더 이상 업어달라고도, 안아달라고도 하지 못하는 내가 의젓하게 엄마 손을 잡고 걸어 다니기 시작했을 땐 엄마의 마음이 그리도 뭉클하고 아플 수 없었다는 구절도 함께. 그러던 어느 날 갑자기 사람들이 밀려들어 복잡해진 시장 골목에서, 나는 엄마를 잃어버리고 말았다.

"엄마~ 엄마!"

울면서 엄마를 찾았지만, 엄마는 보이지 않았다. 아마 어린 동생을 챙기느라 나를 잠깐 놓쳤나보다. 엄마를 찾아 나서려던 그 순간, 언젠가 엄마가 하셨던 말씀이 생각났다.

빅토리아 배스천 스퀘어

 "만약 엄마랑 함께 가다가 엄마를 잃어버리면, 엄마를 찾아 여기저기 다니지 말고 그 자리에 가만히 있어. 그럼 엄마가 너를 찾는 게 더 쉬워질 거야."

 늘 말 잘 듣는 아이였던 나는 그날도 엄마의 말씀을 기억해내고는 같은 자리에서 엄마를 기다렸다. 만약, 그날 엄마를 잃어버렸다면 난 어떻게 되었을까. 나의 인생은 어떻게 되었을까. 다행히 오래 지나지 않아 엄마가 헐레벌떡 나를 찾으러 오셨다. 잠시 놀라긴 했지만, 이내 엄마를 찾고 안심했던 기억, 당황하여 이리저리 동분서주했을 수 있었을 텐데도 엄마의 말을 떠올리고 차분하게 대처했던 어린 나의 모습을 대견해하시던 그런 기억들이, 시장에 올 때마다 늘 떠오른다.

 오는 길에 잠들지 않았다면 지금 이곳을 보며 눈이 휘둥그레진 우리 아이들 역시 이것도 사 달라 저것도 사 달라며 졸라댔을 테지. 점포가 빼곡이 들어선 우리네의 시장과는 달리 이곳 일요장은 말 그대로 비상설 장터라 점포의 간격에도 여유가 있었고, 사람들이 많긴 했지만 다행히 쌍둥이 유모차가 지나가지 못할 정도로 길이 좁진 않았다. 장이 끝나는 지점에서 조금 더 걸어 나가던 나는 깜짝 놀라고 말았다. 벌써 이너하버까지 와버린 것이었다. 오는 길을 여러 번 헤맨 탓에 거리감이 서지 않아 항구까지 가는 거리는 조금 더 남았을 거라 예상했는데, 이렇게 가까운 곳이었다니… 지도상의 거리와 실제 거리가 이제야 가늠이 된다. 만약 길을 돌아오지 않았다면 호스텔에서 항구까지는 더 가까운 곳이었을 지도 모른다는 생각을 하자 괜히 흐뭇해진다.

'앞으로 매일 항구에 나와 볼 수도 있겠네…'

🍁 배스천 스퀘어(Bastion Square)
빅토리아의 역사가 시작된 곳으로, 빅토리아에서 가장 오래된 장소. 광장이라기엔 작은 편이지만, 항상 많은 사람들로 북적이는 곳.

맛있는 브런치 즐기자! '윌리스 베이커리 앤 카페'

따뜻한 볕 아래 바다가 보이는 공원에 자리를 잡고 아이들이 잠든 유모차를 바람이 등지게 세워두었다. 강한 바닷바람이 온몸을 휘감자 상쾌함이 느껴진다. 카메라에 주변 풍경을 담은 후 지도를 보며 다음 목적지를 찾다 보니 문득 허기가 돈다.

'아침 먹은 지 얼마나 되었다고…'

허기를 채우기 위해 미리 챙겨온 그릭 요거트를 꺼내 한 컵을 다 비우고 나자 슬며시 잠에서 깨어난 윤아가 말한다. "엄마, 배고파…" 속이 허한 건 나만이 아니었나보다.

"그래? 우리 브런치나 먹으러 갈까?"

비록 요거트를 먹긴 했지만 뱃속의 허기를 완전히 달래지 못한 나는 윤아의 말이 반갑게 느껴져 그 즉시 왔던 길로 유모차를 되돌렸다.

'어디 먹을 만한 곳 없나?'

작은 음식점들이 즐비한 골목으로 들어서 주변을 둘러보자, '윌리스 베이커리 앤 카페(Willie's Bakery & Cafe)'라고 쓰여 있는 간판이 눈에 들어온다. 크지도 작지도 않은 레스토랑에 들어가 자리를 잡고 앉아있자 '혹시 소문난 맛 집은 아니었을까?'라는 생각이 들 정도로 사람들이 몰려들기 시작하더니, 시간이 조금 더 지나자 그 줄은 가게 밖까지 이어졌다.

주문을 받으러 온 날씬하고 참해 보이는 여종업원이 아이들의 이야기소리에 귀를 쫑긋하더니 나에게 묻는다.

"어? 한국인이세요?"

2년 전 캐나다로 와 일과 공부를 병행하고 있다는 그녀는 다정하고 친절했다. 낯선 곳, 그것도 빅토리아 여행 첫날, 처음으로 들른 레스토랑에서 한국인을 만났다는 것도 신기하고 반가운데, 익숙해지려면 시간이 좀 더 필요할 것 같은 다양한 메뉴에 관한 설명을 차근차근 들을 수 있어 참으로 고마웠다.

최근엔 우리나라에서도 메뉴 주문 시 스테이크의 굽는 정도에서부터 샐러드드레싱의 종류, 재료의 포함여부 등을 다양하게 요구할 수 있는 레스토랑이 많아졌지만, 캐나다 레스토랑의 메뉴 주문은 그보다 더 복잡하게 느껴졌고, 익숙하지 않은 문화와 언어로 인해 잔뜩 긴장한 상태에서 모든 주문을 마치고 나면 한숨이 절로 나올 정도였다. 그나마 내가 주문한 대로 음식이 나오면 다행이었으나 때때로 원활하지 못한 커뮤니케이션으로 인해 엉뚱한 요리가 나왔

빅토리아 윌리스 카페 야외 테라스 및 윌리스 베이커리 앤 카페 카운터

을 땐 진이 빠지곤 했다.

　한국인을 만났다는 게 몇 배로 반가운 건, 이런 이유 때문은 아닐까. 덕분에 복잡한 주문과정을 쉽게 마친 우리는 음식이 나올 때까지 여유롭게 음료를 마셨다. 나올 음식의 양을 미리 가늠하지 못한 탓에 셋이 다 먹지 못할 정도로 많은 음식이 나왔지만, 샐러드 채소

4. 빅토리아(Victoria) | 399

위에 차곡차곡 올린 살짝 구운 갈색 빵, 훈제연어와 껍질 벗긴 반숙 달걀 두 개, 그 위를 걸쭉하고 풍성하게 덮고 있는 홀랜다이즈 소스, 주 메뉴를 더욱 감칠맛 나게 해주는 파슬리가루 뿌린 구운 감자와 신선한 과일들이 한데 모여 있는 접시는 바닥을 핥을 때까지 식사를 멈출 수 없을 정도로 맛이 끝내줬다.

요리를 먹는 내내 연어를 좋아하는 토마스가 생각 나 괜히 미안한 마음이 들었다(한국에 돌아가면 비슷하게 만들어줘야겠단 생각에 카메라로 사진도 찍어두었다). 우연히 들렀던 식당에서 그간 먹어본 외국요리 중 손으로 꼽을 정도의 맛깔난 음식을 대접받고 나자 힘이 절로 난다.

서부캐나다 캠핑여행 Tip

음식 주문 시 참고사항

구분	날 것	중간 익힘	완전 익힘
스테이크	rare	medium	well-done
계란프라이	sunny-side up	over easy	over hard
빵	갈색 빵 brown bread / 흰 빵 white bread		
닭고기	다리 부위 dark meat / 가슴 부위 white meat		

매사 머리가 나쁘면 몸도 고생하기 마련

배도 채웠겠다, 아이들과 본격적으로 빅토리아 구경에 나서고자 계산을 하려고 할 때였다.

어, 카드지갑을 아무리 뒤져보아도 비자(Visa) 카드가 보이지 않았다. 캐나다에서 주로 사용되는 카드는 '비자(Visa)'·'아메리칸 익스프레스(American Express)'·'비씨(BC)' 이렇게 세 가지였다. 내가 한국에서부터 챙겨온 카드는 비자와 아메리칸 익스프레스 카드 이렇게 두 개뿐이었다. 돌이켜 생각해 보니 그 이유도 참 허술했다.

영미권역에서는 아메리칸 익스프레스 가맹점이 가장 많을 거라는 막연한 추측에서 메인카드를 아메리칸 익스프레스로, 분실 등에 대비해 서브카드로 비자카드를 가져왔던 참이었다.

그러나 캐나다에는 예상 외로 아메리칸 익스프레스 카드보다 비자카드 가맹점이 더 많았다. 그로 인해 우리는 예정에 없이 비자카드를 메인으로 사용해왔다. 지금 이 식당에서 그렇듯이 우리가 묵은 호스텔에서도 아메리칸 익스프레스 카드를 받지 않아, 어제 오후 비자카드로 숙박비를 지불하고 났는데 그 다음에 어디에 뒀는지 생각이 나질 않는다. 아무튼 지금 중요한 건 내 수중에 비자카드가 없다는 사실이었다.

현금지갑을 가지고 나오지 않았다는 사실은 아까 성당에서 헌금을 할 때부터 이미 알아차렸으니, 현재 나에겐 음식 값을 지불할 수 있는 수단이 아무것도 없는 셈이었다. 나는 여행을 시작할 때부터 카드와 지폐, 그리고 동전을 각각 다른 지갑에 분리해 가지고 다녔다. 그렇게 한다면 카드나 지폐 중 어느 하나를 분실하더라도 안심이 될 것 같았으며, 또한 동전은 무겁기도 하거니와 카드와 함께 넣으면 카드가 손상될 것 같고, 지폐 사이에 끼어있으면 찾는데 어려움이 있을 것 같아서였다. 어쨌든 난 지금 상당히 곤란한 상황에 처해 있다.

숙소로 돌아가 카드를 가져올 테니 조금만 기다려달라고 부탁하면 들어줄까. 초면인 나를 어떻게 믿을까. 나의 신분을 증명해줄 여권이나 여타 다른 증명서 하나 가지고 나오지 않았는데 말이다. 혹시 모르겠다. 식당 주인이 남을 잘 믿는 사람일지. 하지만 "미안하지만 다음에 돈을 가지고 오겠다"는 말은 입 밖으로 꺼낼 생각도 하지 못하는 소심한 나였다.

'숙소에서 레스토랑까지는 걸어서 왕복 25분 거리, 뛴다면 그의 반 정도 걸리겠지?'

혼자서 잠시만 나갔다 온다고 한다면 나의 말을 믿을 것 같아 여직원에게 사정을 말하고는, 위급할 때만 사용하는 비장의 무기, 탄산음료 하나를 주문해 아이들에게 반씩 나눠주도록 부탁한 뒤 숙소를 향해 냅다 달렸다. 숙소와 식당의 중간지점쯤 도착했을 무렵, 하도 숨이 차 한 숨 돌리려고 발걸음을 늦추던 때였다. 문득 내 손에 호스텔 방 열쇠가 없다는 사실을 깨달았다. 열쇠는 식당 의자에 걸어놓은 가방 안에 있었다. 방향을 틀어 다시 레스토랑으로 달려가며 끊임없이 자책했다.

'나 진짜 왜 이러지? 왜 이렇게 정신없지? 난 정말 바보인가 봐!'

평소 경험으로 봤을 때 탄산음료가 효과를 발휘하는 시간은 그리 길지 않았다. 내가 호스텔까지 한 번 뛰어갔다 올 시간 정도는 아이들이, 특히 민준이가 탄산음료의 달콤하고도 톡 쏘는 맛에 빠져 헤엄을 즐길 수 있을 테지만, 그 이상은 장담할 수 없었다. 그렇다고 평소 민준이보다 더 겁이 많은 윤아를 식당에 혼자 놔두고 올 수도 없는 노릇이었다.

'어떻게 해야 하지? 왜 이렇게 앞뒤 분간 못하고 허둥대기만 하

윌리스 베이커리 앤 카페에서 맛볼 수 있는 훈제연어 브런치, 에그 브런치, 키즈 메뉴(좌로부터)

지?'

그러나 그때! 기억 하나가 내 머릿속을 팍 스치고 지나갔다. 바로 지금 내 손에 쥐고 있는 카드지갑 안에는 직불카드 한 장이 들어있으며, 그 직불카드 계좌엔 8개월 전 보라카이 여행 당시 토마스가 입금해준 100만원 중 70만원을 인출한 이후의 입출금 내역이 전혀 없다는 사실이었다. 방금 전까지만 해도 스스로를 바보 멍청이라며 질책하던 나는 '이런 순발력이 어디서…? 대단해!'라 자화자찬하며 길 곳곳에 설치된 ATM기기 중 하나를 찾아 현금을 인출했다. 한결 여유로워진 마음으로 식당에 들어서니 고마운 한국인 여종업원은 바쁜 와중에도 아이들을 살뜰히 보살펴주고 있었고, 아이들은 얼굴 가득 환한 미소로 나를 안심시켜주었다.

"울지 않고 엄마 잘 기다리고 있었어?"

아이들에게 묻자, 탄산음료의 마력에서 미처 헤어 나오지 못한 민준이가 나에게 손을 흔들며 혀 짧은 소리로 또 다녀오라는 인사를 한다. "안뇽…!" 방금 전 인출한 캐나다 달러로 음식 값을 지불한 다음 레스토랑 밖으로 나가기 위해 주섬주섬 가방을 챙기다 보니, 한국을 떠나기 전, 친정엄마가 필요할 때 쓰라며 없는 살림에 급히 마련해주신 미국 달러가 눈에 띈다. '머리가 나쁘면 몸이 고생한다'는 말을 새삼 깨달으며 멍한 머리를 부여잡아본다.

'캐나다 데이' 그 축제 속에 파묻히다

뱃속엔 기분 좋은 포만감이 느껴지는데다 덤으로 탄산음료까지 맛보아 한껏 들뜬 아이들과 '이너 하버(Inner Harbour)' 산책에 나섰다. 항구로 가는 길엔, 아까 낮잠을 자느라 시장구경을 제대로 못해본 아이들을 위해 배스천 스퀘어를 경유하기로 했다. 혼자 하는 장구경은 편안하고 여유로웠지만, 아이들과 함께 하는 장구경은 보다 활기가 넘쳤으며, 신기하고 재밌는 물건들이 더 많아 보였다. 사람들은 모두모두 친절했고, 온 얼굴엔 미소가 가득했다.

광장에서 라이브로 진행되는 생동감 있는 음악소리와 밝은 표정의 사람들 덕분인지 흥겨운 분위기와 함께 마치 이곳 전체가 둥실둥실 날아갈 것만 같은 기분이 든다. 음악에 절로 들썩이는 몸과 함께 리듬에 발걸음을 맞춰가며 배스천 스퀘어를 지나자 다른 음악소리가 겹쳐 들리기 시작한다. 공연은 배스천 스퀘어에서만 하는 게 아니었나보다. 조금 더 걸어 나가자 또 다른 음악소리가 어디선가 바람결에 날려 온다.

'빅토리아가 라이브 공연의 도시였나?'란 의구심이 들 정도로 곳

빅토리아 캐나다 데이를 맞아 배스천 스퀘어에서 흥겨운 공연을 하고 있는 밴드

빅토리아의 캐나다 데이 축제일을 맞아 캐나다 국기와 같은 색으로 멋을 낸 예쁜 아가씨들이 카메라를 향해 포즈를 취하고 있다

곳에선 다양한 음악소리가 울려 퍼지고 있었다. 그러고 보니 항구 주변에는 기이할 정도로 사람들이 많았다. 관광지의 특성상 사람들이 붐빌 순 있지만, 지금 이 분위기, 넘쳐나는 사람들은 이해가 되지 않을 정도다. 게다가 아까 느꼈던 날아갈 것 같은 도시의 분위기는 바닷가로 오자 더욱 강해져, 마치 온 도시가 들썩이고 있는 것 같았다. 자세히 관찰해 보니 많은 사람들이 캐나다 국기를 손에 들고 있거나, 국기 무늬의 페이스페인팅을 하고 있거나, 혹은 국기가 그려진 다양한 옷을 입은 채 이너하버를 향해 바삐 모여들고 있는 것이 보인다. 문득 7월 1일은 캐나다 데이라는 말이 떠올랐다.

'아! 오늘이 바로 캐나다의 생일, 캐나다 데이(Canada Day)로구나!'

덩달아 흥분된 마음에 발걸음을 빨리 하여 빅토리아의 중심지 '이너하버(Inner Harbour)', 그리고 그 주변을 그림처럼 감싸고 있는 '더 페어몬트 엠프레스 호텔(The Fairmont Empress Hotel)'과

빅토리아 캐나다 데이 축제를 맞아 이색적인 복장 차림의 주민들

'주의사당(Parliament Buildings)' 근처로 가 보았다. 이너하버 주변은 예술의 거리였다. 기타나 북, 바이올린 같은 악기들을 연주하며 노래하는 가수, 행위예술가, 화가 등 특별한 재주를 가지고 있는 사람들이 행인들의 눈과 귀를 사로잡았다.

　주의사당 마당에 설치된 대형 무대에선 순서별로 다양한 공연을 펼치고 있었고, 가족이나 연인 단위 관객들은 넓게 펼쳐진 초록 잔디밭에 삼삼오오 모여 공연 감상을 하며 한낮의 피크닉을 즐기고 있었다. 잔디밭 가장자리에 설치된 이동식 놀이시설은 어린 아이들을 위한, 아니, 솔직히 내 생각엔, 넘치는 에너지를 주체하지 못해 천방지축 뛰어다닐 아이들의 시선을 돌려, 엄마아빠가 잠시나마 단란한 시간을 보낼 수 있도록 마련된 일종의 배려처럼 느껴졌다. 빅토리아의 모든 시민이 이곳에 모여 있는 건 아닐까.

　사고와 혼잡을 우려해서인지 주의사당과 엠프레스 호텔 앞 큰 도로는 차량이 통제되어, 많은 인파 속에서도

빅토리아 캐나다 데이 축제일의 주의사당 앞 풍경

서로가 부딪히거나 보행에 방해받지 않을 수 있었다. 그렇게 우리는 전혀 예상치 못했던 떠들썩하고도 유쾌한 축제 분위기 속에서 빅토리아의 첫날을 보내게 되었고, 길거리 음식으로 간간이 배를 채워가며 오후 내내 사람들 틈에서 함께 밀려다녔다.

카드 분실 핑계 삼아 중도에 한국으로 돌아갈까

호스텔로 돌아오자마자 비자카드를 찾기 위해 옷·가방, 그리고 방안 구석구석을 샅샅이 뒤져보았으나 카드는 보이지 않았다. 갑자기 정신이 아득해진다.

내게 남은 유일한 카드인 아메리칸 익스프레스 카드를 받아주는 가맹점은 많지 않은데, 게다가 수중엔 현금도 그다지 많이 남아있지 않은가. 아무리 아껴 쓴다 해도 내가 가지고 있는 현금으로 남은 기간 동안 여행을 수행한다는 건 불가능했다. 물론 토마스에게 돈을 송금해달라고 하면 토마스는 바로 돈을 송금해주겠지. 하지만 토마스에게도 당장 끌어 쓸 현금이 많지는 않을 게다.

빅토리아 캐나다 데이 축제일의 이너하버와 엠프레스 호텔 앞 풍경

어느새 나의 마음속엔 '카드 잃어버린 걸 핑계 삼아 이번 기회에 한국으로 돌아가 버릴까?'라는 생각이 슬그머니 고개를 들고 있었다. 그러고 보니 빅토리아에서의 본격적인 여행 첫날인 오늘 하루는 흥미롭고 즐거운 시간들의 연속이었지만, 실수투성이에 이리저리 헤매고 다니던 힘든 하루이기도 했다. 어딘가 나사 하나 빠진 듯 덜렁대며 사고나 치고 다니는 나의 모습을 돌이켜 보며, '낯선 환경에서 아이들을 잘 돌볼 수 있을까?'라는 생각에 갑자기 겁이 났다. 일단 호스텔 프런트로 가서 "카드를 분실했으니 혹시 발견하면 연락 달라"는 부탁을 해놓고는, 방으로 돌아와 아이들과 함께 잠자리에 들었다.

"펑! 펑! 퓌유우~ 후두두두!"

창밖에서는 캐나다 데이의 마지막을 장식하는 불꽃놀이가 한창이다. 여기저기서 환호성도 들려온다. 궁금하다. 당장이라도 밖으로 나가 "오오~!", "와우~!"라고 함께 소리치며 구경하고 싶다. 캐나다의 불꽃은 어떤 모양일까. 한국과 같을까. 많이 다를까. 사람들이 아까보다 더 많이 모였을까. 밤이라 추워서 다들 집으로 들어가 버린 건 아닐까. 아니, 기뻐하는 목소리가 여기까지 들리는 것 같은데, 들어가긴… 밤새 놀아도 좋겠네.

내 마음은 아직도, 요트가 즐비하던 이너하버와 담쟁이덩굴이 온 몸을 뒤덮어 고풍스런 분위기를 자아내던 '페어몬트 엠프레스 호텔'이 직선으로 만나는 그곳, 보행자에게 오늘 하루를 내어주었던 도로 한가운데에 머물러 있지만, 아련히 들려오는 떠들썩한 소리를 자장가 삼아 눈의 초점이 풀어져가는 아이들 옆, 하루의 에너지를 모두 소진해버린 내 몸이 다음을 기약하라 속삭인다.

아침부터 예감이 좋지 않던 그날 운세

그날 밤, 난 토마스를 배신했다. 비록 꿈 속에서였지만. 지금껏 단 한 번도 예상치 못했던 의외의 나의 모습에 토마스에게 미안한 생각이 들면서도, 솔직히 아직도 난 토마스가 밉다.

로키에서의 어이없던 일들로 인해 생긴 마음 속 감정들을 달래려면 아무래도 시간이 좀 더 필요할 것 같다. 어쨌든 꿈은 꿈일 뿐이고… 자, 어제는 나를 위한 발걸음이었다면, 오늘은 아이들을 위한 발걸음을 디뎌볼까.

최근 들어 자동차에 한참 호기심과 관심을 보이는 민준이는 장난감 자동차로는 성에 차지 않았는지 호스텔 앞에 주차되어 있는 승용차들에 관심을 보이며 자동차 옆에 가 유심히 살펴보기도 하고 살살 만져보기도 하다 문을 열어보는 시늉을 하기도 했다.

남의 차라 제지할까 하다 어린아이가 하는 행동 하나하나를 일일이 막기도 그렇고, 굳이 남에게 피해를 주는 행동이 아니라면 어린아이의 호기심, 작은 행동 정도는 대부분 관대한 태도로 넘어가 주던 캐나다인들의 모습이 생각나 놔두었다.

그런데 어디선가 갑자기 머리가 희끗희끗한 할아버지 한 명이 나타나 신경질적인 모습으로 자신의 차를 여기저기 살펴보더니 인상을 찌푸리며 나에게 한 마디 던진다.

"당신은 당신의 아이를 좀 더 제대로 보살펴야 할 거요!"

캐나다엔 너그러운 사람만 있는 건 아닌가보다. 일단 미안하다고 사과를 한 다음 급히 아이를 데려왔지만, 어째 아침부터 예감이 좋지 않다.

빅토리아의 캐나다 데이 축제일에 각종 즐길 거리를 이용하는 시민들

아가야, 엄마에게도 엄마만의 삶이 있단다

오늘은 아이들을 위해 '곤충 동물원(Bug Zoo)'을 방문할 예정이다. 어제 길을 헤맨 덕분에 약간의 지리감이 생겨 단번에 곤충 동물원을 찾을 수 있을 거라 자신했는데, 가다보니 도대체 어디에 있는 건지 헷갈린다.

유럽에서의 경우처럼 이곳 일부 명소들의 특징 역시, 어느 외딴 건물 하나에 따로 마련되어 있기보다 기존에 세워져있는 건물 안에 콕 들어가 있는 형식이었고, 따라서 언뜻 보면 일반 건물로 보일 뿐, 찾고자 하는 곳이 쉽게 눈에 띄지 않는 경우가 종종 있었다. 비슷한 길을 계속 빙빙 돌던 중 마침 마주친 길안내 자원봉사자들에게 위치를 물어보니, 곤충 동물원은 생각보다 가까운 곳에 있었다.

그러나 헤매는 사이 민준이가 잠이 든 데다 갑자기 하늘이 어두워져, 쏟아지는 비를 피해 잠시 근처 커피숍에 들르기로 했다. 작지만 분위기 독특한 카페에서 윤아와 나는 각각 핫초코와 커피, 치킨 시저를 주문해 먹으며 차가워진 몸을 녹였다. 내가 일기를 쓰기 위해 노트를 펼치자, 윤아도 나를 따라 지도를 펼치며 길을 찾아 나서기 시작했다.

"엄마, 지도에 낙서해도 돼?"

"그럼. 맘대로 해봐."

"여기로 가면 바다, 여기로 가면 커피숍"

아이가 제 나름의 상상 속 길을 찾아가는 모습이 참으로 귀엽다. 무엇보다 아이가 같이 놀아 달라 보채지 않고, 잠시나마 엄마만의 시간을 인정해준다는 것이 고맙게 느껴졌다. 늘 모든 걸 엄마랑 함께 해야만 하는 아이였는데, 오늘 보니 아이가 조금 자란 것 같다.

평소엔 잘 느끼지 못하다가도 어느 순간 또 이만큼 자라있는 아이를 발견했을 때 느껴지는 대견하고 뿌듯한 마음은 나의 삶의 원동력이 되어주었지만, 그와 동시에 가슴 깊은 곳에서부터 차오르는 먹먹한 감정은 이따금 나를 감상에 젖게 만들곤 했다.

내가 어릴 적, 우리 엄마는 하루 일과를 마치고 나면 혼자만의 시간(일기를 쓰거나 책을 읽는)을 필요로 하셨다.

그러나 어릴 때부터 부엉이 체질이었던 나는 늦은 밤에도 잠을 자지 않고, 사색의 시간이 필요한 엄마에게 같이 놀아달라며 조르고 매달리곤 했다.

기억을 거슬러 올라 그때를 회상해 보면, 책상 위 환히 밝힌 스탠드 아래서 뭔가를 끄적끄적 쓰시던 엄마, 놀아달라고 보채다 엄마에게 혼나고 울던 나의 모습, 그런 추억들이 어렴풋이 떠오른다. 그럴 때마다 엄마는 깍두기 모양의 칸이 그려진 공책에 글자를 적어주셨다.

"자, 엄마 따라 읽어봐! 할머니, 할아버지!"

"할머니! 할아버지!"

"그래, 이제 저기 가서 똑같이 따라서 써. 다 쓰면 엄마한테 갖고 와."

심심했던 나는 그것이 무슨 놀이인 양 엄마가 써준 글자를 따라 쓰기 시작했고, 공책 한 면이 다 차면 엄마는 다른 글자를 써주신 다음 또 한 면을 채워오라 하셨다. 그리하여 나는, 한국나이로 네 살에 한글을 깨치고 다섯 살에 책을 줄줄 읽었으며, 그 당시는 한글을 일찍 떼는 아이가 드물었던 시대였기에 엄마아빠는 특별한 아이라 여기며 나를 자랑스러워하셨지만, 난 그저 어린 남동생이 고이 잠든 밤, 엄마를 독차지하고 싶었던 철부지 어린아이, 나와 놀아주지 않고 내치기만 하는 엄마가 원망스러울 뿐이었다.

그래서 윤아가 태어났을 때 다짐했다.

'나는 우리 엄마처럼 자기 할 일만 하지 않고, 아이가 놀아달라면 무조건 놀아주는 엄마가 되어야지!'

그리고 윤아가 어릴 적, 나는 최대한 아이와 함께 해주고 놀아주려 노력했었다.

그러나 윤아가 24개월이 되던 때 민준이가 태어났고, 아이들만을 위한 삶에 점점 지쳐가다 보니, 어느새 어릴 적 결심은 깡그리 잊어버린 채 나는 이렇게 예전의 나의 엄마와 비슷한 모습을 하고

빅토리아 한 커피숍에서 자기만의 세계를 즐기는 윤아

있다.

"피식~"이라고 웃음이 나온다.

'엄마처럼은 않겠다고 결심했던 내가 맞나? 지금의 모습은 마치 삼십 년 전 우리 엄마의 모습과 너무 유사하지 않나?'

그때는 몰랐다. 엄마에게도 엄마만의 삶이 있었다는 걸… 늘 메마른 정서적 욕구를 채우기 위해 하루 최소한 책 한 페이지라도 읽어야 하고, 가슴속에서 끊임없이 아우성치는 생각과 감정의 덩어리들을 어떤 식으로든 끄집어내기 위해 매일 노트를 펴들고 단 한 두 줄이라도 끄적거려야 마음의 안정을 찾을 수 있었다는 걸…

세상 모두가 잠든 깊은 밤, 힘들게 얻은 혼자만의 시간은 너무도 귀한 것이라 누구에게도 방해받고 싶지 않았다는 걸… 지금 나의 모습은 싫다 하면서도 자라며 보고 배운 엄마의 모습일까? 아니면 우리네 유전자 속에 대대로 내재되어온 모습일까. 혹시 내 앞에 앉아 있는 이 작은 아이는 지금 이 순간 엄마가 자신과 함께 놀아주기를 간절히 바라고 있지만, 엄마만의 시간을 위해 깊은 배려를 하고 있는 건 아닐까.

'작은 나 = 윤아'를 바라보자 미안한 마음과 고마운 마음이 뒤섞여 가슴이 뭉클해진다. 한참이 지나 민준이가 잠에서 깨어났.

매콤한 음식을 거부하는 민준이에게는 우리가 먹던 치킨 시저 대신, 혹시나 싶어 간단히 싸온 도시락으로 배를 채운 다음 다함께 커피숍을 나섰다.

힘든 아이들 사이서 균형 유지하기 '곤충 동물원'

곤충 동물원(Bug Zoo)은 겉보기엔 조그마한 상점 같아 보였지만 별도의 곤충 동물원이 내부로 이어져 있는 구조였다. 티켓 판매소를 지키고 있던 아주머니는 아주 친절한 어투로 우리를 향해 "곤충에 관심이 많으냐?"고 묻더니, 자기는 아프리카의 어느 지역까지 가서 희귀한 곤충들을 많이 만나보고 왔다며 흥미진진한 주제로 대화를 시작했다. 그녀와 조금 더 함께 하면 세계 이곳저곳을 간접경험 해볼 수 있을 것 같은데, 민준이는 다른 사람들을 따라 이미 동물원 안으로 들어 가버렸고, 내 옆에 남은 윤아까지 빨리

빅토리아 곤충동물원 외관

가자며 조르는 바람에 하는 수 없이 대화를 중단해야 했다.

　전체 면적은 굉장히 작은 편이었지만 별의 별 곤충들이 다 모인 이 희한한 공간에선, 우리 주변에서 흔히 발견할 수 있는 개미·바퀴벌레·거미로 시작해 특정 지역에서만 사는 희귀종까지, 다양한 곤충들을 한 눈에 만나볼 수 있었다. 아이들의 교육면에서나 생물체에 관한 호기심 유발 차원에서나 참으로 좋은 기회라 생각하며 동물원이 문을 닫을 때까지 천천히 놀다 갈 작정이었다.

　그러나 한참 자아가 발달하는 시기, 매사를 본인이 주도해야 직성이 풀리는 민준이는 동물원 입구까지 혼자서 유모차를 낑낑대며 끌고 오느라 엄청난 시간을 지체한 것도 모자라, 동물원 안에서는 누나를 제치고 엄마를 독차지하려는 '샘' 많은 성향까지 보여주었다. 게다가 역시 엄마에 대한 집착이 강한 데다 때로 어린 동생에게 하는 짓이 지나치게 얄미운, 까칠이 윤아는 '미운 5살'이었다. 때문에 평소에도 아이들 사이에서 균형을 맞추는 일은 참으로 힘들고 어렵게 느껴지곤 했는데, 오늘 우리는 곤충 동물원 안에서 그 절정을 맛보았다.

　아이들은 각자 보고 싶은 곳이 생길 때 마다 꼭 엄마를 데려가려고 했다(내 몸은 단 하나인데). 내가 이리 갔다 저리 갔다 쩔쩔매며 돌아다녔음에도 막상 둘의 욕구를 모두 충족시켜주지 못하자, 윤아는 우는 소리를 냈다.(여기는 박물관 같은 분위기의 동물원) 한국에서 아이들을 꼬집던 버릇이 도진 민준이는 다른 아이들을 보이는 대로 꼬집고 다님으로써 욕구불만을 표시했다.

　"엄마는 몸이 하나이니까 둘 다 따라다닐 수 없어. 한 사람이 원하는 거 보고 나면 그 다음 사람이 원하는 거 보러 갈께."

아무리 설명을 해도 아이들은 징징 대거나 말썽만 피울 뿐, 다른 아이들처럼 동물원을 구경하는 데 집중하지 못했다. 비록 동물원의 규모가 크진 않았지만, 체험의 기회가 다양하여 다들 곤충이나 애벌레·뱀 등 다른 생물들을 만져보며 신기해하는데, 우리 아이들만 마치 별세계에서 온 듯 이상한 행동을 보였으니… 이곳에 온 게 아까운 건 둘째 치고, 참으로 속상하고 창피했다.

집에서 같으면 큰 소리라도 빽 질러 엄마도 화가 나면 무섭다는 걸 보여주고도 싶었지만, 아까도 말했듯이 이곳은 박물관에 와있는 것 같은 느낌을 주는 곳이라서 애들한테 무식하게 큰소리나 질러대는 엄마가 있을 곳 또한 아니었다. 앞서도 말했지만, 아이들의 행동에는 일정한 사이클이 있었다. 엄마아빠의 말에 고분고분하고 예쁜 짓을 많이 보이는 날들이 있었다면, 얼마 뒤엔 반드시 그 반대의 행동을 하는 미운 날들이 찾아오곤 했다. 오늘은 아무래도 그 후자에 속하는 주기인가보다.

더 이상 버틸 수 없었던 나는 두 아이를 데리고 동물원 밖으로 나왔다. 바락바락 떼를 쓰면서도 밖으로 나오는 건 싫었는지, 큰아이는 안에 남아 있겠다며 더욱 큰 목소리로 울기 시작했지만, 나에겐

빅토리아 곤충동물원에서 곤충을 직접 만져보는 아이들

이 자리를 벗어나는 것 말곤 다른 어떤 방안도 떠오르지 않았다. 티켓을 구입했던 박물관 입구이자 출구에 마련된 기념품점에서는 예쁜 물건들이 우리를 유혹하고 있었지만, 도저히 구경할 상황이 아니었다.

오늘의 스케줄은 이만 마감하기로 하고, 이젠 아예 기념품점 바닥에 주저앉아 통곡을 하고 있

빅토리아 곤충동물원에서 직원의 설명을 듣는 아이와 부모들

는 아이들을 끌고 나와 잔뜩 화가 난 얼굴로 유모차를 밀며 돌아가는 길이었다. 길가에 자리 잡은 고급스런 초콜릿 가게가 조그만 두 눈에 들어오자, 호기심을 감추지 못하고 엄마 눈치만 보는 아이들의 표정이 가게 유리창에 반사되어 보인다. 그 천진난만한 모습에, 좀처럼 풀릴 것 같지 않던 내 마음속 '화'가 나도 모르게 스르르 녹아내리기 시작한다.

달콤한 초콜릿으로 아이들의 가라앉은 기분을 띄워주고자, 모르는 척 가게에 들러 초콜릿 하나씩을 산 다음 두 손에 쥐어주었다. 그러자 방금 전까지만 해도 지겹도록 떼를 쓰며 울던 아이들과 동일인이 맞나 헷갈릴 정도로 천사 같은 얼굴을 하고선 초콜릿을 맛보는 아이들을 보자 의문이 생긴다.

'도대체 뭐가 문제지? 아이는 둘인데 엄마는 하나라는 사실이 문제일까? 아니면 그저 엄마인 '나' 자신이 문제일까?'

나는 아이들이 좋아할 만한 곳이라 생각한 장소를 어렵게 찾아

갔지만, 정작 아이들은 그곳을 제대로 즐기지 못했다. 어쩌면 아이들은 애초부터 '곤충 동물원' 같은 곳에 관심이 없었던 건 아닐까. 때로 아이들을 위한 행동이라 자부하는 부모의 행동은, 그저 부모 자신이 만족하기 위해 하는 행동은 아닐까.

피곤해 잠든 아이들을 데리고 호스텔로 돌아왔지만, 저녁에도 아이들의 기분 상태는 썩 좋아지지 않았고 평소보다 도가 지나친 행동을 많이 보였다. 그러다 지쳐 잠이 든 아이들을 보니 한숨이 절로 나온다. 참으로 힘든 하루였다. 비가 추적추적 내리던 우중충한 하루, 날구지를 했던 걸까.

빅토리아 곤충동물원의 곤충들

모든 게 작은 나라 일색 '미니어처 월드'

아침밥을 지으려는데 라이터가 어디로 갔는지 아무리 찾아도 보이지 않는다. 아이들이 어디다 치워버린 게 분명하다.

'1층 공용부엌으로 가서 밥을 해먹을까?'라고 잠시 고민했지만, 계단을 오르내리는 게 귀찮은데다 정신없이 라이터를 찾다 보니 나중엔 괜히 성질이 나, 오늘 아침은 밖에서 때우기로 했다. 어제에 이어 오늘도 흐린 하늘 아래, 한참 걷다 보니 비가 오기 시작한다.

뱃속에선 배고프다 난리를 치는데다 보슬보슬 비까지 내리니 먹을 만한 식당을 찾아 헤매는 것마저 힘들게 느껴져, 엊그제 들렸던 '윌리스 베이커리 앤 카페'에서 풍성하고도 맛좋은 식사와 치즈 케이크로 아침을 해결한 다음, 미니어처 월드로 향했다.

'미니어쳐 월드(Miniature World)' 역시 일반 건물 안에 지어진 구조였으나, 어제 그토록 찾아 헤매던 곤충 동물원(Bug Zoo)보다는 찾기 쉬운 위치에 있었다.

첫 번째 전시관은 '스페이스 월드(Space World)'이었다. 깜깜한 공간, 여기저기서 빛나는 별들과 은하수, 우주선의 모습에 신기함과 호기심으로 가득 찬 아이들은 떠날 줄 모르고 한참을 머물러 있었다. 진짜 볼거리는 아직 구경도 못했는데 우주 안에서만 온종일을 보낼 순 없어 다른 세계로 아이들을 데리고 갔다. 와우! 소인국에 도착한 걸리버가 이런 기분이었을까. 정교하게 만들어진 미니어처들은 그 위치나 행동, 주변 배경을 통해 역사·사회·문화 등 많은 것을 보여주고 있었다.

이곳만 제대로 보고 가도 캐나다의 전반적인 역사를 대강 파악할 수 있겠다는 생각이 들어 관심을 갖고 보려는데, 윤아는 본인이 보고 싶거나 가보고 싶은 곳이 있으면 무조건 나와 함께 다니려 했고, 그와 반대로 민준이는 오늘따라 엄마와 누나의 행동엔 아랑곳 않고 본인이 보고 싶은 곳에만 붙어 있으려는, 지나치게 독립적인 모습을 보였다. 사실 이런 경우엔 전혀 어렵게 생각할 필요가 없었다. 혼자서도 충분히 즐길 줄 아는 민준이는 잠시 그곳에 집중하게 놔두

빅토리아 미니어처 월드의 2차 세계대전 관련 미니어처 전시물

고, 나는 엄마를 필요로 하는 윤아와 함께 다녀주면 되는 거였다.

그러나 문제는 이곳이 캐나다라는 점이었다. 캐나다에선 그곳이 어디든지, 아이를 혼자만 놔두어선 안 되었다. 사람들은 혼자 있는 아이에게 지나친 관심과 걱정을 보였고, 때론 그것이 나를 더욱 피곤하게 만들었다. 그렇다 해서 엄마인 내가 아이를 떼놓고 멀리 떨어져 있겠다는 말은 아니었다. 어쨌든 아이는 내 시야에 있었고, 따라서 아이가 안전하기만 하면 된다고 여겼지만, 이곳에선 그것마저도 허락되지 않는 일 같았다. 일종의 구속이었다.

결국 윤아는 자기가 보고 싶은 걸 같이 보러 가지 않는다며 또다시 징징댔고, 윤아의 요구를 들어주면 들어줄수록 나는 민준이를 지나치게 방치하는 셈이 되어버렸다. 그런 상황이 오래 지속되자 짜증이 머리끝까지 치밀어 오른 나는 결국 아이를 나무라고 말았다.

"즐기지 못할 거면 나가자! 엄마는 네 징징대는 소리가 너무 듣기 싫어!"

그러자 신기한 일이 벌어졌다. 엄마의 꾸지람에 울음을 멈춘 윤아는 제 동생처럼 신 나게 깔깔대며 놀기 시작했다.

'뭐야… 지금까지 징징대던 이유는 혼나지 않아서였나? 설마…'

아무튼 난, 이 아이를 도무지 이해할 수 없다. 이후로는 서로 편안한 마음으로 미니어처 월드를 끝까지 감상할 수 있었다. 또한 어

빅토리아 미니어처 월드의 전시물

두운 실내에서 환한 밖으로 나오자 우리 셋의 기분은 더욱 상쾌해졌다.

서부캐나다 캠핑여행 Tip

'빅토리아 서점 나들이'

여행을 하면서 나의 눈길을 끈 것 중 하나는 다름 아닌 서점이었다.

평소 책을 좋아하는 나에게는 빅토리아 곳곳에 자리 잡고 있는 서점을 찾아다니는 일이 마치 보물찾기를 하는 것처럼 느껴졌는데, 역사 깊은 서점, 이름난 대형 서점, 중고 서점, 아이들을 위한 스토리텔링 서점까지 그 종류도 참으로 다양하여 머무는 내내 지적 욕구를 마음껏 충족할 수 있었다(물론 아직까지 책보다는 장난감에 더 관심이 많은 아이들이 서점을 찾은 이유는 나와는 조금 달랐지만).

4. 빅토리아(Victoria) | 423

상) 빅토리아의 고풍스러운 분위기를 물씬 풍기는 먼로스 서점 내부 / 하) 챕터스 서점 내부

🍁 먼로스 서점(Munr's Books)

유물로 지정되어 있을 정도로 독특하고 고풍스런 분위기를 풍기는 서점. 이곳에선 당연한 얘기지만, 종이마다 온통 영어 활자로 새겨진 책들이 멋스럽게 꽂혀 있는 모습이 내 눈엔 참으로 이국적으로 보였다.

한국에서는 인터넷으로만 구할 수 있었던 약간은 희귀한 서적도 여기선 그저 손쉽게 구할 수 있는 평범한 서적인지, 책꽂이마다 자연스레 자리 하나씩을 차지하고 있다는 점도 인상 깊었다.

빅토리아 서점 이모저모

🍁 챕터스(Chapters)

캐나다의 대표적인 서점 체인. 먼로스 서점(Munr's Books)처럼 특색 있는 서점은 아니지만, 다운타운에 위치한 대형서점으로 아이들을 위한 코너가 따로이 잘 마련되어 있어 캐나다에 있는 내내 틈만 나면 들르곤 했던 곳.

이상·현실 큰 괴리, 난 최악의 엄마가 되고

아침 일찍 가장 먼저 일어나 엄마와 누나의 잠을 방해하던 민준이는 정작 하루일과를 시작할 시간이 되자 잠이 쏟아지는 모양이다. 오늘처럼 따뜻하고 화창한 날씨엔 꽃구경이 제격일 것 같은데, 민준이의 상태를 보자 고민된다.

아이를 조금만 더 재우려고 셋이 누워 뒹굴며 놀던 중, 나의 옷깃을 살짝살짝 깨물며 깽깽대는 민준이가 귀여워 "요놈! 강아지가 되었네!"라고 장난스럽게 한마디 던졌다. 그런데 그 순간, 허벅지에 심한 통증을 느낀 나는 "악!"이라고 소리를 지르고 말았다. 동생을 따라하고 싶었던 윤아의 행동이었다.

'아무리 아이가 한 장난이라지만 그렇게 세게 물다니…' 눈물이 핑 돌았다.

딱히 표현할 말이 떠오르지 않아 최대한 화난 얼굴을 지어 보이고는 눈을 감은 채 돌아누웠다. 장난을 하거나 같이 뒹굴어도 가벼운 민준이는 괜찮았다. 이빨로 깨무는 놀이에도 민준인 옷을 무는 시늉만 할 뿐이었다.

그러나 제법 뼈가 여물어 단단해진 윤아는 내 몸에 닿았을 때의 강도가 사뭇 다른 데다, 제 동생과 달리 힘 조절이 되지 않는 모양이었다. '아기가 되고 싶어서 그러겠지…' 엄마이니 참고 넘어가주어야 한다는 걸 잘 알면서도 때론 참을 수 없이 화가 났다.

아이 둘을 키우며 도대체 난 어떻게 변해가고 있는 걸까. 아이의 조그만 실수도 참아 넘기지 못하고 마치 잘못하길 기다렸다는 듯 때만 되면 불같이 화를 내는 지금의 내 모습은… 내가 그토록 싫어하던 '엄마'의 모습이 되어 있었다. 내가 두 아이의 엄마가 된다면,

나는 아이들의 욕구를 적절히 충족시켜주는 멋진 엄마가 될 수 있을 거라 자신했었다. 몸은 좀 바쁘겠지만, 나라면 충분히 할 수 있을 것 같았다. 큰 아이의 행동을 방관한 채 작은 아이만 챙기는 다른 엄마를 보며 속으로 '쯧쯧! 저러니 큰 아이가 자꾸 동생을 미워하고 말썽만 부리지.'라고 비웃은 적도 있었다.

그러나 막상 닥쳐보니 이상과 현실은 너무도 달랐다. 혼자서 할 수 있는 일이 점점 많아지고는 있지만 아직까지 엄마가 세상의 전부인 큰 아이. 혼자서 할 수 있는 일이 거의 없는데다가 마찬가지로 엄마가 세상의 전부인 작은아이. 그 둘 중 주로 나의 손과 시선이 향하는 쪽은 당연히 작은아이였다. 그러면서도 동

빅토리아 항구에서 노는 아이들

생에게 엄마를 빼앗겨 속상해하는 큰아이가 종종 안쓰러워 틈만 나면 엄마의 빈자리를 채워주기 위해 애를 썼지만, 나의 그런 노력은 오래가지 못했다. 어느 사이엔가 말없이 사고를 치고 있는 작은 아이의 모습이 눈에 들어오곤 했기 때문이었다. 서둘러 일을 수습하고 큰아이에게 돌아올라치면, 천방지축 날뛰는 작은아이는 엄마가 뒤돌아서기 무섭게 다른 사고로 자신의 존재를 알리고는, 또다

시 제 누나를 외롭게 만들었다. 그럼에도 불구하고 그저 엄마와 함께 하고 싶었던 큰아이는 항상 그 자리에서 참을성 있게 엄마를 기다려주었다. 문제는 나였다. 하루에도 수차례 반복되는 같은 일에 지칠 대로 지쳐버린 난 오히려 큰아이를 나무라곤 했다.

"엄마가 민준이 때문에 이렇게 정신없이 왔다 갔다 하는 거 안 보이니? 이따가 놀아달라고 하면 안 돼?"

번번이 동생에게 자기차례를 양보해야만 하는 게 결코 달가울 리 없었을 텐데, 엄마인 나는 그 맘을 헤아려주기는커녕 원망하기만 했던 것이다. 도대체 저 아이가 몇 살이라고 이 엄마를 이해해주길 바래던 걸까. 삼십이 넘은 나조차도 다섯 살 아이의 마음을 헤아리지 못하면서 말이다. 동생이 태어나기 전, 2년이라는 시간 동안 쌓아온 모녀의 관계는 그렇게 조금씩 조금씩 허물어져가고 있었다. 또한 나는 일상에 치여 자신을 돌아보지 못한 채 지치고, 찌들고, 짜증만 늘어가는 최악의 엄마가 되어있었다. 그래! 지금 이럴 때가 아니지!

억지로 재운다고 잠이 들 아이가 아니었다. 늘 그랬듯 일단 밖으로 나오면 기분이 한결 나아지곤 했다.

꽃으로 뒤덮인 현실 속 낙원, '부차트 가든'

굳이 우리나라와 비교하자면, 부차트 가든을 만들게 된 취지는 '외도'의 맥락에서 이뤄진 것으로, 그 모습은 경기도에 만들어진 '아침고요수목원'이 떠오를 정도로 유사한 측면이 많았다(어쩌면 우리나라 '아침고요수목원'도 이곳에 결코 뒤지지 않을 만큼 멋진 곳이다).

부차트 가든으로 가는 버스를 기다리며

많은 것을 놓고 봤을 때 한국은 세계 어느 나라와 비교해도 결코 뒤질 게 없는 나라였다. 다만 좁은 땅덩어리와 높은 인구밀도, 학생·교사·학부모 모두가 힘든 교육환경, 그리고 아직은 개인과 가정보다 일에 더 많은 시간과 노력을 투자해야 하는 직장 환경이 마음에 들지 않을 뿐이었다.

조각처럼 정교하게 다듬어진 나무들과 꽃들이 화려함을 뽐내는 선큰 가든, 수십여 종의 장미가 제각각의 아름다움과 향기를 자랑하는 로즈 가든, 푸른 숲길에 졸졸졸 흐르는 물이 고즈넉한 분위기를 자아내는 일본식 가든, 부차트 가든의 마지막 코스 이탈리안 가든(솔직히 너무 평범해서 갖다 붙일 형용사가 없었던 곳)을 모두 돌아본 후 호스텔로 돌아오는 길.

넓은 정원을 돌아다니느라 꽤 피곤했는지, 민준이는 내 품에서 잠이 들어 버렸다. 다운타운으로 향하는 버스 앞부분의 좌석은 우리나라의 전철처럼 양옆으로 길게 앉을 수 있는 구조였고, 우린 버스 오른편 좌석에, 우리와 같이 남매를 자녀로 두고 있는 미국인 가족은 버스 왼편 좌석에 서로 마주본 채 자리를 잡고 앉게 되었다.

민준이보다 훨씬 어려보이는 남자아이 역시 가든 구경에 고단했는지 제 아빠 품에 안겨 곯아떨어져 있었고, 윤아보다 한두 살 많아 보이는 여자아이는 생글생글 웃는 얼굴로 자기 엄마 옆에서 눈을 빛내며 앉아 있었다. 시선을 뗄 수 없을 정도로 눈에 띄게 예쁜 미

부차트 가든 레스토랑 외관 / 부차트 가든 내 선큰 가든 / 부차트 가든 내 로즈 가든

모를 지닌 그 여자아이는, 비단 얼굴뿐만 아니라 풍기는 이미지 역시 적극적이고 자신감 있으면서도 소녀다운 발랄함과 순수함으로 가득 차 보이는 매력적인 아이였다.

  버스가 출발함과 동시에 소녀는 옆자리에 앉은 할머니와 대화를 나누기 시작했는데, 둘은 초면이었음에도 대화의 진행은 매끄러웠다. 조잘조잘 자신의 하루 일과를 끊임없이 늘어놓던 소녀는 할머니에 대해서도 궁금하다는 의사표현을 했고, 어여쁜 소녀의 모습에 홀딱 반해버린 할머니는 부차트 가든 기념품점에서 구입해 온 자

부차트 가든 내 이탈리안 가든

신의 쇼핑바구니까지 풀어가며 소녀의 호기심을 충족시켜주었다. 그러다가도 이따금 창밖을 바라보며 골똘히 생각에 잠겨보기도, 내 카메라를 바라보며 예쁜 미소를 지어주기도 하는 그 소녀의 모습에 나마저도 흐뭇한 미소가 절로 나왔다. 더욱 기특하게 느껴졌던 건, 가끔 이야기를 전달하거나 궁금한 걸 물어볼 때를 빼곤, 엄마를 성가시게 하지 않는다는 점이었다.

이제껏 남의 아이를 부러워해본 적은 한 번도 없었다. 적어도 방금 전까지는 말이다. 문득 '우리 아이도 저랬으면…'하는 생각이 절로 들었고, 순간 나도 모르게 "윤아야, 저 아이 참 예쁘다. 그치?"라는 말이 튀어나왔다.

그러나 나의 말을 곧바로 받아치는 윤아의 질문에 나는 갑자기 당황했다.

"엄마, 지금 왜 그런 말을 하는 건데?"

마치 이 다섯 살 배기 어린아이에게 내 마음을 들킨 것만 같아 괜히 얼굴이 후끈후끈하다.

"어, 아니, 그냥 예뻐서…"

4. 빅토리아(Victoria) | 431

"그러니깐… 왜 그런 말을 꺼내는 건데?"
이런 대답은 왠지… 어린아이가 할 대답은 아닌 것 같다.

🍁 **부차트 가든(Butchart Garden)**

1900년대 초 시멘트 공장의 석회암 채굴장이던 곳을 부차트 부부가 전 세계의 꽃과 나무를 모아 테마별 정원으로 탈바꿈시킨 곳.
총 넓이 22만㎡로 네 부분 '선큰 가든(Sunken Garden)', '로즈 가든(Rose Garden)', '저패니즈 가든(Japanese Garden)', '이탈리안 가든(Italian Garden)'으로 구성돼 있다.

사람이 모두 똑같을 수는 없을진대…

윤아는 참으로 어려웠다. 이해하려고 무수히 노력을 해보았지만, 뭐랄까… 어린아이치곤 조금 복잡했다. 윤아는 큰 관심이나 과장된 칭찬을 싫어했다. 그러나 자신에게 무관심한 모습을 보여도 속상해했다. 좋은 감정이건, 싫은 감정이건, 다른 이에게 자신의 감정이 내비쳐지는 걸 원하지 않았다. 샘이 많아 동생에게 여러 가지를 빼앗기는 게 늘 속상하면서도 소심한 성격 탓에 강한 의사 표현도 못

부차트 가든 내 아이들을 위한 회전목마

하는 그런 아이였다.

낯을 심하게 가려 처음 보는 이에게 다가간다는 건 어쩌다 한 번 있는 일이었고, 혼자 있으려 하지 않아 늘 엄마나 아빠에게 매달렸으며, 자존심이 강하고 완벽주의적인 성격 때문에 주위사람들은 때때로 피곤했다.

완벽해지라고 강요한 적 없었다. 나도 토마스도 어떤 면에선 덜렁대는 성격이었으며, 각자가 그러한 면을 싫어하지 않았기에 실수는 괜찮은 것이라는 표현도 곧잘 했던 것 같다.

부차트 가든 내 프라이빗 가든(일반 관람객은 출입이 금지되어 있다)

그러나 아이를 키우면 키울수록 타고난 기질이나 성격은 어찌할 수 없는 것 같다는 생각을 많이 해본다.

한편, 아이가 소심한 행동을 할 때마다 주변의 많은 어른들은 이런 말을 쉽게도 내뱉었다.

"쯧쯧, 애가 저래가지고 어떡하니?"

"엄마가 잘못 키워서 그래!"

또래에 비해 키는 크지만 몸무게가 적게 나가는 민준이를 보고도 한마디씩 했다.

"좋은 것도 좀 먹여라."

나는 못 먹어도 아이를 위해선 아끼지 않는다 생각하고 실천해

4. 빅토리아(Victoria)

왔지만, 이런 식의 말을 들을 때마다 나는 자괴감에 빠지곤 했다. 게다가 우리 아이들의 식성은 보통 아이들 이상이었다. 그렇게 먹는데도 살이 붙지 않는 걸 왜 엄마 탓으로 돌리는지, 난 도무지 이해할 수 없었다. 늘 나에게 스트레스를 주곤 하던 귀에 쟁쟁한 그 말들…

내 아이를 진정으로 사랑하는 방법

아참, 그러고 보니 캐나다에 온 이후 아이들 문제로 주변 사람들에게서 이렇다 저렇다 평가를 받아본 일이 없네. 그토록 듣기 싫던, 들을 때마다 마치 죄지은 엄마가 된 것 같아 나 스스로를 힘들게 만들던 말들과 차단된 지 어느덧 한 달이 다 되어가네.

"Hooray!" 그동안 내 머릿속을 어지럽히던 주변의 온갖 우려의 말들이 싹 사라지고 긍정 마인드가 새록새록 샘솟기 시작한다. 비록 다른 이들의 시각에 단점이라 평가되는 부분이 없을 순 없겠지만, 적어도 내 기준에서 우리 아이들은 그 자체만으로도 훌륭했다.

나 역시 어릴 적엔 다소 소심한데다 소극적이었지만, 초등학교에 들어가고 부턴 적극적인 성격으로 바뀌기 시작하지 않았는가. 또한 지금은 그럭저럭 사람구실하며 잘 어울려 살고 있지 않은가. 늘 말하고 싶었다.

"이 아이들이 장차 어떻게 바뀔 줄 알고 나쁜 점만 보시나요. 아이들이 안 듣는 것 같아도 다 듣고 있다고요. 시선을 돌려 바라보세요. 좋은 점이 얼마나 많은 아이들인지… 윤아는 늘 우리를 도와주는 현명한 아이였고, 말은 또 얼마나 잘해요. 책도 잘 읽고, 늘 평균발달단계보다 조금씩 일찍 모든 걸 스스로 잘 해냈다고요. 밥 잘 먹고, 잠 잘 자고, 큰 병 없고, 노래도 잘 하고, 눈치도 빠르고. 민준이도 보세요. 가볍지만 키는 상위 10% 안에 들 만큼 크고, 밥, 간식 모두모두 얼마나 잘 먹는데요. 역시 큰 병 안 걸리고, 무난하게 잘 커주잖아요."

그 순간, 아차! 하는 마음이 들었다. 아이들의 단점보다는 장점을 바라보자며 좋은 면에 포커스를 맞추려 노력해오던 내가, 왜 잠시나마 그동안 끔찍이도 듣기 싫어했던 주변 어른들의 평가 기준으로 우리 아이들을 바라본 걸까…

"윤아야, 저 아이 참 예쁘다. 그치?"
"엄마, 지금 왜 그런 말을 하는 건데?"
"아니, 그냥 예뻐서…"
"그러니깐 왜 그런 말을 꺼내는 건데?"

문득 얻은 깨달음으로 인해, 나는 다음 말을 이어갈 수 있었다.

"저 아이 머리 스타일이 참 예쁘네. 윤아도 머리 길면 저렇게 파마 해볼까? 잘 어울릴 것 같은데…"
"그래, 좋아"
"윤아야 카메라 좀 봐봐. 윤아랑 민준이 사진이 잔뜩 찍혀 있어. 너무 귀엽다. 와! 정말 잘 나왔네?"

사진에 찍히는 줄도 모르고 열중해서 노는 모습, 카메라를 보며 우스꽝스러운 표정을 짓는 모습, 온 얼굴 가득 행복을 머금은 모습, 모두가 소중한 내 아이들의 사랑스러운 모습이었다. 그래, 사람이 모두 똑같을 수는 없을진대… 이 사람은 이 사람만의 매력이, 저 사람은 저 사람만의 매력이 있는 것이지. 누군가를 바라볼 땐 그의 장점을 발견하고 그것을 이끌어주는 사람이 될 수 있어야 하는데, 하물며 나는 아이들의 엄마이면서 잠시 의무를 소홀히 한 채 엉뚱한 생각을 했다니, 부끄러워진다. 그렇지만… 인간은 망각의 동물이라 했던가.

오늘따라 아이는 부산스러웠고 징징댔으며 계속해서 나에게 매달리기만 했다. 게다가 보통 인간들보다 망각의 속도가 조금 더 빠른 나는 몇 시간 전의 다짐과 생각들은 어느새 까맣게 잊은 채, 호스텔로 돌아오자마자 아이의 잘못을 다그치기 시작했다. 폭발할 것 같은 마음에 토마스에게 전화를 했다.

"많이 힘들어? 왜? 애들이 말 안 들어?"

마음 같아선 한국으로 돌아가고 싶었지만, 이상하게도 토마스의 목소리를 듣자 돌아가고 싶다는 생각이 점점 사라진다.

"아이들이 어떤지는 같이 있어봐서 알잖아. 여기 온 지 불과 며칠 안됐어. 좀 있음 적응되겠지."

결국 별 용건도 없이 핸드폰을 붙잡고 있다 전화를 끊었다. 그러나 잘 때가 되어 몹시 피곤해하는 윤아를 보자 딱한 마음이 울컥 솟았다.

"윤아야, 엄마가 자꾸 화내서 속상했지?"

피곤해서 팔다리가 아프다던 윤아가 울먹인다.

"흑흑! 엄마가 화내고 미운 말해서 팔도 다리도 모두 아파!"

"그래… 엄마가 조금 더 참고, 조금 더 감싸줘야 하는데… 미안해."

사람은 때로 사랑하는 사람의 믿음과 신뢰, 사랑이 세상의 전부일 때가 있는데, 하물며 어린 아이들에겐 엄마의 그것이 세상의 전

부차트 가든 내 애완견을 위한 시설(왼쪽 위) / 부차트 가든 내 저패니즈 가든의 나무 한 그루(왼쪽 아래) / 부차트 가든 내 예쁜 꽃들(오른쪽)

부일 텐데…

"윤아야, 엄마가 정말 미안해. 그렇지만 엄마가 하나 부탁하고 싶은 게 있어. 징징대지만 말아줄래? 윤아는 징징거리지 않고 똑바로 말할 수 있잖아. 그러면 엄마는 화 안 낼 수 있을 것 같아."

"응, 알았어."

"우리 내일부터는 서로 조심하자. 그리고 오늘보다 더 즐겁고, 더 신나는 하루하루를 보내자."

"응!"

아이는 엄마 팔베개를 하며 소르르 잠이 들었고, 민준이 역시 반대편 팔을 베고 창문 밖 도로의 차량에서 뿜어 나오는 헤드라이트의 움직임을 응시하다 어느 순간 잠이 들었다.

난 완벽하지 않다. 완벽해질 수도 없다.

그러나 아이들에게 있어서만큼은 보다 더 나은 엄마가 되기 위해 노력해야 한다. 그리고 더 중요한 사실은, 이런 생각들을 잊지 말아야 한다는 것이다. 이 건망증 환자!

키 큰 버스에서 시내관광 즐기기 '시티 투어 버스'

호스텔 지하에 마련된 빨래방에서 빨래를 마친 뒤 옷을 꺼내 담던 중, 건조기 안에서 며칠 전 잃어버렸던 비자카드를 찾았다. 이미 여러 차례 주머니까지 샅샅이 찾아보았던 옷들인데, 카드는 대체 어디서 빠져나온 걸까. 살다 보면 가끔 이렇게 이해할 수 없는 일들이 일어나곤 한다. 뭐, 신경 쓸 거 없다. 중요한 건 캐나다 생활에 꼭 필요한 카드를 되찾았다는 사실이니까.

관광의 도시답게 빅토리아의 도로 곳곳엔 행인들의 눈길을 끄는 탈거리가 몇 가지 있었는데, 그 중 하나는 2층으로 이루어진 빨간색 '시티 투어 버스(City Tour Bus)'였다. 가능하면 두 발로 걸어 다니는 걸 좋아하는 나에게는 그저 손

빅토리아 시가지의 시티투어버스

쉽게 빅토리아의 명소를 둘러볼 수 있는 수단 정도로밖에 생각되지 않았으나, 아이들에게는 꽤 근사하고 신기한 놀이기구로 보였나 보다. 어차피 다양한 경험을 위해 떠나온 여행인데 아이들이 그토록 원한다면 한 번 타주어야겠지.

마침 '크레이다로크 성(Craigdarroch Castle)'에도 간다니 일석이조군. 가는 길에 '크리스피 크림(Krispy Kreme)'의 '오리지널 도넛'과 거의 유사한 맛을 뽐내는 '세븐일레븐(7 eleven)' 편의점 도넛을 세 개 사서 하나씩 입에 물고 승차권을 끊어 버스에 올라탔다. 높은 버스에 올라 시내 이곳저곳을 다니는 재미가 쏠쏠했는지 아이들은 무척 좋아했지만, 버스노선의 대부분은 우리가 이미 모두 다녀본 곳이었다.

차라리 빅토리아 여행을 처음 시작했던 며칠 전에 타보았더라면 더 좋았을 걸… 그저 아이들의 요구를 들어주는 데 의의를 두어야겠다.

엄격한 관람규칙의 고성(古城) '크레이다로크 성'

크레이다로크 성은 원래 여행계획에 없었지만, 호스텔에서 새로 사귄 언니가 어제 다녀와 본 결과 꽤 괜찮았다며 추천해주는 바람에 귀가 솔깃해진 내가 급히 오늘의 방문지로 선정하게 된 곳이었다. 성 입구에 도착하자 관람객들의 줄이 길게 늘어서 있어 '정말 볼 만한 곳인가 보다.'라는 기대를 갖고 그 뒤에 합류했다.

그러나 막상 건물 안 매표소에 다다르자, 민준이는 그저 성 입구의 돌계단에서 장난감 버스놀이를 하고 싶은 마음뿐이었는지 입장을 거부했다. 아이의 의사를 존중하기 위해선 좀 더 기다려 주어야 했으나, 대충 시간을 계산해보니 성을 둘러본 다음 이동하여 점심 식사를 하고 낮잠도 자려면 지금 성에 들어가야 했다(어린 아이들은 낮잠 시간이 가까워지면 떼가 심해지거나 부산스러워지는 경향이 있으므로 식사나 관람은 가급적 낮잠시간이 되기 전에 하는 것이 좋다). 게다가 아이의 자동차 놀이가 끝나기를 기다렸다 다시 티켓을 끊는 줄에 합류할 생각을 하자 그 또한 맥 빠지는 일처럼 느껴져 어쨌든 이번에도 아이에게 내 욕심을 강요했다.

하지만 성의 방침이 엄격하다는 걸 미리 알았더라면, 나는 아마 아이들과 이곳을 방문하지 않았거나 아니면 민준이가 버스놀이를 하도록 조금 더 기다려주었을 지도 모른다. 성 입구에 서 있던 여직원은 키는 크지 않으나 몸에 살집이 많고 테가 두꺼운 안경을 쓰고 있어 고집이 세 보였다. 우리가 입장함과 동시에 그녀의 시선은 민준이의 손에 들린 장난감 버스로 향했고, 그녀의 입에선 준비된 주의사항이 흘러나왔다.

"이곳에선 장난감을 가지고 놀 수 없어요. 미안하지만 아이의 장난감은 가방에 넣어주셔야겠네요."

 그렇지만 엄마가 제 손에서 장난감 버스를 빼앗아가자 아이는 곧바로 울기 시작했고, 사정을 봐달라는 나의 부탁에 그 여직원은 '성 안의 가구나 벽에 장난감이 닿지 않도록 조심하라'며 주의를 주고 떠났다. 상황이 어떻게 돌아가는 지 가만히 지켜보던 민준이는 제 손에 장난감이 돌아오자 순식간에 얼굴이 밝아졌지만, 일 분도 지나지 않아 자기 허리 정도 되는 높이의 가구며 벽면에 버스를 굴리려 하기 시작했다. 고(古)가구에 흠집이라도 날까 내가 더 걱정이 되어 제지하려는 순간, 아까 그 여직원이 어디선가 쏜살같이 나타나 약간은 화가 난 것 같은 얼굴로 다시 주의를 주었다.

 "한번만 더 이러면 아이의 장난감을 빼앗아 당신의 가방에 넣고, 당신의 가방 역시 따로 보관하도록 할 거예요. 당장 그만두도록 해요."

 "미안해요!"

 달리 할 말이 없었다. 아무리 아이가 한 일이라도 우리의 잘못이 분명했으니.

 그러나 유독 오늘따라 작은 아이는 지나치게 버스 놀이에 열중했고, 그런 아이에게 옛날 이곳 사람들이 어떤 가구와 장식으로 꾸며진 집에서 어떤 옷을 입고 어떻게 살았는지 와 닿을 리 없었다. 게다가 오늘따라 아이가 자꾸 묽은 변을 보여 기저귀를 자주 갈아주어야 했는데, 기저귀 발진으로 고생하는 아이의 엉덩이를 닦아줄 때마다 발진 부위가 몹시 쓰라렸는지 아이는 비명을 질러댔다. 조용한 성 안에 아이의 찢어질 것 같은 울음소리가 울려 퍼지자, 마치 아이에게 학대라도 하는 엄마가 된 것 같은 기분이 들어 화장실 밖

크레이다로크 성 외관

으로 나올 때마다 괜스레 얼굴이 뜨겁다.

　크레이다로크 성은 '성'이라 부르기엔 규모가 굉장히 작게 느껴졌지만, 나름 이 지역의 역사가 깃든 곳이라 한번쯤 들러보아도 괜찮을 법했다. 하지만 우리 같은 여행객들에게는 어울리지 않는 곳이라는 생각이 들었고, 결국 우리는 오랜 시간 머무르지 못한 채 밖으로 나와야 했다.

　중앙 홀에서 라이브로 울려 퍼지는 클래식 음악 연주와 고풍스런 분위기에 관심이 많은 윤아는 성 안에서 더 머무르고 싶어 했지만, 미안하게도 그럴 수 없었다. 만약 동생이 없었다면 이 어린 것도 떼를 쓰고 싶었을 텐데… 꾹 참고 엄마를 따라 나오는 모습에 그 마음이 엿보이자 더욱 미안해진다.

크레이다로크 성 내부 이모저모

성 밖으로 나와 장난감 버스를 손에 쥐어주자 그제야 미소 띤 얼굴로 돌 위에서 자유롭게 버스놀이를 하는 민준이를 바라보며 이후에는 목적지 선정에 좀 더 신중해야겠다는 생각을 했다. 또한 아이의 행동을 강제로 제지하면서까지 고려했던 나의 시간 계산은 보기 좋게 어긋나버려, 점심식사는커녕 버스정류장으로 이동하기도 전에 민준이는 잠이 들어버렸다. 버스가 정류장에 도착하기까지 남은 시간은 삼십여 분, 아이들이 자는 동안 그저 발길 닿는 대로 걸어가 보자.

🍁 크레이다로크 성(Craigdarroch Castle)
19세기 말 로버트 던스뮤어 Robert Dunsmuir가 광맥을 발견하여 부자가 되면서 아내를 위해 지은 성. 화려한 내·외관의 모습을 갖추고 있으며, 총 39개의 방에는 고급스런 가구와 생활도구들이 그대로 보존 및 복원되고 있다.

🍁 빅토리아에서 쉽게 맛볼 수 있는 길거리 음식
캐나다는 이민자들로 구성된 나라인 만큼 서양식, 동양식은 물론 퓨전 요리까지 다양한 음식을 다양한 방식으로 맛볼 수 있어, 향신료 등으로 인해 먹을 때마다 고생을 해야 하는 일부 나라들과는 달리 음식을 대하는 일에 부담이 없는 편이다.
길거리에서 종종 만나볼 수 있는 대표적인 음식으로는 핫도그, 햄버거, 음료, 아이스크림 등이 있으며, 해안가에 위치한 도시의 특성상 랍스터 및 가자미, 연어, 대구 등 생선 요리도 쉽게 접할 수 있다.

육아 스트레스가 절정으로 치닫던 그 날
오늘 아침은 정말 최악이었다. 미니 냉장고 위에 놓인 버너에서

빅토리아 길거리 음식 중 하나인 아이스크림

익어가던 된장찌개가 끓어 넘쳐 냉장고와 그릇들을 모두 더럽히더니, 밥을 먹던 도중 무엇이 마음에 들지 않았는지 민준이가 별안간 허공을 향해 장난감 버스를 던져버렸다. 식사에 집중하지 못하고 좁은 방안에서 자꾸 왔다 갔다 하며 움직이는 윤아 때문에 가뜩이나 정신이 없던 차였다. 예민해지지 않으려 꾹꾹 눌러가며 참고 있는데, 얼마 후 민준이가 장난감에 이어 음료수 컵마저 던지는 행동을 하자 나도 모르게 그 자리에서 벌떡 일어서고 말았다.

아이의 버릇을 고칠 요량으로 "물건이 그렇게 마음에 들지 않는다면 엄마가 버려줄게."라며 바닥에 떨어진 것들을 집어 들고 바깥 쓰레기통에 버리는 시늉을 하자 민준이는 당연히 울음을 터뜨렸고, 제 눈에도 동생의 행동이 못마땅해 보였던 윤아는 "엄마 잘한다!"며 나를 격려했다.

그러나 잠시 후 자신의 퍼즐 판이 없어졌다는 사실을 알아챈 윤아는 동생보다 열 배는 넘는 시끄러운 소리로 울음을 터뜨렸고, 그때부터 나의 신경은 본격적으로 곤두서기 시작했다.

"네가 아무데나 놨잖아. 너한테 그렇게 소중한 물건이었다면 잘 보관했어야지!"

'얘는 왜 갑자기 퍼즐 판을 찾지?' 당황한 내가 급한 대로 이유를 대보았지만 소용없었다.

"내꺼 찾아내! 찾아내라고!"

사실, 아이의 퍼즐 판은 아까 끓어 넘치던 된장찌개 아래에 놓여 있다가 변을 당한 이후 찌개 국물과 뒤엉킨 모습으로 쓰레기통 안에 처박혀 있었고, 아이가 그 사실을 알게 되면 더 큰 화를 낼까 무서워 차마 꺼내줄 수 없는 상태였다.

그러나 아이의 울음소리는 더욱 더 커져갔고, 나는 슬슬 걱정이 되기 시작했다.

'이 나라는 아이를 학대하면 중범죄에 해당한다는데… 혹시 밖에선 내가 아이를 괴롭히는 줄 아는 거 아냐?' 걱정이 된 내가 아이에게 다급한 목소리로 말했다.

"윤아야. 이 나라에서는 엄마가 아이를 못살게 굴면 엄마를 잡아간대. 윤아 울음소리가 꼭 엄마한테 학대받은 애 같거든? 그러니까 그만 해줄래? 엄마 경찰한테 잡혀가겠어."

그러자 아이는 잠시 울음을 멈추는 듯했지만, 이내 다시 비명을 질러대며 더 큰 소리로 울어댔다.

부모에게만 존재한다는 '아이 울음 알레르기'가 나에게도 생겨버린 것 같다. 아이의 울음소리에 모든 사고가 정지된 채, 아이의 울음을 멈추게 할 어떤 방안도 떠오르지 않는다. 멍하니 있던 나는 별안간 손을 뻗어 아이의 입을 막아버렸다.

"그만해! 제발 그만하라고!"

빅토리아 이너하버의 레몬에이드 가게

    엄마의 뜻밖의 행동에 놀란 아이는 더 이상 울지도, 그렇다고 울음을 그치지도 못하는 상황에서 눈을 크게 뜬 채 눈물을 글썽였고, 나는 나대로 그저 이곳에서 증발해버리고 싶은 생각뿐이었다. 3개월 혹은 2개월! 그 이유는 잘 모르겠지만 어느 땐 더 빨리, 어느 땐 더 느린 주기로 이런 최악의 상황이 우리 사이에 반복되곤 했다. 그건 아마도 참고 억누르던 나의 육아 스트레스가 절정에 이르렀을 때가 아니었을까. 그리고 이번엔 지난 며칠 간 힘들었던 일들이 겹쳐 그 주기가 조금 빨라졌는지도 모르겠다. 돌이켜 생각해보니 더 좋게 설명을 해주거나 타이를 수도 있었을 것을, 엄마라는 사람이 왜 그렇게밖에 하지 못했는지…

빅토리아 마켓 스퀘어의 한 카페에서

    카오스의 시간이 흘러가고 아이들의 마음도 진정되고 있는 것 같아 보여, 잠시 공용 화장실로 가 따뜻한 물줄기에 온몸을 적시자 기분이 나아지는 듯하다. 한결 가벼워진 마음으로 돌아오니 한바탕 폭풍우가 흘러간 이곳엔 그 사이 만물들이 제자리를 찾았는지 예쁜 꽃송이 두 개가 활짝 피어 있었다. '어쩌면 아이는 내뱉고 터뜨렸기에 그간의 스트레스를 스스로 날려버린 건 아닐까?'라는 생각이 든다. 그렇다면… 이젠 나만 마음을 풀면 되는 것 같다.

"엄마 화 다 풀렸어?"

"아니, 아직."(솔직히 왜 이렇게 화가 나는지 나도 모르겠다)

잠시 후 아이가 또 묻는다.

"엄마 화 다 풀렸어?"

"휴~ 그래."(풀어야지 어쩌겠니?)

"엄마가 화내서 너무 속상했어. 그래서 울은 거야."

도대체 뭐가 먼저고 뭐가 나중인지 이젠 나도 헷갈린다.

"나가자!"

이런 상황에선 일단 이곳을 벗어나는 게 상책이다. 원래는 민준이의 낮잠 시간에 맞추어 애프터눈 티를 맛보러 가려던 참이었지만, 호스텔 밖으로 나오자마자 예상 외로 민준이가 일찍 잠이 들어, 길가다 만난 서점에서 윤아가 읽어달라는 책 몇 권을 읽어주고는 서둘러 엠프레스 호텔로 향했다.

충동구매 기분에 들른 '더 페어몬트 엠프레스 호텔'

평소 식사를 한 뒤 후식으로 아니면 그냥 간식으로 케이크 또는 빵을 먹거나 커피, 차 등을 즐겨 마시긴 했지만, 영국식 애프터눈 티(afternoon tea)를 정식으로 즐겨본 경험은 한 번도 없었다. 우아한 분위기에서 즐기는 맛깔스런 제과와 향긋한 차. 여자라면 한번쯤 경험해보고 싶은 귀족적 문화이지만, 가격이 만만치 않다는 얘기를 들어 나 같은 여행자에겐 큰 지출일 거라 생각했었고, 그 때문에 그저께 방문했던 부차트 가든에서도 레스토랑 밖에서 군침을 흘리며 쳐다만 보다 왔던 애프터눈 티였다.

그러나 오늘처럼 아이들과 아침부터 한바탕 하는 바람에 기분 꿀꿀한 날, '지금이 아니면 언제 해볼까?'라는 마음에 기분 전환을 핑계 삼아 큰맘 먹고 들어 가보기로 했다. 마치 충동구매를 할 때와 같은 기분이다. 유럽풍의 고전적이고 귀족적인 분위기가 철철 흐르는 호텔 안으로 들어서자, 괜히 오지 못할 곳에 온 것만 같은 기분이 들었다.

오래 입어 무릎 부분이 불룩 튀어나온 검은색 면 롱스커트, 역시 얇게 늘어진 분홍 면 티셔츠에 검은 카디건 차림의 후줄근한 나를 돌아보자 한숨이 먼저 나온다.

'원래 이런 곳엔 옷을 갖춰 입고 출입하는 게 예의라던데…'

여행 가방을 꾸리며 '어떻게 하면 짐을 줄일 수 있을까?'에만 신경 쓰던 내가 정장 같은 걸 챙겨왔을 리 없었다. 엄마 혼자서 휴대용 유모차에 아이 둘. 이 조합도 왠지 초라한 분위기를 가중시키는 것만 같다.

"안녕하세요?"라고 일단 카운터에 서 있는 여직원을 향해 인사를 했다.

"안녕하세요? 메뉴는 고르셨나요?"

"아… 메뉴를 먼저 골라야 하나요?"

"네. 저쪽에 놓인 메뉴판에서 원하시는 메뉴를 고르신 다음 말씀해주시면 됩니다."

고풍스러운 분위기 물씬 풍기는 '더 페어몬트 엠프레스 호텔' 외관

복도 한 켠에 고급스럽게 비치된 메뉴판을 찬찬히 살펴본 다음 (사실 종류는 별 거 없었다. Afternoon Tea 60$, Prince & Princess Tea 30$. 다시 프런트로 가서 메뉴를 주문했다.

"애프터눈 티요!"

"혼자서요?"

"네."(왜 묻는 거지? 혼자 오면 입장이 안 되나?)

"혼자 드셔도 제값을 다 내야 하는데… 그래도 드시겠어요?"

"네"(그래, 오늘은 나 혼자 우아하게 분위기 잡으러 왔단 말이다. 물론 그건 아이들이 어떻게 나오느냐에 따라 달렸지만…)

"혼자 먹는다고 해서 값을 반만 지불하셔야 하는 건 아닌데요. 그래도 괜찮으시겠어요?"

"네. 괜찮아요."

"양도 두 사람 몫과 똑같이 나오는데, 진짜 드시겠어요?"(내가 돈이 없어 보이나? 아니면 혼자선 도저히 소화 못 할 정도로 양이 어마어마한가? 왜 자꾸 묻는 거지?)

"네, 혼자서 다 먹고 돈은 다 지불할 거예요."

'더 페어몬트 엠프레스 호텔' 레스토랑 내부

"흠… 그러시다면, 이쪽으로…"

안 그래도 위축된 마음으로 들어왔는데, 자꾸 질문을 해대는 바람에 더 움츠러들 뻔했다.

민준이가 잠에서 깨어 이 우아한 분위기를 아수라장으로 만들지 않기만을 바라며 최대한 당당한 표정으로 들어갔다. 직원의 안내를 받아 자리를 잡고 앉아 내부 분위기를 살펴보았다.

향긋한 차와 맛깔스런 디저트에는 즐거운 수다가 빠질 수 없는 공식인 듯, 손님들이 저마다 쉴 새 없이 입을 놀리느라 웅성거리는 이곳은 내가 생각했던 것처럼 침묵이 흐르듯 조용한 분위기는 전혀 아니었다. 오히려 그 점이 나의 마음을 더욱 편하

'더 페어몬트 엠프레스 호텔'의 애프터눈 티

게 해주었다.

'우리에게 모든 시선이 집중될 확률이 적어진 것 같군.'

라이브로 연주되는 피아노 선율 또한 감미로우면서도 리드미컬하다. 게다가 우리보다 조금 늦게 입장한, 미국인으로 보이는 손님들의 복장은 나보다 훨씬 더 형편없었다. 그들을 보니 점점 더 안심이 된다. '이방인'이란 생각을 지우고, 이곳을 즐겨보아야겠다.

윤아는 이미 고풍스런 분위기에 홀딱 반해버렸는지, 고개를 두리번거리며 이곳의 문화를 익히는 얼굴 표정이 상기되어 있다. 마치 공주님이 된 것처럼, 평소와는 달리 바른 자세와 우아한 몸가짐을 하고 새침하게 앉아 있는 모습이 새삼 귀엽게 느껴진다.

🍁 애프터눈 티(Afternoon Tea)

애프터눈 티(Afternoon Tea)는 영국인의 점심과 저녁 식사시간이 많이 벌어져서 생긴 전통. 즉 오후에 여러 종류의 스콘과 빵과 잼, 버터에 홍차나 커피를 곁들여 먹는 것이 애프터눈 티. 빅토리아에선 '더 페어몬트 엠프레스 호텔(The Fairmont Empress Hotel)'의 애프터눈 티가 유명하다.

맛보다 우아함에 더 끌린 '애프터눈 티'

잔잔한 꽃무늬가 우아함의 극치를 이루는 티포트와 찻잔, 그리고 애피타이저로 크림 얹은 딸기가 나오자 민준이가 잠에서 깨어났다. 그 모습을 발견한 직원이 아이 몫을 따로 가져다주느냐고 묻기에 "고맙다"는 대답으로 긍정의 의사표시를 했다. 그런데 갑자기 헷갈리기 시작한다.

'보통 둘이 먹는 메뉴라던데, 애피타이저를 세 개나 가져다주는

'더 페어몬트 엠프레스 호텔'의 애프터눈 티에 곁들여 나오는 빵·스콘·잼·버터 등

거면… 혹시 내가 민준이 몫을 추가로 주문하게 된 셈인가? 혹시 윤아 것도 그랬던 건가?'

확실히 해두는 게 좋을 것 같아 담당 서버에게 물어보니, "오! 걱정 마세요, 이건 제가 그냥 가져다주는 거예요. 이렇게 귀여운 아이들한테 당연히 드려야지요"라며 안심을 시킨다. 이름난 호텔이라 그런지 직원들의 태도에 공손과 예의가 넘친다. 음식이 모두 나온 다음 담당 서버는 온 얼굴에 미소를 띠며 말했다.

"자~! 모든 사람이 먹을 만큼 충분하답니다. 모두 두 개씩 있어요. 즐거운 시간 되세요."

내가 주문한 음식이 2인분이라는 사실은 이미 알고 있었지만, 상냥하면서도 활달한 그녀의 말투는 새콤달콤한 애피타이저보다 더 우리의 미각을 돋우어주었고, 오늘의 식사가 즐거운 분위기 속에서 이루어지리라는 걸 암시하는 듯 했다. 예상보다 일찍 잠에서 깬 민준이를 보며 기도했다.

'더 페어몬트 엠프레스 호텔'의 애프터눈 티 메뉴의 찬물과 따뜻한 물

'민준이가 난동 피우지 않고 식사 마칠 때까지 얌전하게 해주세요. 제발…'

기도 덕분인지 아니면 태어나

처음 맛보는 달달한 각설탕 덩어리들 덕분인지 모르겠지만, 다행히 민준이는 내내 비교적 얌전한 태도로 일관했다. 엄마가 평상심을 잃지 않고 애프터 눈 티를 즐길 수 있도록 도와주었다. 달콤함과 향긋함이 입 안 가득 맴돌던 시간 내내 나뿐만 아니라 아이들에게도 특별한 기분을 만끽한 모양이다. 예쁜 원피스를 입고 앉아 새롭고 다양한 미각을 탐색하던 윤아는 생전 처음 느껴본 고급스런 분위기에 퐁당 빠져버린 듯, 호텔 밖으로 나와서도 하루 종일 요조숙녀처럼 행동했다.

하지만 기분 전환을 위한 티타임에 60달러를 쓰다니!(그 금액은 우리가 묵는 호스텔의 하룻밤 숙박비와 맞먹는 액수였다) 우리 같은 가난한 여행자에게 있어 고급 호텔에서의 애프터 눈 티는 솔직히 사치라 생각했고, 이곳에 쉽게 발을 들이지 못한 것도 그 이유 때문이었다. 그러나 '돈을 주고 행복을 샀다'는 표현이 오늘처럼 적절하게 맞아떨어지는 날, 딱 한 번만 더 공주님과 왕자님이 된 기분을 느껴보자며 그동안 동경의 눈으로 바라보기만 했던 마차에 올랐다.

역시 값비싼 체험이었지만(15분에 50달러, 게다가 팁은 별도!), 아이들, 특히 윤아는 행인들을 향해 연신 손을 흔들며 공주가 된 기분을 만끽했고, 민준이는 마차투어 내내 코끝을 자극하던 말똥냄새를 재미난 손동작과 웃음소리로 표현해 우리 모두 더욱 즐거웠다.

'비컨 힐 파크' 도보여행으로 지방 분해효과

주말이 되면 이너하버 주변은 더욱 화려해졌다. 갖가지 악기와 목소리를 이용해 자신의 끼와 실력을 뽐내는 거리의 악사들, 화려

'더 페어몬트 엠프레스 호텔' 앞을 지나는 마차

빅토리아 시내 관광중 마차에 올라 행인들을 향해 손을 흔드는 윤아

한 색채와 문양을 자랑하는 수공예 작품과 그림들, 기이한 분장과 독특한 발상으로 고정관념을 깨뜨려주는 행위예술가들. 그들 구경에 넋이 빠져 배고픈 줄도 모르고 다니다 마주치는 반가운 노점상들까지, 그야말로 시각·청각·미각·후각 등 다양한 감각을 자극하는 예술문화의 축소판과도 같은 곳이 되어버렸다.

오늘은 마침 토요일이다. 공원 산책을 한 다음 이너하버로 가서 멋진 주말 저녁을 즐기기로 계획한 우리는 일단 '누들 바'에 들러 말레이 세트와 꼬치 몇 개를 포장해가지고 '비컨 힐 파크(Beacon Hill Park)'로 향했다.

어디를 가든, 무엇을 보든, 우리나라와는 비교가 되지 않을 정도로 큼지막한 이곳. 비컨 힐 파크의 규모 역시 굉장히 넓었다. 이런 곳이야말로 출산 이후 내 몸 구석구석에 붙은 지방을 태우기에 딱 좋은 곳이라 생각하며 반나절이 넘는 시간 동안 열심히 유모차를 밀어 공원 한 바퀴를 다 돌았다.

동행자가 어린 아이들이다 보니 비컨 힐 파크에서 가장 인상 깊었던 곳은 오리 등 각종 조류가 유유히 헤엄을 치다 이따금 자맥질

비컨 힐 파크 입구 / 비컨 힐 파크 연못 / 비컨 힐 파크 돌다리 주변 풍경 / 비컨 힐 파크 야외무대 앞에서 공연을 기다리는 사람들 / 비컨 힐 파크의 아름드리 거목 / 비컨 힐 파크 어린이농장 염소 우리에서 염소의 털을 빗겨주는 아이 / 비컨 힐 파크 어린이농장의 동물들

을 하던 호수도, 많은 관중들이 모여 공연을 기다리던 야외무대도 아닌, '어린이 농장(Children's Farm)'이었다.

농장의 하이라이트 프로그램인 '염소 우리'는 아이들이 직접 우리 안으로 들어가 염소의 털을 빗겨주는 체험을 해보거나, 사육사들이 아기염소를 돌보는 모습을 눈앞에서 관찰해볼 수도 있어 아이들의 인기코스였다.

🍁 비컨 힐 파크(Beacon Hill Park)
다운타운의 남쪽으로 자리한 넓은 공원. 야외음악당, 정원, 어린이농장 등의 시설이 있다. 비컨 힐이라는 이름은 1840년 이곳 정상에서 항해의 지표로 삼기 위한 화톳불(봉화 Beacon)을 지핀 데서 유래되었다.

우린 무엇을 위로받았던 걸까 '프리 허그'

비컨 힐 파크가 항구에서 먼 곳에 위치한 건 아니었지만, 돌아오는 길은 더욱 더 멀게 느껴졌다. 아무래도 오늘 너무 많이 걸은 것 같다. 터덜터덜 걷고 또 걷다 항구근처에 도착한 우리는 편의점에서 간단히 핫도그와 커피를 사 먹은 다음 인포메이션 건물 근처로 돌아가 다시 항구 구경을 시작하기로 했다. 그곳에선 'FREE HUGS(프리 허그)'라는 글자가 써진 종이판을 목에 건 노부부가 지나가는 사람들을 안아주고 있었다.

이전의 여행에서도 프리 허그를 해본 적이 있었다. 인종과 나이와 성별을 넘어선 포옹이라는 것이 왠지 마음이 따뜻해지는 것 같은 느낌을 남기긴 했지만, 내가 프리 허그를 했던 목적은 대부분 교감이 아닌 기념사진을 남기기 위한 것이었다.

'프리 허그'를 하는 할머니와 할아버지

지난주에도 항구를 찾아왔다 가던 길에 이 노부부를 보았지만 딱히 누군가를 안고 싶은 마음이 들지 않는데다 기념사진을 찍는 것도 귀찮게 느껴져 무시하고 지나쳤던 기억이 떠오른다.

그러나 오늘은 왠지 누군가가 나를 안아주었으면 좋겠다는 생각이 문득 머릿속을 스쳐지나갔다.

'할아버지 쪽으로 갈까, 할머니 쪽으로 갈까?'

잠시 망설이던 나는 조심스레 할머니 가까이로 가 그 앞에 섰다. 할머니는 다른 사람들에게 하듯 양팔을 크게 벌려 나를 꼭 안아 주었고, 나도 자연스럽게 그 움직임을 따라했다. 그런데 그 순간, 갑자기 가슴이 울컥했다. 할머니의 빠져들 것 같은 파란 눈동자와 그 안에 비치는 따뜻한 마음을 보자 그저 울고만 싶었다. 그렇지만 잘 모르는 이에게 나의 감정을 쉽게 드러내고 싶지 않아, 쏟아져 나올 것 같은 눈물을 꾹 참았다.

그렁그렁하는 눈동자와 숨길 수 없는 감정을 눈치 챘는지, 할머니는 포옹을 마치고 나서도 내 팔에 자신의 손을 얹은 채 몇 초 간 한없이 자애로운 눈빛으로 내 눈을 바라봐 주었다.

난 무엇을 위로받았던 것일까. 나도 잘 모르겠지만, 뜻밖의 경험을 통해 프리 허그라는 것에 대해 다시 한 번 생각해보는 계기가 되었다.

　노부부를 뒤로 하고 항구로 가는 내리막길에서였다. 내 옆을 졸졸 따라오던 윤아가 문득 입을 열었다(윤아 역시 나를 따라 프리 허그를 한 뒤였다).

플라스터맨 아저씨에게 안겨 사진을 찍는 윤아

"엄마, 나 눈물이 나려고 해."
"정말? 엄마도 그런데…"
　이유는 묻지 않았다. 내가 나의 눈물의 의미를 잘 모르듯, 아이 역시 그럴 것 같아서였다.
　하지만 이 작은 아이가 어쩌면 나와 같은 경험을 통해 같은 감정을 느꼈을지 모른다는 생각이 들자 신기하면서도 이 아이가 더욱 특별하게 느껴졌다. 돌이켜보니 더욱 놀라운 건, 어릴 적 제 친할머니도 다가가지 못할 정도로 낯을 심하게 가리던 아이가 낯선 사람과 프리 허그를 시도했다는 사실이었다. 게다가 잠시 후 윤아는 '플라스터맨(Plasterman: Plaster 회반죽·소석고)'이라는 행위예술가와 사진을 찍기까지 했다. 물론 머리부터 발끝까지 하얗게 분장을 한 커다란 조각 같은 사람이 무서웠는지 시선은 다른 곳을 향한 채 그를 외면하긴 했지만 말이다. 엄마의 입장에서 보자면 이는 '장족의 발전'이었다. 제 스스로도 뿌듯함을 느꼈

빅토리아 이너하버 일대의 야경

는지 윤아는 "용감하다"는 나의 격려에 무척이나 기뻐했다. 아무래도 이 아이는 여행을 통해 굉장히 많은 성장을 하고 있는 것 같다.

우리는 그렇게 새로운 경험을 차곡차곡 쌓아가며 항구를 돌고 또 돌았다. 몇 번을 돌았는지 모르겠다. 돌 때마다 새로운 것이 눈에 보여 힘든 줄도 몰랐다. 그러다 보니 야경이 눈앞에 펼쳐졌다.

이너하버와 엠프레스 호텔, 그리고 주의사당의 실루엣이 오로지 전구의 빛에 의해서만 부각되는, 마치 '루미나리에(luminarie: 전구를 이용한 조명건축물 축제)'를 감상하는 것 같다. 고풍스런 분위기에서 뿜어져 나오는 빛의 향연 속에 들어와 있는 기분… 환상적인 밤이었다.

그러나 '물'과 '돌'만 보면 사족을 못 쓰는 민준이는 항구에 있는 내내 돌을 찾기 위해 눈을 바쁘게 움직이다 돌 비스무리한 것들을 발견하기만 하면 그것을 집어 바다에 던져보려 물가로 다가갔는데, 사람들은 그때마다 가던 길을 멈추고 '혹시나 아이가 물에 빠지면 어쩌나'하는 조마조마한 표정으로 지켜보곤 했다. 내가 느긋한 건지 사람들이 새가슴인지, 이제는 나도 헷갈릴 정도가 되었을 때쯤

빅토리아 이너하버 선착장에서 바닷물에 돌 던지기 삼매경에 빠진 민준

다음 장소로 이동하기 위해 민준이를 유모차에 태우자, 한 아저씨가 나에게 "아이를 안전하게 해주어 고맙다"며 감사의 인사를 전하기까지 할 정도였다.

이별 아쉬움에 빅토리아에서 마지막 불면의 밤

아침 일찍부터 우리는 다운타운 곳곳을 걷고 또 걸었다. 빅토리아에 있는 내내 하루가 멀다 하고 드나들던 서점 '챕터스'에 들러 책을 몇 권을 읽다가 일요장이 선 배스천 스퀘어에서 장 구경을 하기도 했다. 이너하버에 정박해 있는 수많은 요트들도 감상했다.

아이들이 낮잠에서 깨어났을 땐 아예 호스텔 안에 유모차를 두고 나와 이곳의 정경을 질릴 때까지 눈에 담아두자며 셋이 함께 골목골목을 걷기도 했다. 마지막 밤이 아쉬운 지 꽤 늦은 시각까지 윤아는 잠을 이루지 못했다.

"윤아야… 잠이 안 와?"
"어."

"왜?"

"………."

"떠나려니 아쉬워?"

"응"

"그래서 못 자는구나. 윤아는 빅토리아가 마음에 들었어?"

"응!"

"어떤 게 제일?"

"………… 걸어 다니는 거."

"길을 걸어 다니는 게 좋았어?"

"응."

"엄마는… 너희들이랑 서점에 가서 책 보던 것도 좋았고, 항구에서 사람들이 노래 부르던 걸 구경하는 것도 좋았어. 윤아는 어떤 공연이 제일 마음에 들었어?"

"음… 난… 기타 치면서 노래하던 오빠!"

빅토리아 이너하버의 해질녘 풍경

빅토리아 이너하버에서 행위예술가와 함께 포즈를 취하는 윤아

인형 같은 분장을 하고 노래를 부르는 남녀 앞을 오래도록 지키고 있던 윤아의 모습이 떠올라 건넨 질문이었지만, 의외로 아이는 기타 치며 노래하던 어린 소년을 떠올렸다. 실은 나 역시 아까부터 눈이 말똥말똥했다. 오늘 일부터 어제, 그제, 열흘 전 일까지… 이곳에서 겪었던 많은 일들이 차례차례 시간을 거슬러 올라가며 내 머릿속에서 점점 더 또렷해져 왔기 때문이었다. 더 해보고 싶은 것도, 더 가보고 싶었던 곳도 많았지만 거북이 여행을 해야 했던 우리…

그러나 욕심낼 필요 없다. 언제 또 다시 이곳에 오게 될지 모르는 일 아닌가. 아름다운 빅토리아의 다운타운을 뚜벅뚜벅 걸어 다니며 우린 활기에 넘쳤고 참 많이 행복했다.

거리의 악사들, 바다 위의 수많은 하얀 요트들, 위풍당당한 모습으로 항구를 바라보던 주의사당, 건물 벽을 뒤덮은 담쟁이덩굴이 그 역사를 말해주던 고풍스런 호텔, 잠깐이나마 우아함의 극치를 느끼게 해주었던 그곳에서의 애프터 눈 티… 눈을 뗄 수 없었던 수많은 기념품 숍, 정서적 욕구를 만족시켜 주던 서점들, 미식가 탐험을 해보듯 갖가지 맛을 느낄 수 있게 해주었던 음식점들… 현대와 고전이, 문명과 자연이 공존하던 여왕의 도시, 빅토리아. 창문 앞까지 날아와 끼욱대던 갈매기, 좁은 침대임에도 불구하고 잠 한 번 깨지 않고 아침까지 새근

빅토리아 이너하버 거리의 예술가

새근 단잠을 자주던 아이들…

  이제 와 생각해 보니 우리가 지난 열흘 간 머물렀던 호스텔 방도 참으로 근사했다. 같은 프라이빗 룸 중에서도 창이 없어 답답하거나 어두운 방도 더러 보이던데, 운이 좋았던 것인지 아니면 호스텔 측에서 아이들을 배려해준 덕분이었는지 우리 방은 창이 두 개나 뚫려있어 바람이 잘 통하는데다 전망도 끝내줬다. 이 좁은 방에서 아이들과 때로는 지지고 볶고, 때로는 춤추고 노래하고, 때로는 창밖을 한없이 감상하며 더 이상 바랄 게 없을 만큼 즐거웠다. 중간중간 겪었던 크고 작은 갈등들도 여행의 양념 역할을 해가며 잊지 못할 추억들로 남았다.

  늘 가지고 있는 것보다 더 많은 걸 바래왔다. 그래서 늘 부족했다. 더 넓은 집, 새로운 가구와 전자제품들, 나의 생활을 더욱 편하게 만들어줄 수 있는 살림살이들, 나를 더 돋보여줄 수 있는 옷과

4. 빅토리아(Victoria) | 465

장신구들… 난 이미 많은 걸 가지고 있었지만 살면서 만족했던 순간은 그것을 얻었을 때 잠시뿐, 이내 더 높은 곳만 바라보았다.

그러나 더도 덜도 말고 생활에 필요한 최소한의 것만 갖춘, 부족하기로 따지자면 사실 형편없을 정도의 조건 속에서도 이전과는 비교할 수 없을 만큼의 기쁨을 느꼈다는 것이 놀라울 뿐이었다. 마치 열흘이라는 시간 동안, 이곳에 처음 도착했을 때부터 지녔던 '모든 건 내 마음에 달려있다'는 생각을 증명해낸 것만 같은 기분이다.

벌써 10일이 지났다니, 빅토리아에서 밴쿠버로

프런트에서 체크아웃을 도와주던 파마머리의 남자직원이 말한다.
"벌써 10일이나 지났다니…"

시간은 참 빨리도 흘러간다고 말하던 그는 우리의 짐을 보며 또 한 번 놀랐다. 커다란 트렁크 하나에 백팩 하나, 보조가방 두 개에 쌍둥이 유모차까지… 여행 중 장소를 이동하려면 이 정도는 당연하다는 듯 가방들을 바리바리 챙겨 다니던 나도 새삼스레 입이 떡 벌어졌다.

그러나 놀랄 필요 없다. 이 많은 짐은 어디서 갑자기 나타난 게 아니라 여행을 시작할 때부터 늘 우리를 따라다니던 것들이었으니까. 다 챙기지 못할 것처럼, 연약한 척 엄살을 떨어도 결국엔 내가 다 들고 또 메고 다닐 거라는 것을 아니까. 이번엔 밴쿠버 국제공항이 아닌, 밴쿠버 다운타운으로 가는 퍼시픽코치라인 버스를 타고, 왔던 길을 그대로 거슬러 올라갔다.

버스는 빅토리아 다운타운을 출발해 한 시간 반여를 달려 항구에

빅토리아 이너하버 일대에서 판매하는 예쁜 유아 원피스

도착, 커다란 페리에 승선했고, 커다란 페리는 사람과 차를 잔뜩 싣고 바다를 달려 밴쿠버의 츠왓슨 페리 터미널에 도착했다. 페리에서 내려 또 다시 밴쿠버의 도로를 달리던 버스는 이윽고 밴쿠버 다운타운의 '페어몬트 호텔(Fairmont Hotel)' 앞에 우리를 내려주었다.

옛 건물이 많이 남아있는데다 섬다운 아기자기함이 느껴지던 빅토리아, 그에 앞서서는 자연 그 자체가 생활의 주 무대였던 캐나디안 로키와, 도시라 하기엔 어딘가 모르게 순박한 느낌을 주던 캘거리, 이런 곳만 돌아다니다 갑자기 고층 빌딩이 늘어선 밴쿠버 다운타운 한복판에 덩그러니 남게 되자 고개가 획획 돌아갔다. 많은 차들, 빽빽이 들어선 건물들, 어디론가 바삐 오가는 행인들…

'지금 내가 있는 곳은 어디일까?' 잠시 넋을 놓고 주위를 둘러보았다. 갑자기 피로가 몰려온다. 그저 침대에 누워 한숨 자고 싶은 생각뿐이다. 셔틀을 운행하거나 픽업을 해줄 리 없는 호스텔을 찾아가기 위해선 대중교통을 이용해야 했고, 밴쿠버의 교통편을 전혀 알지 못하는 현재의 나로선 택시 외엔 다른 선택의 여지가 없었다.

'택시, 택시, 택시… 도대체 택시는 어디서 탈 수 있을까?'

마음이 급했다. 본인들이 보기에도 낯선 곳이어서인지 아직은 이렇다 할 반응을 보이지 않지만, 이렇게 계속 길에서 헤매다간 얼마 못가 떼를 쓰거나 제멋대로 돌아다니려 할 것이 뻔한 두 아이들이 내 곁에 서있다는 사실을 자꾸만 상기시키며 머리를 굴려보니, 마침 버스가 우리를 내려준 곳은 호텔 앞이었다.

'호텔엔 투숙객이 이용할 수 있는 택시 승강장이 따로 있겠지?'

택시를 잡아타고 어렵지 않게 찾아간 곳은 '하이 밴쿠버 다운타운 호스텔(Hi-Vancouver Downtown Hostel)'. 벽돌로 지어진 호스텔의 외관은 수수했지만, 내부는 참으로 깔끔했다.

이번에도 도미토리 룸이 아닌 프라이빗 룸을 예약했는데, 배정받은 방은 꽤 넓게 빠진데다 2층 침대에 책상, 세면대까지 딸린 근사한 곳이었다(게다가 철재가 아닌 나무 가구!).

밝고 환한 로비, 아침식사와 조리공간을 제공해주는 넓은 식당·엘리베이터·도서실·오락실·TV룸·세탁실 등 생활에 필요한 모든 걸 갖추고 있는 이곳 시설은 여느 호텔 부럽지 않은 완벽한 곳이었다. '처음 경험했던 호스텔이 이곳과 같은 분위기와 시설을 갖추고 있었더라면, 빅토리아에 도착했을 당시 내 마음이 그토록 싱숭생숭하지 않았을 텐데'라는 생각을 하며 짐을 풀고는 침대 아래층에 누워보았다. 그러고 보니 방만 넓은 게 아니었네. 이 정도 침대 크기라면 우리 셋이 자는데도 전혀 불편함이 없을 것 같다. 그런데 이 동네… 너무 복잡하다. 사람도 차도 건물도 모든 게 너무 많아 왠지 정이 안 간다. 멋지고 낭만적이었던 빅토리아가 자꾸만 떠오른다.

빅토리아 이너하버 일대 거리의 악사들

밴쿠버의 그랜빌아일랜드의 폴스 크릭 피셔맨스 부두에서 바라본 폴스 크릭과 밴쿠버 다운타운 풍경

5 밴쿠버(Vancouver)

낯선 도시에서 다양한 경험을 하다

여행은 나에게 있어
정신을 젊어지게 하는 샘이다.
- 안데르센 -

첫날, 지리감각 익히기 위해 무조건 걸어보다

본격적인 여름으로 접어든 7월 중순, 밴쿠버에서의 첫날은 지리감각을 익히기 위해 그랜빌 스트리트(Granville St.)를 따라 무조건 걸었다.

따가운 햇볕 아래 바람 한 점 없는 더운 날, 털털대는 쌍둥이 유모차에 앉은 아이들도 유모차를 미는 나도 점점 지쳐갔지만, 습하거나 찐득거리는 느낌이 없어 한국에서의 한여름보단 낫다는 생각이 든다. 다운타운 한가운데 자리 잡고 있는 쇼핑몰 시어스(SEARS)에 들러 땀을 좀 식히고 나왔다. 근처 일식집에 들러 우동과 초밥으

밴쿠버의 스탠리 파크에서 바라본 밴쿠버 다운타운

로 점심을 해결한 다음 길 끝을 따라 계속해서 걸어가다 보니 어느덧 '캐나다 플레이스'까지 와버렸다. 반나절 만에 얼굴과 팔다리가 익어버릴 정도로 무식하게 돌아다니긴 했지만 일단 이렇게 다녀봐야 지도상 거리와 실제 거리가 가늠이 된다.

🍁 살기 좋은 도시, 밴쿠버(Vancouver)

'그레이터 밴쿠버(Greater Vancouver)'로 불리는 밴쿠버는 BC(브리티시 컬럼비아) 주에서 가장 큰 도시이며, 캐나다에서 토론토, 몬트리올에 이어 세 번째로 큰 도시다.

온화한 기후와 많은 비, 아름다운 항구로 유명하며 살기 좋은 도시로 알려진 밴쿠버는 주요 관광지가 대부분 다운타운에 모여 있어 여행하기에도 편하다. 또한 동·서양의 음식이 골고루 섞여있는 퓨전 요리의 도시인데다, 바다와 접한 도시인만큼 해산물 요리로도 유명하여 여행하는 내내 먹을거리로 인한 불편함이 거의 없을 정도다.

밴쿠버 국제공항과 워터프런트 센터에 있는 관광안내소를 방문하여 다양한 여행정보를 수집할 수 있다(호스텔 등에서도 다양한 여행정보를 얻을 수 있다).

밴쿠버에서 매주 토요일마다 다운타운에서 열리는 파머스 마켓

밴쿠버 그랜빌 스트리트 거리 풍경

매년 7월 말에 밴쿠버 잉글리시 베이에서 열리는 불꽃축제를 보기 위해 모여든 밴쿠버 시민들

밴쿠버 캐나다 플레이스 전경 / 밴쿠버에 머무는 동안 버스·스카이트레인·씨버스(sea bus)·미니 페리·택시 등 다양한 교통편을 이용하여 어디든 갈 수 있다 / 밴쿠버 시티투어버스

밴쿠버 캐나다 플레이스 주변의 한 건물 안 천장에 걸린 커다란 지구본

🍁 캐나다 플레이스(Canada Place)

밴쿠버 항구에 위치하고 있으며, 바다 건너 노스 밴쿠버(North Vancouver)를 마주보고 있다. 1986년에 밴쿠버에서 개최된 엑스포를 위해 지어진 건물로, 현재는 세계무역센터와 밴쿠버 컨벤션&전시 센터, 팬 퍼시픽 호텔 및 쇼핑매장, 레스토랑, 푸드 코트, 공공시설과 유람선 터미널 등 다양한 용도로 쓰이고 있다.

둘째 날에 조금 더 멀리 걷다 '개스 타운'

다음날엔 더 멀리 가보기로 했다. 물론 튼튼한 두 다리를 이용해서.

이번에도 그랜빌 스트리트(Granville St.)를 따라 걸어가다 캐나다 플레이스가 보이기 직전 오른쪽으로 방향을 틀어 '개스타운(Gastown)'으로 향했다.

개스타운의 명물, '증기시계(Steam Clock)'를 지나 이뉴잇 부족이 직접 만든 예술작품을 전시·판매하는 '이뉴잇 갤러리(Inuit Gallery)', 개스타운(Gastown)을 만든 주인공 '개시 잭 동상(Gassy Jack Statue)'까지 개스타운을 한 바퀴 빙 돌았지만 딱히 우리에게 감흥을 줄만한 볼거리는 없었다. 오히려 군데군데 들어선 기념품 상점들이 그 안에 재미나고 신기한 것들을 꼭꼭 숨겨놓고 있어 그곳들을 하나하나 방문하는 일이 더 즐겁게 느껴질 정도였다.

밴쿠버 개스타운의 한 건물 안, 로비에 놓인 피아노와 창밖에 보이는 캐나다 플레이스의 전경이 아름답다 / 밴쿠버 개스타운의 이뉴잇 갤러리. 이뉴잇의 예술작품을 전시·판매하는 갤러리

밴쿠버 개스타운의 상징, 개시 잭 동상 / 밴쿠버 개스타운의 명물, 증기시계로 15분마다 한 번씩 "피식~" 하는 소리를 내며 증기를 뿜어낸다 / 밴쿠버 개스타운의 한 부츠 가게

우연히 들른 홈리스 지역에서 위기일발 체험

"홍콩에 온 것 같은 착각을 불러일으키는 곳, 거리마다 넘쳐나는 한약재와 재미있는 물건을 파는 상점들로 눈이 혼란스러울 정도!"라는 가이드북의 설명 때문인지, 차이나타운으로 걸음을 향하던 내 머릿속엔 이미 중국의 경극에서 연상되는 원색의 화려한 분위기가 펼쳐지고 있었다.

'오랜만에 중국음식으로 뱃속에 기름칠 좀 해주고, 지나가다 신기한 물건이 있으면 몇 개 구입해가야지'라는 기대감으로 부지런히 유모차를 밀며 앞으로 나아갔다.

헤이스팅스 스트리트(Hastings St.), 호머 스트리트(Homer St.)와 메인 스트리트(Main St.) 주변은 밴쿠버 전체를 통틀어 홈리스들이 가장 많은 곳이므로 늦은 밤엔 어슬렁거리지 않는 것이 좋다. 또한 그랜빌 스트리트(Granville St.), 펜더 스트리트(Pender St.), 다비 스트리트(Davie St.), 개스타운에 있는 거지들은 특히 조심하라는 얘기도 예전에 듣긴 했다.

그러나 지금은 벌건 대낮인데다 거리엔 사람들이 꽤 지나다니는 편이었고, 지금 내가 서 있는 곳에서 차이나타운까지 가려면 어차피 위에 열거한 거리 중 한두 곳을 거쳐야 했으므로 별 생각 없이 헤이스팅스 스트리트(Hastings St.)로 들어선 지 얼마 되지 않았을 때였다. 마치 다른 세계에 들어온 듯, 분위기가 살벌해졌다. 방금 전까지 내가 지나온 길에도 거지들은 있었다.

그러나 이따금 하나 둘씩 눈에 들어오던 거지들이 어느새 이렇게 많아진 것인지… 갑자기 가슴이 콩콩 뛰기 시작한다.

'거지들 중엔 간혹 마약을 하는 사람도 있으니 조심하라던데…

개중에 정신 나간 거지가 미친척하고 달려들면 사람 하나 어떻게 되는 건 일도 아닐 텐데…'

'나에겐 늘 아이들이 붙어 있으니 더욱 조심해야 한다는 걸 뻔히 알면서 아이들을 데리고 이런 곳으로 자진하여 걸어 들어오다니. 무슨 일이라도 생기면 어떻게 해야 할까?'

유모차를 밀면서 뛰어도, 아이 둘을 유모차에서 빼내어 안고 뛰어도, 내 뜀박질 실력은 형편없을 게 뻔했다. 왔던 길을 되돌아가기도 애매한 게, 조금만 더 걸어가면 거지들이 바글거리는 지역에서 벗어날 수 있었으니, 일단 최대한 빨리 이곳을 벗어나는 게 상책이었다. 당황한 모습을 보이면 오히려 표적이 될까 싶어 태연한 척하며 잰 걸음으로 앞만 보며 걸었다.

"Hey!" 어디선가 들려온 작은 목소리에 흠칫 놀랐다. 저들 중 하나일 것이다. 누굴 부른 걸까? "Hey!!" 목소리가 조금 더 크게 들렸다. 여자 목소리다. 설마 나를 부른 건 아니겠지.

"Hey!!!" 조금 전보다 더 크게 들리는 걸로 보아 우리에게 가까이 다가오고 있는 것 같다.

나 부른 거 맞아? 왜 부른 걸까. 못들은 척 하며 속력을 더 내어 보지만, 그녀 목소리는 내 걸음보다 더 빠른 속도로 다가오고 있었다. 조금만 더 걸어가면 그들로부터 완전히 벗어날 수 있을 것 같은데, 어째 길이 엿가락처럼 점점 늘어나고 있는 것만 같다.

"Hey, Hey, Hey!" 바로 내 뒤에까지 왔다. 젠장! 이제 어떡하지? 갖고 있는 돈 다 줘도 좋으니 나랑 애들만 무사하다면.

마치 그 소리를 처음 들은 것 마냥 고개를 돌려 뒤를 바라보았다. 부스스한 노랑머리에 깡마른 몸, 어깨가 보일락 말락 하게 축 늘어

밴쿠버 개스타운의 한 기념품점에서 파는 조각으로 재미있는 글이 새겨져 있다

진 티셔츠와 군데군데 회색 때가 묻은 바지를 입은 퀭한 눈의 여자가 바로 뒤에 서 있었다. 겁먹은 모습을 보이면 나를 얕잡아볼 것 같고, 그렇다 해서 얼굴을 찡그리거나 화난 표정을 지으면 상대방을 도발하게 될까 걱정되어 최대한 평범한 얼굴로 무슨 일 있냐는 듯 시치미를 떼며 그녀를 바라보았다.

"아이 발이 땅에 끌려요…"

전혀 예상치 못했던 의외의 말에 잠깐 어리둥절했다.

"아이 발이 땅에 끌린다고요…"

당황한 나는 고개를 내려 아이를 바라보았다. 세상에나! 유모차가 평소보다 속도를 내며 운행하자 마침 졸음이 밀려오던 아이들은 엄마가 얼마나 당황하며 걷고 있는 지 전혀 알지 못한 채 단잠에 곯아떨어져 있었고, 이젠 제법 키가 자라 잠이 들면 발 받침대에서 스르르 미끄러져 내려와 땅에 질질 끌리곤 하던 윤아의 발은 땅에 끌리다 못해 아예 유모차 뒤쪽으로 꺾여 있었다.

'휴… 이것 때문에 나를 불렀구나!'

선의를 베풀려는 거지의 마음도 모르고 겁부터 먹다니 괜히 미안한 감정이 들었지만, 좀처럼 마음을 놓을 수 없었던 나는 황급히 아이의 발을 유모차 받침대에 올려 놓으며 고맙다는 인사를 한 다음, 뒤도 돌아보지 않고 가던 길을 걸었다.

밴쿠버 개스타운의 길거리에 붙어있는 그림

🍁 차이나타운(Chinatown)

북아메리카를 통틀어 미국의 샌프란시스코와 뉴욕에 있는 차이나타운 다음가는 큰 규모를 자랑하고 있으며, 헤이스팅스 스트리트 Hastings St.와 펜더 스트리트 Pender St.를 중심으로 중국 음식점과 다양한 상점들이 늘어서 있다.

전혀 유쾌하지 않았던 추억의 '차이나타운'

한약냄새, 향냄새, 건어물냄새, 고기냄새… '청량'·'상쾌'와 같은 단어들과는 전혀 연관을 지을 수 없는 이상야릇한 냄새들이 곳곳에서 내 코를 비집고 들어오는 걸 보아하니 드디어 차이나타운에 도착한 것 같다. 캐나다에 온 이후 외식을 할 때마다 맛볼 수 있던 음식들은 대부분 서양식 아니면 일식이었으므로 오랜만에 중식 맛 좀 볼 겸, 식당에 먼저 들렀다.

그러나 입맛이 없었는지, 아이들은 딤섬과 볶음밥을 마다했다. 나는 다양한 문화와 생활을 직접 경험하고 체험해보고자 여행을

밴쿠버 차이나타운의 이모저모

하고 있지만, 여행자의 입장에서 여행지와의 '완전한 동화'라는 건 사실 어려운 일이었다. 그렇기 때문에 '이곳은 좋다'·'이곳은 나쁘다'·이곳은 그저 그렇다' 등등의 평가가 자연스럽게 뒤따르곤 했으며, 그러한 평가기준엔 아이들의 엄마로서의 입장도 한 번 더 반영되기 마련이었다.

예컨대 기대를 잔뜩 갖고 방문했던 차이나타운은 지저분하게 방치된 거리 곳곳에서 이상한 냄새를 풍겨 유쾌하기보다는 그 반대의 느낌이 앞섰다. 전통적이지도 고풍스럽지도 않은 어정쩡한 곳이라는 게 나의 평가였다.

그러나 밥값이 비싸지 않은데다 음식 맛도 괜찮은 편이라는 점에 초점을 맞춰 후한 점수를 주고 싶어도 어찌된 일인지 아이들이 오늘따라 음식에 입을 대지 않으니, 나에게 있어 이곳은 감점의 요소를 꽤 많이 내포한 곳으로 기억될 것이다.

설마 서양인들이 이곳의 이미지만으로 '동양'이라는 방대한 문화를 떠올리는 건 아니겠지.

미운 세 살, 엄마도 아이도 낯선 나라서 지쳐가

거지를 만나 긴장했던 순간과 '밴쿠버 경찰 박물관(Vancouver Police Museum)' 방문을 제외하면 실망의 연속이었던 오늘 하루를 마감하며 돌아오는 길에 민준이가 졸린 지 잠투정을 하다 말고 느닷없이 제 누나에게 손톱과 주먹을 날리기 시작했다.

다른 사람을 할퀴고 때리는 민준이의 행동은 캐나다에 오기 전, 집 근처 놀이터에서 놀던 동네 형들에게서 배워온 나쁜 버릇이었다. "다른 사람을 때리면 못써!"라고 수십 번도 넘게 알려주었지만, 이미 습관이 되어버린 건지 고치기가 쉽진 않았다. 본인도 나쁘다는 걸 알고 있지만, 그 행동이 벌어진 이후 상대방의 반응, 해서는 안 되는 일을 했을 때의 짜릿함, 좀처럼 욕구를 멈추기 힘든 미운 세 살, 이 모든 것들이 복합적으로 작용하는 것일 꺼라 어렴풋이

밴쿠버 시가지를 순찰하는 경찰차

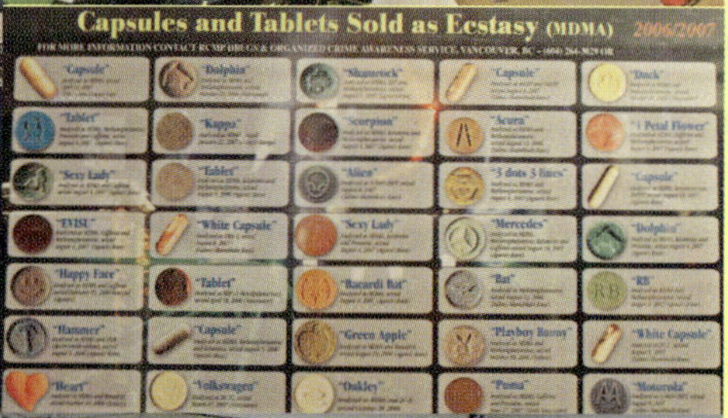

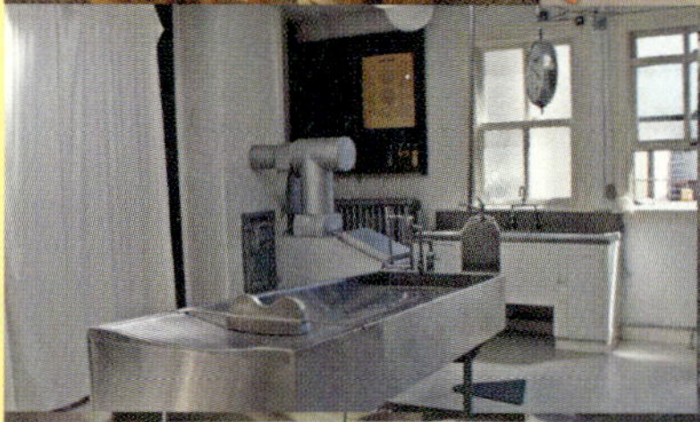

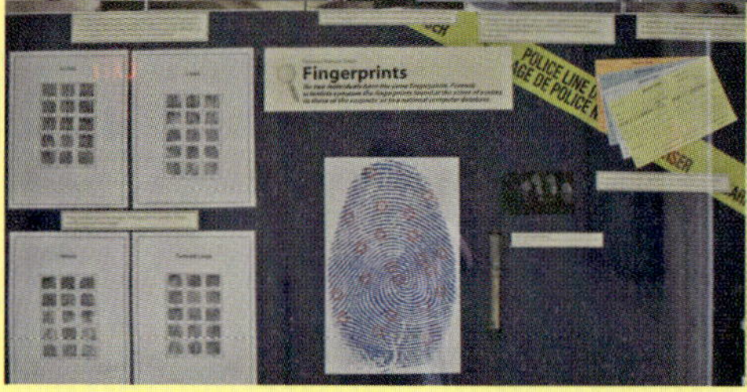

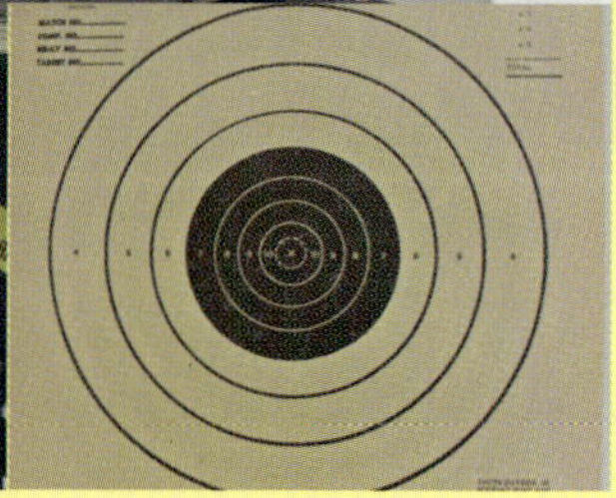

밴쿠버 경찰 박물관 이모저모

밴쿠버 경찰박물관 건물 앞 동상 / 밴쿠버 경찰박물관 내부 / 밴쿠버 경찰박물관의 과거 밴쿠버 경찰 제복 / 밴쿠버 경찰박물관의 사건현장을 재현한 전시실 앞에 선 윤아 / 밴쿠버 경찰박물관의 마약류 관련 전시물 / 밴쿠버 경찰박물관의 사체검시실 전시물 / 밴쿠버 경찰박물관의 시신보관실 전시물 / 밴쿠버 경찰박물관의 지문채취와 감별법 전시물 / 밴쿠버 경찰박물관의 과녁판 전시물 생각하고 있었다.

 그러나 최근에 알게 된 건, 아이의 그러한 행동은 피곤했을 때 더 자주 나타났다. 지금처럼 졸음이 올 때나 컨디션이 좋지 않았을 때처럼.

 한편, 누군가에게 맞아본 일도 누군가를 때려본 일도 없는 윤아는, 동생이 그럴 때마다 속수무책으로 당하고만 있었다. 동생에게 맞고 울기를 수차례. 맞지만 말고 막으라는 나의 다그침에도 윤아는 맞고 울고를 반복했다. 자신의 손이 닿을 때마다 울음을 터뜨리는 누나의 모습이 재밌었는지 도무지 멈출 생각이 없어 보이던 민준이는, 참고 또 참던 누나가 저에게 일격을 가하자 제 누나보다 더 우렁찬 목소리로 울어 젖혔다. 상황이 이 정도로 치닫기 전에 내가 나섰어야 했다. 누나를 때리는 민준이를 혼내고 마음 여린 윤아를 달래주던지, 서로를 잠시라도 떼어놓거나 아니면 구체적인 대처방법을 알려주어야 했다.

 그러나 차이나타운에서 멀지 않은 이곳은 아까처럼 홈리스 밀집 구역은 아니었지만, 아직 거지들이 곳곳에 산재해 있는, 오랫동안 멈추어 있기라도 하면 그 중 누군가는 우리를 향해 다가올 것만 같은 느낌이 드는 그런 곳이었다.

 아이 둘이 나란히 붙어 앉은 쌍둥이 유모차를 멈추지 못한 까닭은 그 때문이었다. 아이들은 아이들대로 나는 나대로, 돌아오는 길이 참으로 힘들었다.

 '한동안 잠잠하던 아이의 폭력성이 왜 도진 걸까? 여행이 아이에게 좋지 않은 영향을 미치고 있는 건 아닐까? 내가 너무 돌아다니기만 했나? 윤아는 나처럼 신기한 걸 찾아 돌아다니기를 원하지만

밴쿠버 폴스 크릭 일대를 오가는 교통수단 '미니 페리' / 밴쿠버 폴스 크릭 피셔맨스 부두 인근의 맛집 '고 피쉬(Go Fish)' 외관 / '고 피쉬(Go Fish)'에서 맛 볼 수 있는 생선 튀김 요리와 연어 타코 요리

솔직히 민준이는 장난감 자동차가 돌아다닐 수 있는 길이나 돌을 던질 수 있는 물만 있으면 만사 오케이잖아. 내일부턴 좀 쉬어볼까?'

이런 저런 고민을 하다 보니 윤아 어릴 때 기억이 떠올랐다. 구체적인 행동양상은 달랐지만, 예민하고 까칠했던 윤아가 지금의 민준이만 할 적엔 우리 서로가 더 힘들었던 것 같다.

미운 세 살, 아이도 엄마도 지치는 시기. 우린 그 정점을 낯선 나라, 캐나다에서 보내고 있다.

가이드북만 믿어선 안 되지 절감 '키칠라노'

여행을 다닐 때마다 새록새록 느끼는 건, 가이드북은 100% 신뢰할 게 못 된다는 점이다.

시시각각 업데이트가 불가능한 '책'이라는 매체의 특성상, 가이드북의 가장 큰 단점은 변경된 정보에 대한 대처가 부족하다는 점이었다. 또한 같은 것을 보아도 사람마다 느낌은 제각각이어서 책

속 미사여구에 현혹되어 기대를 갖고 방문했다 실망을 안고 돌아오는 경우도 종종 있었다.

　장기간 여행으로 아이들에게 피로가 쌓일까 걱정되어 반나절 이상을 푹 쉬며 낮잠까지 푹 자고 난 다음, 버스를 타보자는 아이들의 요청에 밖으로 나섰다. 오늘 같은 날은 특별히 유명한 곳을 방문하는 것보단, 한적한 곳을 산책하며 주변을 천천히 둘러보는 게 좋을 것 같아 버스를 타고 '키칠라노(Kitsilano)'로 향했다.

　가이드북에선 특이한 음식이나 독특한 쇼핑 거리를 원하는 사람을 위해 이곳을 추천했기 때문에, 안 그래도 특별한 볼거리에 목말라 있던 나는 우리나라의 '인사동' 같은 특색 있는 거리를 떠올리며 내심 기대감에 부풀어 있었다.

　그러나 옷·신발·초콜릿·젤리 등을 파는 상점에서부터 여행사·액세서리 용품점·그리스 스타일 레스토랑에 이르기까지, 많은 상점들이 사이가 넓지 않은 양 길가를 빼곡하게 채우고 있는 키츠에는 식상하지 않은 아이템들도 제법 있었다. 하지만 가이드북에 묘사된 것만큼 특별나다고 볼 수도 없었다. 게다가 올록볼록한 언덕으로 이루어진 밴쿠버 다운타운의 지형특성상 키칠라노 상권 역시 언덕길 가에 자리 잡고 있었는데, 특히 경사가 더 심하게 느껴지는 이곳을 유모차와 함께 한 바퀴 돌고 나자 내 몸은 이미 땀으로 샤워를 한 뒤였다.

　실망감을 안고 돌아온 다음날, '혹시 내가 제대로 둘러보지도 않고 가이드북 탓만 한 건 아닐까'라는 생각에 아이들과 버스를 타고 다시 한 번 키츠로 향했다.

　그러나 결과는 어제와 같았다. 보면 볼수록 키칠라노 상권엔 그

키칠라노 거리의 한 상점과 그리스 식당

저 평범한 가게들이 늘어서 있을 뿐, '무언가 독특한 것'은 없었다. 다른 여행지에 비해 과다하다 싶은, 3페이지에 걸쳐 할애하며 소개할 정도라면 그만큼의 특별한 무언가가 있어야 한다고 생각했는데, 가이드북만 믿고 귀중한 시간을 이틀이나 허비했다는 생각에 배신감마저 들었다. 오히려 오는 길에 들렀던 '그랜빌 아일랜드'가 내가 찾던 곳에 더 가깝지 않았나 하는 생각이 든다.

🍁 키칠라노(Kitsilano)

베니어 공원 남쪽에 자리한 지역으로 Kits(키츠)라 부르기도 한다. 70년대 히피들의 문화와 생활 방식을 고수하는 사람들이 모여 만든 집성촌. 히피가 만들어낸 독특한 분위기는 세월이 흘러 부유층의 고급 주택이 이곳에 들어서면서 변하기 시작해 현재에 이르렀다고 한다. 롭슨 거리가 명품 거리라면 이곳은 유니크(Unique)한 거리라고 할 수 있다.

키칠라노 거리의 한 비즈 상점

마음씨 고운 사람들 덕분에 행복 '그랜빌 아일랜드'

단 한 번의 방문으로도 내 마음에 쏙 들었던 그랜빌 아일랜드를 이후로도 여러 번 찾았다.

돌아다녀볼수록 독특하고 멋진 상점이 많은 곳이었다. 또한 북적북적한 퍼블릭 마켓의 활기찬 분위기와 특히 아이들이 열광하던 어린이시장도 우리의 단골 코스였다.

어느 날 그랜빌 아일랜드의 한 인도 상점에서 윤아가 마음에 쏙 드는 나무 열쇠고리를 발견했다. 열쇠고리 하나에 7달러면 저렴한 가격은 아니라는 생각이 들었지만 아이가 좋아하는 모습에 마음이 약해져 값을 치른 다음 손에 꼭 쥐어 주고는 그랜빌 아일랜드의 다른 상점들을 구경하고 났을 때였다. 유모차에 앉아 꾸벅꾸벅 졸다 깨어난 아이가 갑자기 울기 시작했다.

이유를 물어보니 아까 구입한 열쇠고리를 손에 쥐고 자다 어느 결에 흘려버렸나보다. 열쇠고리를 찾기 위해 다녔던 길을 모두 되돌아 가보았지만, 어른 손바닥만한 종이봉투에 곱게 포장된 그 열쇠고리는 우리 아이가 아닌 다른 사람의 마음에도 쏙 들었던 모양이다. 어떤 방법으로도 아이의 울음을 그칠 재간이 없어, 하는 수 없이 인도 상점으로 되돌아가 여직원에게 자초지종을 설명하며 아까와 같은 열쇠고리를 주문했다.

그러나 여직원에게선 뜻밖의 대답이 되돌아왔다.

"저도 어렸을 적에 아끼는 물건을 잃어버려 속상했던 기억이 있어요. 아이도 같은 마음이었을 거예요. 물건값은 안 줘도 되니 그냥 가져가세요."

마음 예쁜 인도계 아가씨 덕분에 눈물 콧물로 얼룩졌던 윤아의 얼굴도, 여기저기 헤매고 돌아다니느라 땀과 피로에 지쳤던 내 마음도 금세 밝아졌다.

그랜빌 아일랜드를 다녀온 지 이틀째 되던 날 저녁, 다운타운 구경을 마치고 호스텔로 돌아가던 길에서였다. 횡단보도의 보행자 신호등이 켜지기를 기다리고 있는데, 한 캐나다인·일본인 커플이 우리에게 다가와 인사를 건넸다. 이틀 전 '그랜빌 아일랜드'에서도, 하루 전 밴쿠버 다운타운의 어느 건널목에서도 우리를 보았다던 그들은

밴쿠버 그랜빌 아일랜드 입구에서 노래를 부르는 한 남자

"아이 둘을 쌍둥이 유모차에 태우고 이곳저곳을 돌아다니는 당신의 모습이 상당히 인상적"이었다며 나를 대신해 유모차를 밀어줄 것을 자청했다. 덕분에 나는 새로 사귄 말동무와 함께 유쾌한 대화를 나누며 모처럼 홀가분한 몸으로 몇 블록을 걸어올 수 있었다.

때때로 우리의 여행은 이렇게 마음 예쁜 사람들이 있어 더욱 빛

이 난다.

🍁 **밴쿠버 미술관(Vancouver Art Gallery)**
캐나다에서 에밀리 카(Emily Carr: BC 출신의 여류 작가이자 화가)의 작품을 가장 많이 보유하고 있는 미술관으로, 1906년 신르네상스 양식으로 지어져 화려하고 웅장한 외관을 자랑하며 약 70여 년간 대법원으로 사용되다가 1983년 미술관으로 개조되었다.
미술관 내 '갤러리 카페'와 '기념품점' 또한 인기가 많아 사람들이 많이 찾는다.

'나=사연 있는 여자?' 그건 전혀 아니지!

하루는 내가 호스텔 복도 끝 공용화장실을 이용하고 있는데, 어디선가 엄마를 찾는 아이의 울음소리가 들려왔다. 이 호스텔에 어린 아이는 우리 아이들뿐이었으니, 필시 민준이의 울음소리가 분명했다. 당황한 내가 볼일을 보다 말고 복도 반대편 끝에 있는 우리 방으로 서둘러 향하려던 도중, 갑자기 아이의 울음소리가 멈추었다.

밴쿠버 그랜빌 아일랜드 입구에서 노래를 부르는 한 남자 / 밴쿠버 그랜빌 아일랜드 내 작업장에서 목공예 작업을 하는 사람들

밴쿠버 그랜빌 아일랜드 퍼블릭 마켓 입구 / 밴쿠버 그랜빌 아일랜드 어린이 시장 이모저모

'무슨 일이지?' 궁금해 하며 방으로 가보니, 얼핏 봐도 총각으로 보이는 젊은 남자가 애 몇은 키워본 아빠 마냥 우는 아이를 기가 막히게 달래주고 있어 깜짝 놀랐다. 그저께 호스텔에 도착해 우리 옆방에 묵고 있다는, 바로 옆방이었는데도 일정이 바빠서인지 우린 초면이었다. 그 청년은 대학생 시절 캐나다 유학생활을 한 경험이 있으며 밴쿠버를 다시 찾은 건 몇 년 만이라고 했다.

의사소통이 쉽지 않은 곳에서의 여행 중이라 이곳에 대해 궁금한 점이 많았던 차에 대화가 통하는 한국인, 그것도 밴쿠버 생활을 오래 해보았다는 사람을 만나자 나도 모르게 말이 많아졌나보다. 하필 그 청년이 호스텔을 떠나는 날이 '오늘'인 줄도 모르고 말이다. 점점 말수가 적어지는 상대방을 보며 '내가 괜한 오지랖을 떨었나?'라는 생각에 말을 아끼고 있는데, 문득 이런 대답이 들려왔다.

"아이들과 이 먼 곳까지 혼자 오신 걸 보니, 무슨 사연이 있는지는 모르겠지만…"

당황스러웠다. 동양인보다는 서양인의

밴쿠버 그랜빌 아일랜드 퍼블릭 마켓 내부

비율이 월등히 많은 이곳, 게다가 남편 없이 어린 아이들과의 떠돌이 생활이 남들 눈에 결코 평범해보이지는 않았으리라는 걸 어렴풋이 느끼고는 있었다.

그러나 호텔처럼 고급스럽진 않아도 함께 자고 먹고 생활할 수 있는 공간이 있으며, 다른 이들의 눈치를 보지 않아도 내가 가고 싶은 곳으로, 원하는 생활방식대로 마음껏 할 수 있는 이 순간들이 꽤 만족스러워 타인의 시선 따윈 크게 염두에 두지 않았다.

그러나 실로 우리를 바라보는 대부분의 사람들이 했을 생각을 직접적으로 콕 집어서, 한국말이라 의미 전달이 명확하게 되었다, 듣고 나자, "나 = 사연 있는 여자"라는 공식이 기정사실화된 것만 같아, 난 순식간에 의기소침해지고 말았다.

머릿속에 정신없이 떠오르던 밴쿠버에 대한 궁금증들이 하얗게 흐려진다. 혹시나 '사연 있는 여자'가 총각에게 추근댄 것처럼 보이지는 않았나 싶어 그 자리를 뜨고 싶다. 어지러워지는 기분으로 만난 지 얼마 되지도 않아 작별 인사를 하고는 방으로 돌아와 문을 닫았다.

도리어 '그=사연 있는 남자'였구나!

그러나 호스텔을 떠났던 그 청년은 며칠 뒤 다시 돌아왔다. 이번엔 좀 더 오래 머물 예정이란다.

우리와 헤어질 당시 밴쿠버에서의 거주지 문제로 머리가 복잡한 상태였다던 그 청년은, 문제를 해결했는지 아니면 쉽게 해결되지 않을 문제를 갖고 스스로를 다그치지 않기로 마음먹었는지, 한결 밝아진 모습으로 나타났고 이번엔 먼저 자신의 이야기를 꺼냈다. 그가 밝힌 그의 사연은 이러했다.

"유학 시절, 아버지의 갑작스런 병환으로 가정형편이 어려워졌고, 급히 귀국하는 바람에 7년을 사귀었던 일본인 여자 친구와도 저절로 멀어지게 되었다. 지난 몇 년 간 모든 걸 뒤로 하고 아버지 병간호에 전념했지만, 나이 서른을 넘고 보니 일도, 사랑도, 공부도, 아무것도 이루어놓은 게 없는 자신이 서글퍼져, 얼마 전 인생을 되찾기 위해 이곳으로 돌아왔다."

이제야 며칠 전 그 청년이 나에게 던졌던 말의 속뜻을 알 수 있을 것 같다.

"무슨 사연이 있는지는 모르겠지만…"이라는 말은 "실은 나에게

밴쿠버 랜빌 아일랜드의 빗자루 가게 및 밴쿠버 그랜빌 아일랜드의 생활 장식용품 가게

사연이 있어서…"라는 의미를 담고 있었던 것이었다.

오해를 풀고 나자 나는 더 이상 '사연 있는 여자'가 아니게 되었고, 움츠러들었던 내 마음 역시 다시금 기를 펴게 되었다.

그리고 청년 덕분에 그동안 언어소통 문제로 이곳 사람들에게서 알아낼 수 없었던 여러 가지를 배울 수 있었다.

스탠리공원 '밴쿠버 아쿠아리움'에서의 망중한

헤어지는 게 아쉬워 내릴 때마다 바라보고 또 쳐다보고… 잠이 쏟아지기라도 할 때엔(아이들은 졸리거나 피곤할 때, 떼가 더 심해진

밴쿠버 미술관 외관 / 밴쿠버 미술관의 갤러리 카페

다) 한 번만 더 타자며 울어대는 '버스 사랑' 민준이는 오늘도 신이 났다. 거대한 공원, 스탠리 파크를 가려면 버스를 두 번이나 타야 했기 때문이다.

일단 공원 내에 있는 '밴쿠버 아쿠아리움(Vancouver Aquarium)'에 들르기로 한 우리는 비싼 입장료를 지불한 다음 수족관 안으로 들어섰다. 한국의 아쿠아리움 입장료도 그리 만만한 가격은 아니었다는 기억을 떠올리며. 40분이나 줄을 서가며 기다렸던 4D영화관은 움직이는 의자에 앉아 영화감상과 동시에 바로 앞에서 뿜어내는 물과 시원한 바람을 맞는 등 당시에는 좀처럼 경험하기 어렵던 색다른 재미를 선사했지만, 그런 느낌은 나에게만 해당했다. 어두운 공간 속에서 의자가 흔들리고 쿵쿵대는 큰 소리가 울려 퍼지자 별안간 무서운 세상에 떨어지기라도 한 듯 공포감에 휩싸인 아이들은 영화가 시작한지 5분도 안되어 울음을 터뜨렸고, 영화에 집중하는 다른 사람들에게 미안해진 나는 결국 아이들을 데리고 극장 밖으로 나와야만 했다. 아무래도 4D영화는 어린 우리 아이들에겐 무리였나 보다.

스탠리 파크 내 레스토랑 / 밴쿠버 수족관 내부 / 밴쿠버 수족관에 있는 해파리 / 밴쿠버 수족관에서 새끼 벨루가 고래와 인사를 나누는 소녀 / 관광객을 태우고 스탠리 파크 안을 돌아다니는 마차

밴쿠버 수족관의 벨루가 고래 쇼 광경

몸 전체가 순백색인 벨루가 고래는 아이들의 관심을 끌었는데, 아쿠아리움 직원과 벨루가 고래가 보여주는 쇼는 정말 단순했다. 직원의 신호에 맞추어 물을 뿜고, 소리를 내며 교감하더니 안녕하며 팔을 흔들어주는 게 전부였다.

그러나 어린 시절 동물원에서 흔히 만나보았던 '물개 쇼'에서처럼 동물들을 가혹하게 부려먹는 것보다는 차라리 낫다는 생각이 들었다.

🍁 스탠리공원(Stanley Park)

다운타운의 북서쪽에 자리 잡고 있으며 도심과 가까운 곳이라고는 믿겨지지 않을 만큼 울창한 숲을 이루고 있다. 약 405㏊(헥타르)에 이르는 면적에 향나무가 울창한 숲을 이루고 있어 맑고 깨끗한 공기의 삼림욕이 가능하며, 곳곳의 다양한 시설(밴쿠버 수족관·어린이 동물농장 등)과 원주민들의 예술작품을 감상할 수 있다.

열대 우림 속, 아이는 어디로 사라졌을까

참으로 더운 날씨였다. 게다가 아마존 갤러리는 실제 열대 우림에 들어와 있는 것처럼 굉장히 덥고 습했다. '이러다 쪄죽겠네.'

안 그래도 어린 아이들과 함께 다니느라 체감 온도가 다른 사람들에 비해 1~2℃는 더 높을 내가 땀을 훔치며 아마존 갤러리에 들어섰을 때였다. 입구 앞 수족관 안에서 열대 어종이 헤엄쳐 다니는 게 내 눈에 보였고, 습관처럼 카메라를 들고 셔터를 몇 번 누르던 그 순간, 왠지 옆이 허전함을 느꼈다.

"윤아야, 민준이 봤어?"

"아니!"

"윤아야, 민준이 우리 바로 옆에 있었잖아. 근데 못 봤어?"

"응!"

아이도 나처럼 동물 감상을 하느라 동생이 없어진 사실을 알아채지 못했나보다. 아마존관은 다른 전시관과 달리 바닥부터 천장까지 벽이나 유리로 뒤덮인 폐쇄된 공간이었으며 들어오고 나가는 입구가 하나밖에 없었으므로, 혼자서 출입문을 열 힘이 없는 민준이는 어차피 이 안에 있을 게 뻔했다. 혹시 한 아이를 찾다 다른 아이까지 잃어버릴까 그게 더 걱정이 된 나는 윤아의 손을 꼭 잡고 아마존관 깊숙이 들어가 보았다.

그러나 주변에 보이는 건 우리 같은 가족단위 관람객들과 유리관 안에 갇힌 동물들(밀림 속에서나 볼 수 있는 악어·아나콘다·독개구리 등 소위 위험한 생물체)이었고, 갑자기 이상한 상상이 들기 시작했다. 문제는 '아이가 아마존관에서 나갔느냐 아직 이 안에 있느냐'가 아니라, '아이가 어떤 생물체와 함께 있느냐'일 것 같았다.

아쿠아리움 측에서 위험 동물들에 대한 관리를 결코 소홀히 하진 않았겠지만, 호기심 많은 작은 아이이다 보니 아무도 보지 않는 사이 어느 틈을 비집고 들어갈지 모르는 일이었고, 순식간에 내 머릿속은 악어 또는 아나콘다와 함께 있는 아이의 영상으로 가득차기 시작했다.

발걸음을 빨리 해야 했다. 아마존관을 한 바퀴 다 돌고 나서도 아이를 발견하지 못한다면 이는 필시 무슨 문제가 생긴 게 분명했다. 벽과 유리 수족관 안에 동물들을 가두어 전시해놓은 갤러리 같은 공간을 지나, 유리 지붕 아래 진짜 나무와 물, 동물들과 더 찌는 것

밴쿠버 수족관 내 아마존 갤러리의 악어

같은 공기가 실제 밀림을 연상시키는 탁 트인 공간으로 들어서려 할 때였다.

엄마를 찾아 헤매며 울고 있는 작은 아이가 어디선가 나타났다. 캘거리 트레인 역에서의 사건, 밴쿠버 국제공항에서의 사건 이후로 아이들 단속에 더 신경을 쓰겠다는 다짐을 해놓곤, 시간이 지나자 다시 느슨해진 나를 속으로 질책하며 아이를 꼭 끌어안았다.

이미 지쳐버린 난 아마존 갤러리 밖으로 나가고 싶었지만, 나무가 우거지고 물이 흐르는 밀림 속을 탐험하고 싶어 하는 아이들의 기대를 저버리기 싫어 셋이 함께 들어가 구경을 하던 순간, 민준이가 또 다시 없어졌다.

'요 다람쥐 같은 녀석! 오늘 엄마를 땀으로 목욕시키는구나!'

이번엔 발걸음을 빨리 할 수가 없었다. 통행로가 관람객들로 꽉 막혀 비집고 들어갈 틈이 없었기 때문이었다. 간신히 사람들 사이를 삐져나가며 밀림 속을 파헤쳐가던 중 어느새 내 앞에 와 서있는 민준이를 발견했다.

"민준아~! 엄마는 너 또 잃어버린 줄 알았잖아!"

아까는 엉엉 울던 녀석이 이번엔 생글생글 웃는 얼굴로 말한다.

"꽥꽥!(꽥꽥!)"

"꽥꽥? 오리?"

"응!"

그러더니 내 손을 잡아끈다. 하는 수 없이 민준이 손에 이끌린 나와 내 손에 이끌린 윤아는, 민준이가 미리 봐둔 오리를 찾아 빠른 속도로 사람들 사이를 비집고 다녀야 했다. 그러다 물 위를 둥둥 떠다니는 오리 앞에 서자, 이 작은 아이가 너무 귀엽고 기특해 깨물어주고만 싶다. 자기가 기억해둔 위치를 찾아갈 줄 아는 걸 보니, 이전보다 공간 감각이 발달한 모양이다.

아이는 그 이후로도 또 한 번 사라졌다 돌아왔지만, 한 번에 세 차례나 사라졌다 돌아왔다 반복하자 나도 감각이 무뎌져 더 이상 아이를 찾지 않고 내버려두었다. 그렇지만 고의가 아닌 실수였다 하더라도 벌써 여러 번이나 낯선 곳에서 아이를 잃어버렸다 되찾은 경험을 한 나는 깊이 반성해야 했다. 어쨌든 아이들에게 일어나는 사고는 한 순간이니 말이다.

그럼에도 불구하고, 아이는 무럭무럭 자란다

여행을 떠나오기 전, 막연히 이런 걱정을 했다.

'낯선 환경 속에서 받는 스트레스로 인해 혹여나 아이의 성장속

밴쿠버 수족관의 마코 앵무새

도에 차질이 생기진 않을까?'

아이의 일생을 놓고 보았을 때 발달이 한두 달 늦춰진다고 해서 큰 문제가 될 건 없었지만, 한참 성장하는 시기의 아이들이므로 제때에 맞춰 자라는 것은 참으로 중요하다고 생각했다.

만약 아이들의 성장속도의 저해요인이 내가 계획하고 주도한 여행 때문이라면… 괜한 죄책감이 들 것만 같았다. 따라서 가능하면 식사도 평소와 같이 한국식으로 먹이려 노력했고, 엄마와 떨어져 불안감을 느끼는 시간이 거의 없도록 늘 곁에서 보살펴주긴 했지만, 일단 환경 자체가 태어나 자란 터전과 달랐기 때문에 내 마음속 어딘가는 늘 불안했다.

그러나 나의 우려에도 불구하고 아이는 나날이 무럭무럭 성장하고 있었다.

아쿠아리움에서의 가슴 철렁했던 기억이 감탄사로 귀결될 수 있었던 것도 아이에게서 새롭게 발견된 '공간인지능력' 덕분이었다.

게다가 그 사이 기억력과 언어전달력도 한층 발전하여 이제 제법 과거 일에 대한 대화를 나눌 정도가 되었다. 그리고 한 가지 더! 민준이에게도 기저귀를 뗄 시기가 온 것 같다. 제 몸 어딘가에서 오줌이 나온다는 신기한 사실을 알아챈 아이는 틈만 나면 기저귀를 벗겨달라고 요구했고 생각이 날 때마다 찍! 찍! 오줌을 뉘가며 소변보는 연습을 했다. 태어난 지 20개월, 제 누나가 기저귀를 떼던 시기와도 일치했다. 그리고 여행이 아이의 성장을 방해하지 않는다는 확신이 서자, 내 마음도 한결 편해졌다.

도심 속 아름다운 섬 '스탠리 파크'에서 하이킹

볼거리를 제법 갖추고 있는데다 공원이라 하기엔 지나치게 넓은 면적을 자랑하는 스탠리 파크를 우리 같은 사람들(어린아이와 함께하는)이 하루 만에 다 돌아본다는 건 무리였다.

따라서 첫날은 아쿠아리움 구경에 만족하기로 하고, 이틀 뒤 자전거 하이킹을 위해 공원을 다시 찾았다. 스탠리 파크 입구 근처엔 여러 개의 자전거 대여소가 있었다. 우리는 그 중 한곳을 택해 성인용 자전거 한 대와 2인용 트레일러를 대여했다. Seawall(해안선을 따라 형성된 도로)을 따라 자전거를 타고 달리는 기분이란… 유모차를 밀며 천천히 걸어 다닐 때와는 전혀 다른 느낌이다. 걸을 땐 느끼지 못했던 바람이 평소보다 몇 배는 강한 힘으로 날아와 내 얼굴에 휙휙 부딪치며 흩뿌려졌고, 항구에 정박한 배도, 숲속의 나무도, 내가 페달을 밟는 속도만큼의 빠르기로 움직이며 지나갔다. 자전거 하나만 있다면 어디든 갈 수 있을 것 같았다.

자전거를 타고 스탠리 파크 하이킹을 즐기는 필자 가족 / 자전거와 연결된 2인용 트레일러에 탄 아이들

이제야 왜 스탠리 파크에서의 자전거하이킹을 추천했는지 그 이유를 알 것 같다. 많은 사람들은 섬 가장자리의 대부분이 바다를 접하고 있는 스탠리 파크 해안가의 갖가지 볼거리들 앞에 선 가이드의 설명을 듣거나 기념촬영을 하고 있었다. 바닷가에 마련된 야외 수영장에선 아이며 어른이며 할 것 없이 신나는 물놀이를 즐기고 있었다. 햇살이 따갑게 비춰주는 모래사장 위에선 일광욕을, 그 주변의 우거진 나무그늘에선 가족단위로 모여 바비큐를 굽고 저녁식사 준비를 하는 등 단란한 시간을 보내고 있었다.

해가 지면 야외 문화제를 선사하려는지 잔디밭이 펼쳐진 넓은 공간엔 커다란 스크린이 설치되어 있었으며, 바다가 훤히 보이는 탁 트인 공간의 커다란 놀이터에선 아이들이 모여 즐거운 오후시간을 보내고 있었다. 가족 혹은 연인과 함께 인생의 아름다운 찰나를 만끽할 수 있는 이토록 멋진 장소가 도심에 펼쳐져 있다니!

게다가 섬(실제로 스탠리공원은 다운타운에 붙어 있는 땅의 일부였지만, 넓은 면적의 대부분이 바다와 접하고 있어 마치 섬처럼 느껴지는 곳이었다) 중앙에 우거진 숲 덕분인지 야생동물도 쉽게 만날 수 있었는데, 그중 가장 기억에 남는 건 다섯 마리의 라쿤 가족이었다.

자전거를 반납한 다음(자전거는 대여 시간이 지나면 추가 비용을 지불해야 하므로 섬을 한 바퀴 돌자마자 반납해버렸다) 또다시 스탠리파크로 돌아와 유모차를 밀며 보행로를 걷고 있을 때였다. 숲 안쪽에서 작은 움직임이 포착되었다. 잠시 걸음을 멈추자 라쿤 가족이 길을 건너기 위해 나무 덤불에서 살그머니 나와 주변을 살피고 있는 모습이 보인다.

"얘들아! 라쿤이다!"

호기심에 가득 찬 아이들이 가까이 다가가려 했지만, 안 그래도 길을 건너야 하나 말아야 하나 조심스레 눈치를 보고 있는 라쿤 가족이 안쓰러워 보였다.

"얘들아, 잠깐만! 우리가 가까이 가면 도망갈지도 몰라."

아이들을 제지한 채 움직이지 않고 기다리자, 어미는 안심해도 된다는 느낌을 받았는지, 새끼 4마리와 함께 서둘러 길을 건너기 시작했다.

어미와 새끼 한 마리는 이미 도로 건너편에 도착했고 걸음이 느려 뒤처진

스탠리 파크의 동쪽 끝 지점에 서 있는 작은 등대 '브록턴 포인트' / 스탠리 파크의 시월(Seawall) 일대를 둘러보는 단체 관광 학생들 / 스탠리 파크에서 만난 라쿤 동물가족

새끼 3마리가 길을 중간쯤 건넜을 때쯤, 길을 지나던 다른 사람들이 라쿤을 발견하고 사진을 찍기 위해 우리 앞에 멈춰 섰다.

갑자기 어미 라쿤의 심리가 초긴장 상태로 변했다. '새끼들을 데리러 가야 하나, 그러다 가족이 다 잡히면 어쩌나'라고 걱정하는 표정이 역력한 어미 라쿤은 이러지도 저러지도 못한 채 안절부절못했다.

그러나 도로 중간에서 바들바들 떨던 새끼들이 이윽고 무사히 제 앞에 도착하자 그제야 어미 라쿤은 안심하며 새끼들을 데리고 숲 속으로 사라져버렸다. "휴우~!" 그 모습을 지켜보던 우리 셋도 안도의 한숨이 절로 나왔다.

여행하는 내내 아이들과 나는 한 몸이었지

햇볕 쨍쨍한 어느 날, 우리는 버스를 타고 'English Bay(잉글리시 베이)'로 향했다. 목적지에 도착했다는 버스 안내방송을 들으며 정류장에서 내리자, 제일 먼저 바람에 커다란 잎을 휘날리는 야자수들이 눈에 들어왔다. 다운타운에서 몇 정거장 왔을 뿐인데 우리가 있는 밴쿠버는 순식간에 바다와 비치가 있는 휴양지로 변했다.

푸른 잔디밭에 자리를 깔고 눕거나, 모래사장에 드문드문 놓인 커다란 통나무를 벤치 삼아 기대있는 사람들은 일광욕을 즐기고 있었고, 물에 들어갈 준비가 모두 끝나있는 아이들은 언제 차가운 바다로 들어가야 할지 저마다 부모들의 표정을 살피고 있었다.

오랜만에 바닷물을 만난 우리 아이들 역시 정신없이 바다로 뛰어들었고, 입고 온 옷은 순식간에 젖어들어 갔다. 물을 만져보고,

스탠리 파크를 따라 펼쳐진 잉글리시 베이 일대 풍광 / 스탠리 파크에 펼쳐진 잔디밭에서 바비큐를 구우며 행복한 시간을 보내는 가족들 / 스탠리 파크를 따라 펼쳐진 잉글리시 베이에서 다정한 시간을 보내는 여인들

잉글리시 베이 해변을 따라 이어진 산책로

맛보고, 뿌려보고 온 얼굴에 웃음 가득한 아이들을 보며 진정한 행복이란 멀리 있는 것이 아니라는 사실을 또 한 번 느꼈다.

여행하는 내내 아이들과 나는 한 몸이었다. 돌아다닐 때도, 먹을 때도, 잘 때도… 하루 24시간을 늘 붙어있다 보니 정말로 한 몸이 되어버렸다. 우리 중 하나라도 기분이 나쁘거나 우울하면 그 순간은 모두가 힘들었고, 함께 기분이 좋을 땐 그 기쁨이 배가 되고, 넘치고 넘쳐 무한한 긍정 마인드와 타지에서의 여행에 필요한 에너지를 선사했다.

아침에 눈을 떴을 때 나의 양팔을 베고 자는 아이들을 바라보면 그렇게 뿌듯할 수가 없었다.

또한 미지의 세상을 접할 때마다 뼛속 깊은 곳에서부터 꿈틀대며 올라오는 신경세포들의 짜릿한 흥분은 아이들에게서 나에게로, 나에게서 아이들에게로 서로 전달되어 우리의 가슴 속을 더 넓은 세계로 향하고 싶은 욕구로 가득 차게 했다. 그래서 우리는 행복했다.

잉글리시 베이 뿐 아니라 많은 해변에서 의자 대신 사용하는 커다란 통나무들

🍁 잉글리시 베이(English Bay)

스탠리 파크를 둘러싸고 있는 바다는 크게 2가지로 나뉘는데, 공원의 동쪽은 '버라드 해협(Burrard Inlet)'이며 서쪽으로 펼쳐진 바다가 '잉글리시 베이 English Bay'이다. 잉글리시 베이는 스탠리 파크를 지나 다운타운의 남서쪽으로 계속 이어져 있다.

🍁 하이 밴쿠버 다운타운 호스텔(Hi-Vancouver Downtown Hostel)

하이 밴쿠버 다운타운 호스텔(Hi-Vancouver Downtown Hostel)은 여행자를 위한 모든 시설을 갖추고 있다고 해도 과언이 아닐 정도로 완벽한 편이다.

깔끔한 내부, 사생활이 보장되는 프라이빗 룸에서부터(물론 공동으로 사용하는 룸도 있다) 화장실·샤워실·세탁실·부엌·식당·대형냉장고·오락실·회의실·휴게실·컴퓨터 등의 시설이 구비돼 있다. 아침식사·커피·여행안내책자·각종 투어 및 주 1회 옥상에서의 바비큐(Rooftop BBQ) 등을 제공한다. 또한 여행자들의 문화생활을 위해 호스텔 내에서 주기적으로 공연 등을 개최하기도 한다.

호스텔의 또 다른 투숙객, 그 정체는 과연 누구

해가 중천에 뜬 줄도 모르고 늘어지게 늦잠을 잔 어느 날, 호스텔에서 제공하는 아침을 챙겨먹지 못한 게 억울했지만, 아침 식사 시간은 이미 끝난 뒤였다. 어차피 아이들은 오트밀·베이글·머핀 등의 서양식 아침식사를 좋아하지 않아 내가 매번 한국식으로 차려주곤 했지만 말이다. 하는 수 없이 식당에 가서 공용냉장고에 보관해놓았던 샌드위치, 체리와 이왕 내려간 김에 아이들을 위한 한국식 식사를 챙겨 방으로 가져오던 중이었다. 호스텔 직원이 나를 보며 한마디 했다.

"방으로 음식을 가져가면 안돼요."

호스텔의 각 방 안에서는 음식을 먹는 것이 금지되어 있었다. 정확한 이유를 듣진 못했지만 아마도 방이 지저분해져 벌레가 끼거나, 취사를 하다 화재로 번질까봐 그러는 것 아닐까.

규정을 어기고 방 안으로 음식을 가져간 건 내 잘못이었지만, 어린 아이들과 무언가를 먹을 때마다 식당으로 간다는 건 거의 불가능한 일이라 생각했기에: 다른 사람들 역시 자기 방 안에서 무언가를 먹곤 했다 - 앞으로도 지키기 힘든 규정일거라 속으로 단정 지으며 직원에게 사과를 한 다음 방으로 올라왔다.

그날 밤이었다. 아이들을 재우고 책상 앞 의자에 기대어 일기를 쓰던 중, 발밑에서 무언가 움직이는 것이 느껴졌다. '뭐지? 내 그림자였나?' 무심코 아래쪽을 바라보던 난, 순간 뒤로 넘어갈 뻔했다. 그 움직임의 정체는 바로 쥐였다. 내 주먹만 한 하얀 생쥐!

'아니, 사람이 버젓이 앉아있는데도 겁 없이 방 안을 돌아다녀?'

어이가 없었다. 그와 동시에 온몸에 소름이 끼쳤다.

'진짜 쥐 맞지? 어쩌지?'

'직원 불러? 아니야, 방안에 음식들이 이렇게 많은데?'

서둘러 방을 정리한 다음 직원을 부르려고 보니 바닥에 흩어진 수많은 과자 부스러기들이 눈에 들어왔다(방바닥엔 오톨도톨한 카펫이 깔려 있어 진공청소기 없인 작은 오물들을 깨끗이 치우는 게 불가능했다).

'안 그래도 낮에 직원에게 한 소리 들었는데… 쥐가 다니는 건 내 탓이라고 할 게 빤하잖아.'

문득 쥐가 우리 방에 드나든 게 오늘이 처음은 아닐 것이란 생각이 들었다. 호스텔에 도착한 첫날 창문 밖으로 고개를 내밀고 도로 위 낯선 이방인들을 바라보던 통통한 몸매의 고양이, 밤마다 라디에이터 통로 안에서 들려오던 덜컹대는 소리는 이미 이곳에 수많은 쥐들이 활동하고 있다는 사실을 암시해주고 있었으며, 며칠 전 발견한, 갈기갈기 찢겨 주먹 두 개가 들어갈 정도의 구멍이 난 내 가죽가방 천 케이스는 아이들이 가방을 뒤지다 우연히 책상 모서리 같은 곳에 긁히면서 망가진 것이 아니라 그 안에서 나는 가죽 냄새를 맡은 쥐들의 소행이라는 것도 밝혀졌다. 생각할수록 어이가 없었다. 그와 동시에 걱정이 되었다.

'실험용 쥐도 아니고, 저렇게 여기저기 쏘다니는 쥐는 인간에게 병을 옮긴다 하지 않았나?'

토마스에게 전화를 걸어 불안한 마음을 달래다가 이대로 가만히 있어선 안 된다는 생각이 들었다. 전화를 끊고 아이들이 깊이 잠들었는지를 확인한 다음 프런트로 내려가 자초지종을 설명했다. 흥분한 나와는 대조적으로 호스텔 직원의 태도는 담담했다. 마치 별 일

잉글리시 베이에서 물놀이를 즐기는 아이들 / 잉글리시 베이에서 물놀이를 한 후 따뜻한 햇볕 아래 일광욕을 하며 모래놀이를 즐기는 아이들

아니라는 듯.

"오늘 밤 방을 바꿔주고 내일 청소를 해드릴 순 있어요. 그러나 캐나다 어디에도 쥐는 있답니다."

당장이라도 조치를 취해야 한다는 위기감에 직원을 찾았지만, 막상 아이들이 모두 잠든 한밤중에 소란을 피우며 방을 옮길 생각을 하니 까마득하게 느껴진다.

'지금까지도 괜찮았는데, 새삼스레 오늘 밤 사이 쥐가 병을 옮겨다주겠어? 게다가 라디에이터 배관을 타고 돌아다니는 쥐들이 다른 방엔 나타나지 말란 법도 없잖아? 먹을 것들 대충 치웠고, 트렁크도 꼭 꼭 닫아놨으니 오늘밤은 쥐들이 방 안으로 들어오지 않겠지.'

"아… 그래요? 그럼… 내일 청소해주세요. 오늘 밤은 그냥 저희 방에서 잘게요."

왠지 찝찝한 기분이 들었지만, 방으로 돌아와 침대에 눕자 한꺼번에 밀려오는 피로감으로 인해 마치 가위에 눌린 것처럼 온몸을 옴짝달싹할 수 없다.

'설마 쥐들이 우리가 잠을 자는 침대까지 올라오진 않겠지…'

잉글리시 베이 산책로 주변의 조형물

사람들이 모두 잠든 새벽시간이야말로 저희들의 세상이라는 듯, "두두두두두두두두" 라디에이터 배관을 타고 뛰어다니는 쥐 무리의 빠른 발소리가 귓가에 아득히 들려온다.

비록 캐나다 어디에나 쥐는 있다지만…

다음날, 눈을 뜨자마자 아침식사를 하러 식당으로 내려갔더니 공용 냉장고에 있는 우리 계란이 어디론가 사라지고 없었다.

어제 저녁 내가 사다놓은 계란 케이스 무늬와 남은 계란의 수가 같은, 그러나 누군가의 이름이 새롭게 적힌 의심 가는 계란이 있긴 하지만, 내 것이라는 표시를 해놓지 않은 나의 잘못도 크다고 생각하며 아이들에게 간단히 볶음밥을 해먹인 뒤 청소하는 직원을 찾았다. 젊은 청소부는 어젯밤 프런트 직원보다 적극적인 태도로 나에게 방을 바꾸라는 말을 했지만, 뒤에 덧붙이는 말은 같았다.

"그렇지만 쥐는 여기저기에 있어요."

어차피 다른 방에도 쥐가 나타날 가능성이 농후한데 굳이 방을 바꿔야 하나 망설이던 차에, 젊은 청소부에게서 쥐 이야기를 전해 들은 할아버지 청소부가 우리 방을 다시 찾았다.

"쥐가 나타났다고요? 방을 바꾸세요."

"어차피 쥐는 여기저기 있잖아요. 그리고 저는 이 방이 마음에 드는데요."

"쥐는 여기저기에 있지만, 이곳에 쥐가 그리 많은 편은 아니에요. 그리고 쥐가 다니는 구역이 따로 있기 때문에 다른 방, 특히 저쪽 건물은 더 나아요."라 말하며 친절한 청소부 할아버지는 같은 호스텔의 옆 건물을 가리켰다.

결국 내가 방을 옮기기로 마음을 바꾸자 할아버지는 복잡한 내용의 영어회화 구사가 어려운 나를 데리고 프런트로 가서 남자직원에게 직접 사정을 설명하고, "그곳엔 이미 예약이 꽉 차있다"고 말하는 젊은 여자직원을 설득하여 비교적 쉽게 방을 옮길 수 있도록 도와주었다.

또한 막상 방을 옮기려고 보니 짐이 왜 이리도 많은지, 입이 떡 벌어져 있는 나를 위해 수레를 가져와 손수 짐을 옮겨주기까지 했다.

그렇게 해서 도착한 새 방은… "와~!" 할아버지께 감사의 인사가 절로 나올 정도로 이전보다 훨씬 더 좋은 방이었다. 세면대도, 창문도, 전등도… 무엇보다 욕조 딸린 개인 화장실까지(옆방과 번갈아가며 사용해야 하긴 했지만)!

다시는 쥐를 만나지 않게 되길 바란다(할아버지 말처럼 새 방에 머무는 내내 우린 쥐를 발견하지 못했다).

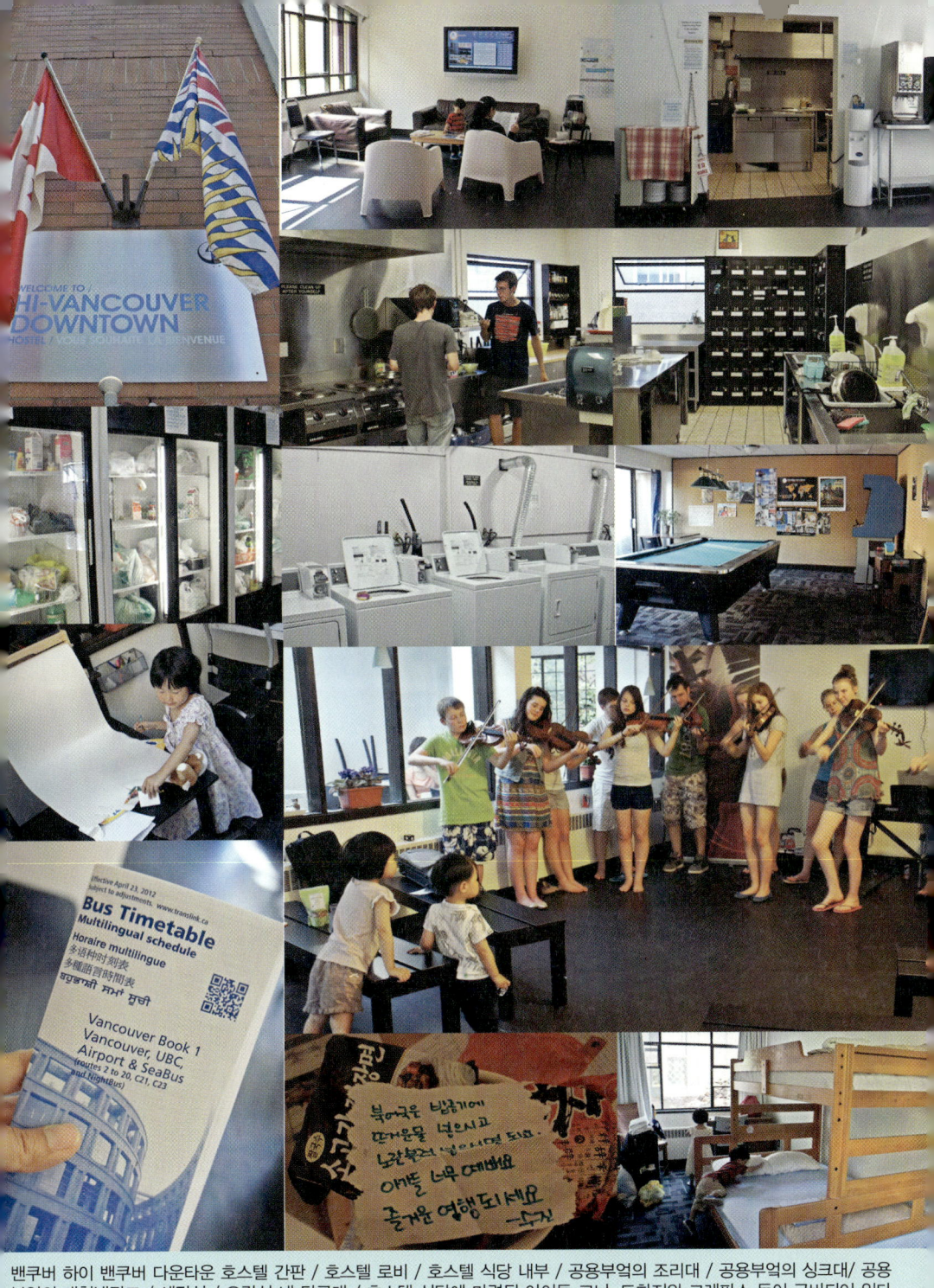

밴쿠버 하이 밴쿠버 다운타운 호스텔 간판 / 호스텔 로비 / 호스텔 식당 내부 / 공용부엌의 조리대 / 공용부엌의 싱크대 / 공용부엌의 대형냉장고 / 세탁실 / 오락실 내 당구대 / 호스텔 식당에 마련된 아이들 코너. 도화지와 크레파스 등이 구비되어 있다 / 식당 내에서 공연 중인 악단, 'The Strathspey Fiddlers' / 호스텔 내에 비치된 밴쿠버 여행정보 홍보물 / 다운타운 호스텔에서 만난 한 여행자가 밴쿠버를 떠나며 선물하고 간 한국음식들 / 호스텔에서 필자 가족이 묵었던 방

아이들과의 여행 필수품, 한편으론 부담스런 유모차

바퀴가 달린 교통수단에 한창 빠져들 시기의 사내아이와 함께 버스에 올라 덜컹거리는 차창 밖 풍경을 감상하며 시간을 보내는 일은, 엄마인 나에게도 평범한 일상 속 작은 기쁨을 선사하곤 했다.

그러나 쌍둥이 유모차, 그리고 아이들과 함께 버스에 오르는 일은 때로 힘겹게 느껴지기도 했다. 시내 구경을 마치고 호스텔로 돌아오던 어느 날, 여느 때처럼 유모차를 접어든 채 버스에 탑승하려는 나를 발견한 한 노란머리의 여자가 나에게 친절한 말투로 알려주었다.

"버스엔 유모차를 실을 수 있는 충분한 공간이 있는데 왜 힘들게 유모차를 접어서 탑승하나요? 지금처럼 유모차를 펼쳐 놓으면 아이들도 유모차에 앉아서 갈 수 있으니 훨씬 더 편할 것 같은데요."

그 말을 듣고 나자, 캐나다의 모든 버스는 휠체어가 타고 내리기 편리한 구조로 만들어졌다는 사실이 새삼 떠올랐다. 문득 내가 그동안 '선진국다운 선진국의 시설'을 제대로 활용하지 못했던 것은 아닌가 하는 생각이 들어, 평소와 달리 아이들을 태운 그대로 유모차 바퀴를

밴쿠버에 도착한 첫날, 호스텔 창문 너머로 우리를 바라보던 통통한 고양이

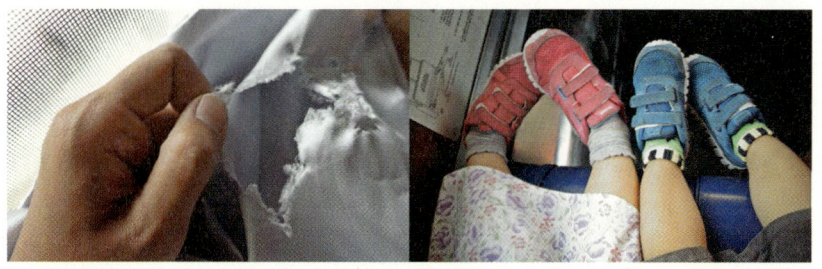
밴쿠버 호스텔 일대에 서식하는 쥐가 뜯어먹은 가죽가방 천 케이스 / 아이들과 함께 밴쿠버 시내버스에 올라 한 컷

밀며 버스에 탑승했다. 하필 그날따라 버스 안은 사람들로 가득 차 있었고, 아이가 둘이나 앉아있는 유모차를 발견한 운전기사는 입을 떡 벌리며 안내방송을 했다.

"거대한 유모차가 들어오니 다들 비켜주세요."

그러나 사람들은 꼼짝도 하지 않았다. 아니, 꼼짝할 만한 자리도 없었다. 영어를 못 알아듣는 것 같은 한 중국인은 비킬 생각을 않은 채 자기자리를 꿋꿋이 지켰다. 파란 머리를 한 캐나다인은 사람들에게 비켜달라며 나대신 양해를 구했지만 다들 부동자세였다. 오히려 유모차 바퀴에 부딪힌 걸 탐탁찮게 여기는 분위기였다.

'그냥 하던 대로 할 걸, 괜히 그 여자 말은 들어가지고… 이거 완전 민폐 끼치는 분위기잖아.' 후회가 밀려든 나는 자리를 넓히기 위한 노력을 해보았지만, 비좁은 버스 안에선 유모차를 접는데 필요한 최소한의 공간도 허락되지 않았다. 별로 더운 날도 아니었는데 호스텔로 가는 몇 정거장 동안 땀이 줄줄 흘러내렸다. 정류장에 도착하여 버스에서 내리려는 나를 향해 운전기사가 말했다.

"다음부터는 … 하는 게 좋겠어요."

좁은 공간을 비집고 빠져나오느라 경황이 없는데다 운전기사의 목소리가 웅웅거려 무슨 말인지 제대로 알아듣진 못했지만, 아마도

"다음부턴 유모차를 접어서 탑승하는 게 좋겠다"는 얘기일 거라 받아들이고는, 나 역시 다음부턴 절대로 유모차를 펼친 채 버스에 탑승하는 일은 없을 거라 다짐했다.

'룩 아웃' 다녀오던 길에 거지의 위로 받아

이제 밴쿠버에도 제법 적응했다고 생각되었을 무렵, 문득 이런 의문이 생겼다.

'우리에게 있어 유모차는 꼭 필요한 도구일까?'

유모차는 두 아이들의 훌륭한 발이 되어주고 엄마를 위해 간단한 짐꾼 노릇도 겸한다는 면에서 없어서는 안 될 필수적인 도구였지만, 펼쳐놓았을 때 넓은 면적을 차지한다는 면에선 때로 함께하기에 부담스런 존재이기도 했다. 특히 며칠 전 버스에서의 안 좋은 기억에서처럼 말이다. 유독 아이들의 컨디션이 좋아 보이던 그날, 난 모처럼 유모차를 동반하지 않은 홀가분한 외출을 계획했다. 해가 뉘엿뉘엿 저물어가는 선선한 오후, 낮잠을 실컷 자고 일어나 기분이 꽤 좋은 아이들과 함께 몇 블록을 걸어 나와 버스를 타고 '룩 아웃(Look Out)'으로 향했다.

그러나 목적지에 도착하기도 전, 나의 모든 에너지가 방전되어버렸다. 아이들은 원래 호기심이 많은 존재라는 사실을 알고 있었지만, 그동안 우리 아이들이 이 정도로 주체할 수 없는 호기심을 가슴에 품고 돌아다니는 줄은 미처 알지 못했다. 버스에서 내린 아이들은 Look Out에 도착할 때까지 단 1미터도 지속해서 걷지 못했다. 도로 표지판을 만져보고, 바리케이드를 통과하여 보고, 길가에

밴쿠버 스카이트레인에 오르기 전 플랫폼에서

  떨어진 돌멩이를 주워보고, 지나다니는 사람들과 차량을 구경하느라 멈추어 있고… 처음엔 '아이들의 당연한 행동'이라며 웃는 얼굴로 지켜보았지만, '이러다 전망대 문이 닫히기 전에 들어가 볼 수는 있을까?'라는 걱정이 되기 시작하자 당연히 그 다음 순서는 아이들을 재촉하는 일이었다.

  도로에서 보낸 시간, 전망대에서 밴쿠버를 감상하던 시간, 저녁 식사를 하던 시간까지 합쳐 꽤 오랜 시간을 밖에서 보내고 났으니 오는 길이 피곤할 수밖에. 하필 식당에서 주문한 음식의 양이 많아 남은 음식까지 싸들고 오느라 어느새 내 손엔 짐이 한 가득이었는데, 둘째까지 힘들다며 안아 달라 떼를 쓰는 바람에 나중엔 팔이 떨어져나가는 줄 알았다. 그 와중에 거지 한 명을 만났다. 얼굴과 목에 나있는 주름살을 보아 40대 중반은 훌쩍 넘어 뵈는 그는 지저분한 옷차림에 후~ 불면 바스라질 것 같이 마른 몸매를 하고 있어 얼핏 봐도 참으로 딱해 보였는데, 그런 그가 길을 지나가는 나에게 툭! 하고 말을 던졌다.

  "아이들과 함께 다니는 건 정말 힘든 일이죠."

밴쿠버 하버센터타워의 전망대 'Look out'에서 밴쿠버의 전경을 감상하는 민준

　예상치 못한 난관에 부딪혀 고군분투하던 내가 거지의 공감을 받게 되다니, 웃어야 할지 울어야 할지 감이 잡히지 않는 이 상황에 초연하지 않은 건 거지에 대한 이상한 선입견을 갖고 있는 나뿐인 것 같았다. 본인에게도 조카들이 있어 잘 알지만, 어린 아이들을 돌보는 건 끔찍한 일이라 거듭 말하며 그는 지친 나를 달래듯 대화를 시작했다. 기분이 묘했다.
　아무리 눈에 넣어도 아프지 않을 내 새끼라지만 그럼에도 불구하고 육아는 힘든 것이다. 그런데 어디에서도 내 노력에 대한 위로를 제대로 받지 못하던 내가 느닷없이 나를 위로해주는 사람을 만나자 발걸음이 쉽게 떨어지지 않았다.
　그러나 공감과 위로는 딱 거기까지였다. 나의 시선이 자신에게로 향하자 스스로 개스타운의 다른 거지들과는 다르다며 본인을 소개하던 그는 점점 장황하게 말을 이어나갔다. 사회·환경·지구 문제 등등 두서없이 주제를 넓혀나가던 그의 속사포 격 말투는, 나중엔 그 얘기가 그 얘기처럼 들렸다. 이십여 분간의 대화가 공허하게 들렸던 이유는 상호간 대화가 아닌 일방적 전달 때문은 아니었을까.

밴쿠버 하버센터타워의 전망대 'Look out'에서 바라본 밴쿠버 전경으로 저 멀리 보이는 초록 섬이 스탠리 공원 / 하버센터타워의 전망대에서 바라본 밴쿠버 전경으로 하얗고 뾰족뾰족한 지붕은 캐나다 플레이스

하버센터타워의 전망대에서 바라본 밴쿠버 전경

 하버 센터 타워(Harbour Centre Tower)

밴쿠버에서 가장 높은 빌딩으로 옥상에 얹히어진 둥근 모양의 전망대와 항공관제소의 독특한 모양으로 '변기'·'햄버거'라는 재미있는 별명이 붙여졌다. The Look Out은 하버센터타워에 있는 전망대이다.

아이들과 함께 가볼 만한 곳

★ 사이언스 월드(Science World)

1986 캐나다 엑스포를 위해 만든 건물. 현재는 과학·기술·자연사 부문을 전시하는 과학관으로 사용되고 있으며, 특히 어린이들에게 인기가 많다.

★ H.R. 맥밀란 스페이스 센터(H.R. MacMilan Space Centre)

우주를 주제로 만들어진 박물관으로, 우주생활에서 필요한 모든 것과 특히 아폴로 우주선을 타고 달에 갔던 콜린스(Collins)의 실제 우주복도 전시되어 있다. 야외에서는 아이들을 위한 체험행사도 따로 마련되고 있다.

밴쿠버 사이언스 월드 외관과 내부 이모저모로 과학 관련 여러 가지 원리를 체험할 수 있다

✿ 밴쿠버 해양 박물관(Vancouver Maritime Museum)

H.R. 맥밀란 스페이스 센터(H.R. MacMilan Space Centre)에서 산책로를 따라 걸어가다 보면 바닷가에 자리 잡고 있는 건물로 다양한 보트와 선박, 항해와 관련된 각종 용품을 전시하고 있다. 세인트 로크 St. Roch 호가 가장 인상적이다.

밴쿠버 H.R. 맥밀란 스페이스 센터 외관과 내부. 우주와 과학에 대한 설명을 들을 수 있다

내 마음을 흔들 '특별한 그 무엇' 어디 있나

며칠째 비가 내렸다(사실 원래 밴쿠버에는 비가 잦다. 특히 겨울에는 연일 많은 비가 내린다. 그러나 우리가 밴쿠버에 머물던 7~8월은 일 년 중 가장 적은 강수량을 보이는 시기이며, 한여름임에도 불구하고 25℃를 오르락내리락하는 뜨겁지 않은 날씨라 여행하기에 참 좋았다). 날이 좋으면 밴쿠버 북부지역의 '캐필라노 계곡(Capilano Canyon: 밴쿠버 북부에 위치)'이나 그 밖의 다른 곳에 가보려 했는데…

솔직히 아직까지도 밴쿠버에선 나의 마음을 흔들만한 '무언가 특별한 것'을 찾지 못했다. 그래서인지 이곳에 머문 지 2주째 되는 지금, 가고 싶은 곳도, 꼭 가보아야 할 만한 곳도 떠올리지 못한 채 날씨 핑계를 대며 이렇게 호스텔에서 빈둥빈둥 지루한 시간을 보내고 있었다.

점심식사를 위해 호스텔 공용부엌에 갔다 마주친 한국인 청년과 밴쿠버 생활에 대한 이런저런 이야기를 하던 중 문득 빅토리아 생각이 났고, 화제는 자연스레 빅토리아로 옮겨갔다.

그제야 알았다. 나는 밴쿠버에 있는 내내 빅토리아를 그리워하고 있었다는 사실을… 거대한 면적의 푸르른 공원과 향수를 불러일으키는 바다가, 도심에 늘어선 고층빌딩의 답답함과 그에 이어진 도로·차량들의 복잡함을 잊을 수 있도록 있는 힘껏 애를 쓰고 있긴 했지만, 그럼에도 불구하고 나에게 회색도시처럼 느껴지는 밴쿠버는 더 이상 내 취향이 아니라는 사실을…

"어떡하죠? 얘기를 하면 할수록 빅토리아에 가고 싶단 생각밖에 들지 않네요."

"그래요? 밴쿠버는요? 더 이상 머물고 싶지 않은 건가요?"

"네… 저는… 빅토리아에 있었을 때 제 마음이 더 행복했던 것 같아요. 하지만… 빅토리아로 가려면 이곳 숙박을 취소하고 빅토리아에 다시 예약을 해야 하는데 그 절차도 너무 복잡하고, 어린 애들이랑 왔다 갔다 하려면 그것도 보통 일이 아닐 텐데…"

"흠…"

할 일 없는 두 사람은 아이들이 밥을 먹는 모습을 바라보며 식사 시간 내내 고민했다. 그리고 나보다 청년이 먼저 결론을 내려주었다.

"제가 예전에 저의 인생을 찾기 위해 밴쿠버에 왔다고 했잖아요. 그건 꼭 여기라야만 가능할 것 같아서였어요. 누님이 진정 가고 싶은 곳이 빅토리아라면 그곳으로 가야죠. 한국으로 돌아가는 날까지

밴쿠버 H.R. 맥밀란 스페이스 센터 외부에서는 아이들을 위한 체험행사가 진행되고 있다. 로켓 날리기 실험

여기서 이렇게 시간만 때우는 게 무슨 의미 있겠어요."

갑자기 가슴이 두근거렸다. 이곳에 적응된 김에 편하게 머물다 한국으로 돌아가면 될 것을, 아이들과 함께하는 고난의 대이동을 택하다니… 당연히 힘드리라. 엘리베이터도 없고 아침식사와 무제한 커피도 제공되지 않는 빅토리아의 호스텔에선 무거운 가방을 들고 계단을 오르락내리락 거려야겠지, 매일 스스로 나의 아침식사와 커피를 해결해야겠지.

택시 → 버스 → 배 → 버스 → 택시를 차례대로 타며 오는 날 가는 날, 양 이틀을 버려야겠지. 생각할수록 신이 났다. 아까와는 달리 내 얼굴엔 생동감이 넘쳐 올랐다. 오며가며 소요되는 시간은 '버리는 시간'이 아니었다. 실로 나와 아이들은 '이동' 그 자체마저 즐기고 있었다. 다양한 교통수단이 선사하는, 새롭고도 지루한 경험들을 진정 사랑하고 있었다.

전화로 빅토리아의 호스텔 예약을 도와준 청년에게 감사의 의미로 남은 밴쿠버 버스티켓 묶음을 선물하고, 홀가분한 마음으로 비

밴쿠버 해양 박물관 외관 및 밴쿠버 해양 박물관 내부 조형물

그친 오후의 그랜빌 아일랜드 산책에 나섰다.

"사람이 여행을 하는 것은
도착하기 위해서가 아니라 여행하기 위해서다." – 괴테 –

다시 빅토리아로…

비가 추적추적 내리고 으슬으슬 한기가 돌던 날 아침.
일찍부터 서둘렀지만 '과연 빅토리아로 출발하는 버스에 탈 수 있을까?' 걱정될 정도로 시간이 빠듯하다. 택시 운전기사에게 물었다.
"지금 가면 시간 맞춰 버스에 탑승할 수 있을까요?"
"I hope so(그러길 바랍니다)."
택시는 버스 출발시각(11:45)에 가까스로 맞춰 '퍼시픽 센트럴 역(Vancouver Pacific Central Station)'에 도착했다. 11:42 매표소 앞에 섰다. 11:43 빅토리아로 가는 퍼시픽 코치 라인 티켓을 구입했다.

밴쿠버 시가지 전경

"자! 얼른 버스 타러 가자!"

뒤를 돌아보니 넓고 휑한 역사엔 보통 체격의 여자 혼자 감당하기엔 지나치게 부피가 큰 트렁크와 커다란 배낭, 보조가방들 뿐… 애들이 없어졌다! 아이들을 잃어버린 것도 문제였고, 지금 뛰어가도 탈 수 있을까 말까 한 버스를 놓치는 것도 문제였다. 무식하게 역사를 이리저리 뛰어다니다 잠시 멈춰 머리를 굴린 다음 아이들이 있을 만한 곳, 기념품점으로 가보니 역시나 아이들은 그곳에 있었다. 한참 숨바꼭질에 열을 올리고 있는 아이들을 데리고 나와 또다시 냅다 뛰었다.

아이 둘에 짐 다섯 개와 유모차… 도대체 무슨 정신으로 혼자서 이 많은 것들을 옮기고 다니는지 모르겠지만, 늘 그랬다. 이동할 때만 되면 나를 위해 모든 짐들이 바퀴를 달아주는 듯, 어디선가 초인적인 힘이 나오곤 했다.

'여행을 사랑하는 자가 아니면 과연 이 짓을 반복할 수 있을까?' 란 생각이 문득 든다.

다행히 버스는 예정 시각보다 10분 정도 늦게 출발했고, 덕분에 우린 무사히 빅토리아로 출발할 수 있었다.

반갑다, 빅토리아 다시 만나다니…

2주 만에 다시 돌아온 빅토리아에 나를 기억해주는 이가 한 명 있었으니, 그는 바로 호스텔 프런트의 파마머리 남자 직원이었다.

"민쑥!"

"당신, 저를 기억하네요?"

"물론이죠!"

한 번도 개인적인 대화를 나눠본 적 없이 그저 스쳐지나가던 사이일 뿐이었는데, 이름까지 기억해주니 참으로 고맙고 반갑다. 그는 우리를 위해 창문 하나와 싱크대가 딸린 방을 배정해주었으며, 지난 방문 때와는 달리 계단을 올라 방 앞까지, 무거운 트렁크를 몸소 들어다주기까지 했다. 내가 좋아 다시 찾은 빅토리아에서 뜻밖의 환대까지 받다니… 역시 빅토리아로 오길 잘했다는 생각을 하며 방으로 들어갔다. 전망으로 놓고 보자면, 두 벽면에 창이 뚫려 환한 느낌을 주던 예전 방이 나았지만, 그 밖의 다른 면에선 이번 방이 실용적이고 편리했다.

한편, 호스텔에 도착하던 첫날 실망감으로 가득 찼던 마음이 어디론가 온데간데없이 사라지고, 싱크대 하나 추가된 것에 이토록 감사해하는 나의 모습을 바라보며 '모든 건 사람의 마음에 달려있구나'라는 걸 다시 한 번 느꼈다. 그러나 유독 작은아이의 떼가 심한 걸 보며 '역시 이동하는 날은 힘겹구나!'라는 것 또한 새삼 느꼈다.

페리를 이용해 밴쿠버에서 빅토리아로 향하는 사람들

아이들과 함께 체리를 먹고(6~8월은 체리의 계절, 여행 내내 맛있는 체리를 원 없이 먹어본 것 같다), 한 시간이 넘도록 침대에서 뛰고 뒹굴며 놀다가 잠이 들었다.

엄마와 누나가 잠이 드는 동안 혼자서 찍찍! 오줌을 갈겨대며 기저귀 떼는 연습을 하던 민준이는 언제 잠들었는지 모르겠다. 새벽녘 한기를 느끼며 잠에서 깨어보니 연습에 방해되는 아랫도리를 죄다 벗은 채 내 옆에서 쿨쿨 자고 있는 아이의 모습이 보여 기저귀와 바지를 입혀주고 다시 잠을 청했다.

그곳에서 아무 것도 하지 않을 자유 만끽하다

빅토리아에만 오면 식욕이 돋는 나는 아이들이 잠에서 깨어나기 전인 이른 아침부터 호스텔에서 파는 커피와(호스텔에서 커피를 팔고 있다는 사실을 이번에 처음 알았다) 미리 구입해온 빵, 체리로 배를 잔뜩 채우고, 아이들이 일어나자 재빨리 시금치를 무쳐 밥 한 그릇씩 먹인 다음 밖으로 나왔다.

두 번째 들른 빅토리아에서는 새로운 무엇인가에 도전하지 않기로 했다.

그냥 그날 하고 싶은 걸 하고, 발길 닿는 대로 가보다 정 심심하면 이너하버에 나와 정적인 듯 동적인 항구의 분위기에 실컷 빠져볼 생각이었다.

저녁 산책엔 늘 몸의 일부분처럼 휴대하고 다니던 카메라도 방안에 두고 아이들에겐 편안한 실내복을 입혀 마치 집 앞으로 가벼운 산책을 나가듯 이너하버를 걸었고, 근처 마켓에 들러 체리 한 봉지와 버섯, 구이용 고기를 사들고 호스텔로 돌아와 간단히 저녁식사를 해먹곤 했다.

다만, 밴쿠버에서의 쥐 소동으로 인한 기억은, 예전엔 자연스럽게 호스텔 방안에서 음식을 해먹곤 하던 나의 마음 한구석을 늘 찜찜하게 만들었다.

싱크대까지 딸린 걸 보면 음식을 먹는 게 어느 정도 용인되어 있는 방 같은데… 겉으로 보이는 환경이나 방의 청결도 등으로 봐선 밴쿠버에서 묵던 방보다 이 방이 훨씬 열악했으니, 만약 쥐가 있다면 벌써 나와 마주쳤어야 했다.

그러나 시험 삼아 밤새 방 곳곳에 놓아두었던 과자며 빵부스러기의 배열에 흐트러짐이 전혀 없는 것으로 보아 이곳엔 쥐는커녕 바퀴벌레 한 마리도 없을 것이란 확신이 들자 나중엔 마음이 편해졌다.

빅토리아 이너하버 일대의 정경

이제는 우리가 꿈에서 깨어나야 할 시간

해가 뜨면 밖을 돌아다니다 저녁때가 되면 방으로 돌아와 저녁을 해먹고 잠이 들기를 며칠째…

이젠 이것이 우리의 일상이 되어버렸다.

딱히 여행자 같지도 않은 것이, 이곳 거주자도 아닌 불분명한 형태로…

그날그날의 여행계획을 세우고, 새로운 볼거리를 찾아 정신없이 돌아다닐 땐 잊고 있던 것들이 새록새록 떠올랐다.

50일이라는 긴 여행기간을 설정했던 애초의 목적은 지금과 같은 생활을 위해서였다는 걸…

아무 욕심 없이 머물러있는 것만으로도 그저 행복한 시간들이었다.

어느 곳에도 소속되어 있지 않고, 누구의 구속도 받지 않는 생활

빅토리아 이너하버 일대와 더 페어몬트 엠프레스 호텔 전경

속에서 내 마음은 편안했다.

  아이들을 재우기 위해 여느 때처럼 동요 '섬 집 아기'를 불러줄 때였다.

  엄마가 섬그늘에 굴따러가면
  아기가 혼자남아 집을보다가
  바다가 불러주는 자장노래에
  팔베고 스르르르 잠이듭니다

갑자기 내 두 눈에서 눈물이 주르르 흘렀다.

  가장 만족스러웠던 그 즈음, 문득 외로워졌다. 무언가가 그리워졌다.

미움도 구속도 관심도 모두 사랑이라는 말의 또 다른 표현이었다.
나를 사랑해주는 이들이 있는 곳으로 돌아가고 싶었다.
이제 집으로 돌아갈 때가 되었다고 생각했다.
나는 잠시 꿈을 꾸었으며, 이제는 깨어나야 할 시간이 되었다.

에필로그

세계는 한 권의 책이다.
여행하지 않는 사람은
그 책의 한 페이지만 읽었을 뿐이다
- 아우구스티누스 -

   우리는 이후로도 2번의 '대이동(빅토리아 → 밴쿠버 / 밴쿠버 → 한국)'을 하며 50여 일 동안의 여행을 마무리 지었다.
   또한 오는 길엔 민준이에게 항공기 좌석 여유분을 배려해준 에어캐나다 승무원 덕분에, 갈 때와는 달리 홀가분한 몸과 마음으로 돌아올 수 있었다.
   아이들과의 여행을 다녀온 이후 주변에서는 많이들 궁금해 했다.
"혼자서 아이들과 함께 하는 여행이 힘들지 않았느냐?"
   물론 힘들었다. 그렇지만 내 성격 탓인지는 몰라도, 온종일 집에서 아이들을 돌보는 것보단 이곳저곳 여행을 다니는 것이 덜 힘들

빅토리아의 한 기념품점에서 우연히 발견한 나무배. 거기에 새겨진 'H.M.S Victory'라는 문구는 무슨 의미일까. HMS는 필자 이름의 이니셜과 같다

게 느껴졌던 것 같다. 또한 단순히 더 힘들고 덜 힘들고를 떠나, 여행을 하는 그 순간순간들은 내가 진정으로 살아있음을 느끼도록 해주었다.

바로 그것이 내가 어린 아이들과 함께 아무런 연고 없는 낯선 곳으로의 여행을 즐길 수 있었던 이유였을 것이다.

그들은 또 궁금해 했다. 남편이 아이들과의 여행을 기꺼이 보내주는 이유를.

사실 그건 나도 궁금했던 부분이었다.

속된 말로 아내 몰래 딴 짓(?)을 한다거나 돈이 많아 여행경비 정도는 우습게 주머니에서 빼내어 줄 수 있는 능력이 되는 사람이었다면, 혹시 남편의 행동이 쉽게 이해되었을 지도 모르겠다.

그렇지만 적어도 내가 아는 한, 나의 남편 토마스는 그런 것과는 거리가 멀었다.

하루는 내가 토마스에게 진지하게 물었다. 왜, 무슨 이유로, 자칫 무모하고도 긴 나의 여행을 인정하고 지지해주는지. 마치 기다리기라도 했다는 듯, 토마스는 망설임 없이 대답했다.

"내가 하고 싶은 거니까. 내가 하고 싶은 일이라면 당신도 하고 싶은 일일 테니까. 나 역시 다른 세상에 가서 그들의 문화를 체험하고 그들의 삶 속에 들어가 보고 싶지만, 현재로서는 불가능한 일이니까 그것이 가능한 당신을 보내주는 거야."

비록 로키에서 보여준 토마스의 모습 중 일부는 전혀 멋지지도 존경스럽지도 않았지만, 그래서 아직까지도 로키에서의 장면을 회상하면 가슴이 쓰리지만, 그럼에도 불구하고 토마스의 대답은 나의 마음을 움직였다.

뜻이 맞는 동반자에게 '내가 하고 싶은 무언가'를 대신 할 수 있도록 배려하는 것. 아마도 난, 이전까지는 막연히 '좋은 남편'이라 여겨왔던 토마스를 그날 이후부터 존경의 눈으로 바라보기 시작했던 것 같다.

이후 육아휴직을 마치고 일터로 돌아간 나는 직장일·가사·육아에 더해 책을 쓰는 작업까지, 몸이 몇 개라도 모자랄 정도로 바쁜 나날을 보냈다. 결혼 7년차에 찾아온, 흔히 '권태기'라 불리는 이상한 시기의 소용돌이 속에 빠져 허우적대느라 정신을 차릴 수 없을 정도로 힘든 시간들을 보냈다.

　때문에 글을 쓰는 작업은 점점 더뎌져만 갔고, '이왕 시작한 이상 끝을 봐야 한다'는 부담감에서 단 하루도 벗어날 수 없었다. 하지만, 달리 말하면, 캐나다에 대한 기억을 물고 늘어지던 지난 3년 동안 나의 마음은 늘 추억 속에서 여행을 하고 있었다.

　아이들의 감기와 시차 적응으로 힘들었지만 새로운 환경에 맞서 고군분투하던 캘거리로, 대자연이 만들어준 거대한 놀이터 안에서 마음껏 뛰놀던 캐나디안 로키로, 고풍스런 항구를 거닐며 진정한 자유와 행복감을 느끼던 빅토리아로, 마치 현지인처럼 도심 속에서 소소한 하루하루를 보내던 밴쿠버로…

　이제와 돌이켜보니, 어쩌면 혼란 속 나약한 내 자신을 긍정의 마인드로 일어서게끔 끊임없이 부추겨주었던 것은 '여행에 대한 기억'이었는지도 모른다는 생각을 해본다.

　젊음의 혈기 속에서 춤을 추었던, 어느덧 불혹의 나이로 접어들고 있는 나의 동반자 토마스, 그사이 훌쩍 자라 엄마와 속 깊은 대화를 나누어주는, 여리지만 강한 아이 윤아, 해와 바람과 물을 사랑하는 개구쟁이 일곱 살배기 민준, 나의 삶과 여행을 언제나 지지하고 인정해주는, 사랑하는 나의 가족에게 진심으로 감사하며 여행기를 마친다.

서부 캐나다 가족 캠핑여행

발행	2016년 06월 30일
지은이	한민숙
펴낸 곳	여행마인드(주)
발행 · 편집인	신수근
편집디자인	한미나
등록번호	제2014-54호
주소	서울 관악구 관악로 105 동산빌딩 403호
전화	02-877-5688(대)
팩스	02-6008-3744
전자우편	samuelkshin@naver.com

ISBN 978-89-88125-38-0 부가기호 03980
정가 24,000원